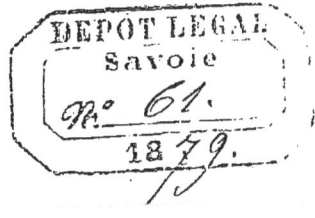

ACADÉMIE DES SCIENCES

BELLES-LETTRES ET ARTS

DE SAVOIE

DOCUMENTS

Vol. III

LE
PRIEURÉ DE CHAMONIX

DOCUMENTS

RELATIFS

AU PRIEURÉ ET A LA VALLÉE DE CAHMONIX

Recueillis par M. J.-A. BONNEFOY,

Notaire à Sallanches, Chevalier de la Couronne d'Italie,
Membre de plusieurs Sociétés savantes.

Publiés et annotés par M. A. PERRIN,

Volume Ier

CHAMBÉRY

IMPRIMERIE CHATELAIN, RUE DU VERNEY

1879

DOCUMENTS RELATIFS AU PRIEURÉ

ET A LA VALLÉE DE CHAMONIX

INTRODUCTION

Les documents dont nous publions la première partie ont été les éléments qui nous ont permis d'écrire notre histoire du Prieuré de Chamonix ; ils forment un véritable cartulaire de ce Prieuré.

Leur réunion fut l'œuvre d'un travailleur patient et infatigable qui a, pendant quarante années, étudié tous les actes des archives de Chamonix et de Sallanches, et a transcrit avec le plus grand soin et la fidélité la plus scrupuleuse, tous ceux qui présentaient quelque intérêt pour le passé du Prieuré et de la vallée de Chamonix. C'est dans les archives de l'église de Sallanches qu'il a retrouvé les chartes les plus importantes, perdues au milieu de nombreuses pièces sans valeur, ensevelies dans la poussière.

Il a sauvé de l'oubli et presque d'une destruction certaine, lors de l'incendie de la ville de Sallanches, ces titres, aussi nombreux que précieux pour l'histoire des premiers habitants de nos hautes vallées des Alpes et pour celle de leur existence politique et de leurs transformations successives, sous l'action combinée de la domination romaine, de l'invasion Burgonde et du développement de la féodalité. Nous les verrons résister à cette dernière et conserver en majeure partie, pendant sa durée, leur liberté, leur indépendance et leurs anciens usages, les *bonnes et anciennes coutumes.*

La Société d'histoire et d'archéologie de Genève, qui avait obtenu à diverses époques, de M. Bonnefoy, l'autorisation de faire connaître quelques-unes des chartes de Chamonix des plus importantes au point de vue de l'organisation et des franchises communales, avait sollicité bien des fois l'impression de ce riche recueil. Notre regretté confrère Burnier s'était chargé de sa publication, et avec cette rapidité et cette sûreté qui lui étaient particulières, il avait esquissé à grands traits le plan d'une histoire de Chamonix qui en devait être le complément, lorsque la mort est venue l'interrompre. M. Bonnefoy voulut bien alors me confier son cartulaire dont l'Académie de Savoie vota l'impression dans la série de ses documents, et qui formera deux volumes.

L'étude et l'analyse de ces titres auxquelles je me suis livré en préparant leur publication m'ont permis de tracer une monographie de Chamonix avant l'époque où le Mont-Blanc rendit cette vallée célèbre et où, chaque année, un nombre toujours plus considérable de visiteurs y accoururent, attirés par les beaux spectacles de la nature alpestre. L'histoire de cette forte population qui peupla cette grande et belle vallée de nos Alpes est en quelque sorte le tableau résumé de l'existence des habitants de la Savoie à travers le moyen âge, et de leurs luttes contre l'envahissement du régime féodal.

Diverses publications, déjà, ont mis en lumière quelques

points peu connus de l'histoire de Chamonix, en s'appuyant sur les documents fournis par M. Bonnefoy ou sur des indications données par lui. Grâce à son travail patient, à ses recherches incessantes et aux nombreux renseignements dont il a accompagné les copies des chartes, nous avons pu étudier d'une manière complète le passé du prieuré et de la vallée de Chamonix. Ce travail présentera, nous l'espérons, quelque intérêt à des points de vue nouveaux et à peine soupçonnés jusqu'à présent.

Notre cartulaire de Chamonix se compose de près de 300 pièces copiées et collationnées par M. Bonnefoy. La plus ancienne date de 1090 environ, la plus récente est de 15, — embrassant un intervalle de quatre siècles. Le manuscrit, fait avec le plus grand soin, reproduit l'écriture des chartes les plus anciennes et les plus importantes, ainsi que les lettres ornées ou peintes, les sceaux, les armoiries et les signes tabellioniques des notaires. Malheureusement, les frais trop considérables que cela eût occasionné ne nous ont pas permis de les reproduire. Jusqu'en 1741, l'existence de Chamonix n'était presque pas connue ; sa situation même était à peine fixée en dehors de la Savoie. Parmi les nombreux touristes qui visitent chaque année cette région, bien peu se demandent quelle a été l'origine de la belle et vaillante race de montagnards, qui s'est conservée à l'ombre du géant des Alpes. Et cependant, cette vallée et la plupart de celles qui l'avoisinent, Sixt, Abondance, etc., ont vu les idées de liberté et d'indépendance se développer, sous le régime municipal romain, se conserver, lors des diverses invasions et se maintenir pendant le moyen âge, malgré les efforts de prieurés dépendant d'Ordres puissants et forts de l'appui des princes de la Maison de Savoie.

Dans ce pays reculé et presque inabordable, nous retrouvons les traces de tous les peuples qui se sont succédé en Savoie (Allobroges, Romains, Burgondes, Francs), et celles de l'influence qu'ils ont eue sur les mœurs et les institutions. Dès l'établissement du prieuré commence la lutte de ces populations contre les envahissements du régime féodal dont l'influence se fait sentir et s'étend peu à peu, mais sans parvenir à effacer les libres institutions germaines qui se conservèrent plus ou moins intactes dans les hautes vallées de nos Alpes. Les principales furent la justice criminelle rendue par les *bonhommes*, hommes libres, sans l'intervention des prieurs et de leurs officiers avec le concours d'un juriste et la commune administrée par des syndics, chefs élus de la vallée, défendant ses droits et ceux des hommes libres, et luttant contre les prieurs pour maintenir les bonnes et anciennes coutumes.

Dans la partie la plus élevée et la plus sauvage de Chamonix, Vallorcine, nous trouvons les Burgondes, Allemani, Teutonici, possesseurs du sol, reconnus par les prieurs d'abord comme complétement indépendants et peu à peu soumis à leur pouvoir temporel et spirituel et assujettis, pour leur existence politique, aux conditions imposées au reste de la vallée. A la base, au contraire, le régime romain et le régime féodal se sont développés davantage, des fiefs importants s'y sont établis, et il existe pour l'habitant même libre, un état d'infériorité relative qui s'efface peu à peu à mesure que les prieurs prennent la place des anciens propriétaires du sol. A partir du XVIIe siècle, toutes les inégalités ont disparu ; un équilibre s'est formé entre les trois modes d'existence si éloignés à l'origine et toute la vallée ne forme plus qu'une seule commune soumise au même régime.

Ces grandes lignes sont comme les jalons de l'étude que j'ai faite de ces documents et suffisent, je crois, pour montrer l'importance de notre cartulaire et l'intérêt qui s'attache à sa publication, en dehors même de l'histoire dont ils ont été la base.

Le premier volume finit avec le xive siècle et comprend 103 chartes qui peuvent se subdiviser ainsi :

Titres ayant plus spécialement rapport à la donation de la vallée et aux droits de propriété et de garde, contestés par les comtes de Genevois et les sires de Faucigny : 19 actes.

Donations, ventes, cessions, échanges, albergements, inféodations, hommages, reconnaissances et affranchissements : 42 pièces.

Contestations et transactions relatives à la reconnaissance des franchises communales : 7 actes.

Documents relatifs aux Burgondes (Allemani) établis à Vallorcine : 6.

Actes judiciaires, jugements, condamnations graves pour délits : 12.

Délibérations, contestations de juridictions et de propriété : 5.

Deux comptes du receveur du prieuré.

Dix pièces concernent l'administration intérieure du prieuré, l'office du Mestral, l'établissement d'artifices sur les cours d'eau, des fondations pieuses et un acte de réparation de deux Chamoniards partant en pèlerinage pour Rome.

INDEX CHRONOLOGIQUE

S. D. — 1090 environ.

Donation par Aimon, comte de Genevois, et par Gérold, son fils, au monastère de Saint-Michel de la Cluse, de toute la vallée de Chamonix, page 1.

19 Septembre 1202.

Lettres de garde accordées à la vallée de Chamonix par Vuillelme de Faucigny, avec promesse de la protéger contre toute espèce d'agressions, et notamment contre celles d'Amédée et des seigneurs de Nangy, qui étaient venus la ravager, p. 3.

13 Mars 1205.

Lettres de garde et de protection, accordées à la vallée de Chamonix par Wuillelme, frère d'Humbert, comte de Genevois, contre toutes agressions et spécialement contre celles d'Amédée de Nangy, p. 5.

S. D. — 1224-1238.

Sentence arbitrale prononcée par Vion, abbé de Tamié, et Pierre, prieur de l'Église de Tarentaise, sur le différend survenu entre Humbert, prieur de Chamonix, et les fils de Wuillelme Boteler, de Sallanches, à l'occasion du fief que ceux-ci possédaient dans les terres du prieuré de Chamonix, au lieu du Lac, p. 7.

20 Novembre 1226.

Humbert, prieur de Chamonix, règle le différend existant entre Aymon, seigneur de Faucigny, et l'abbé de Saint-Michel de la Cluse, sur les hommes et les biens du prieuré de Mégève, p. 9.

20 Avril 1229.

Cession par Aymon, sire de Faucigny, à W., comte de Genevois, des droits qu'il pouvait avoir sur Chamonix, à l'occasion notamment de la garde du lieu, qui avait été accordée à feu son frère W., p. 13.

12 Janvier 1236.

Aymon, seigneur de Faucigny, prend sous sa garde et protection la communauté de Chamonix, les hommes qui en dépendent et tous leurs biens, p. 14.

15 Novembre 1236.

Donation par Aymon, sire de Faucigny, à l'église de Chamonix, d'un muid de froment, à percevoir sur les hommes de Servoz, en sus du demi-muid qu'il lui devait déjà, en réparation de l'injure qu'il lui avait faite, p. 15.

17 Juin 1255.

Soumission passée par Humbert de Beaufort, ancien prieur de Chamonix, de remettre entre les mains de Richard de Vilette, nouveau prieur, ou en celles d'Humbert de Vilette, frère de ce dernier, le prieuré et les revenus qu'il en avait indûment exigés dès sa démission, p. 16.

14 Mai 1264.

Richard, prieur de Chamonix, cède à perpétuité aux Allemands de Vallorcine la moitié de cette vallée en albergement, à condition qu'ils paieront huit deniers et quatre livres de cense annuelle, à la Saint-Michel et à la Toussaint de chaque année, p. 19.

5 Juin 1264.

Ratification de l'albergement précédent, par l'abbé de Saint-Michel de la Cluse, p. 20.

14 Juin 1264.

Délimitation de la montagne de Voza entre les communautés de Chamonix et de Bionnassey, confiée à Jacques Mareschal, châtelain de Sallanches, par Pierre Dusolier, auditeur des causes de la cour du comte de Savoie dans le territoire du Faucigny, et par Guichard de Varey, chevalier, bailli en Faucigny, p. 22.

8 Mai 1272.

Richard, prieur de Chamonix, nomme Thomas de Begna, curé de Vallorsine, sous les réserves et conditions exprimées dans l'acte, p. 25.

Août 1273.

Lettre de garde et de protection accordée par Béatrix de Faucigny au prieuré de Chamonix, moyennant une redevance annuelle de deux oboles d'or, soit dix sous viennois, p. 28.

4 Mars 1279.

Reconnaissance passée en faveur du prieuré de Chamonix, à réquisition de Richard de Villette, prieur du lieu, par Rodolphe et Amédée Métral, oncle et neveu, de Passy, de tenir en fief dudit prieuré tout ce qu'ils possèdent en hommes, terres, dîmes et autres dans le territoire de Vaudagne, sans préjudicier à la fidélité qu'ils doivent au seigneur de Charrosse, p. 29.

28 Novembre 1279.

Testament de Rodolphe, dit Métral, de Passy, damoiseau, par lequel il institue héritier Péronet, son fils, dans la généralité de ses biens, à l'exception de ses autres dispositions, en le chargeant de livrer annuellement au prieuré de Chamonix, pour le repos de son âme et de celle de ses prédécesseurs, trois barils du vin de ses vignes de Marlioz (à Passy), outre le baril qu'il lui devait déjà annuellement, ce qui formait en tout deux chevalées; il institue son fils Gérald héritier de la douzième partie de ses biens, et il fait un legs à chacune de ses deux filles pour tous leurs droits dans sa succession. — De plus, il lègue au chapelain de Passy 20 sous genevois; à son vicaire, 3 sous; à la maladrerie du pont Saint-Martin (près Sallanches), un repas; à celle de Cluses, 2 sous; à chaque prêtre ayant charge d'âmes de Cluses-en-Bas, 3 sous; à chaque moine de Megève et de Chamonix, 5 sous; à la confrérie de Passy, 15 sous; il lègue la maîtrise et l'usufruit de sa succession à Jacquette, sa femme, et, si elle veut s'en désister, il lui sera payé 35 livres genevoises qui sont le montant de sa dot; il nomme pour exécuteurs testamentaires Richard, prieur de Megève, Guillaume, chapelain de Sallanches, et Amédée Métral, de Passy, p. 31.

9 Avril 1283.

Aumône d'un homme nommé Nicolas de la Besery, et de tous ses descendants, faite au prieuré de Chamonix, à l'acceptation de Richard de Villette, prieur du lieu, par Jacques Bothelyers, de Servoz, paroisse du Lac, p. 34.

28 Avril 1283.

Vente passée par les frère et sœur Mathieu et Marie, enfants de Reymond, du lieu de Chede et la seconde femme de Pierre fils de Reymond, du lieu de Boen, en faveur de révérend Richard de Villette, prieur de Chamonix, de tous leurs droits sur les montagnes de Challiou et de la Rosière, situées dans le domaine du prieuré de Chamonix, pour le prix de 100 sols genevois et d'un setier d'orge, p. 36.

3 Mai 1283.

Enquêtes sur les dégâts et les crimes commis à main armée au préjudice des hommes de Richard de Villette, prieur de Chamonix, par Péronet, fils de Vuillelme Métral de Passy et ses associés, et de ceux commis par les hommes dudit prieur au préjudice dudit Péronet Métral, de Jordan de Châteauvieux, Mermod de Chede et autres, faites par les arbitres qu'ils avaient choisis pour terminer leurs querelles, p. 38.

29 Janvier 1284.

Reconnaissance passée par Pierre, fils de feu Rodolphe Métral-de-Marlio, de devoir, en conformité des dispositions testamentaires de son père, à l'église et au prieuré de Chamonix, à l'acceptation de Richard de Villette, prieur du lieu, en premier lieu, six aycanes de vin données en aumône par son ayeul et dix-huit autres aycanes, léguées par son père, à percevoir, chaque année, au temps des vendanges, sur la vigne du Noir, située dans le clos Pecol, p. 43.

19 Avril 1285.

Richard de Villette, prieur de Chamonix, concède à Pierre, un des Allemands à qui il avait cédé la moitié du territoire de Vallorsine, la faculté d'y établir des moulins et des battoirs autant qu'il en voudra, sous le servis annuel de huit deniers; le prieur se réserve pour lui et ses successeurs d'y établir une scierie et d'autres artifices, excepté des moulins et des battoirs, p. 45.

23 Juin 1285.

Rétrocession passée par Paviot, frère de Girod-Plat, de Chamonix, en faveur de Richard de Villette, prieur du lieu, pour le prix de 14 livres et 10 sols genevois, de la montagne de l'Alparsaz et du plan de la Tuéille, sur la montagne du Brévent, p, 47.

2 Mars 1285.

Défense faite par Richard de Villette, prieur de Chamonix, à Amédée Métral, de Passy, et à Pierre de Marlio, cousin de ce dernier, tous deux ses feudataires et vassaux, de le troubler dans l'exercice de sa juridiction sur les hommes de Vaudagne et du Lac, sous peine de la privation de leur fief sur lesdits hommes, p. 49.

7 Mars 1285.

Déclaration faite par Léonarde, veuve de Jacques Bothelyer, de Servoz, autrefois de la paroisse du Lac, comme tutrice des enfants mâles de son mari, et par ses filles Jordanne, Béatrix, Marguerite et Lorette, d'avoir vendu pour le prix de 55 sols genevois, à Richard, prieur de Chamonix, les frères Jean, Aymon et Melioret, fils de Vuillelme Bezer, de la paroisse de Chamonix, ainsi que leurs descendants, p. 51.

28 Mars 1287.

Albergement passé par Richard de Villette, prieur de Chamonix, à Orytin de Costa et aux sœurs Marie et Durence des Plands, d'un pré en la montagne de l'Alparsaz, sous le servis annuel de deux deniers, monnaie de Genève, dus dans les cas prévus au contrat, p. 52.

2 Août 1286.

Différend entre Richard de Villette, prieur de Chamonix, et Nicolet fils de Martin, de Genève, sur la possession contestée par ce dernier, d'une famille nommée Tissot dit du Rosey, appartenant audit prieur et à son prieuré, ensuite d'une donation qui avait été faite à révérend Humbert de Beaufort, son prédécesseur, en l'année 1251 environ, par les frères Jacques et Vuillelme Martin, de Sallanches. — Nomination d'arbitres pour juger le différend. — Fixation au vendredi après la fête de l'Assomption, à Sallanches, pour l'enquête à future mémoire demandée par le prieur, avec assignation audit

Nicolet d'y comparaître pour voir jurer et déposer des témoins sur les cinq faits soutenus. — Audition des témoins par-devant Hébert de Bardonenche, châtelain de Sallanches, qui ratifie et confirme l'enquête et lui donne l'autorité judiciaire, p. 54.

22 Octobre 1287.

Vente et cession par Nicholet dit de Genève, fils de feu Martin, de Genève, à Richard de Villette, prieur de Chamonix, d'un muid d'orge qu'il avait à percevoir annuellement sur le prieuré de Chamonix, et de deux hommes, l'un appelé Sadu et l'autre Anserme, fils de feu Anserme Tissot du Rosey, pour le prix de 40 livres genevoises, p. 60.

2 Avril 1288.

Ordre donné par Béatrix de Savoie, dame de Faucigny, à son châtelain de Montjoie, de faire délivrer chaque année, à l'église de Chamonix, le muid et demi de froment à elle donné par Aymon, sire de Faucigny, sur les revenus du village de Servoz, p. 62.

19 Mai 1288.

Commandement fait par Béatrix de Savoie, dame de Faucigny, à Vouteret, de Mont-Vautier, son homme lige et taillable, de remettre un de ses fils au prieur de Chamonix, pour le tènement qu'il possède, du chef de Giraude sa femme, relevant dudit prieur, p. 63.

8 Juin 1288.

Déclaration faite par Richard de Villette, prieur de Chamonix, du consentement des moines et du curé du lieu, d'avoir, pour le plus grand avantage des habitants de Vallorsine, fait reconstruire à neuf leur église, sous le vocable de Notre-Dame. Il se réserve, pour lui et ses successeurs, l'institution des curés, et divers droits ecclésiastiques, p. 64.

19, 21 Mai et 4 Juin 1289.

Invitation faite par les hommes de la terre de Chamonix, d'abord révoltés contre le prieur du lieu, ensuite amnistiés, à leurs compatriotes, au nombre de huit, qui s'étaient retirés, contre la défense dudit prieur, et faisaient leur résidence au château de Charrosse, à rentrer dans les bonnes grâces de leur seigneur et à ne faire aucun pacte avec Amédée, comte de Genève, p. 68.

21 Octobre 1289.

Compromis entre Béatrix de Savoie, dame de Faucigny, et Richard de Villette, prieur de Chamonix, d'une part, et Amédée II, comte de Genève, d'autre part. — Nomination d'arbitres pour terminer leurs différends à l'occasion de la protection que ledit comte avait accordée aux sujets révoltés dudit prieur. — Et suspension de poursuites contre ces derniers, p. 72.

21 Octobre 1289.

Cession passée par Amédée II, comte de Genève, à illustre dame Béatrix de Savoie, dame de Faucigny et à Richard, prieur de Chamonix, de tous les traités que les hommes dudit prieur avaient faits avec lui, voulant que ces traités soient non avenus et n'entendant point préjudicier aux droits qu'il avait sur la terre de Chamonix avant lesdits traités, p. 74.

26 Octobre 1289.

Traité passé entre Béatrix de Savoie, dame de Faucigny, et Richard de Villette, prieur de Chamonix, par lequel ladite dame de Faucigny reconnaît que toute la vallée de Chamonix, avec toutes ses appartenances et dépendances, est lige dudit prieur et que ce dernier a, sur les hommes qui y demeurent, toute juridiction, mère et mixte empire, qu'elle a reçu en fief dudit prieur un mollard où il existe des maisons, avec obligation de garder sous sa protection le prieuré et ses hommes, lui donnant quittance du denier d'or de redevance annuelle qui lui était due, pour droit de garde et de protection. Elle promet de n'aider en aucune manière les sujets révoltés dudit prieur, et en cas qu'elle vienne à manquer à ses engagements, elle se met sous la juridiction de l'évêque de Genève pour la contraindre à les tenir. Elle mande à tous les châtelains du Faucigny de les faire exécuter et notamment au châtelain à qui la garde dudit mollard sera confiée. Il est convenu que dans le cas où ladite dame ne voudrait plus garder ledit mollard, et qu'elle en ferait retour audit prieur, elle conserverait néanmoins la garde et protection de ladite vallée, moyennant le denier d'or annuel, enfin ladite dame de Faucigny promet de faire ratifier le présent traité par le dauphin de Viennois son gendre et par sa fille épouse de celui-ci, p. 75.

b

26 Mars 1290.

Littera concordie inter illustrem Dominam B. Dalphinam ab una parte. Et venerabilem virum Dominum Reymondum, divina miseratione, abbatem sancti Michaelis de Clusa, nec non et religiosi viri Domini Richardi, prioris prioratus de Campomunito, gebennensis diocesis, p. 81.

12 Janvier 1290.

Déclaration de Richard de Villette, prieur de Chamonix, à Béatrix de Savoie, que son prieuré est sous la garde et protection du seigneur de Faucigny depuis environ 55 ans, priant ladite dame de vouloir la lui conserver; ce qui lui est accordé, p. 82.

17 Mars 1290.

Reconnaissance passée par les frères Girod et Pierre Thorenc et par les frères Pierre et Vuillelme fils de Marie, du lieu du Lac, paroisse de ce nom, à la requête de Richard de Villette, prieur de Chamonix, de tenir du prieuré de ce nom la dîme des blés à percevoir sur le territoire du Lac, sous le servis soit fermage annuel de trois muids de blé bon et recevable, savoir : un muid d'orge, un demi-muid de froment et un muid et demi d'avoine, p. 84.

4 Septembre 1290.

Déclaration de l'existence d'un compromis et de la nomination d'arbitres pour examiner les différends survenus entre Béatrix de Savoie, dame de Faucigny, et Amédée, comte de Genève. Assignation aux parties de produire au terme fixé leurs titres et raisons, et suspension de toutes hostilités de la part du comte de Genève envers le prieur de Chamonix et ses sujets, p. 86.

7 Février 1291.

Traité conclu entre dame Béatrix de Savoie, dame de Faucigny et Amédée comte de Genève, par l'entremise de leurs arbitres, relativement à l'avoyrie et mixte empire sur les vallées de Chamonix et de Vallorsine que chacune des parties voulait s'attribuer, portant désistement de la part du comte de Genève en faveur de ladite dame de Faucigny, moyennant cinq cents livres viennoises, de tous droits de suseraineté sur lesdites vallées, p. 88.

2 Avril 1291.

Ratification par le prince Humbert Ier, dauphin de Viennois, comte d'Albon et seigneur de la Tour, et par son épouse Anne, fille de Guigue VII et de dame Béatrix de Savoie, du traité que celle-ci avait fait avec le prieur de Chamonix (celui du 7 des kalendes de novembre 1289), avec promesse de l'observer et de le faire exécuter à l'avenir comme précédemment. p. 92.

26 Avril 1291.

Cession par Béatrix de Savoie, dame de Faucigny, à Richard de Villette, prieur de Chamonix, de tous les droits que, pour un bien de paix, par amitié et au nom du prieuré de Chamonix, elle avait acquis d'Amédée, comte de Genève, quoiqu'elle ne crut pas que ce dernier eût aucun droit, et c'est pour le prix de 500 livres viennoises dont ledit prieur reçut quittance. Ladite princesse se réserve sur ledit prieuré la garde et protection qui avait été concédée à Vuillelme de Faucigny et l'exécution des conventions du 7 des kalendes de novembre 1289. Humbert Ier, Dauphin de Viennois et Anne sa femme confirment cette nouvelle cession, p. 93.

24 Juin 1291.

Déclaration d'Amédée, comte de Genève, d'avoir reçu de dame Béatrix de Savoie, dame de Faucigny, sa tante, la somme de 500 livres viennoises, prix de la cession qu'il lui avait faite de ses droits sur les vallées de Chamonix et de Vallorsine, p. 96.

25 Juin 1294.

Déclaration de Béatrix de Savoie, dame de Faucigny, d'avoir reçu de Richard de Villette, prieur de Chamonix, la somme de 700 livres viennoises, pour prix de la rétrocession qu'elle lui a faite des droits qu'elle avait acquis de son neveu Amédée, comte de Genève, sur la terre de Chamonix, p. 97.

20 Septembre 1291.

Déclaration faite à requête de Richard de Villette, prieur de Chamonix, par Amédée, comte de Genève, que les vallées de Chamonix et de Vallorsine sont liges dudit prieur qui y possède toute juridiction, avec promesse qu'il fera tous ses efforts pour empêcher qu'il soit fait par qui que ce soit des torts audit prieur et aux biens de ses sujets, pour les défendre de tout son pouvoir et de ne retirer ni fournir aide et protection à ses dits sujets que du consentement dudit prieur, p. 99.

26 Juillet 1292

Premières franchises écrites de Chamonix, résultant d'une sentence arbitrale rendue sur seize points controversés entre le prieur Richard et les habitants de la vallée, p. 102.
Approbation par la communauté de Chamonix, du même jour 26 juillet 1292, p. 112.

19 Mai 1293.

Reconnaissance passée en faveur de Richard de Villette, prieur de Chamonix, par les frères nobles Rodolphe, Philippe et Richard fils de noble Pierre Martin, de Sallanches, tant en leur nom qu'en celui de leurs frères Aimon et Jacquemet Martin, que les hommes et les terres qu'ils possèdent dans le territoire et dans la paroisse du Lac, sont liges du prieuré de Chamonix.
Vente par les mêmes audit prieur de divers hommes et de leurs tènements, pour le prix de 14 livres genevoises.
Confirmation de ces reconnaissance et vente par les frères Aymon et Jacquemet Martin, p. 114.

26 Juin 1293.

Déclaration faite par N. Pierre de Marlio, damoiseau, de Passy, fils de Rodolphe Métral de Marlio, à la réquisition de Richard de Villette, prieur de Chamonix, qu'il n'a aucun droit à exercer sur la personne et les biens de Pierre Guizel, fils de feu Belonne, de Vaudagne, et que ce dernier est lige dudit prieur, p. 118.

27 Décembre 1293.

Reconnaissance passée en faveur de Richard de Villette, prieur de Chamonix, par noble Pierre de Marlio, damoiseau, tant de son chef qu'au nom d'Amédée Métral de Marlio, son parent, que les terres, fiefs et hommes qu'ils possèdent dans le territoire du Lac et de Vaudagne (commune des Houches et paroisse de Servoz), sont liges du prieuré de Chamonix, p. 120.

8 Janvier 1294.

Rente foncière de huit deniers annuels, constituée en la présence et de l'autorité de Richard de Villette, prieur de Chamonix, par les frères Jean l'aîné, Jean le jeune et Girod, fils de Michel dit Mossat de la Mola, en faveur d'Henry de la Mola, au capital de XL sols genevois, prix de la vente que ce dernier leur avait faite d'une pièce de terre, p. 122.

24 Février 1294.

Déclaration faite en faveur de Richard de Villette, prieur de Chamonix, par N.-Pierre de Marlio, damoiseau, fils de Rodolphe de Marlio dit Métral, de Passy, d'avoir engagé audit prieur, pour le prix de 40 livres genevoises, toutes les terres et les hommes qu'il possédait aux territoires du Lac et de Vaudagne. — Comparution desdits hommes qui déclarent que, pendant la durée de l'Antichrèse, ils se considéreront comme les hommes taillables dudit prieur et de ses successeurs, en payant entre les mains de ceux-ci les servis annuels qu'ils étaient en usage de payer entre les mains dudit N.-Pierre de Marlio, p. 123.

22 Avril 1296.

Défense faite, sous peine de punition corporelle et de la privation de ses biens, par N.-Aymon de Bellegarde, lieutenant de Richard de Villette, prieur de Chamonix (pendant que ce dernier assistait au chapitre général du monastère de la Clusa, près Saint-Ambroise en Piémont, assemblé pour l'élection d'un abbé dans lequel il fut promu à cette dignité) à Jacques, fils de Vuillelme Bonarent[1], de Vaudagne, de poursuivre les armes à la main Jacques Boteller, de Servoz, dans la terre de Chamonix et de faire du mal et de causer du préjudice soit aux hommes, soit aux biens, sur les terres du prieuré de Chamonix, p. 127.

13 Juillet 1296.

Reconnaissance passée par divers individus de Passy de tenir en fief de Richard de Villette, prieur, et du prieuré de Chamonix, toute la montagne d'Arlevé, située dans le territoire dudit prieuré, sous le servis annuel de 12 deniers genevois, p. 128.

24 Février 1296.

Extrait *in parte quâ* de la vente d'une partie de la montagne d'Arlevé, actuellement sur le territoire de Chamonix, par Girod d'Épagny et

---

[1] Mot patois, en français : *bon à rien*.

par Antoine Gaucius dudit lieu, paroisse de Passy, à Vuillelme, métral de Chamonix, Melioret Mabilat, du Pont, et Pierre Quiblier, de Mont-Cuart, pour le prix de 46 sols 6 deniers, p. 132.

31 Juillet 1297.

Inféodation passée par Guillaume de Villette, prieur de Chamonix, du consentement de Richard de Villette, abbé de la Clusa, son supérieur immédiat, en faveur des mariés Falconet Darbelet et Belone Bezer, des biens que Pierre Bezer, frère de celle-ci, avait donnés au prieuré de Chamonix. Prix d'introge : 6 livres genevoises, p. 134.

5 Août 1297.

Quittance de Ban, par Jean Samoën, châtelain de Montjoie à Jean fils de Fraret Allout des Allouz, de Chamonix, qui avait frappé jusqu'à effusion de sang Vuillelme, prêtre, de Bionnasset, sur la montagne de Vosa, après que de l'aveu du coupable et du patient, il fut reconnu que le délit avait été commis au delà du lieu appelé Echerenes, du côté de Praz-Riond, sur les terres de Faucigny, p. 137.

28 Décembre 1297.

Composition sur un délit commis par les frères Jacques et Vuillelme Gravez et par diverses autres personnes de la paroisse du Lac, relevant du prieuré de Chamonix, à l'occasion des coups qu'ils avaient portés avec une pelle de bois à Vuillelme, dit Plagni, de Saint-Gervais, sergent de la châtellenie de Montjoie et des injures qu'ils avaient proférées contre la dame de Faucigny, faite et consentie par-devant Jofred de Clermont, baillif de Faucigny et Jean Samoën, châtelain de Montjoie, au moyen de 4 livres genevoises, payées à l'instant par les délinquants, p. 139.

28 Février 1298.

Vente passée par noble Pierre, fils de N. Rodolphe de Chedde, de Passy, à Guillaume de Villette, prieur de Chamonix, des frères Guillaume et Berthod-Forners (Fornier) et d'Isabelle, veuve de Pierre Forners, belle-sœur de ceux-ci et de tous leurs descendants, ainsi que de leurs ténements, lesquels ledit noble Pierre de Chedde déclare tenir déjà en fief dudit prieur. Prix : 12 liv. 5 s. genevois, p. 141.

31 Mai 1298.

Aymon dit Pavioz (Payot), fils d'Emeric, de Chamonix, vend à Aymon de Bellegarde, de Sallanches, procureur de Villelme de Villette, prieur de Chamonix et acquèrant pour le prieuré du lieu, deux parts d'une pièce de terre située entre le Cours de l'Arveyron (Alberon) les pâturages de Blettière, les Planards, les terres dépendantes de l'office de Métral, le Lavancher d'Ortaz, à Chamonix, pour le prix de 4 livres et 10 s. genevois. Cet acte, à la réquisition du vendeur, est homologué par Michel, curé de Chamonix, p. 144.

25 Avril 1299.

Jacquette, fille de Girard Guiers, de Châteauvieux à Passy, de son chef et au nom de ses enfants Pierre l'aîné, Pierre le jeune, Vuillerme et Rodolphe, après avoir reconnu tenir en fief de Guillaume de Villette, en sa qualité de Prieur de Chamonix, deux parts d'un quartier de toute la montagne d'Arlevé qui prend dès le cours de l'eau de Dyosa jusqu'à la montagne du Brévent, vend audit prieuré les dites parts, plus la tierce partie d'un chalet qu'elle y avait fait construire en communauté avec d'autres particuliers, le tout pour le prix de quatre livres genevoises et d'un seytier d'orge, p. 147.

26 Juin 1299.

Donation faite à R^d Guillaume de Villette, prieur de Chamonix, par Pierre fils de Rodolphe de Chède de tous les droits et en particulier du droit de pêche que ce dernier avait sur le Lac, territoire de Vaudagne, et du droit de chasse aux oiseaux qu'il possédait dans toute l'étendue des terres du prieuré de Chamonix, ainsi que de tous ses droits sur la montagne de Challioud, p. 150.

18 Janvier 1300.

Vente passée par Jordan fils de Girod Gavex, de Châteauvieux, paroisse de Passy, en faveur de Guillaume de Villette, prieur de Chamonix, du douzième qu'il possédait en propriété, de la montagne d'Arlevé, située dans le territoire du Prieuré de Chamonix, ainsi que du douzième d'un chalet, prix 40 sols genevois et une coupe d'orge ; Peronet fils d'Aymon de Chedde se porte caution contre toutes vexations quelconques que pourrait éprouver le prieur de Chamonix de la part de qui que ce soit, notamment de la part de Jacquette, sœur du vendeur et de ses enfants, p. 152.

21 Mai 1300.

Transaction, ensuite de décision d'arbitres, entre R^d Guillaume de Villette, prieur de Chamonix et les frères Jacques, Rodolphe et Jean Boteller, de Servoz, portant vente par ceux-ci audit Prieur des mariés Falconet de Darbelet et Belone Bezer, ainsi que de leur postérité et de leur tènement pour le prix de 22 livres genevoises, p. 154.

22 Novembre 1300.

Les nommés Pierre Chamos, Durand et Jean Savyù (Savioz) de Bionasset, commune de Saint Gervais, avant d'entreprendre leur pèlerinage à Saint-Pierre de Rome, offrent la somme de 30 sols genevois, à R^d Guillaume de Villette, prieur de Chamonix, en réparation des bois et de l'herbe qu'ils avaient coupés, à son préjudice, dans sa forêt du Crest de Chamonix, qui prend, dès le sommet des ravins d'Écheraine à la Fontaine dite Mollie-Closayn, avec promesse de ne plus y faire de semblables coupes avant que ces lieux, situés en la montagne de Vosaz, soient délimités entre ledit prieur et les hommes de Bionasset. Ledit prieur leur fait quittance de ces 30 sols qu'ils lui payèrent en espèces, p. 161.

25 Novembre 1300.

Transaction passée entre Guillaume de Villette, prieur de Chamonix, et Henry de Graveruel, châtelain de Montjoie (vallée de Saint-Gervais) et de Saint-Michel du Lac, au sujet de la commise des biens d'un individu nommé Vialet, originaire et lige du prieuré de Chamonix, décédé sans postérité sur les terres de dame Béatrix, de Savoie, dame de Faucigny; lesquels biens avaient été saisis par ledit châtelain. Il fut décidé que cette commise appartenait au prieur de Chamonix, par l'arbitrage de Pierre Davalon et de Pierre Coppier, p. 163.

8 Juin 1302.

Lettre de Pierre Coppier, Bailli de Faucigny à Henry de Graveruel, châtelain de Montjoie et de Saint-Michel du Lac, sur la plainte que lui avait faite le prieur de Chamonix, au sujet de l'engagement de deux juments fait par Girod Dulac, homme taillable dudit prieur, à Guillaume de Voseryer, portant ordre audit châtelain de faire restituer audit prieur les deux juments et de protéger et de défendre le dit prieur, p. 165.

5 Septembre 1303.

Propositions faites par Guillaume de Villette, prieur de Chamonix à Pierre fils de Rodolphe de Marlio dit Métral, d'acquérir de ce dernier au prix qui sera fixé par deux experts ou par dame Béatrix de Savoie, dame de Faucigny, le comte de Genève ou par tous autres nobles du diocèse de Genève, les biens qu'il possède dans la juridiction du prieuré, avec défense de les aliéner à qui que ce soit, sinon audit prieur, ce à quoi le dit Pierre de Marlio a acquiescé, p. 167.

18 Juillet 1307.

Délimitation de leurs territoires et juridictions respectifs entre Jacques, abbé de Saint-Maurice d'Agaune, et Vuillelme, prieur de Chamonix, soit entre la paroisse de Vallorcine dépendante du prieuré de Chamonix et celles de Servans et de Fin-Haut, dépendantes du monastère de Saint-Maurice; le tout en la présence des communiers des dites paroisses qui ont adhéré à la plantation des limites, p. 169.

17 Janvier 1312.

Promesse faite par Rolier de Barberine à Guillaume de Villette, prieur de Chamonix, de l'aider de sa troupe et par tous les moyens en son pouvoir, contre l'évêque de Sion et ses sujets Valaisans, sous peine de traîtrise, p. 173.

6 Janvier 1315.

Concession d'un battoir à construire sur la glière de Mont-Quart dans la vallée de Chamonix, dès le Nant, soit ruisseau de la Bréta jusqu'à celui de Taconnaz, faite par révérend Guillaume de Villette, prieur de Chamonix, à Baromer de la Rosière et à Michel Pelarin de Bois-David, avec faculté de le rétablir ou de le changer de place toutes les fois qu'il viendrait à être emporté par l'impétuosité des eaux, sous l'introge de 60 sols genevois, payés comptant, p. 174.

Septembre 1316.

Vente passée par Guillaume de Villette, prieur de Chamonix à Pierre fils d'Aymon de Cupelin, des biens tombés en commise et échute audit prieur par le décès sans postérité de Pierre Galopin, et de son frère Henry, de la Molâ, pour le prix de 25 livres genevoises, p. 175.

1317.

Quittance par le frère Aymard, dépensier du monastère de la Cluse, à révérend Guillaume de Villette, prieur de Chamonix, de la somme de 12 livres viennoises à compte de celle de 30 livres, qu'il devait à la dépense dudit monastère, à la fête de saint Michel suivante, p. 177.

7 Juillet 1319.

Reconnaissance passée par Hugue, dauphin de Viennois, sire de Faucigny, en faveur de Guillaume de Villette, prieur de Chamonix, en renouvellement de celle que dame Béatrix de Savoie, dame de Faucigny son ayeule, avait passée à Richard, prieur de Chamonix, le 7 des kalendes de novembre 1289, p. 178.

23 Novembre 1323.

Vente passée par le ministère et sous le sceau de Guillaume de Villette, prieur de Chamonix, par Robin du Follier et ses filles Béatrix et Vianne, majeures de 14 ans, en faveur de Jacquemet le jeune fils de Pierre Dupont, pour le prix de 20 sols genevois.
Et confirmation soit lod de la dite vente, par Pontitius, procureur de Pierre Esternat, nouveau prieur de Chamonix, après le décès dudit Guillaume de Villette, p. 182.

20 Janvier 1326.

Hommage et fidélité prêtés à Aynard de Montbel, prieur de Chamonix, par 76 chefs de famille de la terre de Chamonix, p. 184.

22 Janvier 1326.

Hommage de noble Jean fils de Mermet de Thoire envers Aynard de Montbel, prieur de Chamonix, pour tout ce qu'il possède, ainsi que son père, provenant des nobles Métral de Passy, dans les territoires de Vaudagne et du Lac, sous la réserve de la fidélité qu'ils doivent au sire de Charosse, p. 188.

12 Mars 1326.

Reconnaissance passée par les frères Jean et Brunet fils de feu Vuillelme de Taconnaz, qu'eux, leurs ancêtres et leurs descendants, sont et ont été hommes liges du prieuré de Chamonix, des frères

Paviot, Melioret et Rodolphe Jaquetey et de Jacquemod, dit Folley, comme consorts avec ledit prieuré; ils reconnaissent, en outre, leur devoir, la fidélité, etc., et être tenus à leur payer annuellement la cense de 10 sous pour leurs tènements et le servis de 17 deniers, p. 190.

15 Janvier 1328.

Commission donnée par Édouard, comte de Savoie, à Bartholomé, abbé de Saint-Maurice d'Agaune, pour examiner et pour juger, après due information, la plainte à lui adressée par Aynard de Montbel, prieur de Chamonix, exposant que, sous son prédécesseur, un Lombard, nommé Ruffin Barbafella, avait été pris et arrêté sur son territoire par les gens du comté de Genève, qui lui avaient fait éprouver de graves dommages; que le Lombard s'étant pourvu au châtelain de Sembrancher, avait fait saisir audit lieu, un jour de foire, toutes les marchandises que les négociants Chamoniards y avaient amenées; que ceux-ci n'avaient pu recupérer leurs marchandises qu'en fournissant caution et en promettant, tant en leur nom qu'en celui de leur prieur, d'accepter la juridiction du comte; que nonobstant ce, ledit châtelain, sans les avoir citées, poursuivait les cautions. Ordre audit châtelain de s'en référer à la sentence de l'abbé de Saint-Maurice, p. 193.

13 Octobre 1329.

État des condamnations pécuniaires, rendues par Aymon de Saint-Joire, juge de la terre de Chamonix, à l'occasion de divers méfaits commis par les personnes y désignées et payables entre les mains d'Aynard de Montbel, prieur de Chamonix, p. 195.

20 Janvier 1330.

Traité passé entre Aynard de Montbel, prieur de Chamonix, et ses hommes de Chamonix, de Vallorsine et du Lac, par lequel est annulé le privilége accordé à un notaire d'exercer à l'exclusion de tous autres et réglant divers points des coutumes controversées. Ce traité, pour lequel le prieur reçoit 220 livres genevoises, est approuvé par son supérieur, Rodolphe, abbé de Saint-Michel de la Cluse au diocèse de Turin, p. 197.

25 Novembre 1334.

Aynard de Montbel, prieur de Chamonix, vend à Micholod de Lorney, pour le prix de 61 sous, 8 deniers genevois, les biens qui lui étaient échus par droit de commise et suivant l'antique coutume du lieu, de Jacquemette fille de Michel Duvivier, qui s'était mariée sans son consentement, avec un étranger à la juridiction de Chamonix, p. 205.

6 Novembre 1341.

Fondation et dotation d'une messe hebdomadaire dans l'église de Chamonix par Guillaume Vernet, à l'acceptation d'Aynard de Montbel, prieur de Chamonix et de ses moines et du consentement de R^d P. Rodolphe de Montbel, abbé du monastère de la Cluse, p. 207.

3 Juin 1345.

Affranchissement par Aynard de Montbel, prieur de Chamonix, d'Aimon fils de Jacquier Berthod, son homme lige, et de toute sa postérité, p. 210.

1er Janvier 1348.

Déclaration faite par révérend Aynard de Montbel, prieur de Chamonix, en faveur d'Aymon Métral, métral de Chamonix, que ce dernier a droit de vivre à la table des moines du prieuré, tous les jours de dimanche, des fêtes de Noël, de Pâques, de Notre-Dame de la mi-août et de la Toussaint. Confirmation de cette faveur par révérend Rodolphe de Montbel, abbé de Saint-Michel de la Cluse, p. 211.

28 Août 1361.

Hommage, lige et fidélité prêtés à Jean Bochard, prieur de Chamonix, par 96 chefs de famille de la vallée de ce nom, p. 213.

1er Février 1364.

Sentence absolutoire prononcée par spectable Étienne d'Orsières, juge de la terre et juridiction de Chamonix, en faveur de Mermier Moterod qui avait été à tort accusé par Pierre Bovis d'avoir pris, sans le consentement de ce dernier, la jument de celui-ci; le plaignant est condamné aux frais et cité pour les premières assises pour entendre prononcer la taxe, p. 216.

INDEX CHRONOLOGIQUE XXIX

23 Août 1364.

Reconnaissance passée par Pierre de Thuet, curé de Vallorsine, en faveur de Jean Bochard, prieur de Chamonix, du personnat de son église et des servis annuels auxquels il est tenu envers ce dernier, en sa qualité, p. 218.

27 Janvier 1365.

Hommage lige et noble, prêté, sans préjudicier à ses devoirs envers le seigneur de Charrosse, par noble Jeannette, fille et héritière universelle de noble Jean de Thoire, chevalier, femme de N. Pierre d'Hauteville, damoiseau, coseigneur dudit lieu et seigneur de Crete, en faveur de vénérable Jean Bochard, prieur de Chamonix, pour tous les hommes et les terres qu'elle possède du chef de son dit père, dans les territoires de Vaudagne et du Lac, — investiture par ledit prieur en faveur de ladite dame d'Hauteville, p. 222.

29 Décembre 1366.

A. Transaction entre Jean Bochard, prieur de Chamonix, et François de Lucinge, tant de son chef qu'au nom de Marie, fille de Guillaume de Marlio, au sujet de la Juridiction de ces derniers sur les hommes qu'ils possèdent dans le territoire de Vaudagne, dépendant du dit prieuré.
E. Ratification de cette transaction par ladite dame de Lucinge, p. 227.

1285.

B. Transaction entre révérend Richard de Villette, prieur de Chamonix et nobles Amédée Métral et Pierre de Marlio, cousins, relativement à la même juridiction.
C. Délimitation entre les mêmes de leur Juridiction respective.
D. Avis en droit à ce sujet, p. 227.

Dimanche des Brandons 1366.

Reconnaissance d'hommage lige et censat pour sa personne et ses biens passée par Humbert Marchiant, de Chamonix, à Jean Bochard, prieur dudit lieu, p. 240.

3 Mai 1366.

Hommage lige et serment de fidélité prêté par Aimon, Métral de Chamonix, en faveur de vénérable Jean Bochard, prieur de Chamonix, de tenir en fief de lui et de ses prédécesseurs tout ce qu'il possède dans la vallée de Chamonix, p. 242.

14 Janvier 1367.

Promesse faite par Jean Fabri, du Pont, de Chamonix, à vénérable Jean Bochard, prieur de Chamonix, de lui payer 100 florins d'or au lieu de 60 florins qu'il avait promis à ce dernier, par transaction sur le délit qu'il avait commis pour avoir altéré le poids public sans le consentement dudit prieur, p. 244.

1er Décembre 1368.

Sentence prononcée par Pierre, abbé de Saint-Michel de la Cluse, nommé arbitre entre Jean Bochard, prieur de Chamonix, et trois syndics agissant au nom de toute la communauté de ladite vallée, p. 246.

25 Mars 1370.

Girard Cornuti du lieu des Ravanels, section de Vaudagne, commune des Houches, reconnaît tenir en emphytéose des mariés Jean Rubin, de Joux, à Passy, et Catherine, fille d'Anserme du Lac, sous le servis annuel de six deniers genevois, une pièce de terre en pré, rippe et bois, située lieu dit à Mont-Borrel, même section, suivant les confins y exprimés, p. 254.

19 Avril 1374.

Réquisition faite par révérend Jean Bochard, prieur de Chamonix, au frère Aimon, fils de Girard de Chissé, moine et mandataire de son frère Pierre de Chissé, chevalier, châtelain de Servoz, pour Amédée VI, comte de Savoie, de lui faire délivrer le muid et demi de froment qu'il avait droit de prélever sur les revenus en nature de ladite chatellenie de Servoz, en vertu des titres exhibés. — Ordre donné par Aimon de Chissé à N. Aimon Botholier, damoiseau, métral de Servoz, de faire cette délivrance audit prieur, p. 256.

21 Juillet 1382.

Transaction, ensuite de décision d'arbitres, entre révérend Jean Bochard, prieur et seigneur de Chamonix et nobles Hugues, Jean et Simon, frères, fils d'Aimon Métraux de Chamonix, par laquelle il fut reconnu que ceux-ci possédant en fief du prieuré de Chamonix la métralie du lieu, avaient droit de recevoir dudit prieur, chaque année, à la Toussaint, une robe en drap du Valais, perforée d'une plume noire, comme marque soit attribut de leur profession ; d'exiger la dixième partie de toutes les amendes, confiscations et compositions pécuniaires pour crimes ou délits ; d'être nourris à la table des moines du prieuré tous les dimanches et aux fêtes de Noël, de Pâques, de l'Assomption et de la Toussaint, de percevoir une rente annuelle de 40 sous sur les revenus du prieuré, et sur certains actes et émoluments, le tout sous réserve de l'hommage lige au prieur et au prieuré. Et incontinent lesdits nobles frères Métraux, de Chamonix, prêtèrent hommage et fidélité audit prieur, pour eux, leurs héritiers et successeurs, p. 258.

18 Mai 1383.

Grâce accordée par Jean Bochard, prieur de Chamonix, sur les instances des parents tant des coupables que de la victime, aux nommés Michalet, fils de Jacquemet Michala et Michalet, fils de Vautier Ondeyer, du hameau du Lavancher à Chamonix, lesquels avaient tué Boson Terrier et s'étaient ensuite enfuis du pays, p. 267.

15 Décembre 1386.

Jean Bochard, prieur de Chamonix, confirme les précédentes franchises de la communauté et en interprète plusieurs articles controversés, p. 269.

15 Octobre 1388.

Sentence d'absolution prononcée par spectable Jacques Sostion, juge de la Terre de Chamonix, en faveur d'Hugonet-Bovet, accusé d'être entré de nuit dans la maison et l'étable de Johannet-Métral (en 1382) d'y avoir pris le cheval de ce dernier, avec sa selle et sa bride, de l'avoir conduit aux Iles des Rosières, où il lui aurait coupé les jambes et l'aurait tué et ensuite recouvert avec des plantes et des branches de sapin. Cette inculpation reposait sur les mauvais antécédents de l'inculpé, notamment sur ce qu'il n'avait pas couché chez lui la nuit où ce délit avait été commis ; sur ce qu'il possédait une hache dentelée, dont l'empreinte se trouvait marquée, soit sur l'animal, soit sur les souches des sapins qu'il avait coupés ; sur ce qu'il avait été le premier à annoncer le délit ; sur l'inimitié, qu'il portait audit Métral et sur les paroles injurieuses contre ce dernier, qu'il avait proférées en présence de Simon, frère de celui-ci, p. 274.

1389-1390.

Compte-rendu par Mᵉ Jacquet de Joria, notaire à Chamonix, à révérend Jean Bochard, prieur et seigneur temporel du mandement de Chamonix, des recettes et dépenses qu'il avait faites pour lui pendant les années 1389, 1390 et 1391, p. 277.

9 Septembre 1396.

Sentence d'absolution rendue par spectable Jacques Sostion, jurisconsulte et juge de la terre de Chamonix, en faveur de Jacquier Charlet, accusé par Jacquet de Joria et Jacqueline sa femme, de leur avoir volé dans leur maison de la Frasse, sur la route de Montanvert, p. 310.

4 Octobre 1399.

Sentence d'absolution rendue par spectable Jacques Sostion, juge de la terre et jurisdiction de Chamonix, en faveur de Richard Bonjour inculpé à tort par Jean du Lormey, d'avoir volé l'or et l'argent du curé de Vallorsine ; le dénonciateur est condamné aux frais de justice, p. 313.

17 Janvier 1400.

Extrait *in parte quâ* des comptes d'Antoine Leger, notaire et receveur général du prieuré de Chamonix, rendu à vénérable Jean Bochard, prieur et seigneur temporel de Chamonix, du Lac et de Vallorsine, de ses recettes et dépenses pendant les années 1398 et 1399, approuvé par ledit prieur le 17 janvier 1400, p. 314.

DOCUMENTS

RELATIFS AU

PRIEURÉ ET A LA VALLÉE DE CHAMONIX

1

Donation par Aimon, comte de Genevois, et par Gérold, son fils, au monastère de Saint-Michel de la Cluse, de toute la vallée de Chamonix.

(1090 environ.)

(D'après l'original écrit sur parchemin. Archives de Sallanches, A, n° 8. Cet acte a été publié par Guichenon, *Histoire généalogique*, et par Besson, *Mémoires ecclésiastiques*, p. 346, avec des fautes assez nombreuses.)

In nomine sancte et individue Trinitatis. Ego Aimo Comes gebennensis, et filius meus Geroldus [1], donamus et concedimus Domino Deo Salvatori nostro, et sancto Michaeli

---

[1] Pour la filiation des comtes de Genevois et des sires de Faucigny, voir les tableaux généalogiques.

archangelo de Clusâ[1] omnem Campum munitum cum apendiciis suis, ex aqua que vocatur Desa[2], et rupe que vocatur alba[3], usque ad Balmas[4], sicut ex integro ad Comitatum meum pertinere videtur, id est terras, silvas, alpes, venationes, omnia placita et banna, ut Monachi Deo et Archangelo servientes hoc totum habeant et teneant, sine contradictione alicujus hominis, et nichil nobis nisi elemosinas et orationes pro animabus nostris et parentum nostrorum retinemus, ut sanctus Michael archangelus perducat nos et illos in Paradisum exultationis. Si quis autem, quod absit, hoc donum confringere voluerit, in anathemate et maledictione sit, sicut Dathan, et Abiron, quousque resipiscat et satisfaciat.

Ex istis ergo donis sunt legitimi testes, uterini fratres Comitis, Willelmus Fulciniaci, et Amedeus, et Thurunbertus de Nangiaco[5], et Albertus miles de gomoens[6], et Engeldrandus Presbyter, et Silvo.

Ego Andreas Comitis capellanus, hanc cartam precepto ipsius Comitis scripsi et tradidi feriâ VII. lunâ XX.VII. Papâ Urbano Regnante[7].

---

[1] De l'ordre de Saint-Benoît, dans la vallée de Suse (Piémont).

[2] La Diosaz, torrent qui descend du Buet et vient se jeter dans l'Arve, un peu en avant de Servoz.

[3] La Roche-Blanche est sur le territoire de Saint-Gervais, au sud-est de Servoz.

[4] Col de Balme, à la limite entre la France et la Suisse.

[5] Noble de Nangy; Nangy, commune du canton de Reignier.

[6] De Goumoens, noble du pays de Vaud.

[7] Urbain II, élu pape en 1088, régna jusqu'en 1099.

2

Lettres de garde accordées à la vallée de Chamonix par Vuillelme de Faucigny, avec promesse de la protéger contre toutes espèces d'agression, et notamment contre celles d'Amédée et des seigneurs de Nangy, qui étaient venus la ravager.

(1202.)

Le 13 des Kalendes d'Octobre (19 Septembre).

(D'après l'original écrit sur parchemin. Arch. de Sallanches, A, n° 1. Cette charte a été publiée au tome VII des M. D. S. H. G., p. 292.)

Ne in posteris oblivionem habeat quod humana constituit industria, que inter mortales sepissime fiunt, litterarum beneficio commendantur. Innotescat igitur tam presentibus quam futuris, quod ego Wilelmus de Fulciniaco, usus sanitatis consilio baronum et hominum meorum, amore Dei et Beati Michaelis archangeli, suscepi in defensionem et tutelam Vallem Campi muniti, cum pertinentiis suis, in ea libertate et forma qua Dominus Aimo Comes Gebennensis eam helemosinarie dedit et concessit Ecclesie Sancti Michaelis de Clusa, nichil sibi retinendo vel heredibus suis, nisi tantum in domino oraciones. Preterea cum Dominus et avunculus meus [1] Wilelmus Comes Gebennensis in extremis laboraret, precepit michi firmiter et injunxit in amore et fidelitate qua ei tenebar, ut prenominatam helemosinam per me et homines meos manutenerem, servarem et defenderem ab omni homine [2], et

---

[1] La mère de Willelme II, sire de Faucigny, était sœur de Guillaume Ier, comte de Genevois.

[2] Dans la sentence rendue sur les différends existant entre Aimon et Willelme, comte de Genevois, le 10 mai 1225 (M. D. S. H. G., tome

— 4 —

specialiter ab Amedeo et Dominis de Nangé, qui per violentiam in prefata valle multas exactiones facere presumpserant et inferre. Promisi insuper, et adimplere, Deo volente, desiderio, quod nullam injuriam in sepedicta valle per me vel per homines meos faciam, nec aliquis alius a quo defendere possem, nisi prius per justiciam, cognita ratione. Hec autem omnia juravi spontanea voluntate tenere inconcusse et inviolabiliter observare, tactis sacrosanctis evangeliis in Ecclesia Sancti Johannis de Megeva, et eadem juraverunt de mandato meo Rodulfus de Graisie [1], Jacobus de Vosoirie [2], Wilelmus Franceis, Guido de Salins [3], Giroldus de Perrina, Anselmus Balbus, Petrus de Arsenaz marescallus [4], Raimundus de Planai [5], Aimo de Cupilis. Actum est hoc in ecclesia de Megeva, in presentia Dni. P. [6] Abbatis Clusini, presentibus testibus Petro priore de Megeva, Appollonio hobedientiario, magistro Hugone, Johanne de Sancto Stephano, Martino Brocardo, Willelmo Botelerio, monachis, Willelmo capellano de Flumet, Aimone capellano Campi muniti, Johanne capellano Megeve, Gigone de Bosco, Uldrico, Petro fabro...

Anno ab incarnatione Domini mill° cc. ij., xiij. kalendas Octobris. Verum tamen ut hec predicta magis tenaciter observentur, cartam istam sigilli mei patrocinio feci communiri [7].

VII, p. 295), le droit de garde de Chamonix est ainsi réglé : *De Chamonio judicatum est quod si D. Fuc. legitime potest monstrare quod Comes Gebenn. precepit Will° fratri Dni. de Fuc. quod custodiret illud contra illum et contra alios qualem custodiam ei commisit, talem habeat et si aliquis ibi abstulit illis restituat quibus abstulit.*

[1] De Grésy-sur-Aix.
[2] De Vaugérier, commune d'Amancy, canton de la Roche.
[3] De Salins, ville du Jura.
[4] D'Arsenay, maréchal de Faucigny.
[5] Planay, hameau de Mégève.
[6] Pierre, abbé de Saint-Michel de la Cluse.
[7] Il ne reste que le cordon en fils de soie rouges et jaunes.

3

Lettres de garde et de protection, accordées à la vallée de Chamonix par Wuillelme, frère d'Humbert, comte de Genevois, contre toutes agressions et spécialement contre celles d'Amédée de Nangy.

(1205 [1].)

Le 3 des Ides de Mars (13 du même mois).

(D'après l'original écrit sur parchemin. Archives de Sallanches, A, n° 2. Charte publiée au tome VII des M. D. S. H. G., p. 293.)

In nomine sancte et individue Trinitatis. Quoniam hominis memoria labilis est et transsitoria, et que temporaliter fiunt, per temporis successionem cito ab humanis mentibus laberentur, nisi litterarum beneficio renovarentur ; ideo sanitatis usi consilio que gessimus scripture decrevimus commendare. Innotescat igitur presentibus et posteris quod dominus Willelmus Gebennensis, vir prudens et nobilis, frater Humberti Comitis Gebennensis, Domum Campi muniti cum apendiciis suis, quam ecclesia Clusina ab antecessoribus suis elemosinarie obtinuit, absque ulla retentione, nisi tantum orationum Clusine ecclesie, sicut pater ejus laborans in extremis apud Novellas [2] juxta Nansiacum, multis prelatis et baronibus presentibus, protestatus fuit, et ipse postea quantum potuit et sicut debuit hoc idem asseruit, quia in partem dominii sui sibi contigerat quando pater ejus Willel-

---

[1] Dans le système Pisan, il faudrait 1204.
[2] Novel, hameau du village de Nancy-sur-Cluses, pris par erreur pour Annecy-le-Vieux, par les auteurs du *Régeste genevois*.

mus comes Gebennensis, bone memorie, sibi et aliis fratribus comitatum disposuit, pepigit manutenere, servare, defendere ab omnibus infestatoribus, et specialiter ab Amedeo de Nangie, qui peccatis suis exigentibus, ibi multas intulit injurias quibus, sicut fama est, tota nobilis ejus progenies fere penitus est adnichilata. Hoc juravit predictus Willelmus tenere inconcusse, et inviolabiliter observare et lotis manibus sacrosancta tetigit evangelia, et multi alii viri nobiles cum eo, scilicet Willelmus vicedominus de la Rochi [1], Albertus de Compeis [2], Petrus Delaij filius Petri de Laij [3]. Actum fuit hoc ante fores ecclesie de Siunzie [4], in manu Petri prioris qui tunc temporis preerat Domui Megeve et Domui Campi muniti.

Anno ab incarnatione domini m° cc° iiij°, tercio idus martii, luna viij, indictione vij, vacante Romano imperio. Testes Johannes monacus, Johannes capellanus de Siunzie, W. capellanus de Flumet, Jacobus de Vosorie, W. Franceis, Aymo de Belavarda, R. de Beigna, W. de la Cruz, milites; W. Botoliers, G. Delbosc, Anselmus Libauz, W. de Chesie, A. Pignet, Bernart Chater, et multi alii.

Au bas, pend un sceau en cire blanche, lié au moyen d'un cordon en soie verte, représentant un cavalier armé d'une épée; légende : SIGILL. WILLMI. GEBENNENSIS.

---

[1] Vidomne de La Roche.
[2] De Compeys, Compois, hameau de Meinier, canton de Genève.
[3] Laye, hameau de Mieussy, canton de Taninges.
[4] Scionzier, commune du canton de Cluses.

4

Sentence arbitrale prononcée par Vion, abbé de Tamié, et Pierre, prieur de l'Église de Tarentaise, sur le différend survenu entre Humbert, prieur de Chamonix, et les fils de Wuillelme Boteler, de Sallanches, à l'occasion du fief que ceux-ci possédaient dans les terres du prieuré de Chamonix, au lieu du Lac.

(Sans date, de 1224 à 1238 environ.)

(D'après l'original sur parchemin. Arch. de Sallanches, B, n° 3. Publié dans les M. D. S. H. G., tome XIV, p. 387.)

Cum orta esset discordia inter Dominum Humbertum, Priorem Campi muniti, ex una parte, et filios Willelmi Boteleri Salancie, ex altera, super quodam feudo quod ipsi filii Guillelmi supra nominati Boteler a domo Campi muniti tenebant. Coram Domino Vione [1] abbate Tamidii et Domino Petro Sancte Tarentansiensis ecclesie priore [2], judicibus super hoc a summo pontifice delegatis. Tandem visis et auditis rationibus et allegationibus utriusque partis, cumpromissum fuit hinc et inde ab utraque parte in supradictum abbatem Tamidii et dominum Petrum priorem tarentansiensis ecclesie et juraverunt dicti filii Guillelmi Botalerii, scilicet Iacobus in eorum presentia major filius, et alii filii postea cum matre eorum, sicut supradictus prior coram nobis asseruit, in manu ejusdem prioris, juraverunt stare ejus arbitrio seu cognitioni, concordia vel judicio mediante. Qui judices, abbas videlicet et prior supra nominati, inter dominum Hum-

---

[1] Le nom de ce prieur ne figure pas parmi les prieurs de Tamié dans l'histoire de Burnier et dans Besson, p. 238.

[2] L'église de Tarentaise fut desservie par des chanoines réguliers, de 1145 jusqu'au commencement du xvɪɪe siècle.

bertum priorem Campi muniti et filios Guillelmi Botalerii talem concordiam fecerunt. Quod videlicet prior investiret eos de supranominato feudo super quo contentio vertebatur, et quod unus illorum faceret fidelitatem priori nomine Domus Campi muniti, videlicet ille qui teneret feudum et redderet annuatim in festivitate Sancti Michaelis pro feudo, IIII solidos Gebennensium de servicio super altare ecclesie Campi muniti, et quod in alpe de Calescii [1] de cetero, nec ipsi, nec homines illorum, nec aliquid per eis non inalpabit, nec hoccasione istius feudi in villa de Lacu [2], nec in territorio ejusdem ville de Lacu, nichil ulterius possint exigere, et terram quam ibi tenebant in manu prioris perpetuo relinquerint. Ita tamen fuit dictum, quod super feudo memorato dicta domus de Chamonis habeat banna, placita et venditiones et omnia que ad utile pertinent et venationes, sicuti in alia terra sua habet. Et ut ratum et firmum ista omnia superius nominata permanerent totum feudum superius nominatum in manu Domini Prioris et successoribus ejus, si in aliquo deviarent a ratione ecclesie de Chamonis superius nominata, dimiscerunt et relinquerunt perpetuo sine aliqua requisitione vel reclamatione. Insuper per ista omnia atendenda fuerunt fidejussores pro dictis filiis Willelmi Botelier et mater eorum, Amedeus de Lay clericus et Guillelmus Pipinus miles, et Anricus de Lay miles. Actum est hoc apud Sanctum Sigismondum. Testes hujus rei rogati et vocati fuerunt isti : dominus Petrus prepositus Almisii [3] et monachus ecclesie sancti Justi Secusie, Arducio monachus Sancti Michaelis et Durandus canonicus de Intermontes [4], Paganus cle-

[1] L'alpe de Chailloux. Alpes, pâturages des hautes montagnes où l'on conduit les troupeaux pendant la belle saison.

[2] Le hameau du lac est sur la rive gauche de l'Arve, en face de Servoz.

[3] Almèse, commune de la province de Suse.

[4] Entremont, abbaye de chanoines réguliers de Saint-Augustin, canton de Bonneville.

ricus de Yriaco[1], Amedeus clericus de...., Dominus Petrus de Curnilio[2] miles, Guido Rucelins, Guido de Curnilio, et Petrus frater ejus et Petrus Martini de gebenna et Willelmus filius ejus et Varinus de Coflens et plures alii.

5

Humbert, prieur de Chamonix, règle le différend existant entre Aymon, seigneur de Faucigny, et l'abbé de Saint-Michel de la Cluse, sur les hommes et les biens du prieuré de Mégève.

(1226.)

12 des Kalendes de Décembre (20 Novembre.)

(Pièce communiquée par M. Martin, curé de Mégève.)

Anno Domini M.CC.XXVI°. XII kalendas decembris, indictione XIII, sciant omnes presentes et posteri quod cum querela mota fuisset super rebus et hominibus Domus Megeve[3] inter Aymonem Dominum Fucigniaci et Abbatem Sancti Michaelis de Clusa; tandem querela sospita est in hunc modum, quod dictus Abbas et conventus ecclesie Sancti Michaelis dederunt potestatem Humberto priori Campi-muniti et mandatum quod super rebus predictis et hominibus componeret et secundum ejus compositionem attenderent, secundum quod continetur in carta mandati quod remisit penes Aymonem Dominum Fucigniaci. Dictus autem Humbertus

---

[1] Yriaco, Héry-sur-Ugine, prieuré dépendant de Saint-Michel de la Cluse.

[2] Saint-Laurent de Cornillon, canton de Sallanches.

[3] Megève, commune du canton de Sallanches; son prieuré dépendait de Saint-Michel de la Cluse.

nomine Abbatis et conventus sic composuit cum dicto Aymone Domino Fucigniaci : Quod in dominio et possessione ecclesie Sancti Michaelis remanerent omnia spiritualia ecclesie Megeve, videlicet decime, primitie et hujusmodi que pertinent ad ecclesiam preterea terragium [1] quod precedenti tempore ecclesia perceperit, molendina et alia que pertinent ad aquagium; et memoratus Aymo tanquam bonus advocatus et justus promisit quod in aquagiis nunquam aliquid edifficaret, edifficari vel permitteret ab aliquo contra jus ecclesie...... Item remanerent endominium ecclesie quas possiderat hactenus ecclesia quas propriis sumptibus excoluerat et alpagia, servicium vero quod debetur ecclesie tam in denarios quam in cibis totum computetur in denariis et reddetur ecclesie in festo Sancti Michaelis ita tamen quod inquantum ecclesia inde receperit minuatur a mille solidis quos ecclesia retinuit in‘ terris et hominibus de assensu et voluntate Aymonis Domini Fucigniaci secundum quod inferius fiet mentio. Sic enim facta fuit compositio quod mille solidi remanerent ecclesie super terris et hominibus in festo Sancti Michaelis annuatim persolvendi secundùm quoad quodcumque maxum contingerit ita quod si possessores dicto termino censum non redderent, ecclesia auctoritate sua terre possessionem rehabeat donec ibidem possessores ecclesia instituat, et si ecclesia non inveniret quos institueret ad presentationem dicti Aymonis Domini Foucigniaci reciperet ecclesia possessores. Item dominus Fucigniaci decem libre quas habebat censuales in ecclesia memorata ecclesie concessit perpetuo et remisit. Item prenominatus Humbertus tali modo cum predicto Aymone composuit nomine abbatis et totius capituli quod ex parte abbatis et conventus omnes homines et terrarii [2] et alia omnia que ad

[1] Terrage, portion des fruits due aux seigneurs pour les terres soumises à ce droit.
[2] *Terrarii* (vassaux).

ecclesiam pertinebant in Megeva et Flumet[1] exceptis hiis que ad ecclesiam remanserant predicto Aymoni et ejus heredibus dedit et concessit in perpetuo possidenda tanquam sua. Pro hac donatione predictus Aymo dedit Humberto pro debitis ecclesie persolvendis quatuor mille et CCCCC solidos gebennenses monete quos confessus est recepisse, et si aliquid hactenus commisit contra dictam ecclesiam vel aliquid ab ea injuriose extorsit, dictus Humbertus nomine abbatis et conventus remisit omnem injuriam et peccatum. Item promisit dictus Aymo dictam domum defendere et manutenere contra omnes tanquam justus advocatus et servare jura retenta domini et nunquam contravenire, nunquam à priore vel ab ecclesia procuratore contra voluntatem eorum aliquid extorquere, si autem ex parte domus de Clusa vel pro ea contra pacta à domino Humberto facta aliquid attemptatum fuerit per quod premissa non attendantur, ecclesia Clusina Domino Fucigniaci teneatur omni tempore donec adimpleatur quod promissum est, et ipsum conservare indempnem, similiter si contra premissum Aymonem Dominum Fucigniaci aliquid fuerit attentatum, teneatur omni tempore ecclesia Sancti Michaëlis donec adimpleatur quod promissum est conservare et indempnem; hoc autem attendere juravit Humbertus bona fide et Aymo Dominus Fucigniaci ex parte sua et pro eo R. De Lucin[2] et Hugo Villiens de Salanchia. Ne autem quod actum est propter hominum immemoriam et cavillationem frauldulentum infringatur prenominatus Aymo cartam sigilli sui fecit munimine roborari. Actum est hoc apud Bonam[3] ante domum Nicolai De Rullen; hujus rei testes sunt Gr. De la Sarra[4], R. De Lucingo, T. Chappe, G. De Mansenio, W. Capellanus de

---

[1] Flumet, commune du canton de Sallanches.
[2] De Lucinge, château et commune du canton d'Annemasse.
[3] Bonne, commune du canton d'Annemasse.
[4] De la Sarra, château au nord de Lausanne.

Flumet, Hugo De Somon, Aymo De Cruce, W. et Henricus De Cruce, Emericus De Turre de Chatellon [1], Dermago et V. et P. filii ejusdem Lausan. Gr. De Frieres, Nicol. De Rulini Frerches, W. et Hudrinus de Fribor et W. Pucoz.

Il fut fait, le 13 décembre 1358, dans la sacristie de l'église de Mégève, un Vidimé de la Charte qui précède par M° Jean Devillier, notaire impérial, en présence d'Henry De l'Hôpital, curé de Megève; Pierre Guilleyn, curé de Combloux [2]; Antoine Delamouillé, chapelain de Megève; de dom Pierre de Ullenta, moine de la Cluse. On transcrivit ce Vidimé sur un grand livre authentiqué par les notaires Jacques Dumont et Guichard Perret. Ce dernier livre fut produit au Parlement de Savoie par dom Fabio de Trivulce, prieur et commendataire perpétuel du prieuré de Megève, et Trolliouz, secrétaire audit Parlement, en fit, le 3 décembre 1551, une copie sur laquelle a été prise celle que nous publions.

[1] La tour de Châtillon, château près de Martigny, en Valais.
[2] Combloux, commune du canton de Sallanches.

6

Cession par Aymon, sire de Faucigny, à W., comte de Genevois, des droits qu'il pouvait avoir sur Chamonix, à l'occasion notamment de la garde du lieu, qui avait été accordée à feu son frère W.

(1229.)

12 des Kalendes de Mai (20 Avril).

(Archives de Sallanches, A, n° 3. Publié dans les M. D. S. H. G., tome VII, p. 293.)

Notum sit omnibus hominibus tam presentibus quam futuris quod ego Aymo dominus Fulcigniaci donavi et concessi, et etiam remisi domino W. comiti gebennensi, quidquid juris habebam et habere poteram in Chammonis et ejus pertinenciis, undecumque illud haberem vel habere possem, sive ratione cujusdam custodie bone memorie W. fratri meo quondam facte vel concesse, sive aliunde : et ipsum exinde corporaliter investivi ad habendum, tenendum et pacifice perpetuo possidendum. Testes autem ad hoc vocati et rogati interfuerunt, Aalaïs comitissa Gebennensis[1], W. de Ceris, Ar. de Compes, R. de la Frasci, Gaufridus prior de Campo, B. Maceie. de Gab. Ut autem hoc perpetue robur optineat firmitatis, presentem cartam sigilli mei munimine roboravi. Ego vero frater R. dictus Abbas Alte-Combe[2], in cujus presentia fuit istud factum, rogatus a partibus, eandem cartam in hujus rei testimonium sigillavi. Actum est hoc anno ab incarnatione Domini m° cc° xx° viiii°, xij kal. madii, juxta Arvam, in loco qui dicitur vadum del cereisier[3].

[1] Alix, femme de Guillaume II de Genevois.
[2] Rodolphe II, abbé d'Hautecombe, abbaye d'Augustins sur la rive occidentale du lac du Bourget.
[3] Gué du Cereisier.

Au bas, pend le sceau de l'abbé d'Hautecombe, en cire blanche, représentant un abbé crossé et mitré, tenant un livre; légende : *SIGILL ABBATIE ALTECOMBE;* il est lié au moyen d'un fleuret noir. Celui d'Aymon de Faucigny manque.

7

Aymon, seigneur de Faucigny, prend sous sa garde et protection la maison de Chamonix, les hommes qui en dépendent et tous leurs biens.

(1236.)

Ou 1235, année pascale. Le 2 des Ides de Janvier (12 du même mois).

(Archives de Sallanches, A, n° 4. D'après l'original écrit sur parchemin. Publié dans les M. D. S. H. G., tome XIV, p. 385.)

Sciant omnes presentes et posteri, quod Aymo Dominus Fucigniaci recepit Domum Campi muniti et homines ejusdem domus cum universis rebus suis in sua custodia et protectione, promittendo bona fide, per se et per adjutores suos, dictam domum cum universis rebus suis deffendere, manutenere pro posse suo contra omnes et tutari, et specialiter in guerra presenti quod ut ratum et stabile perseveret, presentem cartam inde compositam sigilli sui munimine roboravit. Datum apud Cluses, anno Domini m°. cc°. xxx°. v°., ii°. Idus Januari.

Le sceau qui pendait au bas est rompu. Dans un vidimé fait à requête de frère Richard de Vilette, prieur de Chamonix, par Pierre de Cluses, notaire de la cour impériale, et de dame Béatrix de Savoie, baronne de Faucigny, en date du 11 des calendes d'octobre (21 septembre) 1289, le sceau d'Aymon de Faucigny est ainsi décrit : *Cujus sigilli caracter est equus magnus et miles de super armatus tenens scutum et ensem et littere sigilli predicti sunt* : *SIGILLUM AYMONIS DOMINI FUCYGNIACI.*

8

Donation par Aimon, sire de Faucigny, à l'église de Chamonix, d'un muid de froment, à percevoir sur les hommes de Servoz, en sus du demi-muid qu'il lui devait déjà, en réparation de l'injure qu'il lui avait faite.

(1236.)

17 des Kalendes de Décembre (15 Novembre même année).

(Archives de Sallanches, A, n° 23. Publié dans les M. D. S. H. G., tome XIV, p. 386.)

Noverint universi presentes litteras inspecturi, quod ego Aymo, Dominus Foucygniaci, dedi et concessi ecclesie de Chamonix et ejus servitoribus unum modium[1] frumenti, pro satisfactione injurie quam feceram eidem ecclesie et in elemosinam, in perpetuum paciffice possidendum, quod frumentum sibi assigno annuatim percipiendum in villa de Syervoz, cum quodam dimidio modio quod dicte ecclesie alias assignavi. Concedendo eidem puram et liberam potestatem colligendi et recuperandi jam dictum bladum ab hominibus prefati loci, qui illud debebant michi de justo servicio, absque contradictione mea vel successorum meorum, vel alicujus submisse persone. Ut autem presens pa-

---

[1] Le muid contenait 24 octanes; l'octane équivaut à 61 litres 20 centilitres, ce qui donnerait pour le muid et demi : 24 octanes, soit 22 hectolitres 43 litres et 20 centilitres.

gina roboris optineat firmitatem, sigilli mei munimine duxi eam utique roborandam. Hujus rei testes sunt : dominus Umbertus prior de Clusa, in cujus manibus prefata donacio noscitur esse facta, Dominus Vullielmus de Belfort, W. de Choniz, W^s. de Gumuens, Rodulphus de Sancto Jorio, Boso miles de Masony [1], Arducios cellarius de Clusa, Rodulphus de Passyez [2], Jacobus capellanus de Megeva, W^s. de Foucigniaco, Villicus de Sallanch., Rodulphus Marchis de Cluses, Rodulphus de Marcosey, Petrus Flachiery, et multi alii. — Actum est apud Cluses, anno Domini, m°. cc°. xxx°. vi°., x°. Kal. Decembris.

9

Soumission passée par Humbert de Beaufort, ancien prieur de Chamonix, de remettre le prieuré et les revenus qu'il en avait indûment exigés dès sa démission, entre les mains de Richard de Vilette, nouveau prieur, ou en celles d'Humbert de Vilette, frère de ce dernier.

(1255.)

15 des Kalendes de Juillet (17 Juin).

(Archives de Sallanches, non coté.)

Anno Domini millesimo cc° lv°. inditione xiii die Jovis xv Kalendas Julii. Presentibus testestibus *(sic)* infrascriptis et rogatis et vocatis. Cum dominus Villelmus venerabilis Abbas monasterii Sancti Micaëllis de Clusa, de consensu et voluntate Fratrum in conventu residentium concessisset prioratum Campi muniti et aministrationem ipsius Richardo De

---

[1] De Massongy, canton de Douvaine.
[2] Passy, canton de Saint-Gervais.

Vileta monaco dicti monasterii filio quondam Umberti De Vileta ac post modum Umbertus De Belloforti etiam illum resignaverit libere, integre et absolute in manibus domini Aymonis, tunc prioris monasterii predicti, vice et nomine memorati domini abbatis recipientis; Recognoscens se dictus Umbertus, graviter delicisse *(sic)* retinendo aliena; cum fructus ipsius sive firmam receperit ...... canonice sine consensu illius ad quem predicta de jure pertinebant ac contra voluntatem sepedicti domini abbatis et predicti Richardi et quum ipsius prioratus et juris ipsius relaxatio erat facta,. volens emendare in melius quod perperam erat factum, illum prioratum et quicquid juris in eo habere videbatur aliqua de causa renunciavit et repudiavit prout melius potuit in manibus supradicti domini abbatis ad opus et utilitatem predicti Richardi De Vileta videlicet presenti instrumento publico, testibus idoneis, ut infra sequitur premunito. Illustri domino B. de Sabaudia [1] comiti et egregie comitisse domine Agneti uxori sue mandat humiliter supplicando quatinus idem prioratum cum omnibus juribus ipsius ob Dei reverentiam et Beati archangeli Micaellis Umberto De Vileta fratri dicti Ricardi et ipsius nomine debeant et dignentur totaliter expedire et in possessionem dimittere libere et quiete. Promittendo mihi notario infra scripto ipsius domini P. comitis et honorabilis uxoris sue.... posset in futurum vice et nomine stipulanti et recipienti quod per se et suos ratum et firmum habebit quidquid factum fuerit in restitutione prioratus predicti et quod.... is ullo tempore vel modo. Quod si forte predicti domini P. comes et uxor tota.... expedire nolent vel placeret eis.... Umbert.... De Belloforti circa restitutionem ipsius prioratus.... illam firmam sive illum cens.... a domino Aymone.... de fucig....

---

[1] Boniface le Roland, onzième comte de Savoie, régna de 1253 à 1263.

domino Umberto De Vileta prelibati Richardi nomine ipsius¹.... non differant ut sibi ac.... ut supra quod ipsos de cetero vel ipsorum alterum de cetero nullatinus molestabit de jure vel de facto.... ad servicia.... mandavit et hoc adito ex utraque parte quod instrumentum.... meliorari possit et refici quociescumque necesse fuerit ad consilium unius vel plurium.... et relacione domini. Testes ad hoc vocati et rogati fuerint : Vialetus De Camera.... Nicoletus De Almesio et Girondus De Marto.... et plures alii.—Anno eodem in Sancto Ambrosio² die tertia.... octobris subtus curie monacorum, in presentia testium vocatorum et rogatorum. Scilicet domini Petri De Sancto Micaelle tesaurario supradicti monasterii et domini Umberti De Belesio camerarii ejusdem monasterii et Vifredi fratris dicti domini Petri et Villelmini filii Vidonis Alpin.... predictus dominus Villelmus abbas clusini monasterii ad preces et instanciam domini Umberti De Belloforti sigillum suum in.... testimonium apponi fecit.

Et Ego Benedictus sacri palatii notarius omnibus interfui et hanc cartam rogatus tradidi et signavi³.

---

¹ Peut-être faut-il lire ici *assignationem*.
² Saint-Ambroise, en Piémont, village voisin de Saint-Michel de la Cluse.
³ Le sceau, qui pendait à une tresse de fils blancs, n'existe plus. Les nombreuses lacunes sont dues à l'action destructive du temps.

10

Richard, prieur de Chamonix, cède à perpétuité aux Allemands de Vallorsine la moitié de cette vallée en albergement, à condition qu'ils paieront huit deniers et quatre livres de cense annuelle à la Saint-Michel et à la Toussaint de chaque année.

(1264.)

2 des Ides de Mai (14 même mois).

(Archives de Sallanches, C, n° 7. Copié d'après le vidimé fait, le 17 août 1390, à la demande de Jean Bochard, prieur de Chamonix.)

Nos Frater R. prior prioratus Campimuniti, Gebennensis dyocesis, Universis presentes lictteras inspecturis, facimus manifestum quod scienter et spontanea voluntate, non dolo vel metu aliquo inducti, sed de jure et facto certificati, Dedimus et concessimus in albergamentum pro nobis et successoribus nostris imperpetuum Theutonicis de Valle ursina [1] et corum heredibus medietatem Vallis ursine predicte. Cui coheret, ex una parte, aqua que vocatur Berberina [2]; ab alia, Collis que vocatur Salansuns [3]; ab alia, locus ubi aqua quæ vocatur nigra [4] habet ortum usque ad limitatem que dividit territorium de Martigniaco et territorium ecclesie de Campomunito [5]. Ita quod dicti homines qui Theutonici dicuntur et

---

[1] Vallorsine, commune du canton de Chamonix.

[2] La Barberine, ruisseau qui partage la vallée sur la rive gauche duquel se trouve la partie concédée.

[3] Colline de Salançon, écrit col de Salanton sur les cartes, au-dessous de l'aiguille du même nom.

[4] L'Eau-Noire, ruisseau qui sépare la Suisse de la France et s'éloigne de son territoire après avoir reçu la Barbérine.

[5] Sommité des montagnes qui s'étendent du Peron au Cheval-Blanc.

corum heredes ibidem commorantes sint homines ligii prioratus predicti de Campomunito et tenantur solvere annuatim in festo Sancti Michaelis Archangeli octo denarios pro servicio et in festo omnium Sanctorum, annis singulis quatuor libras censuales priori de Campomunito qui pro tempore fuerit reddendos et integraliter persolvendos et si aliquis dictorum Theutonicorum ad alium locum voluerit se transferre, omnia sua mobilia possit secum ducere libere et absolute et vendere possessiones suas, salvo jure domus Campimuniti, hominibus tamen ligiis dicte domus et non aliis, quieti vero remanant et immunes de menaydis et de sectoribus et de corvatis et in aliis usagiis, juribus et consuetudinibus ecclesie seu prioratus Campimuniti, priori dicti loci parere debent et per omnia respondere tenentur. Reservatis dominio dicti prioratus et segnoria prout utitur et fruitur in aliis hominibus de Campomunito. In cujus rei testimonium nos dictus Prior sigillum nostrum presenti pagine duximus apponendum. Datum in claustro Campimuniti, Anno Domini millesimo cc° lx^{mo}. quarto. 11 ydus maii.

11

Ratification de l'albergement précédent, par l'abbé de Saint-Michel de la Cluse.

(1264.)

Aux nones de Juin (5 du même mois).

(Archives de Sallanches. Copié d'après un vidimé fait, le 17 août 1390, à la demande de Jean Bochard, prieur de Chamonix. — M. D. S. H. G., tome XIV, p. 50.)

Nos frater Decanus, miseratione divina humilis Abbas Sancti Michaelis de Clusa, Taurin. dioc., totusque ejusdem loci conventus, tenore presencium quibus sigilla nostra imprimimus universis facimus manifestum, quod cum frater Richardus, Prior prioratus nostri de Campomunito, albergaverit Theutonicis de Valle ursina et eorum heredibus in perpetuum, medietatem Vallis ursine predicte, cui coheret ex una parte aqua que vocatur Barberina, ab alia collis qui appellatur Salanssuns, ab alia parte locus ubi aqua que vocatur nigra habet ortum, usque ad limitatem que dividit territorium de Martigniaco et territorium ecclesie de Campomunito, ita quod dicti homines, qui Theutonici dicuntur, et corumdem heredes ibidem commorantes, sint homines ligii prioratus predicti de Campomunito, et tenentur solvere annuatim in festo Beati Michaelis archangeli octo denarios pro servicio, et in festo Omnium sanctorum annis singulis quatuor libras censuales priori de Campomunito qui pro tempore fuerit reddendos et integraliter persolvendos. Et si aliquis dictorum Theutonicorum ad alium locum voluerit se transferre, omnia mobilia sua possit secum ducere libere et absolute et vendere possessiones, salvo jure Domus Campi muniti, hominibus tamen ligiis dicte domus, et non aliis. Quieti vero remaneant et immunes de menaydis [1] et de sectoribus [2] et de corvatis, et in aliis usagiis, juribus et consuetudinibus ecclesie seu prioratus Campimuniti. Priori dicti loci parere debent, et per omnia respondere tenentur, reservatis dominio dicti Prioratus et segnoria, prout utitur et fruitur in aliis hominibus de Campomunito. Cognoscentes igitur albergamentum istud cedere ad utilitatem prioratus predicti, illud gratum et ratum habemus, et tenore et auctoritate presencium confirmamus. Datum anno Domini m° cc° lx° iiii° nonas Junii, apud. S. Ambrosium.

---

[1] De *menare*, obligation de faire certains transports.
[2] Obligation de se rendre, à certaines époques, à la maison du seigneur.

12

Délimitation de la montagne de Voza entre les communautés de Chamonix et de Bionnasset[1], confiée à Jacques Mareschal, châtelain de Sallanches, par Pierre Dusolier, auditeur des causes de la cour du comté de Savoie dans le territoire du Faucigny, et par Guichard de Varey, chevalier, bailli en Faucigny.

(1264.)

(14 Juin, Archives de Sallanches, E, n° 1. Copié sur un transsumpt authentique du XV° siècle, écrit sur papier.)

Anno Domini millesimo ducentesimo LX quarto, indicione septima, quatuordecima junii. Coram infrascriptis testibus, universis presentem quartam inspecturis, notum fiat quod cum discordia verteretur inter Dominum Richardum priorem de Chamonix nomine et vice Domus de Chamonix et tocius universitatis et communitatis de Chamonix, ex una parte, et Vacteretum de Bionnasset et Johannem Chamos et Johannem Regis et Heinardum Falco et Falquetum de Bionnasset, procuratores et sindicos ejusdem loci nomine et vice eorum et tocius universitatis et communitatis de Bionnasset ex altera parte. Coram Jacobo Marescalli, tunc temporis, castellano Salanchie, curia posita a Domino magistro Petro de Solerio, auditore causarum curie comitatus Sabaudie in terra Foucigniaci et Domino Guichardo de Varey milite baillivo in dicta terra et ab utraque concessa et requisicione parcium. Super quadam montanea dicta Vossa, sita inter montaneam de Chamonix et montaneam Vosse et de Bionnasset. Qui vero dicti discordes se compromiserunt pro se et consortibus eorum et communitate eorum in dicto

---

[1] Territoire de la commune de Saint-Gervais.

Jacobo castellano Salanchie et dederunt ei et concesserunt qualibet pars quatuor bonos, prudentes, legitimos homines et honestos ad sancta Dei evangelia corporaliter juratos ad imitandum et monstrandum metas et termina, confines, utendas[1], possessiones, tenementa parcium et questiones dicte montance. Dominus Richardus prior dedit concessit et posuit ex parte sua et illorum de Chamonix, laudantibus pluribus de Chamonix Amedeum Depiro et Villicum de Chamonix et Bonetum Alondaz et Vuillelmum Delexert. Item illi de Bionnasset : Chamos, Johannes Regis, Hennardus Falco dederunt, concesserunt et posuerunt ex communi consilio et voluntate, duos prudentes homines antiquos, legitimos et honestos videlicet ab utraque parte electos : Bertholdum Depiro et Gervasium Devernet. Qui vero dicti decem imitatores terminatores prudentes homines promiserunt et juraverunt ad sancta Dei evangelia dictum montaneum Vosse diffinire, terminare, dicere, testifficare, monstrare et imitare tenementa possessiones, utenda dicte montanec et parcium bene legitime quidquid scirent de veritate et legitime tam per partem illorum de Chamonix quam per partem illorum de Bionnasset et unam partem quam per aliam. Item dicti discordes quelibet pars pro parte sua et sua communitate et heredibus et successoribus eorum promiserunt per stipulacionem sollempnem sub obligacione omnium bonorum suorum, habere, tenere, servare imperpetuum et non contravenire nec aliter pro ipsis submissus vel subintroductus sed imperpetuum inviolabiliter perpetuum permanere quidquid dictus Jacobus castellanus dicere, terminare, diffinire, ordinare, concordare, facere de dicta discordia et montana voluerit. Unde prius visis et auditis inquisitis veritatibus dictis testimoniis, tenementis, possessionibus, terminibus et utendis parcium et peticionibus responsionibus utriusque partis et dictis dictorum decem

---

[1] Usances.

hominum, ita dixit et dictam montaneam Vosse concordia precita ac de consensu et voluntate parcium diffinivit et ordinavit et dictam montaneam inter ipsas terminavit dictus Dominus Jacobus castellanus Salanchie et diffinivit quod illi de Bionnasset habeant, teneant, fruantur, faciant ex inde quidquid facere voluerint tanquam de eorum re propria videlicet a laqueo ursi [1] nominative descendendo per capud et sommitatem ruynarum et escharenas que sunt a parte et erga de Chamonix in plano de Vossa usque per lo says nigrum [2], et inde superius sit illis de Bionnasset, et ex inde quidquid voluerint faciant et teneant imperpetuum, et quod ex inde inferius sit et teneant et fruantur imperpetuum illi de Chamonix. Item dixit et diffinivit et terminavit dictus castellanus quod feugerium a lou says nigro usque ad chomion usque ad frestam dou .... et alpes illorum, quas alpes dixit esse cum pascuis, dixit quod in dicta montanea del Feugier [3] habeant et fruantur imperpetuum illi de Bionnasset pasquerarium eorum utenda et pasqueant cum bestiis eorum usque ad tempus quod bestie descendunt de alpibus, salvis in pratis antiquis si quibus habeant illi de Chamonix vel illi de Bionnasset. Et post bestias.... de Bionnasset, faciant fenum illi de Chamonix in dicta montanea de Feugier à Chamiour usque ad frestam et dictas alpes et inde .... in dicta montanea dou Feugier non posset facere prata una pars nec alia nisi illa que facta erant in die ista in qua hec carta facta fuit et hec omnia et singula supradicta et descripta juraverunt super sancta Dei evangelia ambe partes per se eorumque communitatem et universitatem tenere et contra non venire quidquid supradictum est, ut terminatum est et termina designata fuerunt. Actum in

[1] Piége de l'Ours; sa position n'a pu être retrouvée.
[2] Sous les Sais, hameau sur la rive gauche de l'Arve, en face de Chède, au-dessous de la Tête-Noire. Ces deux points sont, en effet, sur la limite actuelle de la commune des Houches.
[3] Montagne de Feugier, entoure la Tête-Noire, *says nigrum*.

plano Vosse[1], ubi ad hec testes vocati fuerunt Aymo Botollerii et Jacobus frater ejus et Rodulphus et Vuillelmus Villici et Andreas Degera et plures alii. Et ego Amedeus de Sancto Michaele, imperialis aule notarius vocatus et hanc cartam scripsi. In cujus rei testimonium ad majorem confirmacionem nos Jacobus Marescalli castellanus Salanchie tunc temporis et Petrus Martini procurator domus de Chamonix nomine dicti prioris et Dompnus Guigo capellanus Sancti Gervasii ad instanciam parcium sigillorum nostrorum munimine duximus hanc cartam sigillatam.

Sic est facta collacione cum originali per nos notarios subscriptos cum ipsis notariis facta collacione de presenti copia cum suo originali per nos notarios subscriptos addito nichilque remoto sub signetis nostris manualibus in testimonium omnium premissorum.

(*Suivent les signatures des deux notaires.*)

13

Richard, prieur de Chamonix, nomme Thomas de Begna curé de Valorsine, sous les réserves et conditions exprimées dans l'acte.

(1272.)

8 des ides de Mai (8 du même mois).

(Archives de Sallanches, C, n° 4. Copié sur l'original écrit sur parchemin.)

Anno Domini millesimo cc° lxx° secundo, indictione xv^a, viii idus mai. In presentia testium subscriptorum. Dominus R. prior Campi muniti, Gebennensis diocesis, scienter et

---

[1] Plan de Voza, près du lac du Plan.

spontanea voluntate, ecclesiam Vallis ursine fundatam in honore Dei et beate gloriose Virginis Marie, dedit et concessit quamdiu vixerit in beneficio personali dogno Thome de Begna, sacerdoti, cum omnibus juribus suis parrochialibus pertinentibus ad dictam ecclesiam Vallis ursine nomine, quod prefatus dognus Thomas predicte ecclesie Vallis ursine deserviat et populum dicte vallis regat in spiritualibus prout justum fuerit et honestum; retinens dictus dominus prior, salvo dominio suo plenarie in dicta valle ad prioratum de Chamonis sicut.. sunt et pertinebant ad dictum prioratum, omnes decimas bladi, canabum et pecudum et omnes primicias et omnia alia jura parrochialia tàm in oblationibus quàm sepulturis sicut dictus prioratus habet in parrochia de Chamonis, ità quod capellanus Vallis ursine qui pro tempore fuerit in predictis juribus ad predictum prioratum de Chamonis pertinentibus nichil possit petere nec habere sine voluntate et consensu prioris de Chamonis, sed quia bona et proventia ecclesie Vallis ursine non poterant tunc temporis sufficere, prefatus dominus prior volens facere gratiam specialem dedit et concessit prefato dogno Thome quamdiù viveret et prefate ecclesie Vallis ursine deserviret, omnia jura parrochialia que prioratus de Chamonis habet in dicta Valle tàm in premiciis quàm oblationibus et sepulturis, exceptis decimis bladi et pecudum [1], et decimas canabum [2] habebat dictus dognus Thomas ad vitam suam prout supra dictum est, non ratione ecclesie sed ratione beneficii personalis. Item sciendum est quod dictus Thomas in humeris ursorum [3] qui caperentur in dicta Valle, nichil debet habere et quod pro aliis juribus parochialibus que ad prioratum de Chamonis pertinent sibi concessis ad vitam suam in beneficio

[1] Des troupeaux, dîme sur les produits de l'année.

[2] Dîme du chanvre. Il faudrait ici la conjonction *quas* qui manque à l'original.

[3] Le prieur de Chamonix avait droit à une épaule de tous les ours tués dans la vallée : *Humerum cum piota et tybia simul tenentibus.*

personali debet reddere quolibet anno in festo beati Michaelis archangeli nomine cense dicto prioratui de Chamonis unam libram cere. Preterea dictus dominus R. prior considerans paupertatem dicte Vallis ursine et laborem quem habebit dictus dognus Thomas in dicto loco dedit et concessit ipsi dogno Thome, non ratione ecclesie Vallis ursine quamdiù vixerit et dicte ecclesie deservierit, vigenti solidos gebennenses sibi solvendos et reddendos in festo omnium sanctorum quolibet anno in beneficio personali super redditibus quos prioratus de Chamonis habet in predicta valle ursinâ. Omnia verò premissa prout dicta sunt et ordinata, dictus dognus Thomas voluit et recepit et juravit super sancta Dei evangelia promisit facere residentiam competentem in dicta valle et regere ecclesiam et servire. Et tàm dictus dominus prior quàm dictus dognus Thomas preceperunt michi Vullermo notario infrà scripto de hiis supra scriptis facere, per eadem verba, duo publica instrumenta. Actum fuit hoc apud Chamonis ante altare Beati Michaelis ubi fuerunt testes vocati et rogati dognus Henricus capellanus de Chamonis, dognus Michael frater ejus, dognus Johannes de Salanchia monachus, Aymo filius Mistralis Pavioz, Petrus Chelronis, Michael de Monte Rosi, et plures alii. Et ego Vullermus de Sestenay publicus imperialis aule et domini Comitis Sabaudie Notarius qui hanc cartam rogatus à partibus scripsi et tradidi.

14

Lettre de garde et de protection accordée par Béatrix de Faucigny au prieuré de Chamonix, moyennant une redevance annuelle de deux oboles d'or, soit dix sous viennois.

(1273.)

(Archives de Sallanches, A, n° 5. Publié dans M. D. S. H. G., tome XV, p. 15. Copié d'après l'original écrit sur parchemin.)

Nos B.[1] Viennensis et Albonensis Comitissa et Domina Foucigniaci. Notum facimus universis presentem litteram inspecturis quod nos scientes recepimus, pro nobis ac nostris heredibus, in nostra guardia, guidagio et conductu, Priorem de Campo munito et ipsum prioratum Gebenn. dioc. cum omnibus bonis mobilibus et immobilibus, rebus, juribus et hominibus corumdem per totam terram nostram, districtum et posse nostrum. Mandantes et precipientes universis dilectis fidelibus Castellanis nostris, mistralibus et ballivis et specialiter Ballivo nostro terre Foucigniaci qui nunc est et aliis qui ibidem fuerint pro futuris temporibus, quatenus dictos priorem et prioratum cum omnibus bonis mobilibus et immobilibus, rebus, juribus et hominibus corum ubique gardent, salvent, deffendant et manuteneant ab omnibus tanquam nos specialiter atque nostra. Si quis vero temerarius violator hujusmodi gardam nostram presumpserit violare, iram et indignationem nostram se noverit incursurum et illud perinde vindicaremus ac si nobis vel rebus nostris factum esset specialiter vel illatum. Promittentes hec omnia premissa nomine nostri et heredum nostrorum attendere bona fide. Pro quaquidem guardia debet nobis dare quicumque Prior

---

[1] Béatrix de Faucigny, femme de Guigues, dauphin de Viennois.

dicti prioratus fuerit duos obolos aureos vel decem solidos Vienn. singulis annis, in festo Beati Michaelis Archangeli persolvendos. Hanc autem guardiam nostram valere intelligimus dum priores dicti prioratus parati fuerint ubi debuerint pro se et suis facere et recipere quod justum fuerit faciendum et recipiendum. In cujus rei testimonium presenti littera sigillum secreti nostri duximus apponendum. Datum apud Bellum visum, Anno Domini M°. CC°. LXX°. III°. nonas augusti [1].

Le sceau qui pendait au bas est rompu.

15.

Reconnaissance passée en faveur du prieuré de Chamonix, à réquisition de Richard de Villette, prieur du lieu, par Rodolphe et Amédée Métral, oncle et neveu, de Passy, de tenir en fief dudit prieuré tout ce qu'ils possèdent en hommes, terres, dîmes et autres dans le territoire de Vaudagne [2], sans préjudicier à la fidélité qu'ils doivent au seigneur de Charrosse.

(1278.)

4 des nones de Mars, année pascale (4 Mars 1279).

(Archives de Sallanches, D, n° 3. D'après l'original écrit sur parchemin.)

Anno Domini millesimo cc° lxx° viij°, indictione vij ͣ, iiij° nonas decembris, in presencia testium subscriptorum, Rodulphus Mistralis de Paysiaco et Amedeus Mistralis nepos

---

[1] On pourrait lire aussi *M°. CC°. LXX°; III°. nonas augusti*, ce qui fixerait la date de cet acte au 3 août 1270.
[2] Commune des Houches, paroisse de Servoz.

dicti Rodulphi scientes, prudentes, spontanei non vi non dolo inducti nec ab aliquo circonventi, in presencia religiossi viri Domini Richardi de Villeta, prioris Campimuniti personaliter constituti coram Barullo de Chamonix et coram Petro de Clussa clerico in curia positis per dictum Dominum R. priorem, ad requisicionem ejusdem Domini prioris, recognoverunt dicti Rodulphus et Amedeus se tenere in feudum à prioratu Campimuniti quidquid ipsi tenent et habent, et habere et tenere debent apud Voudaniam et in toto territorio Voudanic in hominibus, in terris, in decimis et rebus aliis, excepto Vuillelmo Borra retento. Item confessi sunt se tenere a dicto prioratu Johannem Delacu cum albergo et albergamento ipsius et pro dicto feudo recognoverunt dicti Rodulphus et Amedeus se debere dicto prioratui unum homagium salva fidelitate Domini de Charossâ [1], quod homagium tenetur facere priori dicti prioratus quando competit aliquis ex propriis heredibus de albergo ipsorum Mistraliorum et ipsum homagium recognovit dictus Amedeus se fecisse dicto Domino R. priori recipienti nomine suo et dicti prioratus. Promiserunt etiam dicti Rodulphus et Amedeus bonafide dicto domino priori quod si de feudo et de usagio plus invenirent aliquo tempore quod illud confiterentur omni dilatione remotâ. Actum fuit hoc apud Megevam in claustro ubi fuerunt testes vocati et rogati Dognus Guigo De Chamos, dognus Humbertus De Chasmoseto, monachi, Dognus Jacobus capellanus De Comblou [2], Dognus Richardus, sacerdos, Vuillelmus Burers, clericus, P. De Bellomonte, domicellus, et plures alii. Et ego Villelmus De Sestenay publicus imperialis aule Notarius qui hanc cartam rogatus a partibus scripsi et tradidi.

[1] Charousse, château des comtes de Genevois au-dessus de Passy, canton de Sallanches.
[2] Combloux, commune du canton de Sallanches.

16

Testament de Rodolphe, dit Métral, de Passy, damoiseau, par lequel il institue héritier Peronet, son fils, dans la généralité de ses biens, à l'exception de ses autres dispositions, en le chargeant de livrer annuellement au prieuré de Chamonix, pour le repos de son âme et de celle de ses prédécesseurs, trois barils du vin de ses vignes de Marlioz (à Passy), outre le baril qu'il lui devait déjà annuellement, ce qui formait en tout deux chevalées ; il institue son fils Gérald héritier de la douzième partie de ses biens, et il fait un legs à chacune de ses deux filles pour tous leurs droits dans sa succession. — De plus, il lègue au chapelain de Passy 20 sous genevois ; à son vicaire, 3 sous ; à la maladrerie du pont Saint-Martin (près Sallanches), un repas ; à celle de Cluses, 2 sous ; à chaque prêtre ayant charge d'âmes de Cluses-en-Bas, 3 sous ; à chaque moine de Megève et de Chamonix, 5 sous ; à la confrérie de Passy, 15 sous ; il lègue la maîtrise et l'usufruit de sa succession à Jacquette, sa femme, et, si elle veut s'en désister, il lui sera payé 35 livres genevoises qui sont le montant de sa dot ; il nomme pour exécuteurs testamentaires Richard, prieur de Megève[1], *Guillaume, chapelain de Sallanches, et Amédée Métral, de Passy.*

(1279.)

Du 6 des kalendes de Décembre (28 Novembre).

(Archives de Sallanches, A, n° 7. Copié d'après l'original écrit sur parchemin.)

Anno Domini millesimo ducentesimo septuagesimo nono, indictione octava, sexto kalendas decembris ; in presencia

---

[1] Ceci est une erreur : Richard était prieur de Chamonix et non de Megève.

testium subscriptorum, Rodulphus dictus Mistralis de Pasiaco, domicellus, licet egrotans corpore tamen per Dei gratiam sanus mente cogitans nichil esse certius morte, nichil incertius hora mortis, volens de bonis suis ordinare testamentum suum per nuncupationem fecit et ordinavit in hunc modum. Primo et principaliter instituit sibi heredem Peronetum filium suum in omnibus bonis suis exceptis hiis que aliis personis ut inferius sequitur, legaverit nominatim, sepulturam suam elegit in cimisterio Beati Michaelis de Campo munito dans et legans prioratui de Campo munito pro remedio anime sue et predecessorum suorum tres barallos vini puri in vindemiis reddendos perpetuo annuatim apud Marlio cum uno alio barallo quem antea debebat dicto prioratui et sic precepit reddi duas integras cavalatas vini perpetuo prioratui predicto annuatim; clamores suos precepit sedari et emendari de plano et sine strepitu judicii et debita sua solvi; Geraldum filium suum sibi heredem instituit in duodecimam partem bonorum suorum, salvis aliis legatis et donationibus factis et faciendis per ipsum sub tali condicione quod idem Giraudus duodecimam partem debitorum, clamorum, legatorum ipsius Rodulphi solvere teneatur, et pro dicta duodecima parte voluit ipsum G., dictus Rodulphus, esse contemptum, ità quod nichil aliud possit petere de bonis ipsius Rodulphi; Maignam filliam suam sibi heredem instituit in quinquagenta lb. gebn. solvendis eidem semel nomine dotis et quadraginta sollid. annualibus cum garnimentis suis nucialibus sibi faciendis secundum posse dicti Peroneti fratris dicte Maigne; et pro tanto voluit ipsam et precepit esse contemptam, ità quod nichil aliud possit petere de bonis dicti R. patris sui; Jordanetam filiam suam sibi heredem instituit in sexaginta lb. gebn. eidem semel dandis a dicto Peroneto fratre suo nomine dotis cum garnimentis suis nucialibus, ità quod nichil amplius possit petere de bonis ipsius R. Voluit autem et concessit dictus Rodulphus quod dicte Maigna et Jordana sint ab omni onere debitorum, clamorum, legatorum et usagiorum libere et immunes et in aliquo predictorum minime teneantur. Capellano de Pasiaco dedit et legavit viginti sol. gebn., vicario suo tres soll., maladerie de Ponte precepit fieri unum prandium, maladerie de Clusis dedit et legavit duos soll., cuilibet sacerdoti habenti curam animarum infra Clusas dedit et legavit tres soll., cuilibet monacho de Megeva et de Chamonix dedit et legavit quinque soll., confratrie de Pasiaco dedit et legavit quindecim soll.; littereà voluit et concessit quod Jacqueta uxor sua habeat usum fructum tanquam Domina in ospicio suo dum ipsa voluerit, si vero ab ospicio recedere voluerit, precepit ei reddi triginta quinque lb. gebn. quas ex dote ipsius confessus est se recepisse. Hujus autem ultime voluntatis sue fecit, constituit et ordinavit executores suos religiosum virum Dominum Richardum Priorem Megeve, Dominum Guillelmum capellanum de Salanchiâ et Amedeum de Pasiaco mistralem, volens et concedens quod omnia bona sua mobilia et immobilia sint obligata in manibus dictorum executorum ad suplenda omnia supradicta. Hanc autem ultimam voluntatem suam voluit valere jure codicillorum aut jure testamenti nuncupatiri vel aliter cujuslibet ultime voluntatis aut saltem eo jure quo voluntas parentis valet et valere potest inter liberos in sua potestate constitutos et si non valet de sutilitate juris civilis valeat secundum canonicas sanctiones. Actum fuit hoc apud Megevam in caminata veteri ubi fuerunt testes vocati et rogati Dognus Henricus capellanus de Megeva, Dognus W. capellanus de Voroysi[1], Petrus de Bellomonte, Taull. filius Boson. de Flumeto, Reymondus Choup., Johannes de Lacu, Johannes Desplans, et plures alii. Et ego Vlls. De Sestenay publicus imperialis aule Notarius qui hanc cartam scripsi et tradidi.

[1] Saint-Nicolas de Véroce, canton de Saint-Gervais.

17

Aumône d'un homme nommé Nicolas de la Besery, et de tous ses descendants, faite au prieuré de Chamonix, à l'acceptation de Richard de Villette, prieur du lieu, par Jacques Bothelyers, de Servoz, paroisse du Lac.

(1283.)

5 des ides d'Avril (9 du même mois).

(Archives de Sallanches, sans marque. D'après l'original écrit sur parchemin.)

Anno Domini millesimo ducentesimo octuagesimo tercio, indictione XI quinto idus aprilis. In presencia testium subscriptorum et mei notarii infrascripti, Jacobus dictus Bothelyers de Syervu, de parrochia de Lacu, scienter et spontanea voluntate pro se et suis heredibus acque successoribus dedit et concessit prout melius potuit pro remedio anime sue et in meram et puram helemosinam Nicholaum de Chamonis, dictum de la Bezery et heredes ipsius, religioso viro Domino Richardo De Vileta priori de Chamonis presenti et recipienti nomine suo et dicti prioratus. Quem Nicholaum et heredes ejus dictus Jacobus confessus fuit se tenuisse et tenere in feudum a dicto priore et ipsum Nicholaum et heredes ejus esse de feudo et dominio dicti prioratus de Chamonis. Quem enim Nicholaum et ejus heredes dictus Jacobus Botelyers pro se que suis heredibus solvit, quictavit..., ac dimisit prout melius potuit sine retentu aliquo in perpetuum in helemosinam et remedium anime sue dicto priori presenti, stipulanti et recipienti nomine suo et dicti prioratus de Chamonis. Voluitque dictus Jacobus et precepit dicto Nicholao et ejus filiis ut essent de cetero homines ligii dicti prioris et dicti prioratus de Chamonis; precipiens ipsi Nicholao et ejus filiis ut facerent fidelitatem ligiam ipsi priori. Devestiens se dictus Jacobus pro se et suis de dicto Nicholao et de liberis ipsius in universis et singulis et de omni homagio in quo dicti Nicholaus et ejus liberi tenebantur ei, et dictum priorem presentem, stipulantem et recipientem nomine suo et dicti prioratus de Chamonis per manualem impositionem investivit. Promittens enim dictus Jacobus per juramentum super sancta Dei evangelia prestitum nunquam contra dictam quitacionem seu concessionem in helemosinam venire, set ab omni querelatione. (Les parties laissées en blanc sont rongées; ici manquent cinq lignes.)

Datum et actum in claustro prioratus de Chamonis ibi ad hoc fuerunt testes vocati........ Dognus Johannes de Salanchiâ, clusini monachi, Petrus de Calcibus domicellus [1], Vyonetus de Cha........ de pratis, Durandus Naylyns, Petrus filius Willelmi de Ponte. Et ego Michaël incuratus de Chamonis ad instanciam parcium predictarum huic presenti publico instrumento sigillum meum apposui ad majoris testimonii firmitatem. Et ego Ws de Chamonis publicus notarius auctoritate imperiali et Comitis de Lomell [2]. interfui qui hanc cartam rogatus à partibus predictis inde scripsi, tradidi et signavi.

Le sceau qui pendait au bas de cette charte est emporté.

[1] Noble Pierre de Leschaux; Leschaux, commune du canton d'Annecy.
[2] Les seigneurs de Lomel, ville de la province de la Lomelline (Italie), étaient comtes du palais impérial de Pise.

18

Vente passée par les frère et sœur Mathieu et Marie, enfants de Reymond, du lieu de Chede, la seconde femme de Pierre fils de Reymond, du lieu de Boen, en faveur de révérend Richard de Villette, prieur de Chamonix, de tous leurs droits sur les montagnes de Challiou et de la Rosière, situées dans le domaine du prieuré de Chamonix, pour le prix de 100 sols genevois et d'un seitier d'orge.

(1283.)

4 des kalendes de Mai (28 Avril).

(Archives de Sallanches, A, n° 18. D'après l'original écrit sur parchemin.)

Anno Domini millesimo cc° lxxx° iii°, indicione xi°, quarto kalendas maii, coram testibus infrascriptis et me notario infrascripto. Matheus filius quondam Reymondi de Chyedes[1] et Maria soror dicti Mathei et filia dicti Reymondi de Chyedes. Et Petrus filius quondam Reymondi de bueyn[2] maritus dicte Marie de parrochia de Passye. Scientes prudentes et spontanea voluntate, non vi metu vel dolo aliquo inducti nec in aliquo circonventi. Set de facto et jure suo plenarie cerciorati vendiderunt et titulo vendicionis pure, perfecte et legitime solverunt et quictaverunt prout melius potuerunt perpetuo pro se ac suis heredibus acque successoribus. Domino Richardo de Vileta tunc temporis prioris de Chamonis. Gebnn dyoc. presenti, stipulanti et recipienti nomine suo et dicti prioratus de Chamonis in perpetuum. Totam partem sive porcionem alpagii sive alpagiorum quam

[1] Chede, hameau de Passy, canton de Sallanches.
[2] Boen, hameau de Passy, canton de Sallanches.

predicti Matheus et Maria soror ejus et Petrus Reymond, de bueyn, habebant, vel habere, vel reclamare poterant sive percipere consueverant in alpibus sive montibus qui vocantur de Chalyou[1] et de la Rosery[2], tam jure hereditario sive successorio quam alio jure. Et breviter quicquid juris actionis racionis possessionis et proprietatis vel quasi dicti venditores habebant vel habere vel reclamare seu vendicare poterant in dictis alpibus sive montibus nomine alpium sive alpagiorum sive chavanarum[3] et pascuorum ab aqua que vocatur Dyousa supra. Devestientes se supradicti venditores de dicto alpagio et dictum priorem presentem stipulantem et recipientem modo quo supra de ipso alpagio et de omnibus aliis rebus venditis superius nominatis per tradicionem baculi[4], sollempni stipulatione interposita investierunt precio centum solidorum bonorum Gebenn[5] et unius sestarii[6] ordei. Quam vero pecuniam et quod sestarium ordei confessi sunt et manifeste recognoverunt coram testibus infrascriptis et coram me notario infrascripto dicti venditores se habuisse et recepisse a dicto priore in bona pecunia numerata. Et de dicto precio plenarie se tenuerunt pro solutis. Renonciantes, etc.[7] Promittentes, etc.[8] Confessique fuerunt et manifeste recognoverunt antequam dictam vendicionem fecissent dicti Matheus et Maria soror ejus et eciam dictus P. Reymondi de

---

[1] Challoud, montagne sur la rive droite de l'Arve, au-dessous du nant de Lapa.

[2] La Rosery, montagne derrière le Brévent, sur la rive gauche de la Diosaz.

[3] Chavannes, mas où il y a eu des cabanes.

[4] Mode de transmission de propriété généralement employé en Faucigny.

[5] 100 sous genevois équivalaient à 5 livres genevoises; 2 livres genevoises équivalaient à 1 marc d'argent fin (1191).

[6] Le setier contenait 54 litres environ.

[7,8] Nous avons supprimé dans cet acte et dans quelques-uns des suivants une formule juridique commençant par ces mots et reproduisant en partie la teneur de l'acte.

bueyn coram dicto priore et testibus infrascriptis et coram me notario infrascripto recipienti dictam confessionem ad opus dicti prioris et dicti prioratus de Chamonis quod tam ipsi quam predecessores sui tenuerant et possiderant ex dono et beneficio eis facto sive concesso a prioratu de Chamonis et prioribus dicti prioratus quicquid juris, actionis, racionis possessionis proprietatis et dominii vel quasi ipsi tenuerant et possiderant in dictis alpibus seu montibus de Chalyou et de la Rosery nomine alpagii et pascuorum seu alpium a dicto termino scilicet ab aqua de Dyousa supra, prout superius nominantur. Actum et datum die quo supra apud Megevam in claustro prioratus ubi ad hec fuerunt testes vocati et rogati. Dognus Humbertus de Chamosset, clusinus monachus, Dognus Richardus presbiter tunc temporis celerarius dicti prioratus, Charletus de Chamonix, Johannes Gophi d'Ormaret [1], Gyrodus filius Bruni ejusdem loci. Et ego Ws de Chamonis publicus notarius auctoritate imperiali et comitis de Lomello interfui qui hanc cartam rogatus a partibus predictis inde scripsi, subscripsi et de mandato expresso dictorum venditorum dicto priori tradidi et signo meo. Sig....na....vi.

19

Enquêtes sur les dégâts et les crimes commis à main armée au préjudice des hommes de Richard de Villette, prieur de Chamonix, par Péronet, fils de Vuillelme Métral, et ses associés, de Passy, et de ceux commis par les hommes dudit prieur au préjudice dudit Peronet Métral, de Jordan de Châteauvieux, Mermod de Chede et autres, faites par les arbitres qu'ils avaient choisis pour terminer leurs querelles.

[1] Ormaret, hameau de la commune de Demi-Quartier, canton de Sallanches.

(1283.)

Du 5 des ides de Mai (3 mai).

(Archives de Sallanches non coté. D'après l'original écrit sur parchemin.)

Nos Giradus de Rumill. castellanus Charossie. Ramusius de Chesiaco, P. de Chiedes et P. Bioly de Flumeto notum facimus universis quod cum discordia verteretur inter Religiosum virum Dominum R. priorem de Chamunisio, nomine suo et hominum suorum prioratus de Chamunisio, ex una parte. Et P. filium quondam W. Mistralis de Passie, Jordanum de Castroveteri.... Mermodum de Chiedes et quosdam alios socios suos super eo quod utraque pars asserebat injurias et offensas sibi illatas, ab altera parte.

Dicte partes compromiserunt se in nos predictos. Que forma compromissi fuit redacta in instrumentum publicum per manum Ay. de Anass.[1] publici notarii. Undè nos predicti arbitrii inquirentes veritatem predicti negocii, auditis petitionibus et responsionibus hinc et inde; insuper recepimus testes quos utraque pars voluit producere super intentione sua, quorum intentiones et dispositiones testium inferius declarantur.

Intentio vero dicti Domini prioris talis est :

Intendit probare frater R. prior de Chamunisio nomine suo et hominorum suorum de Chamunisio contra Peronctum Mistralis de Passiaco et consortes suos quod ipsi intraverunt de nocte cum armis terram suam de Chamunisio die in festo Beati Martini anno currente Domini millesimo cc° octogesimo secondo (dicit dictus P. verum esse) ; item quod fregerunt et per violenciam intraverunt domum Petri Gerardi (confitetur se fregisse domum ipsam set credebat esse homi-

[1] Annassiaco, Annecy.

nis pro quo ibat). Item domum Perreti Boneti et ibi acceperunt per violenciam oves et capras ipsius Perreti (confitetur se fregisse duas domos set credebat esse hominis ambas, item confitetur se cepisse bestias). Item domum Vouterii dicti terremi et ceperunt animalia dicti Vouterii (non credit). Item quod vulneraverunt P. Boneti usque ad exfusionem sanguinis mediante ense in capite (credit). Item quod vulneraverunt Ay. Dulormey, mediantibus ense et securini [1] capite usque ad exfusionem sanguinis (credit de securine set dicit se fecisse deffendendo corpora sua). Item quod vulneraverunt Marictam Dulormey in manu, mediante cutello usque ad exfusionem sanguinis (non credit). Item quod percusserunt atrociter Perretam La Pacoressa [2], mediante quadam balista [3] ita quod cecidit ad terram (credit). Item quod percusserunt atrociter Johannam La Jordaneysa, mediante quadam asta [4] ita quod cecidit in terram (credit); item quod percusserunt Roscy, mediante lancea, taliter quod ferrum remansit penes ipsum (credit, set dicit se fecisse deffendendo quia portabat lanceam submissam erga socios suos) quod negavit Durandus Pezclos respondens pro parte de Chamunisio. Item quod ceperunt Jaquetum filium Rod. Bossuni, datis sibi treugis [5] (confitetur set non credebat treugas durare). Item quod ceperunt Berthodum cum duabus equabus suis (confitetur). Item quod fecerunt plures alias offensas in illa terra et extra terram predictam dictis hominibus de Chamunisio (non credit).

Intentio dicti Peroneti Mistralis talis est :

Q. — Intendit probare P. filius quondam W. Mistralis de Passie pro se et consortibus suis contra homines R. prioris de Chamunisio. Quod homines de Chamunisio cucurrerunt

---

[1] Petite hache.
[2] La pâqueresse, la bergère.
[3] *Balista*, arbalète.
[4] *Asta*, petite pique.
[5] Trèves.

pluries die et anno quibus supra cum armis et gladiis super ipsum P. et consortes suos super hoc quod ipsi nichil eis commiserant.

Durandus Pezclos respondens pro parte adversa dicit non ita esse set quia ipsos homines dicti prioris verberaverant et domos ipsorum fregerant et ceperant bestias ipsorum et cucurrerant super ipsos deffendebant terram suam.

Q. — Item quod ipsi bis vel ter dederunt in illa die ipsis Peroneto et consortibus suis treugas.

Non credit.

Q. — Item quod ipsas ruperunt.

Vacat.

Q. — Item quod post treugas datas verberaverunt ipsos et vulneraverunt propter hec quod ipsi diviserant ipsis omnia que ducebant.

Non credit.

Item emendavit hoc dictus Peronetus in intentione sua quod fidejusserat in manu Durandi Pezclu emendare ad requisicionem Domini prioris quidquid mali fecerat et facere quod deberet.

Livaletus Delagrea, testis productus ab utraque parte, jurans ad sancta Dei evangelia, requisitus super omnibus articulis diligenter dixit quod illi de Passieu ruperunt terram de Chamunisio et vidit aliquos homines de Chamunisio sanguinolentes. Interrogatus si illi de Passie ducebant aliquid, dicit quod non vidit. *Q.* — Interrogatus de treuga, dicit se nichil scire. *Q.* — Interrogatus si vidit illos de Passie vulneratos, dicit quod non et dicit quod illos de Passie deffendendo fu...... quod illi de Chamunisio percusserunt ipsum.

Q. — Item Johannes Dulormey, testis juratus, respondens dicit quod investigaverunt illos de Passie illi de Chamunisio.... et ibi astulerunt Bossuno quamdam securim quam ceperat et vidit duos homines de Chamunisio sanguinolentes. Interrogatus si ducebant aliquid, dicit quod non tunc,

Q. — Rod. Demonte, testis juratus, dicit quod ipse et quidam alii de Chamunisio venerunt a longe coram aliis et asrestaverunt ipsos et astulerunt Bossuno quamdam securim. Item vidit duos homines et duas feminas de Chamunisio sanguinolentes.

Q. — Melieretus Delagrea, testis juratus, Respondens dicit quod postquam ablata fuere vadia[1], vidit traere aliquos lapides erga illos de Passiey set non fecerunt aliquid damnum nec percusserunt aliquem.

Q. — P. filius Johannis Delagrea, testis juratus dicit quod vidit illos de Passiey arestare quousque reddiderint quamdam securim et postea non vidit illis facere aliquid damnum.

Q. — P. Desaliotz dicit ut alii. *Q.* — P. Bernardi dicit ut alii. *Q.* — Johannes de Costa dicit quod post securim ablatam jactaverunt aliquos lapides erga ipsos set non fecerunt eis aliquid damnum.

Q. — Johannes Delagrea dicit ut alii. *Q.* — Li Sados dicit ut alii. *Q.* — P. Desaliotz dicit ut alii. *Q.* — P. Delesser dicit ut alii. *Q.* — Corteys de cresco dicit ut alii. *Q.* — Farquetus de combis dicit ut alii. *Q.* — Perretus filius Boneti dicit ut alii, hoc adento quod una domo erat P. Girardi et alia P. Moura. *Q.* — Faber du Lormey dicit ut alii. *Q.* — Melioretus de exerto dicit ut alii. *Q.* — Ay. du Lormey dicit ut Perretus filius Boneti. *Q.* — Johannetus Delagrea dicit ut alii. *Q.* — P. de Chamienchis dicit ut alii. *Q.* — Durandus dicit ut alii. *Q.* — Durandus Pezclos dicit ut Perretus filius Boneti, hoc adento quod quidam jactabant lapides. *Q.* — Johannes Desenfantz dicit ut alii. *Q.* — Melieretus de mota, Passiaci, testis juratus, dicit quod dictus P. Mistralis ducebat eum secum et quod fregerunt quamdam domum et quod ipse, cum quodam alio socio adducebat bestias, venit Durandus Pezclos cum societate sua et apodiavit lanceam suam contra ventrem ipsorum et astulerunt ipsis bestias, postea fuit Pe-

---

[1] *Vadia*, gages.

ronetus in manu dicti Durandi Pezclu, et ipsi de Chamunisio dixerunt aliis quod recederent securi, postea dicit quod ruperunt treugas. Q. — Columbus, de plano Passiaci socius dicti Peroneti dicit ut proximi testes. Interrogatus de treuga: dicit hoc verba fuisse. Ite salvi et securi....

Est sciendum quod dictus P. Mistralis promisit se acturum et procuraturum quod alii consocii sui haberent ratum et firmum quidquid fuerit in dicta causa per ipsum vel cum ipso nomine ipsorum. In cujus rei testimonium. Nos predicti arbitrii sigilla nostra presenti cedule duximus apponenda. Acta sunt hec omnia suprascripta in Maladeria Salanchie [1] v° idus maii, anno Domini m° cc° lxxx° tercio.

Au bas de cette enquête pendaient quatre sceaux actuellement rompus.

20

Reconnaissance passée par Pierre, fils de feu Rodolphe Métral-de-Marlio, de devoir, en conformité des dispositions testamentaires de son père, à l'église et au prieuré de Chamonix, à l'acceptation de Richard de Villette, prieur du lieu, en premier lieu, six aycanes [2] de vin données en aumône par son ayeul et dix-huit autres aycanes, léguées par son père, à percevoir, chaque année, au temps des vendanges, sur la vigne du Noir, située dans le clos Pecol.

(1284.)

4 des kalendes de Février (29 Janvier).

(Archives de Sallanches, A, n° 19. D'après l'original écrit sur parchemin.)

---

[1] La Maladière de Sallanches.
[2] On voit par l'acte de 1279 et le testament qui précède que le baril se divisait en 6 aycanes.

Anno Domini millesimo ducentesimo octuagesimo quarto, indictione xii[a], quarto kalendas februarii. In presentia testium subscriptorum et mei notarii infrascripti; Petrus filius quondam bone memorie Rodulphi de Marlyu de parrochia de Passye sciens, prudens, spontaneus et ex certa sciencia confessus fuit et manifeste recognovit se debere Ecclesie sive prioratui de Campo-munito tria sextaria[1] boni vini et puri nomine helemosine perpetue annuatim reddenda et solvenda dicti prioratui in festo Beati Michaelis videlicet in tempore vindemiarum; quamquidem helemosinam fecerunt et concesserunt quondam predecessores dicti Petri videlicet avus ipsius sex aycanas vini et Rodulphus pater ejus octodecim, prout ipse Petrus dicit et adserit in testamento dicti R. patris sui plene legari et contineri. Quequidem tria sextaria dictus Petrus adsectavit et adsignavit habenda et percipienda nomine dicti prioratus de Chamonis super vinea nigri que est sita in clauso de Pecol[2], ita verò quod quumque non sufecerit ad redditionem plene faciendam, quod ipse et heredes ejus perpetuo dictam redditionem alibi compleant ac perficiant prout superius est expressum. Et hec promisit dictus Petrus pro se et suis per sacramentum super sancta Dei evangelia ab eodem prestitum et obligatione omnium bonorum suorum in manu Religiosi viri Domini R. de Vileta prioris tunc temporis de Chamonis presentis, stipulantis et recipientis ad opus sui et dicti prioratus de Chamonis perpetuo et fideliter adtendere et complere et nunquam contra facere vel venire per se neque per aliam personam subintroductam, set ab omnibus defendere et garantire in judicio et extrà; Renuncians in hoc facto omni auxilio et beneficio juris canonici et civilis in hoc facto sibi competenti et competituro per quod posset venire contra premissa vel aliquid de premissis et juridicenti generalem renunciationem non

---

[1] Le setier égalait 8 aycanes.
[2] Clos Peçcou, commune de Passy.

valere nisi precedat specialis. Actum in claustro prioratus de Megeve ubi ad hoc fuerunt testes vocati et rogati Dognus Humbertus de Chamosset, Dognus Johannes de Salanchia, clusini monachi; Rodulphus de Chessye[1] clericus, Rodulphus de Gado domicellus, Petrus De calcibus, Petrus De vovrey[2] clericus, Amedeus Mistralis de Passiaco. Et nos Jacobus curatus de Comblou et Dognus Henricus curatus de Megeve interfuimus in presenti instrumento ad requisitionem partium predictarum sigilla nostra apposuimus ad majoris testimonii firmitatem. Et ego W^s de Chamonis publicus notarius imperialis aule et comitis de Lomell. interfui qui hanc cartam rogatus a partibus predictis inde scripsi, tradidi et signo meo signavi.

Au bas de l'original pendent deux sceaux :

Le premier représente un loup avec cette légende : *Sigill. curati de Comblo.* On prétend que *Combloux* vient de *Comba Luporum.* Ce sceau est brisé en trois parties. Le second représente un prêtre revêtu d'un manteau avec la légende † S. HENRICI CAPELANI MEGEVE.

21

Richard de Villette, prieur de Chamonix, concède à Pierre, un des Allemands à qui il avait cédé la moitié du territoire de Vallorsine, la faculté d'y établir des moulins et des battoirs autant qu'il en voudra, sous le servis annuel de huit deniers; le prieur se réserve pour lui et ses successeurs d'y établir une scierie et d'autres artifices, excepté des moulins et des battoirs.

---

[1] De Chissé, famille noble de la Roche.
[2] Vovray, commune du canton de Cruseilles.

(1285.)

13 des kalendes de Mai (19 Avril).

(Archives de Sallanches, C, n° 4.)

Anno Domini millesimo cc° octuagesimo quinto, indic. tres decima, decimo kl. mai in prescncia testium subscriptorum et mei notarii infrascripti. Petrus, de Valle ursina, theutonicus, geben. dyoc. scienter ac voluntate spontanea et ex certa sciencia ad requisicionem Religiosi viri Domini Rich. prioris campimuniti, ejusdem dyoc. confessus fuit et manifeste recognovit se recepisse, tenuisse et tenere in feudum et in albergacionem sibi factam et concessam perpetuo a dicto priore, nomine ipsius prioris et dicti prioratus de Chamun. Videlicet molendinum et batendarium que sunt in valle ursina, pro qua albergacione seu feudo, dictus Petrus recognovit se debere annuatim perpetuo octo denar. geben. monete [1] de servicio, supradicto priori, vel ejus mandato ac successoribus ejus nomine dicti prioratus de Chamun, videlicet in festo beati Michaelis. Item sciendum est quod dictus prior promisit et concessit nomine suo et dicti prioratus ac nomine successorum supradicto Petro et heredibus ejus in augmentacione feudi seu albergacionis supradicte quod possint facere plura molendina et batendaria in dicta valle ursina si necessaria fuerint futuro tempore in valle supradicta; preterea sciendum est quod prefatus prior retinuit ad opus sui et dicti prioratus perpetuo merum et directum Dominium in omnibus aquagiis tocius supradicte valle ursine ad faciendum rassiam [2] unam vel plures et alia faciendum in predictis aquagiis que necessaria fuerint ipsi priori ac prioratui supradicto, ac successoribus ejus, exceptis mo-

[1] 12 deniers de monnaie genevoise équivalaient à un sou.
[2] Rèche, une scie.

lendinis et batendariis. Promisitque dictus Petrus per se que heredibus suis bona fide et sub ypotheca omnium rerum suarum facere et manutenere perpetuo tot molendina et batendaria in dicta valle ursina quot ibidem fuerint necessaria competenter. Actum apud Chamun, ante magnum granerium dicti prioratus, ubi ad hec fuerunt testes vocati et rogati : Dognus Thomas, curatus ecclesie de valle ursina, Petrus de Chamun, clericus, Emericus Bruydant de Megeva, Michael clericus de Chamun, et quidam alii. Et ego W^s de Chamun publicus notarius, auctoritate imperiali et comitis de Lomell. interfui qui hanc cartam rogatus a partibus predictis inde scripsi, tradidi et signavi.

22

Rétrocession passée par Paviot, frère de Girod-Plat, de Chamonix, en faveur de Richard de Villette, prieur du lieu, pour le prix de 14 livres et 10 sols genevois, de la montagne de l'Alparsaz et du plan de la Tueille, sur la montagne du Brévent.

(1285.)

Du 9 des kalendes de Juillet (23 Juin).
(Archives de Sallanches, A, n° 2. Copié d'après l'original écrit sur parchemin.)

Anno Domini millesimo ducentesimo octuagesimo quinto, indicione tres decima nono kalendas julii. In presencia testium subscriptorum et mei notarii infrascripti. Pavyotus de Chamunis, Frater Gyrodi Plat ejusdem loci. Scienter ac sua volontate spontanea et ex certa sciencia non vi vel dolo vel metu aliquo inductus, nec in aliquo circonventus set facto et jure suo plenarie certificatus pro seque heredibus suis, vendidit ac titulo vendicionis pure perfecte et legitime ac irrevocabiliter facte dedit tradidit et concessit prout melius in perpetuum sine retentu aliquo et sine aliqua excepcione juris Religioso viro domino Richardo priori prioratus dicti loci de Chamunis presenti stipulanti et recipienti, nomine sui et dicti prioratus Alpem seu montem qui dicitur Li Alparsa[1] et eciam totam illam possessionem que dicitur Planum de la Tueyly[2], cum omnibus edificiis ibidem consistentibus ac aliis pertinenciis seu appendiciis ac juribus ad dicta loca pertinentibus, quas res vero supradictas dictus Pavyotus confessus fuit et manifeste recognovit se habuisse et recepisse et possedisse quondam nomine albergacionis facte ipsi Pavyoto a prefato priore. Quequidem vendicio supradicta fuit facta et concessa prefato Domino priori presenti stipulanti et recipienti modo quo supra precio quatuordecim librarum et decem solidorum bonorum Gebennensium[3]. Quam vero summam peccunie supradictam dictus Pavyotus confessus fuit et manifeste recognovit se habuisse et recepisse a dicto priore nomine justi precii in bona peccunia numerata. Renunciansque, etc[4].

Actum in claustro prioratus de Chamunis ubi ad hec fuerunt testes vocati et rogati Dognus Johannes De Salbaud. clusinus monachus. Rodulphus de Chessye clericus. Dognus Michael, curatus ecclesie dicti loci de Chamunis. Petrus olicus, melioretus Depratis. W^s Mistralis de Chamunis. Faber de Chamunis. Vyonetus de Chamosset[5] domicellus. Gyrardus serviens Domini prioris. Et Ego W^s de Chamunis publicus notarius auctoritate imperialis aule et comitis de Lomell.

[1] *Alpes arsa*, l'alpe brûlée.
[2] Plan de la Tueille, aujourd'hui Planpraz.
[3] 14 livres 1/2 de Genève équivalaient à 7 1/4 marcs d'argent.
[4] Formule juridique supprimée.
[5] De Chamousset, château sur la rive droite de l'Isère, au-dessous de celui de Miolans.

omnibus premissis interfui qui hanc cartam ad instanciam et requisicionem parcium predictarum inde scripsi, **tradidi** et signo meo signavi.

23

Défense faite par Richard de Villette, prieur de Chamonix, à Amédée Métral, de Passy, et à Pierre de Marlio, cousin de ce dernier, tous deux ses feudataires et vassaux, de le troubler dans l'exercice de sa juridiction sur les hommes de Vaudagne et du Lac, sous peine de la privation de leur fief sur lesdits hommes.

(1285.)

Du 6 des nones de Mars (2 Mars).

(Archives de Sallanches, D, n° 2. Copié d'après l'original écrit sur parchemin.)

Anno a nativitate Domini millesimo ducentesimo octuagesimo quinto, indictione tresdecima, sexto nonas marcii, coram me notario infrascripto et testibus infrascriptis, Religiosus vir Dominus Richardus prior prioratus de Chamunis, nomine suo et dicti prioratus inhibuit et deffendit viva voce prout expressius potuit Amedeo Mistrali de Passye et Petro de Marlyu consanguineo ipsius Amedei presentibus et audientibus quod predicti Amedeus et Petrus non turbarent sive impedirent aliquo modo juridicionem et dominium quod et quam dictus prioratus de Chamunis habebat et habet et debebat habere in hominibus et feudo quod et quos ipsi Amedeus et Petrus tenent in feudum a dicto prioratu de Chamunis in territorio de Voudagny¹ et de Lacu sito ultra aquam que vocatur Arva infra dominium dicti prioratus de Chamunis et quod predicti Amedeus et Petrus non facerent sive procurarent aliquid in prejudicium et dampnum dicti prioris et dicti prioratus de quo dictus prior posset conqueri, hanc vero inhibicionem prefatus prior nomine quo supra pro se ac suis successoribus fecit prout superius est expressum prefatis Amedeo et Petro tanquam suis feodatariis et vassallibus sub pena amissionis toti feudi quod ipsi tenent in supradictis territoriis de Voudagny et de Lacu tam in hominibus, terris, quam rebus aliis a prefato prioratu de Chamunis et quod predictum feudum caderet in omnibus in commissum erga dictum prioratum et deveniret ad dictum prioratum tanquam feudum suum si contingeret quod prefati Amedeus et Petrus vel alter ipsorum facerent vel venirent aliquo modo contra inhibicionem eis factam et superius nominatam et expressam. Actum in ecclesia de Salanchia ubi ad hec fuerunt testes vocati et rogati Rodulphus Salterii de Salanchia, Petrus Byoz de Flumet, Petrus De calcibus, domicellus, Dognus Humbertus de Chamosset, clusinus monachus, Rodulphus de Chessye, clericus. Et ego Wᵃ de Chamunis publicus notarius, auctoritate imperialis aule et comitis de Lomell. omnibus premissis interfui qui ad instanciam et requisicionem prefati prioris hoc presens publicum instrumentum inde scripsi et in formam publicam redegi, tradidi et signavi.

¹ Vaudagne, sur la rive gauche de l'Arve, au-dessous de Saint-Michel.

24

Déclaration faite par Léonarde, veuve de Jacques Bothelyer, de Servoz, autrefois de la paroisse du Lac, comme tutrice des enfants mâles de son mari, et par ses filles Jordanne, Béatrix, Marguerite et Lorette, d'avoir vendu pour le prix de 55 sols genevois, à Richard, prieur de Chamonix, les frères Jean, Aymon et Melioret, fils de Vuillelme Bezer, de la paroisse de Chamonix, ainsi que leurs descendants.

(1285.)

Du dernier jour des ides de Mars (7 Mars).

(Archives de Sallanches, A, n° 24. D'après l'original écrit sur parchemin.)

Anno Domini millesimo ducentesimo octuagesimo quinto, indictione tresdecima, ultimo ydus augusti. Coram testibus infrascriptis et me notario infrascripto. Leonarda relicta Jacobi Bothelyer de Syervu quondam de parrochia de Lacu, tutrix liberorum dicti Jacobi, et filic predicti Jacobi Bothelyer videlicet Jordana, Beatrix, Margareta ac Loreta, scientes ac sua spontanea voluntate non vi, vel metu, vel dolo aliquo inducte, nec in aliquo circonvente set de jure et facto suo plenarie cerciorate, confesse fuerunt et manifeste in quantum potuerunt recognoverunt se fecisse meram et puram venditionem, plenam et perfectam in perpetuum pro se ac heredibus seu successoribus suis. Religioso viro Domino Richardo priori prioratus de Chamonis, Gebennensis dyocesis, precio quinquaginta et quinque solidorum gebennensium monete, videlicet de Johanne, Aymone et Melyoreto filiis quondam Willelmi Bezer, de parrochia de Chamunis ac de heredibus ipsorum hominum in perpetuum, qui homines supradicti erant homines ligii supradictarum mulierum. Et quos homines tam ipse mulieres quam dictus Jacobus Bothelyer quondam pater ipsarum tenuerant et tenebant in feudum a dicto prioratu de Chamunis et erant de feudo et dominio dicti prioratus prout supradicte mulieres per juramentum suum super sancta Dei evangelia ab eisdem prestitum .... ac manifeste recognoverunt ; devestierunt se prefate mulieres totaliter de predictis hominibus, etc [1].

Actum juxta ecclesiam de Lacu ubi ad hec fuerunt testes vocati et rogati, Pavyotus de Chamunis, Dognus Guigo incuratus de Lacu, Falquetus filius Guigonis. Et ego W^s de Chamunis publicus notarius imperialis aule et comitis de Lomell. interfui qui hanc cartam rogatus a prefatis mulieribus inde scripsi, tradidi et signavi.

25

Albergement passé par Richard de Villette, prieur de Chamonix, à Orytin de Costa et aux sœurs Marie et Durence Desplands, d'un pré en la montagne de l'Alparsaz, sous le servis annuel de deux deniers, monnaie de Genève, dus dans les cas prévus au contrat.

(1287.)

Le 5 des kalendes d'Avril (28 Mars).

(Archives de Sallanches, non coté. D'après l'original écrit sur parchemin.)

Anno a nativitate Domini millesimo cc° octuagesimo sexto, indicione xiiii^a, quinto kalendas aprilis. In presencia

---

[1] Formule juridique supprimée, *ut suprà*, p. 37.

testium subscriptorum et mei notarii infrascripti. Religiosus vir Dominus Richardus prior Campi muniti, Geben. dyoc. pro se successoribusque suis albergavit et nomine albergacionis perpetue concessit et tradidit nomine suo et dicti prioratus de Chamun. Orytino De Costa, Marie et Durencie De planis sororibus, cuilibet pro indiviso et heredibus eorumdem in perpetuum, quoddam pratum situm apud larparssa et habet protendere dictum pratum accendendo a petra Viber usque ad sommitatem des Chenaz Bovardi et in traverso pretendit inclusive a prato des Avios usque ad calcem Rodulphi, excepto vero plano de la Tueyly. que albergamento fuit concessa in imphiteosim perpetuam feudatariis superius nominatis pro duobus denariis Gebn. monete de servicio annuali solvendis in festo beati Michaelis prefato Domino priori sive prioratui. Hoc retento et expresso quod quocienscumque animalia dicti Domini prioris sive prioratus in alpaverint in dicta alpe de Larparsa quod dictum pratum ad pascuandum totaliter exponatur ; et quod istud dicti feudatarii vetare non possint et tunc, si ex dicto prato aliquid fenum sive aliquam menciam non perceperint, ad supradictum servicium minime teneantur. Tamen si ipsi feudatarii, vel alter eorum, post recessum seu descensum dictorum animalium aliquod fenum, sive aliquam, in dicto prato, percipiebant menciam, tunc, quocienscumque istud contingerit, dictum servicium solvere teneantur sine excepcione aliqua. Item dictum fuit quod si forte contingebat quod dicta animalia in dicta alpe non inalparent et dicti feudatarii tunc aliquam menciam ex dicto prato non obtinerent vel perciperent licet non totaliter dictum pratum inperceptum remaneret tamen hoc non obstante ad prefatum servicium solvendum teneantur. Volueruntque et perceperunt tam prefatus Dominus prior quam feudatarii superius nominati de premissis duo publica instrumenta ejusdem tenoris fieri quorum qualibet pars suum habeat. Actum in claustro prioratus de Chamun. ubi ad hoc fuerunt testes vocati et rogati dognus Johannes De Salbaud. clusinus monachus, Rodulphus De Chessye, clericus, Pavyotus de Chamun., Ws mistralis dicti loci, Emericus Bruydant de Meg. Et ego Ws de Chamun. publicus notarius imperialis aule et comitis de Lomell. interfui qui rogatus a partibus predictis inde duo publica instrumenta ejusdem tenoris scripsi, tradidi et signavi.

26

Différend entre Richard de Villette, prieur de Chamonix, et Nicolet, fils de Martin, de Genève, sur la possession contestée par ce dernier, d'une famille nommée Tissot dit du Rosey, appartenant audit prieur et à son prieuré, ensuite d'une donation qui avait été faite à révérend Humbert de Beaufort, son prédécesseur, en l'année 1251 environ, par les frères Jacques et Vuillelme Martin, de Sallanches. — Nomination d'arbitres pour juger le différend. — Fixation au vendredi après la fête de l'Assomption, à Sallanches, pour l'enquête à future mémoire demandée par ledit prieur, avec assignation audit Nicolet d'y comparaître pour voir jurer et entendre la déposition des témoins sur les cinq faits soutenus. — Audition des témoins par-devant Hébert de Bardonenche, châtelain de Sallanches, qui ratifie et confirme l'enquête et lui donne l'autorité judiciaire.

(1286.)

Le 4 des nones d'Août (2 du même mois).

(Archives de Sallanches. D'après l'original écrit sur parchemin.)

Anno Domini millesimo ccc° lxxx° sexto, indicione xiiii^a, ultimo nonas augusti. Coram testibus infrascriptis et me notario infrascripto. Cum causa verteretur inter Nicholetum filium quondam Martini de Gebennis, actorem, ex una parte. Et Religiosum virum fratrem Richardum De Vileta, priorem prioratus de Chamunix, reum, *ex parte altera super eo* quod dictus Nicholetus actor petebat sibi reddi a dicto priore duos homines de Chamunix *tanquam* suos et eosdem sibi adjudicari. Videlicet : Lu Sadu carpentarium et Ansermum fratrem *ejus filios* quondam Ansermi Tyssot de Chamunix dicti dou Rosey, coram arbitris seu ami*cabilibus com*positoribus positis et electis communiter ab utraque parte. Videlicet coram Amedeo Mistrale *de P*assye posito pro dicto Nicholeto et coram Rodulpho De Gado domicello, posito pro dicto priore, *asserens* dictus Nicholetus dictos homines esse suos, quod dictus prior negabat, dicens et proponens prefatus homines *esse* ligios dicti prioratus et ad dictum prioratum pertinere tam donacione facta dicto prioratui de prefatis hominibus a Jacobo Martini et Willelmo Martini de Salanchia fratribus quam prescriptione legitima qua dictus prioratus *h*aberat et possiderat dictos homines pacifice et quiete. Lite vero super hoc legitime contesto a partibus *ad*jurato de calompnia tam a parte dicti Nicholeti quam a parte dictorum hominum, dictus prior super intencione sua *pro*banda voluit testes suos producere coram prefatis arbitris seu amicabilibus compositoribus set cum dictus *Nich*oletus nollet expectare receptionem testium quos volebat dictus prior producere et dicti arbitri no*llebant* ipsos *recipere* fuit assignata dies veneris post assompcionem Beate Marie proximo sequentem a prefatis arbitris utraque parte curie Salanch. ad receptionem testium hinc et inde faciendam et ad procedendum in causa quantum de jure esset coram dictis arbitris vel aliis hinc et inde positis, prefatusque prior *timens ne dictus Nicholetus* dictam diem veneris sibi teneret prout fuerit adsignata requisivit me notarium infra scriptum ut si esset quod dictus Nicholetus dictum diem veneris non teneret prout fuerat adsignata per se vel per aliud nec interesset, dictus Amedeus Mistralis quem posuerat vel alius loco sui reciperem, tanquam publica persona, ex officio meo, testes quos vellet producere dictus prior super dicta causa et deposiciones testium in formam publicam redigerem ut processu temporis per mortem testium vel modo alio non posset sibi defficere copia probacionis dictamque diem veneris adsignavit dictus prior dicto Nicholeto ut veniret visurus recepcionem testium tam illorum qui juraverant, ipso presente, coram arbitris supra dictis quam aliorum qui non juraverant. Testes vero qui juraverunt, ipso Nicholeto presente coram arbitris supradictis fuerunt Johannes Fabert de Chamunix, Pavyotus frater Girodi Plat, de Chamunix. Actum in claustro Prioratus de Chamunix ubi ad hoc fuerunt testes vocati et rogati Emericus de Chessye clericus, Aymo de Cruce, W* de Ancyet domicellus, Rodulphus de Chess. clericus, donnus Johannes de Salbaud. clusinus monachus, donnus Mich. incuratus de Chamunix. W* Mistralis de Chamunix. Q. — Item, anno quo supra, eadem indicione, dicta die veneris post assompcionem Beate Marie Virginis adsignata modo quo supra. Cum Rodulphus de Chess. clericus procurator nomine ex parte prefati religiosi viri Domini Rich. prioris de Chamunix, Gebn. dyoc. requireret me notarium infra scriptum tanquam publicam personam. Coram Heberto de Bardonechy tunc temporis castellano de Salanchia tanquam coram ordinario et aliis testibus infrascriptis ut predicta die veneris adsignata ex parte dicti prioris de Chamunix, supradicto Nicholeto filio quondam Martini de Gebn. apud Salanchiam ad videndam recepcionem testium et publicasionem eorumdem si vellet prout superius continetur, reciperem, inquam, testes ac deposicionem eorum in formam publicam, tanquam persona publica redigerem ne processu temporis per mortem testium vel modo alio dicto priori sive prioratui de Chamunix posset deficere copia testium, testes dico quos ipse Rodulphus volebat producere ex parte dicti prioris contra supradictum Nicholetum, super hoc quod timebat dictus prior ne ipse Nicholetus vel alter moveret in posterum questionem sive querelam contra ipsum priorem vel dictam domum de Chamunix super homagio et fidelitate supradictorum hominum videlicet Sady carpentarii et Ansermi filiorum quondam Ansermi Tyssot, de Chamunix vocati dou Rosey quos dictus prior adserebat modo quo supra esse homines ligios dicti prioratus de Chamunix tam racione cujusdam solucionis quictacionis sive donacionis quam fecerunt perpetuo Jacobus Martini et W^s Martini de Salanchia fratres Domino Humberto De Belloforti quondam priori de Chamunix et dicto prioratui de prefato Ansermo Tyssot et de ejus heredibus, cujus vero Ansermi Tyssot prefati Sadus et Ansermus sunt heredes et filii, cujus, inquam, nomine Jacobi Martini, dictus Nicholetus petebat vel petere intendebat: quam prescriptionem legitimam factam pacifice et quiete a dicto prioratu de Chamunix de dicto Ansermo Tyssot et de prefatis hominibus seu scilicet heredibus. Intencio vero dicti prioris talis fuit. Q. — Ponit et intendit probare Religiosus vir frater Rich, de Vileta prior prioratus de Chamunix, gebn. dyoc. contra Nicholetum Martini de Gebn. et eciam contra omnes alios quorum interest: quod Jacobus Martini de Salanchia et Vuillelmus frater ejus spontanei et ex certa sciencia dederunt, concesserunt et quictaverunt perpetuo Religioso viro quondam Domino Humberto De Belfort, priori quondam dicti prioratus de Chamunix, ad opus et nomine dicti prioratus; omne jus et omnem actionem quod et quam ipsi habebant vel habere poterant in Ansermum Lu Tyssot de Chamunix dictum dou Rosey et in heredibus ejus, patrem vero dictorum Sady et Ansermi, quondam, de quibus agitur in hoc presenti instrumento. Q. — Item quod tam ipse Dominus Rich. prior de Chamunix quam prefatus Dominus Humbertus De Belfort, predecessor suus tenuerunt et possiderunt pacifice et quiete per successum temporis tam dictum Ansermum quam liberos suos pro suis hominibus ligiis per spacium triginta annorum. *Q*. — Item, quod facta donacione premissa, dictus Ansermus Tyssot fecerit fidelitatem dicto Domino Humberto, nomine dicti prioratus de Chamun. elapsis tringinta (sic) annis et plus usque ad diem quam supra. *Q*. — Item quod tam dictus Ansermus Tyssot quam ejus liberi hobedierunt dicto Domino Humberto et post modum per continuum successum temporis prefato Domino Rich. prioribus de Chamunis tamquam ..... suis propriis et ligiis. *Q*. — Item quod de hoc est fama publica. Non abstringens se .... predicta probanda set ad ea tantum que de jure sibi sufficiunt. *Q*. — Primo Pavyotus de Chamunis frater Gyrodi Plat ad hoc productus, testis juratus et requisitus et diligenter examinatus dixit per juramentum suum super primo articulo quod ipse vidit et interfuit in claustro prioratus de Chamunix ubi Jacobus et W^s Martini de Salanchia fratres ibidem personaliter existentes, dederunt, quictaverunt et concesserunt in perpetuum prout melius et sanius potuerunt Religioso viro Domino Humberto De Belfort ad opus et nomine dicti prioratus de Chamunix, omne jus ac omnem actionem quod et quam ipsi habebant et *habere poterant* in Ansermum Lu Tyssot patrem quondam dictorum Sadi et Ansermi fratrum et in heredibus universis *prefati* Ansermi Tyssot et vidit quod prefatus Jacobus Martini accipiens ipsum Ansermum per manum et prefatum Dominum Humbertum recipientem nomine quo supra investivit. Requisitus super II° articulo, dixit quod vidit quod tam prefatus Dominus Humbertus quam dictus Dominus Rich. tenuerunt et possiderunt in bona pace nomine dicti prioratus tam dictum Ansermum Tyssot quam supradictus Sadum et Ansermum filios ipsius Ansermi per triginta quinque annos continuos a dicta donacione facta, cytra elapsos usque ad diem quam supra. Requisitus super III° articulo : dixit quod vidit quod facta donacione premissa fecit dictus Ansermus Tyssot fidelitatem ligiam dicto Domino Humberto nomine dicti prioratus. Requisitus super IIII° articulo dixit quod vidit quod tam dictus Ansermus quam ejus liberi supradicti hobediverunt per successum temporis a dicta donacione facta cytra prefatis prioribus nomine dicti prioratus tamquam suis propriis et eis Dominis, nomine in aliquo protestante. Requisitus super V° articulo dixit de hoc esse famam publicam. Q. — Item Johannes Faber de Chamunix testis juratus et requisitus dixit per juramentum suum idem in omnibus et per omnia in omnibus articulis quod predictus Pavyotus primus testis. Q. — Item Gyrodus Plat de Chamunix ad hoc productus, testis juratus et requisitus, dixit per juramentum suum idem per totum in omnibus premissis articulis quod duo primi testes. Recepti vero et examinati fuerunt hii testes suprascripti in ecclesia de Salanchia videlicet per me notarium infrascriptum et eciam per Petrum De Calcibus domicellum, per dongnum Petrum dictum Album de Salanchia presbiterum, et per Aymonem Cysoris de Salanchia clericum qui prefatos testes secreto et singulatim prout juris est recepimus et diligenter examinavimus. Deposiciones vero et adtestaciones testium predictorum ego notarius infrascriptus ad requisicionem dicti Rodulphi De Chessye requirenti vice et nomine dicti prioris et dicti prioratus de Chamunix et eciam de voluntate et mandato prefati Heberti castellani de Salanchia tanquam judicis ordinarii ratificantis et confirmantis auctorite illustris domine Delphine[1] et domine Fucigniaci dictam publicacionem testium factam nomine quo supra in formam publicam redegi. Datum et actum dicta die veneris quo supra ante domum Michaelis Falquonis de Salanchia, ubi ad hoc fuerunt *testes vocati et rogati*. Prefati Petrus De Calcibus domicellus, dongnus Pe. Albus presbiter, Aymo Cysoris et plures alii. Et ego W[s] de Chamunis publicus notarius imperialis aule et comitis de Lomell. omnibus premissis interfui qui inde rogatus et requisitus prout superius est expressum hoc presens publicum instrumentum scripsi, subscripsi, tradidi et signavi.

[1] Béatrix de Savoie, fille du comte Pierre.

27

Vente et cession par Nicholet, dit de Genève, fils de feu Martin, de Genève, à Richard de Villette, prieur de Chamonix, d'un muid d'orge qu'il avait à percevoir annuellement sur le prieuré de Chamonix et de deux hommes, l'un appelé Sadu et l'autre Anserme, fils de feu Anserme Tissot du Rosey, pour le prix de 40 livres genevoises.

(1287.)

(Du jeudi après la fête de saint Luc, évangéliste 22 Octobre).

(Archives de Sallanches, A, n° 22. M. S. H. A. G., t. XIV, p. 194. D'après l'original écrit sur parchemin.)

Nos Humbertus De Thonons officialis Curie Gebenn. Universis presentibus et futuris tenore presencium facimus manifestum quod Nicholetus dictus de Geben. filius quondam Martini de Gebenna in nostra presencia personaliter constitutus scienter et spontanea voluntate non metu, non dolo aliquo inductus sed de jure et de facto suo plenarie certioratus, existensque major, titulo perfecte venditionis perpetue et irrevocabilis pro se et suis heredibus ac successoribus universis, vendidit et concessit, quictavit et solvit prout melius potuit et sanius potest intelligi perpetuo Religioso viro fratri Richardo priori prioratus Campi muniti. Geb. dyocesis, nomine sui et dicti prioratus de Chamunys, unum modium[1] ordei ad mensuram Salanchie quod dictus Nicholetus et pater suus dictus Martinus habebant super prioratum de Chamunys annuale et percipere consueverant a dicto prioratu annuatim, quod enim modium ordei prefatus Martinus debuerat emisse alicujus prioris dicti prioratus de Chamunys vel ab aliis gentibus percipientibus dictum mo-

---

[1] Le muid de Sallanches équivalait à 24 octanes, soit 19 hectolitres environ.

dium ordei a dicto prioratu et habentibus et obtinentibus dictum bladum a dicto prioratu de Chamunys. Item prefatus Nicholetus quitavit et solvit prout melius potuit perpetuo prefato priori Duos homines videlicet, quodam nomine Sadu carpentarium et Ansermum fratrem ejus et eorum heredes, filios quondam Ansermi Tissot dou Roscy, precio quadraginta librarum bonorum gebenn. quam pecuniam dictus Nicholetus confessus fuit se habuisse et recepisse tam prefata vendicione dicti modii ordei quam quitacione dictorum hominum ac eorum heredum a prefato priore in bona pecunia numerata. Renunciat exceptioni peccunie non numerate non habite non tradite non solute et omni spei future numeracionis in posterum faciende. Devestiensque se dictus Nicholetus pro se et suis de dicto modio bladi et hominibus supradictis et prefatum priorem nomine dicti prioratus investivit de dicto blado et ipsis hominibus tenendis et possidendis perpetuo a prioratu de Chamunys.... *illisible et rongé*.... Nicholetus et quitavit prefato priori quicquid juris, actionis, possessionis et proprietatis dictus Nicholetus et pater ejus habebant vel habere poterant in prefato modio bladi et hominibus supradictis. Promisitque dictus Nicholetus pro se et suis modo quo supra dicto priori prefatam venditionem factam per ipsum Nicholetum de dicto modio bladi manutenere, deffendere et servare dicto prioratui de Chamunys contra omnes et non venire contra dictam venditionem per se vel per aliam personam de cetero ullo modo. Item promisit dictus Nicholetus dicto priori modo quo supra quod si haberet aliqua instrumenta vel litteras de prefato modio bladi quod ea quam cito posset redderet ipsi priori. Voluit et concessit quod si aliqua instrumenta vel littere erant de dicto modio bladi sibi vel patri suo vel aliis jus habentibus in dicto modio bladi non haberent cum modo aliquo roboris firmitatem sed essent cassa et vana et nullius valoris. Predictamque vero quitacionem sive solutionem quam dictus Nicholetus fecit de predictis hominibus promisit tantum dictus Nicholetus manutenere et deffendere de se et de suis et heredibus prefati Martini patris sui et non de aliis prioratui supradicto. Renuntiavit que dictus Nicholetus tam super dicta venditione bladi quam super quitatione dictorum duorum hominum, etc[1]. Dictus Nicholetus juratus super sancta Dei evangelia sub ypoteca bonorum suorum promisit dicto priori nomine et dicti prioratus attendere et servare et fideliter adimplere et non venire contra non facere modo aliquo propter quod prefata venditio bladi et dicta quitatio hominum posset ullatenus impediri. In cujus rei testimonium et ad majoris roboris firmitatem nos prefatus officialis ad requisitionem et voluntatem prefati Nicholeti presentem litteram sigillo Curie Gebenn. tradidimus sigillatam. Datam Gebenn. die jovis post festum Sancti Luce evangeliste anno Domini M°. CC°. LXXX° septimo.

A l'original, pend un sceau en cire brune, de la forme de celui n° 4 de la planche XXXIX du 7e volume des *Mémoires de la Société d'histoire et d'archéologie de Genève.*

28

Ordre donné par Béatrix de Savoie, dame de Faucigny, à son châtelain de Montjoie, de faire délivrer chaque année, à l'église de Chamonix, le muid et demi de froment à elle donné par Aymon, sire de Faucigny, sur les revenus du village de Servoz.

(1288.)

Vendredi après Pâques (2 Avril).

(Archives de Sallanches, A, n° 23. D'après un vidimé de 1374. — M. S. H. A. G., t. XV, p. 28.)

---

[1] Formule juridique supprimée, *ut suprà*, p. 37.

BEATRIX filia inclite recordacionis Domini P. comitis Sabaudie. Dilecto fideli suo *Enudoni*, castellano Montis-Gaudii et illi qui pro tempore fuerit castellanus dicti loci, salutem. Cum inclite recordacionis Dominus Aymo, Dominus Foucigniaci quondam assignaverit ecclesie de Chamonix et ejus servitoribus unum modium et dimidium frumenti annuatim percipiendum in villa de Syervoz. Mandamus tibi quatenus dictum frumentum dicte ecclesie sui ejus servitori deliberari facias et reddi, nec eidem de cetero ipsum in percepcione dicti frumenti aliquo perturbes nec perturbari permittas, taliter super hoc te habens ne propter defectum tuum dictam servicionem ad nos reverti non oporteat.

Datum Bone ville die veneris post pascham, anno Domini M°. CC°. LXXXVIII.

29

Commandement fait par Béatrix de Savoie, dame de Faucicigny, à Vouteret, de Mont-Vautier, son homme lige et taillable, de remettre un de ses fils au prieur de Chamonix, pour le tenement qu'il possède du chef de Giraude, sa femme, relevant dudit prieur.

(1288.)

(Du mercredi après la Pentecôte (19 Mai).

(Archives de Sallanches, A, n° 17. D'après l'original sur parchemin. — M. S. H. A. G., t. XV, p. 29.)

Nos B. filia inclite recordationis Domini P. comitis Sabaudie et Domina Fucigniaci, notum facimus universis presentes litteras inspecturis quod nos volumus et concedimus quod Vouteretus de Monte-Vouterio [1] homo noster ligius et talliabilis reddat unum de suis filiis in hominem ligium priori et prioratui de Campo munito pro albergo seu tenemento quod idem Vouteretus tenet ex parte Giraude uxoris sue a priore et prioratu supradictis; volentesque et concedentes quod dictus Vouteretus possit et debeat usagiare in manu dicti prioris pro dicto suo filio, quantum ad dictum tenementum, salva fidelitate homagio nostro et jure, donec dictum filium suum ad etatem legitimam contigerit pervenire. In cujus rei testimonium presentes litteras sigillo nostro tradimus sigillatas. Datas Montisgaudii [2] die mercurii post penthecostem anno Domini M°. CC°. LXXX° octavo.

Au bas de l'acte pend un sceau en cire blanche, représentant une tête grecque. C'était l'anneau de ladite princesse; il existe encore parmi les joyaux de la couronne, à Turin.

30

Déclaration faite par Richard de Villette, prieur de Chamonix, du consentement des moines et du curé du lieu, d'avoir, pour le plus grand avantage des habitants de Valorsine, fait reconstruire à neuf leur église, sous le vocable de Notre-Dame. Il se réserve pour lui et ses successeurs l'institution des curés et divers droits ecclésiastiques.

— (1288.)

6 des ides de Juin (8 du même mois).

(Archives de Sallanches, C, n° 2. D'après l'original écrit sur parchemin.)

[1] Mont-Vautier, commune des Houches.
[2] Montjoie, châtellenie de Faucigny, dont le chef-lieu était à Saint-Gervais.

Anno Domini millesimo ducentesimo octuagesimo octavo, indictione prima, sexto ydus junii. Coram me notario infrascripto et testibus infrascriptis. Religiosus vir frater Richardus prior prioratus Campi muniti, Gebennensis diocesis, nomine sui et successorum suorum, inspecta evidenti utilitate dicti prioratus de Chamunis de consilio et voluntate dilectorum fratrum suorum in Christo, videlicet domini Humberti De Chamosset, domini Johannis de Salanchia, domini Johannis de sancto Sygimondo, monachorum Clusini monasterii, Thaurinensis dyocesis, et de voluntate et consilio dongni Michaelis de Chamunis incurati tunc temporis ecclesie de Chamunis commorantium tunc temporis cum dicto priore in prioratu de Chamunis supradicto, Ecclesiam Vallis ursine pertinentem ad dictum prioratum constructam de novo ob magnam necessitatem hominum habitantium in dicta Valle ursina, in honorem beate Marie virginis dotavit sive fondavit tanquam ille qui erat patronus dicte ecclesie de Valle ursina sub hac forma : In primis dictus prior in dicta ecclesia Vallis ursine retinuit sibi et successoribus suis perpetuo plenum jus patronatus et concessionem dicte ecclesie cum ipsam vaccare contingerit, et quod per ipsum priorem ac successores suos detur ecclesia Vallis ursine supradicta, et quod capellanus qui pro tempore fuerit, presentetur per ipsum priorem ac successores suos ad curam animarum parrochianorum dicte ecclesie Dno Episcopo Gebennensi. Super regimine vero bonorum temporalium teneatur priori de Chamunis tanquam patrono et advocato dicte ecclesie reddere rationem. Item dictus prior in dicta Valle ursina pertinenti ad dictum prioratum de Chamunis et eisenti dicti prioratus retinuit sibi et successoribus suis perpetuo una cum suo toto dominio temporali prioratus de Chamunis, omnes decimas, primitias bladorum sive segetum, cannaborum, caseorum et fetuum et cujuscumque alterius generis sint et humeros ferarum, ut omnia singula supradicta dictus prior et successores sui habeant, possideant et percipiant in perpetuum in valle et in ecclesia supradictis tanquam illa que erant et primo fuerant prioratus de Chamunis supradicti. Capellanus vero qui pro tempore fuerit in dicta ecclesia Vallis ursine per priorem de Chamunis institutus et ordinatus habeat tantum nomine capellanie sue perpetuo infra fines parrochie dicte ecclesie de Valle ursina, scilicet ab ingressu loci qui dicitur *li montet*[1] contiguo nemori sive loco dicto *jours* tenconiva[2] ultra versus dictam ecclesiam de Valle ursina terras, hactenus concessas dicte ecclesie, salvo jure prioratus de Chamunis. Item omnes oblationes, mortalagia, sepulturas recepta et messem suam parrochianorum suorum et omnes obventiones votorum et legata facta et facienda dicte ecclesie de Valle ursina, exceptis illis legatis que a modo fierent perpetuo super terris vel de terris essentibus de feudo et dominio prioratus de Chamunis, ut predictus Capellanus dicte ecclesie Vallis ursine omnia et singula supradicta concessa et dimissa per dictum priorem de Chamunis ipsi Capellano et dicte ecclesie de Valle ursina habeat, possideat et percipiat perpetuo pacifice et quiete nomine sui et ecclesie de Valle ursina ut de ipsis valeat Deo et beate Marie et dicte ecclesie deservire cum suo honere et honore. Item dictus prior retinuit sibi et successoribus suis in dicta ecclesia de Valle ursina quod capellanus dicte ecclesie qui pro tempore fuerit nomine recognitionis quod dicta ecclesia Vallis ursine, subest prioratui de Chamunis et ad ipsum prioratum pertinet, teneatur semel in anno nomine visitationis recipere in sua domo per unam diem totam priorem de Chamunis cum sociis suis et servientibus et procurare eum honorifice in victu secundum quod dies apportabit una cum equis prioris et dare quolibet anno prioratui de Chamunis nomine personatus decem solidos gebennenses in festo beati Michaelis archangeli persolvendos. Omnia vero

---

[1] *Li montet*, col des montées, entre Argentière et Vallorcine.
[2] *Tenconiva*, tant qu'on y va, jusqu'où l'on peut aller.

et singula supradicta tam dictus prior quam Dognus Thomas de Byeuna, incuratus dicte ecclesie qui primus fuerat ordinatus et institutus per ipsum priorem in dicta ecclesia Vallis ursine, laudaverunt, ratificaverunt et acceptaverunt in quantum potuerunt nomine sui et successorum suorum. Et voluerunt et concesserunt quod omnia singula supradicta habeant perpetuo roboris firmitatem. Et promiserunt sibi ad invicem per stipulationem solemniter factam, omnia predicta fideliter observare, dictusque dognus Thomas promisit dicto priori et successoribus suis esse fidelis; preceperuntque michi notario infra scripto omnia premissa per me redegi in formam publicam et super premissis facere duo publica instrumenta ejusdem tenoris quorum unum haberet prior de Chamunis, aliud capellanus de Valle ursina. Actum in claustro prioratus de Chamunis ubi ad hec fuerunt testes vocati et rogati Monachi Clusini superius nominati, prefatus dongnus Michael, incuratus tunc temporis ecclesie de Chamunis; Wullermus Mistralis de Chamunis, Rodulphus de Gado domicellus, Emericus Bruydanz de Megeva, Girardus de Fucign. serviens dicti prioris et plures alii. Et ego Wullermus de Chamunis, publicus notarius, auctoritate imperialis aule et comitis Lomell. interfui qui rogatus a partibus premissis inde duo publica instrumenta ejusdem tenoris fideliter scripsi et cuilibet parti suum tradidi et signo meo signavi.

31

Invitation faite par les hommes de la terre de Chamonix, d'abord révoltés contre le prieur du lieu, ensuite amnistiés, à leurs compatriotes, au nombre de huit[1]*, qui s'étaient retirés, contre la défense dudit prieur, et faisaient leur résidence au château de Charrosse, de rentrer dans les bonnes grâces de leur seigneur et de ne faire aucun pacte avec Amédée, comte de Genève.*

(1289.)

14 et 12 des kalendes, 2 des nones de Juin (19 et 21 Mai, 4 Juin).

(Archives de Sallanches, A, n° 6. M. S. H. A. G., t. XIV, n° 214. — D'après l'original écrit sur parchemin.)

Anno Domini M°. CC°. LXXX°. IX°. indictione secunda, XIIII° kalendas junii. Coram me notario publico et testibus infrascriptis, homines prioratus de Chamunis, Gebennensis dyocesis, videlicet homines qui inferius nominantur mandant et notificant per presens publicum instrumentum Jacobo Peclo, Petro Rufo filio dicti Jacobi, Aymoneto Deponte, Melineto Tovery des Dux, Melioreto dicto Mabilat Delagrea, Melioreto filio Johannis Delagrea, Pavioto filio Agnetis Peclessa quondam, Jacobo filio Rodulphi Bosson, hominibus dicti prioratus de Chamunis, quod non placet eis, set tedet ipsos quam plurimum ex hoc quod intellexerunt quod prefati Jacobus Peclos, Petrus Rufus, Aymo Deponte, Melinetus Tovery, Melioretus Mabilaz, Melioretus filius Johannis Delagrea, Paviotus filius Agnetis Peclessa, Jacobus filius Rodulphi Bosson ultra voluntatem et consensum Reli-

---

[1] L'acte suivant en indique neuf.

giosi viri Domini Richardi prioris dicti prioratus, Domini eorum, moram contrahunt apud castrum de Charrossa et apud Passye et contrahendo taliter moram apud Passye valde male faciunt et dictum Dominum priorem et ipsos graviter offendunt, quare mandant eis et requirunt ipsos in quantum possunt ut a dicto loco de Passye velint recedere et concordare cum dicto Domino priore prout ipsi fecerunt. Item predicti homines de Chamunis inferius nominati mandant et notificant modo quo supra predictis hominibus morantibus apud Passye et inhibent quantum possunt ex parte sua quod ipsi caveant quod, super discordia mota inter ipsos et dictum Dominum priorem, non habeant aliquem tractatum, colloquium sive consilium erga Dominum Amedeum comitem Gebennensem et gentem suam ...... de predicta discordia prout non debent non habeant aliquid refugium erga dictum Dominum Amedeum et gentem suam, quia de predicta discordia nolunt nec debent ad aliquem recurrere nisi ad solum Deum et Abbatiam Clusinam et dictum Dominum priorem solum. Item predicti homines de Chamunis inferius nominati notificant predictis Jacobo Peclo et suis complicibus supradictis modo quo supra quod dictus Jacobus et alii college sui sciant pro certi quod ipsi non dabunt eis aliquid consilium et juvamen donec ipsi fecerint et concordaverint cum dicto Domino priore de discordia memorata prout ipsi fecerunt. Item mandant eis et notificant modo quo supra quod si fecerunt aliquid juramentum commonitatis sive commonitatem, promissionem sive aliquid vinculum de tenendis se ad invicem in simul cum predicto Jacobo et aliis suis complicibus conjuratis de consilio peritorum donec juramentum commonitatis seu commonitatem promissionem sive dictum vinculum in manu dicti prioris revocant et revocaverunt ut melius potuerunt, adtendentes quod de predicto juramento, commonitate, promissione sive vinculo posset eis magnum dampnum et periculum evenire, et quod jurati super sancta Dei evangelia revocantes dictum juramentum et commonitatem sive vinculum promiserunt per stipulationem solempnem dicto Domino priori presenti, stipulanti et recipienti nomine sui et dicti prioratus quod predictum juramentum commonitatis, promissionem sive vinculum tanquam illud quod non erat licitum set injustum et ideo non servandum de cetero non tenebunt nec servabunt nec facient aliud juramentum commonitatis seu commonitatem, promissionem seu vinculum ullatenus de cetero de tenendis se ad invicem in simul sine consensu et voluntate dicti domini prioris et quod semper erunt fideles dicto Domino priori et successoribus ejus; et quod dictum Dominum priorem et successores ejus et prioratum de Chamunis totaliter juvabunt posse suo ad manutenendum et deffendendum nec tractabunt sive procurabunt aliquid contra prioratum de Chamunis et dominum dicti prioratus. Item mandant homines infrascripti dicto Jacobo Peclo et suis complicibus modo quo supra quod ipsi caveant cujusmodi tractatum habebunt erga Dominum Amedeum Comitem Gebennensem et gentem suam quia de aliquo tractatu quem haberent erga dictum Dominum Amedeum et gentem suam non darent eis aliquid consilium nec juvamen nec de expensis quas facerent vel fecerunt ipsos in aliquid relevarent. Hii sunt qui omnia premissa concesserunt et voluerunt et in isto publico instrumento se scribi preceperunt primo : Berthodus Mussouz. II. Jacobus filius ejus. II. Fraretus Vulens. II. Johannes et Charletus filii ejus. II. Petrus Mussouz. II. Verneys et Rodulphus Mussouz. II. Falquetus Doubyoley. II. Vuillelmus Mognerii, de muris. II. Perretus Jacocius des nanz. Actum ante granerium dicti prioratus de Chamunis ad hec fuerunt testes vocati et rogati Emericus Bruydanz de Megeva, Jacobus Fayditi de Chamunis, Falquetus nepos Gyrodi Byol de Megeva. = Item, anno quo supra, eadem indictione, XII kalendas junii; coram me notario publico et testibus infrascriptis, hii qui sequuntur personaliter comparentes omnia supradicta mandantes, volentes et precipientes prout totaliter superius sunt expressa se poni et scribi preceperunt in presenti publico instrumento primo Johannes et Petrus filii Petri Jordaneys. II. Durandus filius Rodulphi Bosson. II. Peronetus Delagrea. II. Nicholans Deponte. II. Aymo Gaudins. II. Johannetus Desalouz Tysset. II. Johannes Reymonde Doutor. II. Johannes filius ejus. II. Johannes Gyrars. II. Jacobus filius Martini Detyssyors. II. Martinus filius Durandi Chaven. II. Li Seytor Desaylouz. II. Martinus Dou Sayx. II. Johannes Jordaneys de exerto. II. Petrus De campis. II. Melioretus Dou Gerdyl. Actum loco quo supra, testes ad hoc fuerunt vocati et rogati Aymo De Bellagarda apud Salanchiam, Melmodus filius quondam Henrici de Bellagarda. Vyon. De Chamosset domicellus, W. Mistralis de Chamunis, Henricus De la Molaz. Item se posuit et scribi se precepit eodem die et loco quo supra in hoc presenti publico instrumento, modo et nomine quo omnes superius nominati Petrus Ressaz dou Chathelar. testes ad hoc fuerunt vocati et rogati prefati Ay. De Bellagarda, Dognus Johannes de Salanchia clusinus monachus, Vernesius. Item anno quo supra, eadem indictione, secundo nonas junii, coram me notario publico et testibus infrascriptis hii qui sequuntur omnia supradicta mandantes, volentes et concedentes prout totaliter superius exprimuntur se poni et scribi preceperunt in isto presenti publico instrumento, videlicet : Michaël filius Rodulphi Voroyssy, Johannetus filius quondam Hudrion. Doucet. Actum loco quo supra scilicet ante grancrium dicti prioratus de Chamunis, testes ad hoc fuerunt vocati et rogati prefatus Aymo De Bellagarda, Willelmus mistralis de Chamunis, Henricus Delamola. Item, eodem anno, die et loco quibus supra, Johannetus filius Melioreti Depratis omnia suprascripta mandans, volens et concedens se scribi et poni precepit in hoc presenti publico instrumento. Actum ante portam prioratus de Chamunis testes ad hoc fuerunt vocati et rogati supradictus Aymo De Bellagarda, Petrus Demota apud Megevam, clericus, Stephanus De Syervu laycus; et ego Willelmus De Chamunis publicus notarius, auctoritate imperialis aule et comitis De Lomell. omnibus premissis interfui qui rogatus a prefatis hominibus hoc presens publicum instrumentum inde scripsi, tradidi et signo meo sig.... na....vi.

32

Compromis entre Béatrix de Savoie, dame de Faucigny, et Richard de Villette, prieur de Chamonix, d'une part, et Amédée II, comte de Genève, d'autre part. — Nomination d'arbitres pour terminer leurs différends à l'occasion de la protection que ledit comte avait accordée aux sujets révoltés dudit prieur. — Et suspension de poursuites contre ces derniers.

(1289.)

Du vendredi après la fête de saint Luc (21 Octobre).

(Archives de Sallanches. — M. S. H. A. G., t. XIV, p. 219. — D'après l'original écrit sur parchemin.)

Nos B. filia inclite recordationis Domini P. comitis Sabaudie, Dominaque Fucigniaci, et frater Richardus prior campi muniti ex una parte, et nos Amedeus Comes gebennensis ex altera, notum facimus omnibus quod nos super omnibus querelis, juribus, possessionibus et instrumentis utriusque partis competentibus inter nos ratione terre campi muniti, compromittimus in Dominum Delphinum electum a nobis dicta B. et dicto priore, et in Dominum Johannem Valentinum et Diensem episcopum electum a nobis dicto Comite, et in Dominum Archiepiscopum Viennensem communiter electum, tanquam in arbitros. Dantes eisdem plenum posse inquirendi super predictis, cognoscendi et terminandi jure. Et si forte propter loci distanciam, vel alia de causa, predicti arbitri non possint vacare circa predicta, ipsi, possint mittere quilibet alium pro se qui habeant potestatem inquirendi, super predictis juribus, querelis, possessionibus prout superius est expressum, et videndi instrumenta et originalia. Qua inquisitione facta et visione predictorum instrumentorum, referant dictis arbitris qui missi fuerint ab ipsis, quod invenerint, et post modum dicti amici faciant in dicto negocio secundum quod super predictis viderint de jure faciendum, durante compromisso usque ad proximam Pascham. Item super gravaminibus allatis hominibus de Campo munito a dicto Domino priore, si qua fuerint, et querelis eorum, de quibus nos dictus Comes sumus fidejussores, uti dicimus, ipsis hominibus ex parte ecclesie Clusine, nos dictus Comes ponimus pro nobis et dictis hominibus Dominum Rodulphum de ponte vitreo, aut Dominum Hugonem de Moussie militem aut Dominum Eymionem, decanum de Villionay, aut magistrum Petrum de Gruerio aut Jacobum Eschaqueti. Et nos dictus Prior ponimus pro nobis Dominum Bertrandum de Charmos archidiaconum Tarentasiensem, aut Dominum Gedeonem de Aquabella, aut Petrum Lombardi, aut Reymondum de belloforti, aut Amedeum de Conflento. Et nos dicta B. mittamus medios quos voluerimus qui debent jurare nobis quod equales erunt, nec accipient munera hinc et inde. Qui arbitri inquirent de querelis predictis et secundum tenorem habite fidejussionis faciant emendari. Item actum est quod dicti homines de Campo munito, exceptis novem qui morantur apud Passiacum, durante compromisso non possint per Priorem vel per suos gravari vel condempnari pro hiis que fecerunt cum dicto Comite, vel pro ipso usque nunc. Item quod dictus Comes restituere faciat dicto Priori animalia que capta fuerunt in grangia ipsius Prioris vel ab hominibus suis dicti loci. Item quod homines predicti morantes apud Passiacum remaneant in statu in quo erant die dominica ante festum Beati Luce evangeliste. Que omnia et singula nos predicte partes promittimus, per juramentum super sancta Dei Evangelia corporaliter prestitum, attendere firmiter et servare et contra non venire. In quorum testimonium sigilla nostra presentibus duximus apponenda. Datum et actum apud Salanchiam die veneris post festum beati Luce m° cc° lxxx° nono.

A l'acte qui précède pendaient trois sceaux, il n'y a plus que celui du comte de Genève qui est au milieu.

33

Cession passée par Amédée II, comte de Genève, à illustre dame Béatrix de Savoie, dame de Faucigny et à Richard, prieur de Chamonix, de tous les traités que les hommes dudit prieur avaient faits avec lui, voulant que ces traités soient non avenus et n'entendant point préjudicier aux droits qu'il avait sur la terre de Chamonix avant lesdits traités.

(1289.)

Du vendredi après la fête de saint Luc (21 Octobre).

(Archives de Sallanches, A, n° 26. — M. S. H. A. G., t. XV, p. 30. — Copié sur le vidimé signé par spectable Jean Pointet, avocat et secrétaire civil du Sénat de Savoie en date du 2 mai 1737, en exécution d'un décret dudit Sénat en date du 13 avril précédent.)

Nos Amedeus Comes Gebennensis notum facimus universis presentem litteram inspecturis quod nos scientes et spontanea voluntate omnino solvimus et quictavimus prout melius possumus illustri Domino Beatrici filie inclite recordacionis Domini Petri comitis Sabaudie, Domine Foucigniaci et Fratri Richardo, priori prioratus de Campo munito, omnia juramenta, conventiones sive pacta, condiciones et ordinaciones quas nobis fecerunt homines de Campo munito qualiterque ipsas nobis fecerunt et pacta, revocamus. Volentes et concedentes quod de predictis juramentis conventionibus, pactis, condicionibus et ordinacionibus. Nos de cetero juvare in aliquo non possimus, imo cassa et irrita perpetuo remaneant nulliusque valoris et momenti existant; predictosque homines de Campo munito, de juramentis, conventionibus, pactis, condicionibus et ordinacionibus si quas nobiscum fecerunt solvimus irrevocabiliter penitus et quictamus. Ita quod ad ipsas nobis de cetero minime teneantur et etiam si aliqua alia in valle Campi muniti de novo fecimus a die dominica ante festum Beati Luce evangeliste citra contra dictum priorem et prioratum ipsa penitus revocamus et dicto prioratui restituimus et ipsum in statu pristino volumus permanere, salvo jure quod ibidem prius habebamus. In cujus rei testimonium sigillum nostrum presentibus duximus apponendum. Datum die veneris post festum Beati Luce, Anno Domini millesimo ducentesimo octuagesimo nono.

34

Traité passé entre Béatrix de Savoie, dame de Faucigny, et Richard de Villette, prieur de Chamonix, par lequel ladite dame de Faucigny reconnaît que toute la vallée de Chamonix, avec toutes ses appartenances et dépendances, est lige dudit prieur et que ce dernier a, sur les hommes qui y demeurent, toute juridiction, mère et mixte empire, qu'elle a reçu en fief [dudit prieur un mollard où il existe des maisons, avec obligation de garder sous sa protection le prieuré et ses hommes, lui donnant quittance du denier d'or de redevance annuelle qui lui était due, pour droit de garde et de protection. Elle promet de n'aider en aucune manière les sujets révoltés dudit prieur, et en cas qu'elle vienne à manquer à ses engagements, elle se met sous la juridiction de l'évêque de Genève pour la contraindre à les tenir. Elle mande à tous les châtelains du Faucigny de les faire exécuter et notamment au châtelain à qui la garde dudit mollard sera confiée. Il est convenu que dans le cas où ladite dame ne voudrait plus garder ledit mollard, et qu'elle en ferait retour audit prieur, elle conserverait néanmoins la garde et protection de ladite vallée, moyennant le denier d'or annuel, enfin ladite dame de Faucigny promet de faire ratifier le présent traité par le dauphin de Viennois son gendre et par sa fille épouse de celui-ci.

(1289.)

Du 7 des kalendes de Novembre (26 Octobre).

(Archives de Sallanches, A, n° 25. — M. S. H. A. G., t. XIV, p. 425. — D'après l'original sur parchemin.)

Anno Domini m°. cc°. lxxx°. nono, indictione secunda, septimo kalendas novembris, in presentia mei notarii et testium infrascriptorum. Illustris Domina Beatrix filia inclite recordationis Domini Petri Comitis Sabaudie, Domina Fucigniaci, ad requisitionem religiosi viri fratris Richardi prioris tunc temporis domus sive prioratus Campi muniti, Gebennensis dyocesis, scienter et spontanea voluntate, non in aliquo circumventa, sed de jure et de facto suo cerciorata plenarie, confessa fuit et manifeste recognovit quod tota vallis campimuniti cum omnibus suis pertinenciis, appendiciis contingentibus et coherenciis, una cum hominibus dicte vallis, scilicet ab aqua que vocatur dyosa et a rupe que vocatur saxus albus, usque ad balmas, prout sibi constitit legitimis documentis, est ligia prioratus supradicti campimuniti, et pertinet ad dictum prioratum cum omni plenitudine juris, possessionis et proprietatis, dominii, et omnis juridictionis, et etiam omnis meri et misti imperii, et quassi, sicut ipse prior et predecessores sui usi sunt usque nunc, remanentibus semper salvis dicto prioratui in suo jure feudis que tenentur a dicto prioratu infra terminos supradictos vel teneri debentur. Recognovitque predicta Domina sibi fore concessum et successoribus suis a dicto priore presente in feodum quoddam molare tantum, situm apud territorium de lacu prope pontem acque que dicitur arva, infra dictos terminos, et dictum molare [1] et edificia que fient in dicto molari se tenere in feodum ab abbatia sancti Michaelis de Clusa Taurinensis dyocesis et specialiter a domo sive prioratu sancti Michaelis Campimuniti supradicti. Pro quo quidem feodo ipsa Domina, nomine sui et successorum suorum, jurata super sancta Dei evangelia, per stipulationem sollempnem et sollempniter factam, promisit dicto priori presenti, sollempniter stipulanti et recipienti nomine suo et dicti prioratus, ac successorum suorum, predictam domum sive prioratum et dictam vallem campimuniti, unacum hominibus dicte vallis, manutenere, deffendere et servare ratione et nomine ipsius feodi supradicti tantummodo contra omnes, faciente dicto priore sive suis successoribus justiciam ubi debuerint de jure. Item com dictus prioratus esset in garda et custodia Domini Fucigniaci pro uno denario aureo annuali, predicta Domina, nomine sui et successorum suorum, solvit, quitavit dicto prioratui predictum denarium annualem pro feodo molaris supradicti, ita quod dictus prioratus ad solutionem dicti denarii de cetero minime teneatur, et nichillominus Dominus fucigniaci teneatur ad defensio-

---

[1] Où se trouvent aujourd'hui les ruines du château Saint-Michel, commune des Houches, à l'entrée de la vallée de Chamonix.

nem prioratus predictam, prout superius continetur. Promisit insuper predicta Domina predicto priori presenti, nomine quo supra, quod per ipsam et successores suos non fiet aliqua injuria eidem priori, nec successoribus suis, nec hominibus dicte vallis, nec ipsam fieri permitet per aliquem, et si fieret ab aliquibus seu aliquo ausu temerario, faceret dicto priori et ejus successoribus posse suo plenarie emendari. Item promisit predicta Domina modo quo supra dicto priori, quod homines dicti prioratus et dicte vallis campi muniti non recipiet in sua garda sive defensione deffendendos, servandos modo aliquo, contra dictum prioratum sive priorem dicti prioratus, sed si contingeret quod aliquis dictorum hominum dicte vallis esset rebellis dicto priori, quod nollet obedire dicto prioratui et reddere jus suum, quod ipsa compelleret et cogeret posse suo ipsum sive ipsos homines stare juri in curia dicti prioris et quemlibet alium offendentem dictum priorem infra dictam vallem vel etiam extra per totum districtum suum et posse suum. Item predicta Domina, habens voluntatem bonam et affectationem, amore Dei et intuitu pietatis, et in remedio anime sue et successorum suorum, ad defensionem et custodiam supradictam dicti prioratus, suposuit se nomine suo et successorum suorum juridictioni Domini Episcopi Gebennensis, quod si ipsa vel aliquis de successoribus suis non adtenderet et servaret universa predicta et singula, quod idem Dominus Episcopus possit ipsam et ipsos compellere per excommunicationis sententiam, monitione premissa, ad osservandum et tenendum gardam et custodiam predictas prout superius est expressum, sine indignatione aliqua quam dictus prioratus posset incurrere a predicta Domina et successoribus suis, ratione sententie supradicte. Ceterum predicta Domina presenti publico instrumento, nomine sui et successorum suorum, mandat et precipit, in quantum potest et per juramentum et fidelitatem quibus sibi tenentur et tenebuntur suis successoribus, omnibus castellanis abergi Fucigniaci et omnibus suis fidelibus, quod prefatam domum sive prioratum de Chamunix et ejus homines manuteneant, deffendant prout superius est expressum, et quod specialiter ille qui pro Domino Fucigniaci fuerit castellanus dicti molaris teneatur facere juramentum priori dicti prioratus, quod prefatam domum sive prioratum nomine Domini Fucigniaci manutenebit et deffendet in omnibus, prout superius est expressum. Item promisit prefata Domina Fucigniaci nomine sui et successorum suorum, modo quo supra, prefato priori presenti, quod si esset quod dicta Domina nollet tenere dictum molare vel si vellet ipsum relinquere, quod ipsa nichillominus predictam domum sive prioratum de Chamunix manutenebit, et deffendet, et habebit in sua custodia et garda, prout superius est expressum, pro uno denario aureo annuali, nomine dicte garde, sibi et successoribus suis reddendo anno quolibet a prioratu de Chamunix supradicto, et quod heredes sive successores sui teneantur similiter ad predictam domum custodiendam pro dicto denario aureo annuali, prout superius est expressum. Item predicta Domina promisit dicto priori, modo quo supra, quod nobilis vir Dominus dalphinus comes Viennensis gener suus, et nobilis domina uxor predicti dalphini et filia prefate Domine Fucigniaci, prefatam gardam sive custodiam dicti prioratus, jurati super sancta Dei evangelia, ratam habebunt et confirmabunt et servare promitent prout superius est expressum. Preterea predictus prior, inspecta evidenti utilitate dicti prioratus de Chamunix, nomine sui et successorum suorum, confessus fuit et manifeste recognovit se prefatum molare tantum, situm in dicto territorio de lacu, concessisse in feodum modo quo supra prefate Domine Fucigniaci et ejus successoribus perpetuo tenendum et fruendum, possidendum ab eis in feodum prout superius est expressum; promisit dictus prior, juratus super sancta Dei evangelia prefate Domine Fucigniaci, modo quo supra, se procuraturum fideliter posse suo, quod Dominus Abbas sancti Michaelis de Clusa prefatum molare dicte Domine Fucigniaci et ejus successoribus tenendum et possidendum ab eis, prout superius est expressum, in feodum perpetuo confirmabit. Item actum fuit inter predictam Dominam et dictum priorem, quod super premissis fiant per me notarium infrascriptum duo publica instrumenta ejusdem tenoris, quorum unum habeat predicta Domina Fucigniaci et dictus prior alterum, sigillata sigillo predicte Domine Fucigniaci et sigillo dicti prioris ad majoris roboris firmitatem. Item fuit dictum inter Dominam Fucigniaci et dictum priorem, quod si contingeret propter antiquitatem temporis vel modo alio predicta sigilla delerentur, frangerentur sive diminuerentur dicta instrumenta nichillominus semper remaneant in sua roboris firmitate. Et super premissis omnibus et singulis supradictis petierunt ambe partes per me infrascriptum notarium presens publicum instrumentum quod etiam posset semper meliorari, emendari et corigi ad consilium sapientium, facti substantia in aliquo non mutata. Actum fuit hoc apud Salanchiam, in ecclesia ante altare Sancti Jacobi, presentibus testibus ad hoc specialiter vocatis et rogatis, videlicet : Domino Guillelmo Viviandi, milite; Guillelmo de Veramolin, canonico gebennensi, magistro Poncio Clavelli, Petro Balister, tunc temporis judice terre Fucigniaci; Rodulpho de Chissye clerico, Domino Humberto de Chamosseto, monaco, Petro Coperii. Et ego Guillelmus de Petris, imperialis aule notarius publicus interfui et hanc cartam rogatus scripsi et signo meo signavi.

Nos vero predicta Domina Beatrix, Domina Fucigniaci, et nos predictus frater Richardus, tunc temporis, prior de campo munito, sigilla nostra hic apposuimus in robur et testimonium veritatis.

Nota. — Les deux sceaux qui pendaient à la présente charte au moyen de deux lisières de parchemin, sont actuellement rompus.

L'acte qui précède se trouvait, en 1559, dans les archives de la Chambre des comptes de Savoie, dans un vieux livre ou registre, n'ayant ni commencement ni fin, fort gâté, pourri et rompu de vieillesse, contenant plusieurs hommages, traités et contrats des terres, seigneuries et appartenances de la baronie de Faucigny, sur lequel il était écrit dès le folio 133 à 135, et intitulé ainsi : *Carta conventionum factarum inter illustrem Dominam B. Dominam Foucigniaci, ex una parte; et priorem de Chamunix, ex altera*. — Au commencement et en marge du même acte, il y avait ces mots : *He conventiones bene tenentur et ultra*.

Au folio 104 du même livre ou registre était ténorisée la confirmation de ladite convention, par Raymond, abbé de Saint-Michel de la Cluse, qui suit :

35

Littera concordie inter illustrem Dominam B. Dalphinam ab una parte. Et venerabilem virum Dominum Reymondum, divina miseratione, abbatem sancti Michaelis de Clusa, nec non et religiosi viri Domini Richardi, prioris prioratus de Campo munito, gebennensis diocesis.

(1290.)

7 des calendes d'Avril, soit le 26 Mars. — Copié aux archives de Chamonix sur l'expédition écrite sur parchemin, tirée de la Chambre des comptes de Savoie.

Nos frater R. divina miseratione, humilis Abbas sancti Michaelis de Clusa, Taurinensis diocesis, tenore presentium, notum facimus universis presentibus et futuris eadem inspecturis, quod nos ad preces et instanciam dilecti fratris in Christo Richardi prioris nostri prioratus de Campo munito, Gebennensis diocesis, quamdam compositionem sive concordiam factam inter nobilem Dominam Dominam (sic) B. filiam inclite recordationis Domini Petri Comitis Sabaudie,

Dominam de Fucigniaco ex una parte, et dictum priorem de Campo munito ex alia; contentam in quibusdam litteris sive instrumento publico super dicta compositione confectis vel confecto per manum Guillermi de Petris, publici notarii, anno Domini millesimo ducentesimo octuagesimo nono, septimo calendas novembris, sigillatis seu sigillato sigillis Domine et prioris predictorum, prout dicta compositio justa facta est et quantum de jure possumus, tenore presentium, confirmamus et laudamus. In cujus rei testimonium et ad majorem roboris firmitatem, presentem litteram sigillo nostro tradidimus sigillatam. Datum apud Chanti, septimo calendas aprilis, anno Domini millesimo ducentesimo nonagesimo.

36

Déclaration de Richard de Villette, prieur de Chamonix, à Béatrix de Savoie, que son prieuré est sous la garde et protection du seigneur de Faucigny depuis environ 55 ans, priant ladite dame de vouloir la lui conserver; ce qui lui est accordé.

(1290.)

Le jeudi après la fête de l'Épiphanie (12 Janvier).

(Archives de Sallanches, n° 24. — M. S. H. A. G., t. XV, p. 31. D'après l'original sur parchemin.)

Nos frater Richardus prior prioratus sive Domus Campi muniti, Gebennensis dyocesis, Universis presentibus et futuris, tenore presentium, facimus manifestum quod recognoscimus et recognovimus illustri Domine B, filie inclite recordationis Domini P. comitis Sabaudie, Domine Fucigniaci quod dictus prioratus sive Domus de Chamonis existit et permanxit in custodia, garda, tutione Domini Fucigniaci cum omnibus suis pertinenciis, appendenciis per quinquaginta quinque annos et volumus quod dictus prioratus sive Domus cum suis pertinenciis et appendenciis semper sit et maneat in dicta custodia, garda et tutione; Rogamus que prefatam illustrem Dominam quod dictum prioratum seu Domum cum suis juribus semper velit habere et tenere in sua custodia sive garda. Nos vero predicta Domina recognoscimus et recognovimus nomine nostri et successorum nostrorum prefato priori de Chamonis presenti et recipienti dictum prioratum sive Domum campi muniti cum suis juribus pertinenciis et appendenciis et possessionibus fuisse et extitisse spacio quinquaginta quinque annorum in custodia, garda, tutione Domini Fucigniaci tam tempore nostro quam predecessorum nostrorum prout nobis constitit legitimis documentis. Unum promittimus et promisimus bona fide nomine nostri et successorum nostrorum prefato priori stipulanti et recipienti nomine suo et successorum suorum prefatam Domum sive prioratum de Chamonis cum omnibus suis pertinenciis, appendenciis, rebus et possessionibus contra omnes in suo jure perpetuo et fideliter manutenere, deffendere et servare et in nostra custodia et garda tenere et habere. In cujus rei testimonium et majoris roboris firmitatem, nos prefata Domina sigillo nostro majori et nos prefatus prior sigillo nostro prioratus de Chamonis presentem litteram tradidimus sigillatam. Datam apud bonam villam [1] die jovis post festum Epiphanie Domini, anno ejusdem millesimo ducentesimo octogesimo nono.

---

[1] Bonneville.

A l'original de l'acte qui précède, pend encore le sceau de dame Béatrix de Savoie, dame de Faucigny ; celui du prieur de Chamonix est entièrement brisé.

37

Reconnaissance passée par les frères Girod et Pierre Thorenc et par les frères Pierre et Vuillelme fils de Marie, du lieu du Lac, paroisse de ce nom, à la requête de Richard de Villette, prieur de Chamonix, de tenir du prieuré de ce nom la dîme des blés à percevoir sur le territoire du Lac, sous le servis soit fermage annuel de trois muids de blé bon et recevable, savoir : un muid d'orge, un demi-muid de froment et un muid et demi d'avoine.

(1290.)

16 des kalendes d'Avril (17 Mars).

(Archives de Sallanches, D, n° 1. D'après l'original sur parchemin.)

Anno a nativitate Domini millesimo cc°. lxxx°. jx°, indicione secunda, xvj kalendas Aprilis. Coram me notario publico et testibus infrascriptis. Gyrodus et Petrus de lacu, fratres filii quondam Domis Thorenchi de lacu. Et Petrus et Vuillelmus ejusdem loci de lacu fratres filii quondam Marie de lacu, de parrochia de lacu, Geben. dyoc. Ad instanciam et requisicionem religiosi viri fratris Richardi, prioris Campi muniti, ejusdem dyocesis scientes et spontanea voluntate jurati super sancta Dei evangelia. Confessi fuerunt et recognoverunt in jure quod tam ipsi prefati Gyrodus et Petrus filii dicti Domis Thorenchi et Petrus et Vuillelmus filii Marie de lacu, quam heredes Aymonis filii similiter quondam dicte Marie de lacu, tenebant et habebant perpetuo a dicto prioratu de Chamunis decimam bladorum, exceptis canabis, nominatam de lacu, pertinentem ad dictum prioratum de Chamunis ad censam sive ad firmam annuam videlicet pro tribus modiis boni bladi et convenientis, scilicet, uno modio ordei et dimidio modio siliginis et uno modio et dimidio avene reddendis et solvendis ab ipsis adcensatariis et eorum heredibus perpetuo, sub ypotheca omnium bonorum suorum pacifice et quiete, et sine contradictione aliqua infra festum resurectionis dominice apud villam de lacu anno quolibet prioratui de Chamunis supradicto. Que enim tria modia bladi prefati Gyrodus et Petrus fratres et Vuillelmus et Petrus filii dicte Marie fratres jurati similiter super sancta Dei evangelia promiserunt pro se et suis heredibus per stipulationem sollempnem et sollempniter factam, sub ypotheca omnium bonorum suorum mobilium et immobilium prefato priori stipulanti et recipienti nomine sui et dicti prioratus de Chamunis scilicet quod quilibet ipsorum solvet pacifice et quiete dicto prioratui infra dictum terminum quolibet anno perpetuo et loco adsignato predicta tria modia bladi quantum cuilibet ipsorum contingerit solvere pro rata de censa superius nominata. Actum in camino dicti prioratus de Chamunis. Testes ad hoc fuerunt vocati et rogati. Dognus Johannes de Salanchia, Dognus Johannes de Salbaud, clusini monachi. Rodulphus de Chessie clericus, Emericus Bruydanz de Megeva, Petrus de Mota, clericus et plures alii. Et ego Wuillelmus de Chamunis publicus notarius imperialis aule et comitis de Lomello interfui qui hoc presens publicum instrumentum rogatus a partibus predictis inde scripsi, tradidi et signavi.

38

Déclaration de l'existence d'un compromis et de la nomination d'arbitres pour examiner les différends survenus entre Béatrix de Savoie, dame de Faucigny, et Amédée, comte de Genève. Assignation aux parties de produire au terme fixé leurs titres et raisons et suspension de toutes hostilités de la part du comte de Genève envers le prieur de Chamonix et ses sujets.

(1290.)

Du lundi avant la Nativité de Notre-Dame (4 Septembre).

(Archives de Sallanches. D'après une copie tirée des archives de cour à Turin. — M. S. H. A. G, t. XIV, p. 225.)

Nos Humberts Dalphins de Viennois, Conte d'Albons et sires de li Tor, et Nos Johans de Châlon, sires d'Arlay, façons savoir à tout ceux qui verront et oeront ces presentes Letres que noble dame Beatrix, cayenairiers fille le noble baron mon Seignour Peron Conte de Savoie et Dame de Fucigney de l'une partie, et noble baron Ameys Coens de Genève, d'autre partie, ont compromis en nos eslit des dictes parties de totes les quereles et questions lesquex li uns havoit vers l'autre tant que a jor que ces Letres furent faites quex que eles fussent et nos ont donné plain pooir d'enquerir et d'examiner les dites querelles par Nos et par notre comandement garde ordre de droit ou non garde à notre volunté, et terminer et ordener de celes à notre plaine volunté et quil garderont et tiendront loiament et fermemant l'ordination que nos farons des dictes quereles ; et por examiner les dictes quereles chacuns de nos doit envoier un saige l'uitine [1] de la

---

[1] La huitaine.

Saint Michel à Bornete [1] devant les quex doivent comparoir les dictes parties par lour et par lour messaigiers et baillier à ceux les articles que chacun voudra sus les dictes quereles, et quex articles les parties respondent et proposoient ces quil voudront et traihent proves par devant ceux sus les dit articles ces come lour plaira et ces dits saiges continuoient le jor tant que les parties haient plenièrement proposé et prové ce que lour plaira. Et nos assignons jor ès dictes partie l'uitine de la tot saint a dit leu de Bornete à la continuation des jors en fegant tant come nos plaira à ordener et terminer les dictes quereles à notre volunté, et promettons en bonne foy es dictes partie aidier et conseiller à celui que notre ordenation gardera contre celui qui garder ne le voudroit, et par la volunté des parties nos avons doné comandemant et plenier pooir à maitre Peron de Compois et à mon seigneur Guillame de Prissiey chevalier, qu'il metent termes et boynes ou leu que lon dit les Vaux, des quex Vaux nos li dit Dalphins havions déterminé entre les parties devant dictes et li termes et les boynes [2] soient tenus des dictes parties et ce soit fait dans l'uitine de la saint Michel et li Coens de Genève nos ha promis en bonne foy, qu'il ne tiendra, ne procurera, ne consentira par lui ne par autruy domaige ne fera à Priour de Chamonix ne a ses gens, ne receptera aucun qui domaige li feist tant que es cinc semaines après la tot saint ne fera noveleté en la terre de Chamonix dans le dit terme. En témoignage des quex choses nos à requeste des dictes parties qui nos ont promis à tenir et garder les devant dictes choses havons mis nos seaux en ces presentes letres et nos li devant dit Beatrix et Ameys Coens qui prometons porsiegre, tenir, garder loialement et en bonne foy cestes choses dessus dictes havons mis nos seaux en cestes presentes letres en témoignaige de verité.

---

[1] Bornete, hameau dépendant de la juridiction de Saint-Pierre de Rumilly, près Bonneville.

[2] Boynes (limites, bornes).

Donné à Bornete le lundi devant la nativité nostre Dame en l'an de notre Seignour mil deux cent et nonante.

Tiré de son original conservé aux archives du Roi et colation faite je me suis signé.

A Turin, ce 21 septembre 1782.

Scellé et signé : F. MARIN,
Sous-archiviste.

39

Traité conclu entre dame Béatrix de Savoie, dame de Faucigny et Amédée comte de Genève, par l'entremise de leurs arbitres, relativement à l'avoyrie et mixte empire sur les vallées de Chamonix et de Vallorsine que chacune des parties voulait s'attribuer, portant désistement de la part du comte de Genève en faveur de ladite dame de Faucigny, moyennant cinq cents livres viennoises, de tous droits de suseraineté sur lesdites vallées.

(1291.)

Du mardi après la Purification de Notre-Dame (7 Février).

(Archives de Sallanches, B, n° 1. — M. S. H. A. G., t. XIV, p. 227. D'après l'original écrit sur parchemin.)

Nos Humbertus Dominus de Thoria et de Vilars Notum facimus universis et singulis quod cum discordia verteretur inter illustrem dominam B. filiam inclite recordationis domini P. Comitis Sabaudie, dominam Fucigniaci ex una parte; et illustrem virum dominum Amedeum Comitem

Gebennensem, ex altera : Super eo quod dictus Comes dicebat se habere jus in valle urssina et in valle Campi muniti ac pertinenciis earumdem, asserendo se in predictis vallibus habere advoyeriam et merum imperium. Dicta domina in contrarium asserente. Tandem dicte partes, post multas altercationes inter se habitas, scientes, prudentes atque spontanei, compromiserunt in nos tanquam in arbitratorem seu amicabilem compositorem electum ab utraque parte et in dominum Guillelmum de Prissie[1] militem, et in Magistrum Emericum de Geriâ[2] jurisperitum electos a dicta domina B. Et in dominum P. de Compesio, militem et Jacobum Eschaqueti[3] jurisperitum electum à dicto Comite. Dantes nobis unàcum predictis coarbitratoribus nostris seu amicabilibus compositoribus plenam et liberam potestatem faciendi, ordinandi, diffiniendi de jure vel de facto quicquid nobis placuerit de predictis. Nos antedictus Humbertus et dicti coarbitratores nostri seu amicabiles compositores diligenter visis, auditis et examinatis quicquid dicte partes de jure vel de facto per se vel per alium dicere et proponere voluerint de consensu et expressa voluntate dictorum coarbitratorum nostrorum seu amicabilium compositorum in eorumdem et dictarum partium presentia taliter diffinimus. Videlicet quod dictus Comes pro se et heredibus, coheredibus ac successoribus suis, solvat, cedat et quittet predicte domine B. presenti et recipienti pro se et heredibus ac successoribus suis, quicquid juris, actionis, rationis et requisitionis habebat seu habere poterat vel debebat in vallibus supradictis et pertinentiis earumdem, exceptis orationibus, nichil dominii utilis vel directi seu advoyerie aut imperii meri vel mixti seu simplicis jurisdictionis vel alterius pelvicherie cujuscumque sibi retinens in predictis. Hoc acto et retento quod dicta

[1] Prissey ou Prissé (noble de)
[2] Gière, château en Grésivaudan.
[3] Eschaquet, bourgeois d'Annecy.

domina B. sit et remaneat obligata hominibus de Campo munito nomine Abbatis sancti Michaelis de Clusâ et prioris Campi muniti eo modo quo Illustris vir dominus Willelmus quondam Comes Gebennensis avus dicti domini Amedei erat obligatus eisdem pro custodiendis suis usibus et libertatibus. Pro qua quittatione, nos volumus quod dicta domina B. det dicto domino Comiti quingentas libras viennenses, solvendas terminis infra scriptis, scilicet; ducentas in proximo festo paschatis et trecentas in festo beati Michaelis proximo subsequenti. Item volumus quod dictus Comes dimittat omnem rancorem priori de Campo munito et familie dicte domine si quem habebat erga eos usque ad diem hodiernam. Item volumus quod dicta domina B. nomine suo et dicti prioris dimittat omnem rancorem hominibus de Campo munito quem habebat ipsa et dictus prior ergà eos ex eo quod dicti homines conquesti fuerunt de dicto priore Comiti supradicto et ex eo quod ipsi fecerant juramentum dicto Comiti. Item volumus quod jus ecclesie de Campo munito remaneat integrum et illesum. Dictus vero Comes incontinenti cessit, solvit, transtulit et quittavit pro se et suis heredibus, coheredibus ac successoribus eidem domine B. presenti et recipienti pro se et heredibus ac successoribus suis, omnia jura, actiones, rationes et requisitiones que ad ipsum pertinebant vel pertinere poterant super Vallibus supradictis et pertinenciis earumdem ratione utilis vel directi dominii pertinentis ad merum vel mixtum imperium vel simplicem jurisdictionem. Retinemus autem nobis potestatem de consensu et voluntate partium predictarum, diffiniendi, ordinandi de consilio coarbitratorum nostrorum seu amicabilium compositorum de ceteris questionibus omnibus que inter dictam dominam et dominum Comitem usque ad diem hodiernam sunt vel esse possunt; et si forte contingeret unum de dictis coarbitratoribus seu amicabilibus compositoribus deficere vel abesse, possit et debeat in loco ejus subrogari alius legalis et ydoneus nec suspectus. Item volumus et statuimus quod de predictâ diffinitione et ordinatione nostrâ fiant duo instrumenta ejusdem tenoris, sigillis dicte domine B., dicti domini Comitis et nostro et coarbitrator umnostrorum sigillata; ita quod quelibet dictarum partium unum de predictis habeat instrumentis. Que omnia dicta domina et dominus Comes pro se et suis heredibus ac successoribus incontinenti laudaverunt, approbaverunt, ratificaverunt, omologaverunt et juraverunt tactis sacrosanctis Dei evangeliis inviolabiliter attendere, servare et firmiter adimplere et contra predicta vel aliquid de predictis in parte vel in toto per se vel per alium de cetero non venire. In cujus rei testimonium nos predicti domina B., Comes, Humbertus dominus de Vilars [1], Guillelmus de Prissie, P. de Compesio, Eymericus de Geria et Jacobus Eschaqueti, sigilla nostra presentibus duximus apponenda ad majorem roboris firmitatem. Datum apud Bonam villam die mercurii post purificationem Beate Marie virginis anno Domini m° cc° nonagesimo.

Les sept sceaux qui pendaient au bas de la charte qui précède, sont actuellement enlevés.

[1] Humbert de Thoire et Villars, seigneur d'Aubonne.

40

Ratification par le prince Humbert Ier, dauphin de Viennois, comte d'Albon et seigneur de la Tour, et par son épouse Anne, fille de Guigue VII et de dame Béatrix de Savoie, du traité que celle-ci avait fait avec le prieur de Chamonix (celui du 7 des kalendes de novembre 1289), avec promesse de l'observer et de le faire exécuter à l'avenir comme précédemment.

(1291.)

Du lundi avant la quinzaine de Pâques (2 Avril).

(Archives de Sallanches, A, n° 9. D'après l'original écrit sur parchemin.)

Nos Humbertus Dalphinus Vien. et Abon. Comes ac Dominus De Turre et Domina Agna ejus uxor, notum facimus universis presentem Litteram inspecturis quod Nos pro nobis et heredibus seu successoribus nostris promittimus bona fide prioratum de Chamunix et priores qui pro tempore fuerint ibidem priores cum omnibus rebus suis manutenere et deffendere in perpetuum prout Illustris Domina B. domina Fucigniaci manutenere et custodire et antecessores sui usque nunc consueverunt temporibus retroactis. In quorum testimonium sigilla nostra duximus presentibus apponenda. Datum apud Bonam villam die lune priùs quindecim Pasche anno Domini M° CC° nonagesimo.

Les deux sceaux qui pendaient au bas n'existent plus.

41

Cession par Béatrix de Savoie, Dame de Faucigny, à Richard de Villette, prieur de Chamonix, de tous les droits que, pour un bien de paix, par amitié et au nom du prieuré de Chamonix, elle avait acquis d'Amédée, comte de Genève, quoiqu'elle ne crut pas que ce dernier eût aucun droit, et c'est pour le prix de 500 livres viennoises dont le dit prieur reçut quittance. Ladite princesse se réserve sur le dit prieuré la garde et protection qui avait été concédée à Vuillelme de Faucigny et l'exécution des conventions du 7 des kalendes de novembre 1289. Humbert Ier, Dauphin de Viennois et Anne sa femme confirment cette nouvelle cession.

(1291)

Du jeudi après Pâques (26 avril).

(Archives Sallanches, A. n° 10. — M. S. H. A. G., t. XV, p. 32. — D'après une copie de 1737.)

Nos Beatrix filia inclite recordacionis Dni Petri comitis Sabaudie, Domina Faucigniaci. Universis presentibus et futuris, tenore presentium facimus manifestum Quod nobilis vir Dns Amedeus noster consanguineus comes Gebennensis scienter ac spontanea voluntate pro se et heredibus, coheredibus ac successoribus suis universis, nobis dicte Beatrici presenti et recipienti, nomine nostri et heredum et successorum nostrorum omnium solverit, cesserit et quictaverit prout melius potuit in perpetuum, quidquid juris, actionis, rationis et requisitionis habebat seu habere poterat vel debebat in valle ursina et in valle Campimuniti et pertinentiis, coherentiis earumdem, exceptis orationibus sancte ecclesie, nichil dominii utilis vel directi seu advoyerie aut imperii meri vel mixti seu simplicis jurisdictionis vel alterius pelvicherie cujuscumque, sibi ac suis retinens in predictis vallibus ac supra dictis rebus, pretio quingentarum librarum viennensium, quam pecuniam dicto domino comiti dedimus et solvimus nomine supradicte quictationis pro bono pacis, amore et nomine dicti prioratus de Campomunito, Gebennensis diocesis, licet dictum dominum Comitem non crederemus habere jus aliquod in predictis; sed omnia supradicta esse plenarie dicti prioratus de Campo munito prout in Litteris sive instrumentis ipsius prioratus vidimus contineri. Nos vero dicta Domina volentes habere bonum respectum ad Deum et ad dictum prioratum de Campomunito, in nostra custodia existentem cum omnibus rebus suis, prefatam et eandem quictationem, solutionem, cessionem quam dictus Dominus Comes fecit perpetuo nobis de successoribus nostris heredibus ac coheredibus universis, de rebus universis et singulis supradictis, dimisimus, dedimus, concessimus, fecimus, prout meliùs potuimus, scientes ex spontanea voluntate in perpetuum nomine nostri ac heredum et successorum nostrorum omnium, Religioso Viro Fratri Richardo, priori dicti prioratus de Campo munito, presenti et recipienti nomine sui et dicti prioratus, eadem quantitate pecunie supradicta videlicet pretio quingentarum librarum viennensium, quam pecuniam recognoscimus et confitemur nos habuisse et recepisse a dicto priore in bona pecunia numerata nomine supradicte donationis et cessionis, quictationis quam fecimus dicto priori ac ejus successoribus universis de rebus universis et singulis supradictis, tenendam et possidendam et fruendam perpetuo per dictum priorem et successores suos nomine dicti prioratus Campimuniti. Renunciante ex certa scientia pro nobis ac nostris successoribus universis exceptioni non numerate pecunie, non habite, non tradite, non solute et omni spei future numerationis et omni exceptioni doli, mali, metus et in factum, et exceptioni competenti deceptis ultra dimidiam justi pretii, et omni restitutioni; et breviter omni juri canonico et civili per quod Nos vel nostri heredes sive successores possemus vel possent contra dictam quictationem factam per nos in aliquo se tueri; promissimusque bona fide dicto priori presenti et stipulanti, modo quo supra, quod contra supra dictam donationem, quictationem, cessionem factam per nos de rebus universis et singulis supradictis priori et prioratui supradictis non veniemus in perpetuum per nos vel per alium modo aliquo in parte vel in toto, sed dictam quictationem sive donationem, cessionem factam per nos dicto priori et prioratui faciemus plenarie observari. Preterea fuit dictum et actum inter Nos et dictum priorem quod pacta et conventiones habita seu habite inter nos, ex una parte, et dictum priorem, nomine suo et predicti prioratus, ex altera prout continetur et sunt expressa vel expresse in quodam instrumento publico confecto per manum Vuillelmi Depetris publici notarii, sigillato sigillo nostro et sigillo dicti prioris quod incipit in secunda linea *Beatrix* et finit in penultima *hic* in suo semper robore remaneant et vigore. Retinentes nobis Gardam dicti prioratus cum suis pertinentiis prout predecessores nostri et nos a tempore Vuillelmi dni Fauciniaci citra habuerunt et in possessione vel quasi extiterunt. Ceterum Nos Humbertus Dalphinus Viennensis et Albonensis Comes ac Dominus de Turre et Nos Anna Dalphina, uxor ejus, dictorum Comitatuum Comitissa prefatam quictationem seu donationem, cessionem, solutionem factam per dictam Illustrem Dominam Beatricem Dalphinam, carissimam dominam et matrem nostram prefato priori ejusque successoribus de universis rebus et singulis supradictis habentes gratam et ratam et firmam in perpetuum, nomine nostri ac omnium heredum nostrorum, promissimus bona fide dicto priori presenti et stipulanti nomine suo et dicti prioratus quod contra predictam quictationem, donationem, cessionem factam per predictam Illustrem Dominam nostram prioratui et priori supradictis, per nos vel per alium, in perpetuum nullatenus veniemus. In quorum testimonium et ad majorem roboris firmitatem, Nos prefati Dna Beatrix, Dna Anna et Humbertus Dalphinus presentes litteras sigillis nostris tradidimus sigillatas. Datum apud Salanchiam die jovis post Pascha anno Dni millesimo ducentesimo nonagesimo primo.

(L'original de la charte qui précède n'a pas été retrouvé. La copie ci-dessus a été faite sur le vidimé signé par spectable Jean Pointet, secrétaire civil du Sénat de Savoie, le 2 mai 1737, ensuite du décret du dit Sénat du même jour.)

42

Déclaration d'Amédée, comte de Genève. d'avoir reçu de dame Béatrix de Savoie, Dame de Faucigny, sa tante, la somme de 500 livres viennoises, prix de la cession qu'il lui avait faite de ses droits sur les vallées de Chamonix et de Vallorcine.

(1291.)

Du dimanche avant la fête de Saint-Pierre-ès-liens (24 Juin).

(Archives de Sallanches A., n° 11. — M. S. H. A. G., tome VII, p. 352. D'après l'original écrit sur parchemin.)

Nos Amedeus, Comes Gebennensis, Universis presentibus et futuris tenore presentium facimus manifestum, Nos habuisse et recepisse in bona pecunia numerata quingentas libras bonorum Viennensium ab illustrissima Domina Karissima matertera nostra Domina Beatrici domina Fucigniaci, nomine solutionis, cessionis et quittationis quam prefate domine B. ac ejus heredibus et successoribus universis scienter facimus perpetuo pro nobis ac nostris heredibus et successoribus, de omni re et jure, actione et petitione, et etiam omni mero imperio et misto, jurisdictione et dominio quod et quam habebamus et poteramus habere in valle Ursyna et in valle Campi muniti ac earum pertinentiis, Gebennensis dyocesis. Et de predicta pecunia tenemus nos a dicta illustrissima domina B. plenarie propagatis. Renunciantes ex certa scientia exceptioni non numerate pecunie, non habite, non tradite, non solute, et omni spei future numerationis. In cujus rei testimonium presentes litteras sigillo nostro tradidimus sigillatas. Datum apud castrum dictum de Ternye die dominica ante festum Beati Petri ad vincula, anno Domini M° CC° nonagesimo primo.

Le sceau qui pendait au bas n'existe plus.

43

Déclaration de Béatrix de Savoie, Dame de Faucigny, d'avoir reçu de Richard de Villette, prieur de Chamonix, la somme de 700 livres viennoises, pour prix de la rétrocession qu'elle lui a faite des droits qu'elle avait acquis de son neveu Amédée, comte de Genève, sur la terre de Chamonix.[1]

(1291.)

Du jeudi avant la fête de saint Pierre-ès-liens (25 Juin).

(Archives de Sallanches, A, n° 11. — M. S. H. A. G., tome XIV, p. 229. D'après l'original sur parchemin.)

Nos B. filia inclite recordacionis Domini Petri Comitis Sabaudie et Domina Fucigniaci, Universis presentibus et

[1] Cette déclaration paraît être erronée, parce que dans l'acte du 26 avril 1291, Béatrix renonce à ses droits sur Chamonix en faveur du prieur Richard pour la somme de *cinq cents livres*, qu'elle déclare avoir reçues *comptant;* ce sont peut-être les honoraires des arbitres avancés par Béatrix.

futuris tenore presentium facimus manifestum Nos habuisse et recepisse in bona pecunia numerata septem centum libras bonorum Vianensium a religioso viro fratre Richardo priore prioratus Campi muniti, Gebennensis diocesis, nomine solutionis, cessionis et quitationis quam pro nobis ac nostris heredibus et successoribus universis fecimus perpetuo dicto priori et prioratui supradicto super solutionem, cessionem et quitationem quam illustris vir Dominus Amedeus Comes Gebennensis karissimus nepos noster fecerat nobis ac nostris heredibus et successoribus perpetuo pro se ac heredibus suis et successoribus de omni re et jure, actione et petitione et etiam omni mero et misto imperio, juridictione et dominio quod et que dictus Comes habebat et poterat habere in Valle Ursina et in Valle Campi muniti ac earum pertinenciis et appendenciis, ejusdem diocesis, et de dicta pecunia tenemus nos a dicto priore plenarie pro pagatis; Renunciantes ex certa sciencia exceptioni non numerate pecunie, non habite, non tradite, non recepte et omni spei future numerationis. In cujus rei testimonium presentes litteras sigillo nostro tradidimus sigillatas Datas apud Rosey[1] die lune ante festum Beati Petri ad vincula, anno Domini M° CC° XC primo.

Le sceau a disparu.

[1] Rosey, localité près de Genève.

44

Déclaration faite à requête de Richard de Villette, prieur de Chamonix, par Amédée, comte de Genève, que les vallées de Chamonix et de Vallorcine sont liges dudit prieur qui y possède toute juridiction, avec promesse qu'il fera tous ses efforts pour empêcher qu'il soit fait par qui que ce soit des torts audit prieur et aux biens de ses sujets, pour les défendre de tout son pouvoir et de ne retirer ni fournir aide et protection à ses dits sujets que du consentement dudit prieur.

(1291.)

Du 12 des kalendes d'Octobre (20 Septembre).

(Archives de Sallanches, A, n° 14. — M. S. H. A. G., t. XIV, p. 430. — D'après l'original sur parchemin.

Anno Domini M° CC° nonagesimo primo indictione IIII^a XII kalendas octobris. Coram me notario et testibus infrascriptis, ad requisitionem religiosi viri fratris Richardi, prioris tunc temporis prioratus de Chamonys, Gebennensis diocesis, requirentis vice ac nomine dicti prioratus, Illustris vir Dominus Amedeus Comes Gebennensis, scienter et spontanea voluntate non metu, non dolo aliquo inductus, set de jure et facto suo plenariè certioratus existensque major, confessus fuit et manifestè recognovit in jure nomine sui et heredum, coheredum ac successorum suorum omnium quod tota vallis de Chamonys et tota vallis ursina, ejusdem diocesis com omnibus rebus et pertinenciis, apendenciis, coherenciis et contingentibus tam de altitudine quam latitudine à celo usque in abissum prout meliùs et saniùs potest exprimi et intelligi ad comodum et utilitatem dicti prioratus et etiam omnes homines dictarum vallium sunt et erant sine retentione aliqua ligie et ligii dicti prioratus de Chamonys et pertinent et pertinebant plenarie ad dictum prioratum de Chamonis et erant et sunt dicti prioratus cum omni re, jure, possessione, juridictione et dominio et etiam omni mero imperio et mixto et quasi prout ipsi comiti constiterat evidenter pluribus legitimis documentis sive instrumentis a suis predecessoribus emanatis, et quod dictus prioratus omnia et singula premissa tenuerat et possiderat legitime a tempore cujus contrarii non poterat esse memoria pacifice et quiete et quod dictus comes nichil juris actionis, possessionis, proprietatis alicujus dominii juridictionis vel quasi, nec etiam aliquid meri imperii sive mixti nomine comitatus Gebennensis sive castri de Charossa vel modo alio habebat vel habere debebat in predictis vallibus et in omnibus hominibus vallium predictarum. Item Promisit dictus Dominus Comes nomine sui et heredum, coheredum ac successorum suorum per stipulationem solempnem et solempniter factam michi notario stipulanti et recipienti solempniter vice et nomine dicti prioris a prioratus de Chamonys quod non faciet nec consentiet fieri in perpetuum per se vel per alium aliquam injuriam, molestiam, dampnum sive malum aliquod dicto priori sive prioratui de Chamonys de universis rebus et singulis supradictis et quod specialiter ad utilitatem et comodum dicti prioratus, amore Dei et intuitu pietatis, dictum priorem et prioratum et homines dictarum vallium cum omnibus rebus suis manutenebit et defendet totaliter posse suo per totum districtum et posse suum dicto priore et hominibus dictarum vallium jus facientibus ubi de jure debuerint. Item Promisit dictus comes pro se et suis modo quo supra, michi notario stipulanti, nomine quo supra quod homines dictarum vallium vel aliquem ipsorum non recipiet modo aliquo in perpetuum sine consensu prioris de Chamonys qui pro tempore fuerit in sua garda, protectione, defensione, tuitione et quod ad requisitionem dicti prioris contra dictos homines de Chamonys et vallis ursine vel quemlibet ipsorum dictum prioratum manutenebit plenarie et deffendet et quod non reciprocabit, deffendet nec tenebit in terra sua seu districtu suo dictos homines dictarum vallium vel aliquem ipsorum contra priorem seu prioratum superius nominatos. Renuncians dictus comes exceptioni doli mali et in factum et omni restitutioni in integrum, omnique deceptioni et juridicenti generalem renunciationem non valere nisi precedat specialis et breviter omni juri canonico et civili per quod posset contra dictum priorem et prioratum in aliquo se tueri. Universa vero et singula supradicta dictus comes juratus super sancta Dei evangelia per stipulationem solempnem et solempniter factam sub ypotheca bonorum suorum promisit pro se et heredibus suis coheredibus ac successoribus universis, michi notario stipulanti et recipienti nomine quo supra attendere et complere et fideliter observare et nunquam facere vel venire modo aliquo per se vel per alium contra predicta vel aliquid de predictis. In cujus rei testimonium et ad majoris roboris firmitatem presens publicum instrumentum Dictus Dominus Comes sigillo suo tradidit sigillatum. Voluitque dictus Dominus Comes et expressit quod si dicta singula sive alterum eorum casu aliquo abolerentur, frangerentur sive diminuerentur, amoverentur partim vel ex toto, quod predictum presens publicum instrumentum in suo semper robore nichilominus remaneret et haberet in perpetuum roboris firmitatem. Actum apud Chaloyes[1] ante domum Andree de Corberia ubi testes fuerunt vocati et rogati, scilicet Dominus Petrus de Menthons, miles, Dominus Albertus de Villa, miles, Perrodus de Turre. Et ego Jacobus de Basco, publicus notarius aule imperialis et juratus curie predicti Domini Comitis Gebennensis qui rogatus hanc cartam scripsi, subscripsi et signo meo consueto signavi et tradidi fideliter.

---

[1] Chalex ou Challex, paroisse du décanat d'Arbonne, aujourd'hui commune de l'arrondissement de Gex.

D'après le vidimé de la charte qui précède, fait le 10 juillet 1557, signé : RUFFIN, secrétaire au parlement de Savoie, l'on voit que le sceau qui pendait à ladite charte était de cire verte, liée au moyen d'un cordon blanc et vert, et portait ces mots : *S. Amedei Comitis Gebennensis.*

45

Premières franchises écrites de Chamonix, résultant d'une sentence arbitrale rendue sur seize points controversés entre le prieur Richard et les habitants de la vallée.

(1292, 26 Juillet.)

(Archives de Sallanches. — N. S. H. A. G., tome XIII.)

Anno Domini millesimo ducentesimo nonagesimo secundo, indictione quarta, die sabbati post festum beate Marie Magdallenes, coram me notario et testibus infra scriptis, Religiosus vir frater Richardus prior prioratus de Campomunito, Gebennensis diocesis, nomine suo et dicti sui prioratus, non deceptus, non coactus, nec alicujus dolo inductus seu etiam circonventus, ut dicebat, ex una parte, et Jacobus Peclos, Melieretus de Pratis, Mermetus des Ducs, Aymonetus Paviotti, Johannes Paviotti, Perretus de Ponte, Michael Saddouz, Ramusius de la Molla et Melieretus Mabilliat, Paviottus de Pratis et Jacobus Bossoneys, Sindici, ut dicitur, ad articulos infra scriptos universitatis et hominum parochie de Campomunito ex altera scilicet a loco qui dicitur les Montées[1] usque ad collem de Balmes, exclusa Valle Ursina,

---

[1] Les Montées au-dessus de Saint-Michel séparent l'ancienne paroisse de Chamonix, du hameau de Vaudagne, ancienne paroisse du Lac.

nomine suo proprio, et dicte universitatis ac etiam nomine cuiuslibet singularis persone existentis infra dictos confines, compromittunt se alte et basse in nobiles et discretos viros, videlicet in dominum Petrum de Menthone militem dominum Bellimontis, Guidonem de Portis dominum Emericum de Geria, et Dominum Gedeonem de Aquabella, et dominum Jacobum Eschaqueti, viros jurisperitos, tanquam in arbitros arbitratores et amicabiles compositores, super omnibus et singulis causis, litibus, questionibus, controversiis et querimoniis infrascriptis.

1. Videlicet super eo quod dictus dominus prior, nomine suo quo supra, dicebat se habere successiones in dictos homines et quemlibet eorum in hunc modum, scilicet quod si contingebat patrem habitare seorsum a filio vel e contra vel duos fratres esse divisos, dictus dominus prior, nomine quo supra, dicebat tertiam partem bonorum mobilium personne decedentis in predictis casibus, vel aliis casibus cuiusvis personne decedentis, ad se, nomine quo supra, pertinere; dictis vero sindicis nomine quo supra in contrarium asserentibus. Et hoc est primum capitulum.

2. Item super eo quod dictus dominus prior, nomine quo supra, dicebat quod si aliquis de predictis hominibus aliquid de bonis suis immobilibus pignori obligabat vel tradebat in gageriam, quod inde debebat percipere vendam, scilicet duodecimam partem quantitatis pecunie pro qua obligabatur; predictis sindicis nomine quo supra in contrarium asserentibus. Et hoc est II^m. capitulum.

3. Item super eo quod dictus dominus prior vetabat seu prohibebat dictis hominibus ne facerent domum vel edificium in superioribus partibus presie [1] sue ubi erant nemus; dictis vero sindicis asserentibus, nomine eorum quorum presie erant, in contrarium. Et hoc est III^m. capitulum.

4. Item super eo quod dictus dominus prior prohibebat

---

[1] Récolte, biens cultifs contigus aux forêts.

hominibus predictis inalpare bestias suas in alpe que dicitur alpis arsa[1] et ibi fena fecebat ultra voluntatem dictorum hominum. Dicto priore nomine quo supra asserente hoc sibi de jure licere tanquam de re sua propria. Et hoc est IV^m. capitulum.

5. Item super eo quod dictus dominus prior, nomine quo supra, nolebat prosequi vel prosequi facere pignorantes dictos homines nisi cum expensibus dictorum hominum. Ipsis sindicis nomine quo supra asserentibus quod dictus dominus prior adhoc tenebatur cum expensis suis propriis. Et hoc est V^m. capitulum.

6. Item super eo quod dictus dominus prior nolebat deffendere dictos homines suis expensis propriis litigantes super confinibus pascuorum. Dictis sindicis nomine quo supra asserentibus quod dictus dominus prior tenebitur ad hoc. Et hoc est VI^m. capitulum.

7. Item super eo quod dictus dominus prior volebat habere vendam quando contingebat quod duo de dictis hominibus terras suas, seu res immobiles, ad invicem permutabant; dictis sindicis nomine quo supra in contrarium asserentibus. Et hoc est VII^m. capitulum.

8. Item super eo quod dictus dominus prior non permittebat suos homines dare terras suas de filiolagio absque consensu suo et inde vendam se habere debere dicebat. Dictis vero sindicis in contrarium asserentibus. Et hoc est VIII^m. capitulum.

9. Item super eo quod dictus dominus prior non permittebat, sed prohibebat, dictos homines aliquid dare vel legare confratrie sancti Spiritus, vel ad alias pias causas, super terris et aliis suis bonis immobilibus. Dictis vero sindicis nomine quo supra in contrarium asserentibus. Et hoc est IX^m. capitulum.

10. Item super eo quod dictus dominus prior, nomine

---

[1] Cette montagne s'appelle aujourd'hui *Laparsa*

quo supra, dicebat se habere debere decimam partem de excuriolis[1] qui capiebantur in valle de campo munito, ratione dominii sui. Dictis vero sindicis nomine quo supra asserentibus in contrarium. Et hoc est X^m. capitulum.

11. Item super eo quod dictus dominus prior inquirebat vel inquiri faciebat super adulteriis, nullis indiciis, nulla fama et nullis clamoribus precedentibus. Dictis sindicis nomine quo supra in contrarium asserentibus. Et hoc est XI^m. capitulum.

12. Item super eo quod dictus dominus prior nolebat quod dicti homines donarent sibi ad invicem, donatione inter vivos, bona sua mobilia. Dictis sindicis nomine quo supra in contrarium asserentibus quod hoc de jure potuerunt facere. Et hoc est XII^m. capitulum.

13. Item super eo quod dictus dominus prior dicebat nomine quo supra quod si aliquis de dictis hominibus dabat terram suam in dotem filie sue, quod ipse debebat habere vendam. Dictis sindicis nomine quo supra in contrarium asserentibus. Et hoc est XIII^m. capitulum.

14. Item super eo quod dictus dominus prior asserebat quod, si aliquis tradebat terram suam ad excolandam colono partiario, ipse debebat percipere vendam. Dictis vero sindicis nomine quo supra in contrarium asserentibus. Et hoc est XIV^m. capitulum.

15. Item super eo quod dictus dominus prior nolebat quod homines qui alpalbant in montibus campimuniti secarent residuum herbarum que remanebant in pascuis quando animalia recesserant, nec ibi caperent folia. Dictis vero sindicis asserentibus nomine quo supra hoc de jure sibi licere. Et hoc est XV. capitulum.

16. Item super dampnis et injuriis hinc et inde datis et allatis et super conjurationibus, conspirationibus et confederationibus usque factis. Et hoc est XVI^m. capitulum.

---

[1] Écureuils.

Compromissum.

Dantes dicte partes, nomine quo supra, predictis arbitris arbitratoribus et amicabilibus compositoribus, presentibus, et compromissum recipientibus, plenum posse et liberam potestatem super predictis et singulis predictorum; et circa predicta cognoscendi inquirendi, procedendi de pleno et sine strepitu judiciorum et diffiniendi, componendi et arbitrandi super predictis et quolibet predictorum inter dictas partes, secundum quod eis videbitur de jure vel concordia et de jure unius partis alteri ad judicandi seu dandi ad eorum omnimodam voluntatem. Promittentes ad invicem dicte partes per stipulationem et juramento vallatam actendere, servare et complere quicquid per dictos arbitros arbitratores seu amicabiles compositores diffinitum compositum et arbitratum fuerit inter ipsas partes super predictis et circa predicta et hoc sub pena quinquaginta librarum Gebennen. stipulata et promissa, a parte parti ad invicem.

Arbitramentum.

Qui arbitri arbitratores seu amicabiles compositores, predictis consideratis et examinatis pro bono pacis et concordie, viam arbitratorum sequentes, tractatu habito inter predictas partes de consensu eorum et inter dictas partes amicabiliter componentes, dixerunt, diffinierunt, pronunciaverunt et arbitrati fuerunt partibus presentibus consentientibus et volentibus in modum infra scriptum.

1. Imprimis quod mortuo patre vel matre, superstite vel superstitibus filio vel filiis, filia vel filiabus, quod dictus prior in dictis casibus nullam habeat vel capiat successionem.

Item quod mortuo filio, vel filia copulata viro vel non copulata, patre superstite, quod similiter dictus dominus prior nullam habeat vel capiat successionem in bonis vel de bonis seu dotibus persone defuncte. Si vero contingat quod post mortem patris, filius vel filia decedat matre superstite, et de jure vel de consuetudine aliquid de bonis persone defuncte ad matrem devolvatur, quod de eo quod sic ad matrem devolvitur dominus prior nullam habeat vel capiat successionem. Si vero de jure vel de consuetudine, ad fratres divisos a persona defuncta, vel ad patruum vel avunculum, vel amitam vel materterram, vel ad filios vel filias fratris vel sororis premortui vel premortue, quod dictus dominus prior habeat et capiat tertiam partem bonorum mobilium persone defuncte, si persona defuncta dictam tertiam partem dicto domino priori legaverit vel aliter testaverit seu relinquerit, alioquin habeat et percipiat totum mobile.

Item quod mortuo fratre vel sorore superstite qui nunquam fuerunt divisi, patre vel matre non superstitibus, quod in hoc casu dominus prior nullam habeat successionem. Si vero fuerunt divisi, quod dictus prior habeat et capiat successionem, secundum formam denotatam superius. Si vero aliquem decedere contingerit, superstitibus consanguineis germanis, id est natis de duobus fratribus vel de duabus sororibus, vel ex fratre et sorore vel ex personis ulterioris gradus, uno vel pluribus proximiori gradus personis non superstitibus, quod in hoc casu dictus dominus prior succedat in solidum tam in mobilibus quam in immobilibus.

Item quod, quando contingerit quod dictus dominus prior debeat habere tertiam partem bonorum mobilium persone decedentis, secundum quod superius continetur, si cetera bona persone defuncte tam mobilia quam immobilia sufficiant ad solvendum debita et expensas funeris persone defuncte, quod dictus dominus prior dictam tertiam habeat liberam. Si vero non sufficiant, quod dictus dominus prior de dicta tertia usque ad valorem dicte tertie teneatur solvere debita persone defuncte et expensa funeris, ad que et ad quas dicta bona non sufficerent. Et pro tanto primum capitulum sit decisum.

2. Item quod si aliquis de dictis hominibus, aliquid de

bonis suis immobilibus ingagiaverit et illud redemerit infra sex annos a die gagerie facte, quod propter hoc dictus dominus prior nichil habeat vel capiat. Si vero infra dictum tempus non redemerit, quod ex tunc dictus dominus prior capiat vendam de quantitate pro qua fuit facta gageria. Et pro tanto secundum capitulum sit decisum.

3. Item quod super domibus seu edificiis faciendis vel non faciendis in superioribus partibus dictarum presiarum, committatur arbitrio majoris partis hominum parrochie de Campo munito, et illud quod super hoc major pars voluerit observetur, et dicte majori parti dictus dominus prior debeat consentire. Et pro tanto III^m. capitulum sit decisum.

4. Item quod dictus dominus prior potest prohibere dictis hominibus inalpare bestias suas in alpe que dicitur alpis arsa, cum constet dictam alpam esse propriam dicti prioris et prioratus, salvo quod tempore guerre vel alterius evidentis necessitatis, dicti homines bestias suas in dicta alpe possint alpare pro alpagio consueto. Et pro tanto IV^m. capitulum sit decisum.

5. Item quod si aliquis de dictis hominibus in futurum fuerit gagiatus pro debitis pecuniariis propriis et claris dicti prioris et prioratus, quod dictus prior suis expensis faciat vadia seu pignora restitui gagiato vel gagiatis, alioquin ad hoc non teneatur expensis suis propriis extra terram dicti prioratus. Et pro tanto V^m. capitulum sit decisum.

6. Item quod si super predictis pascuis et finibus dictorum pascuorum orta fuerit contentio inter dictos homines et aliquos alios convicinos, et dicti homines requisiverint dictum priorem vel ejus locum tenentem quod intersit dicte contentioni terminande vel cognoscende, seu sopiende, vel pro manutenendo jura dictorum hominum, quod dictus prior vel ejus locum tenens faciat expensas sibi et familie sue, ceteras vero expensas facient homines predicti. Et pro tanto VI^m. capitulum sit decisum.

7. Item quod si duo fratres divisi vel non divisi permuta-

verunt ad invicem aliquid de bonis suis immobilibus, quod dominus prior nullas capiat vendas de permutationibus. Vero que ab aliis personis fieri contingerit, dictus dominus prior capiat vendam secundum extimationem rei vel rerum unius partis. Et pro tanto VII^m. capitulum sit decisum.

8. Item quod sine consensu dicti domini prioris aliquis de dictis hominibus non possit terram suam vel aliud immobile dare de filiolagio, nisi tantum fratri vel sorori, sine consensu domini prioris. Ita tamen quod pro venda dictus dominus prior debeat consentire hominibus suis Campi muniti. Et pro tanto VIII^m. capitulum sit decisum.

9. Item quod nullus de dictis hominibus possit aliquid dare vel legare confratrie sancti Spiritus, vel ad alias pias causas, super rebus suis immobilibus, propter quod dicta confratria vel alius pius locus posset terram vel aliud immobile dictorum hominum modo aliquo detinere, vel aliquid in prejudicium dicti prioratus facere. Et pro tanto IX^m. capitulum sit decisum.

10. Item quod de duodena integra de excuriolis qui capientur in valle Campi muniti, dictus dominus prior in signum dominii habeat unum. De minori vero numero, dictus dominus prior nichil habeat. Et pro tanto X^m. capitulum sit decisum.

11. Item quod nulla fama, nullo clamore, vel nullis indiciis precedentibus, dictus dominus prior vel alius pro eo non possit super adulteriis inquirere. Precedentibus vero clama, denunciatione, fama vel indiciis, quod hoc possit faeere. Et pro tanto XI^m. capitulum sit decisum.

12. Item quod dicti homines possint sibi ad invicem donare et tradere, in sanitate sua, donatione inter vivos, bona sua mobilia ad eorum voluntatem, dum tamen sine fraude. Et pro tanto XII^m. eapitulum sit decisum.

13. Item quod quilibet de dictis hominibus possit dare filie sue de terra sua in dotem, absque aliqua venda solvenda dicto domino priori, et hoc hominibus dicti domini prioris.

Si vero aliquis certam pecunie quantitatem pro dote dare promiserit, et pro dicta quantitate de terra sua dederit in solutionem hominibus dicti prioris, tunc dictus dominus prior capiat vendam. Si vero inpignoraverit, propterea venda capiatur a sex annis intra, secundum quod de gageriis est superius ordinatum. Et pro tanto XIII^m. capitulum sit decisum.

14. Item quod quilibet de dictis hominibus possit terram suam commandare excolendam colono partiario, absque aliqua venda solvenda dicto domino priori, dum tamen sine fraude hoc fiat et sine pecunia inde data. Si tamen inde pecunia data fuerit, quod dictus prior pro venda teneatur consentire. Et pro tanto XIV^m. capitulum sit decisum.

15. Item quod dicti homines non possint secare residuum pascuorum in alpibus, nec ibi fenum facere, sine mandato dicti prioris, et quod animalibus existentibus in pascuis dictus dominus prior non possit herbam pascuorum vendere, vel donare, vel aliter capere. Dictis vero bestiis remotis, dictus dominus prior possit suam facere voluntatem de residuo herbarum dictorum pascuorum. Folia vero possint capere dicti homines et facere in dictis alpibus prout actenus extitit consuetum. Et pro tanto XV^m. capitulum sit decisum.

16. Item quod de dampnis et injuriis hunc et inde datis et illatis sit bona pax, finis et concordia inter dictas partes.

Item quod occasione dictarum conjurationum, conspirationum et confederationum, dictus dominus prior a dictis hominibus nichil possit petere, nec ipsos in aliquo punire vel condemnare.

Item quod dicti homines, de dictis conjurationibus, conspirationibus et confederationibus, non possint de cetero se juvare contra dictum Priorem et prioratum, et quod dicte partes remittant sibi ad invicem omnem odium, omnem rancorem et omnimodam malam voluntatem, ita quod dictus prior de cetero sit bonus dominus dictis hominibus, et dicti homines de cetero sint boni homines et fideles dicto priori et prioratui, ne de cetero faciant aliquas conjurationes contra dictum priorem et prioratum, vel prejudicium ejus.

Item quod si forte in futurum super predictis vel aliquo predictorum oriretur, vel videretur esse aliqua dubietas vel obscuritas, quod predicti arbitri arbitratores vel amicabiles compositores, vel tres ex ipsis, possint illam dubietatem vel obscuritatem declarare, determinare, interpretare et sedare secundum quod eis videbitur.

Que omnia et universa, singula, coram partibus lecta, dicte partes voluerunt, confirmaverunt, emologaverunt et approbaverunt nomine quo supra, promittentes ad invicem per stipulationem et per juramenta et sub pena predicta et etiam super obligatione omnium bonorum suorum predicta omnia et singula actendere, observare ac complere et contra non venire, et de predictis universis et singulis preceperunt mihi notario infrascripto dicte partes et predicti arbitri arbitratores seu amicabiles compositores fieri duo publica instrumenta unius tenoris quorum unum habeat dictus dominus prior et aliud dicti homines.

Actum apud Campum munitum in claustro Campi muniti, testibus presentibus ad hoc specialiter vocatis et rogatis, videlicet Petro de Marlio, Petro de Leschaux, Sadondo Castellano montis gaudii, Rodulpho de Vado, Aimone de Bellagarda, Amedeo mistrali et Guillelmo de Charreriis. Et ego Petrus biniati[1], auctoritate imperiali notarius publicus hiis omnibus interfui et hanc cartam rogatus scripsi, signoque meo signavi et tradidi. In quorum omnium robur et testimonium premissorum, nos prenominati arbitri arbitratores seu amicabiles compositores sigilla nostra propria huic presenti publico instrumento una cum sigillo predicti domini Prioris duximus apponendum in testimonium rei geste.

[1] Ou Biriaci.

46

Approbation par la communauté de Chamonix, du même jour 26 juillet 1292. (Pièce annexée à l'acte ci-dessus.)

Nos Petrus de Menthone, miles, et Guido de Portis, et Jacobus Exchaqueti, jurisperiti, notum facimus omnibus quod, cum Dominus Richardus, prior Campi muniti citasset omnes parochianos parochie Campi muniti ad diem veneris post festum beate Marie Magdalene apud prioratum Campi muniti, ad sciendum per dictos homines si ipsi dederunt mandatum Jacobo Pecloz et Aymoni Pavyot et Mermeto del Ducs, ad petendum a dicto Domino Priore revocari quedam capitulum super quibus inter predictos homines et dictum Dominum priorem extitit concordatum, dicta die et loco major pars dictorum hominum comparuerunt, interrogati a nobis qui eramus dicti Judices in questionem que movebatur inter dictum dominum priorem et predictos homines, nomine suo et nomine universitatis hominum dicte parochie, an nos haberent pro judicibus, vel an nos recusarent, qui dixerunt quod nos habebant pro judicibus et nos approbabant, ratificantes quidquid per dictos Aymonem Pecloz et socios suos extitit actum et prestatum, quantum ad Capitula supra dicta. Item ipsi eligerunt coram nobis Melieretum de Pratis, Ramusum de la Mola, Perretum de Ponte et Michaelem Sadon ad litigandum coram nobis super dictis capitulis, et ad petendum jure universitatis quantum ad predicta capitula, et ad respondendum petitionibus dicti domini Prioris, et ad transigendum et compromittendum super predictis capitulis in nos et in alios tanquam in arbitros arbitratores seu amicabiles compositores, ratum et firmum habentes quidquid per predictos super dictis capitulis fuerit ordinatum, seu per arbitros electos ab eisdem. Que autem sunt illa capitula specialiter declarantur in compromisso inde facto per manum Petri Byriaci notarii publici. Quam confessionem nos dictam curavimus cognovimus quod dicta universitas Campi muniti teneatur ad conferendum in expensis quas dicti Jacobus Pecloz et socii sui probaverunt se fecisse occasione dictorum capitulorum. Item cum per compositionem factam per nos et per Dominum Guidonem de Aquabella, et per Dominum Eymericum de Geria electos arbitros a dicto Domino Priore, et a dictis hominibus superius nominatis nomine dicte parrochie, fuerit pronunciatum quod dicti homines solvant dicto Domino Priori ducentas et trigintas libras Gebennenses, nos dicti arbitri pronunciamus quod dicta universitas ad hoc solvendum compellatur. Datum cum appositione sigillorum nostrorum die Sabbati post festum beate Marie Magdalene. Anno Domini millesimo ducentesimo nonagesimo secundo.

47

Reconnaissance passée en faveur de Richard De Villette, prieur de Chamonix, par les frères nobles Rodolphe, Philippe et Richard fils de noble Pierre Martin, de Sallanches, tant en leur nom qu'en celui de leurs frères Aimon et Jacquemet Martin, que les hommes et les terres qu'ils possèdent dans le territoire et dans la paroisse du Lac, sont liges du prieuré de Chamonix.
Vente par les mêmes au dit prieur de divers hommes et de leurs tènements, pour le prix de 14 livres genevoises.
Confirmation de ces reconnaissance et vente par les frères Aymon et Jacquemet Martin.

(1293.)

14 des kalendes de Juin (19 Mai).

(Archives de Sallanches, A, n° 15. — D'après l'original écrit sur parchemin.)

Anno a nativitate Domini millesimo ducentesimo nonagesimo tercio, indictione sexta, quatuordecimo kalendas junii. In presencia mei infrascripti notarii publici et subscriptorum testium. Ad requisitionem fratris Rychardi prioris prioratus de Chamonys, Gebennensis dyocesis, requirentis vice et nomine dicti prioratus, Nobiles viri Rodulphus, Philipus et Rycardus filii quondam nobilis viri Petri Martini, de Salanchia, scientes et spontanea voluntate non metu, non dolo aliquo inducti sed de jure suo et facto plenarie cerciorati, coram curia posita per dictum priorem approbata et ratificata per dictos nobiles videlicet Petro de calcibus et Rodulpo de Gado domicellis, recognoverunt et confessi fuerunt in jure pro se et Aymone et Jaquemeto fratribus suis filiis quondam Petri Martini, jurati super sancta Dei Evangelia, se tenere in feodum a dicto prioratu Vuillelmum dictum Gravet, Petrum dictum Gravet, Ansermum fratrem eorum dictum piscatorem filios quondam Bonjor Quinter, Jaquetum Gravet fratrem eorum filium quondam Marie de Lacu, Vuillelmum dictum Messer, Michaelem, Girodum, Stephanum fratres filios quondam Aymonis Gravet filii quondam Bonjor Quinter, Durandum filium quondam Henrici Quinter, Mermetum filium quondam Johannis Quinter, Trumbertum filium quondam Vuillelmi Quinter, de parrochia de Lacu sive de territorio de Lacu sito infra dominium dicti prioratus et filios et filias et liberos omnium predictorum hominum et omne illud jus et racionem, actionem quod et quam predicti nobiles habebant seu habere vel exigere et reclamare poterant et debebant et habere videbantur in rebus immobilibus Rodulphi dicti Bouduin sitis infra territorium de Voudagni infra dominium supradictum; et breviter quicquid juris, racionis, actionis, tallie, usus, proprietatis, assensamenti, feodi, requisicionis, demande et possessionis vel quasi ipsi nobiles poterant habere et exigere quocumque jure seu aliqua racione in Vuillelmo, Henrico et Bonjor fratribus predictis dictis Quinteris, et in eorum progenie et generacione que ex ipsis hominibus descendit et in perpetuum descendet et in universis et singulis hominibus supradictis et esse dictos homines de feodo et dominio dicti prioratus. Q.... Preterea anno, die et indictione quibus supra, prefati Rodulphus, Philipus et Rycardus fratres scientes et spontanea voluntate modo et forma quo et qua supra non vi, non dolo aliquo seducti, de jure suo et facto cerciorati pro se et dictis fratribus suis videlicet Aymone et Jaquemeto et eorum heredibus ac successoribus vendunt et vendiderunt, prefato priori omnes et singulos prefatos homines ac eorum filios et filias et liberos scilicet: Vuillelmum Gravet, Petrum dictum Gravet, Ansermum fratrem eorum dictum piscatorem filios quondam Bonjor Quinter, Jaquetum Gravet fratrem eorum filium quondam Marie de Lacu, Vuillelmum dictum Messer, Michaelem, Girodum, Stephanum fratres filios quondam Aymonis Gravet filii quondam Bonjor Quinter, Durandum filium quondam Henrici Quinter, Mermetum filium quondam Johannis Quinter, Trumbertum filium quondam Vuillelmi Quinter, de parrochia de Lacu sive de territorio de Lacu sito infra dominium dicti prioratus, tenendos et possidendos pacifice et quiete a dicto priore et dicto prioratu cum omnibus rebus et possessionibus suis et tenementis et breviter quicquid juris, racionis, actionis, usagii, usus, tallie, accensamenti, feodi, proprietatis, requisitionis, demande et possessionis vel quasi ipsi fratres habebant seu habere vel exigere et reclamare poterant et debebant et habere videbantur in predictis hominibus universis et in filiis et filiabus eorum et liberis et in universis et singulis rebus et possessionibus eorum et in dicto feodo, et specialiter talliam quam habebant et percipiebant in rebus immobilibus dicti Rodulphi Bouduin; devestientes se predicti Rodulphus, Philipus et Rycardus fratres de predictis hominibus eorum heredum et rebus et specialiter de tallia et usu seu usagio quam et quem percipiebant super rebus dicti Rodulphi Bauduin, dictum priorem recipientem et stipulantem nomine quo supra de predictis universis et singulis superius venditis per baculum investiverunt et ipsum in possessionem perpetuam, pacificam et quietam miserunt et posuerunt, precio quatuordecim librarum bonorum denariorum Gebennensium, quam pecuniam confessi sunt dicti nobiles videlicet Rodulphus, Philipus et Rycardus a dicto priore, nomine justi precii se recepisse et habuisse et posuisse in utilitatem albergi sui et dicti P. Martini : precipientes quod presens carta possit corrigi secundum formam juris, substancia non mutata, non obstante licet ipsa sit producta in judicio vel ostensa. Actum publice apud Lubeyssum [1] in gardino ante

[1] La seconde partie de cet acte ayant été rédigée à Sallanches, le même jour, Lubeyssum ne peut indiquer que les Bossons dans la vallée de Chamonix, ou un mas de Sallanches encore actuellement dénommé Bosson.

domum Tho. Du Beyssum ubi testes vocati fuerunt specialiter et rogati P. de Calcibus, Peronetus de Marlio, Rod. de Gado domicelli, Aymo de Cruce, de Salanchia, Vionetus de Chamosset. Q. Subsequenter vero, eodem anno, die et indictione quibus supra. In presencia mei infrascripti notarii publici et subscriptorum testium : Lecto seriatim tenore presentis instrumenti coram dictis Aymone et Jaquemeto fratribus filiis quondam dicti P. Martini, ipsi dicti Aymo et Jaquemetus non vi, non dolo aliquo seducti sed sua voluntate spontanea de jure suo certiorati pro se et suis heredibus ac successoribus supradictam venditionem et quitacionem et etiam confessionem et universa et singula supra scripta et infra scripta laudaverunt, approbaverunt, grantaverunt, confirmaverunt et in perpetuum ratificaverunt et de predictis rebus universis et singulis supra venditis et quitatis dicto priori se devestiverunt, me notarium infrascriptum recipientem et stipulantem nomine et vice et ad opus dicti prioris et prioratus stipulando et solempniter per baculum investiverunt, et jurati super Sancta Dei Evangelia universa et singula supra scripta rata, grata et firma habere perpetuo et tenere promiserunt et nunquam contra facere vel venire per se vel per aliam personam subtus ductam in judicium et extra, facto vel verbo aliquo modo, huic facto et venditioni nec contra venire volenti in aliquo consentire, nullamque restitutionem occasione premissorum inpetrare. Q. Actum publice apud Salanchiam ante domum predictorum filiorum dicti Petri Martini ubi testes vocati fuerunt specialiter et rogati Nicholetus du Pessey clericus, Ansermetus de Palude, Peronetus filius Rod. Salterii de Salanchia, Roletus filius quondam Domini P. Defrassia militis, dictus P. Decalcibus et quidam alii alii. Et ego P. Declusa clericus, imperiali auctoritate et Domine Fucigniaci notarius publicus hiis omnibus interfui qui hanc cartam rogatus a partibus inde scripsi, subscripsi fideliter signavi et tradidi.

48

Déclaration faite par N. Pierre de Marlio, damoiseau, de Passy, fils de Rodolphe Métral de Marlio, à la réquisition de Richard de Villette, prieur de Chamonix, qu'il n'a aucun droit à exercer sur la personne et les biens de Pierre Guizel, fils de feu Belonne, de Vaudagne, et que ce dernier est lige dudit prieur.

(1293.)

Du samedi avant la fête de saint Pierre (26 Juin).

(Archives de Sallanches, D., n° 4. — D'après l'original sur parchemin.)

Anno Domini m°. cc°. nonagesimo tercio, indicione septima, die sabati proxima ante festum.... sancti Petri, in presencia mis notarii et testium subscriptorum, Petrus de Mallio, domicellus de parrochia de Passiaco, filius quondam Rodulphi dicti Mistralis de Mallio, adtendens et asserens se nullum jus habere in homine qui dicitur Petrus Guizel filio Belone de Voudagny quondam de parrochia de Lacu, Gebennensis dyocesis videlicet ipsum esse hominem ligium prioratus de Chamunis, predicte dyocesis, scienter et spontanea voluntate sua motus ut dixit pro se et heredibus et successoribus suis universis solvit et quittavit perpetuo prout melius, et sanius potuit sine aliqua excepcione juris vel facti sui Religioso viro Richardo priori de Chamunis et successoribus suis in manibus mis notarii publici stipulantis et recipientis vice nomine et ad opus dicti prioris et successorum suorum et dicti prioratus scilicet dictum Petrum dictum Guizel, et breviter quidquid juris, accionis, possessionnis, racionis et proprietatis, requisicionis et dominii vel quasi ipse Petrus de Mallio habebat vel poterat habere vel exigere in predicto Petro Guizel et in omnibus rebus ejus presentibus et futuris quecumque sint et quocumque nomine censeantur ; et promisit dictus Petrus de Mallio per pactum et per sacramentum suum ad Sancta Dei Evangelia corporaliter prestitum et sub ipotecha omnium bonorum dicto priori et mihi notario publico stipulanti hec nomine quo supra predictam solucionem et quittacionem ratam, gratam et firmam habere et tenere de cetero perpetuo et nunquam contra facere nec venire per se nec per aliam personam interpositam neque alicui contra volenti facere consentire jure nec ingenio aliquo, racione vel causa in judicio nec extra. Renuncians per idem sacramentum dictus Petrus de Mallio omnibus accionibus et excepcionibus doli mali, vis et metus, condicioni incerti sine causa, beneficio restitucionis in integrum ex quacumque justa causa et omni juri canonico et civili et eciam juridicenti generalem renunciacionem penitus non valere nisi precedat specialis que sibi competere possent contra predictam vel aliquid de eisdem contra dictum priorem et ejus successores vel prioratum predictum. Actum est ad Salamchiam ante domum Mermodi Braza ubi testes ad hec interfuerunt vocati et rogati, Petrus de calcibus, domicellus, Radulphus de Gaudo, Tavellus filius quondam Bosonis de Flumeto, Nicholaus Depesseto et Falquetus Dorsins, clerici et quidam alii. Et ego Crescencius de Salanchia clericus, imperiali auctoritate notarius publicus qui hanc cartam rogatus scripsi, subscripsi fideliter et signis meis signavi et tradidi, cui mihi notario dictus P. de Mallio dixit et precepit quod possim facere et reficere hanc cartam semel vel pluries tam ratam et firmam quam fieri poterit in commodum dicti prioris et successorum ejus de consilio peritorum, predicta substancia non mutata. Actum ut supra.

49

Reconnaissance passée en faveur de Richard de Villette, prieur de Chamonix, par noble Pierre de Marlio, damoiseau, tant de son chef qu'au nom d'Amédée Métral de Marlio, son parent, que les terres, fiefs et hommes qu'ils possèdent dans le territoire du Lac et de Vaudagne (commune des Houches et paroisse de Servoz), sont liges du prieuré de Chamonix.

(1293.)

5 des kalendes de Janvier (27 Décembre).

(Archives de Sallanches, D, n° 23. — D'après l'original sur parchemin.)

Anno a nativitate Domini millesimo cc° nonagesimo tercio, indictione vij quinto kalendas januarii. Coram me notario et testibus infra scriptis : Petrus de Marlyu, domicellus, filius quondam Rodulphi dicti Mistralis de Passiaco, Gebennensis dyocesis. Personaliter constitutus ad requisicionem vero Religiosi viri Domini Richardi prioris prioratus de Chamunis ejusdem dyocesis, scienter et sua spontanea voluntate confessus fuit et manifeste recognovit solempniter in jure per juramentum suum super Sancta Dei Evangelia ab eodem prestitum corporaliter videlicet coram Rodulpho de Gado, domicello et coram Aymone de Bellagarda datis et positis pro curia per dictum priorem nomine dicti prioratus de Chamunis et acceptata per dictum Petrum de Marliu. Quod licet Amedeus Mistralis de Passye ejus consanguineus excuset seu habeat excusare ipsum Petrum et totum albergum suum super homagio ac aliis universis quibuscumque usagiis quod et que debentur prioratui seu erga prioratum de Chamunis pro feudis, hominibus et rebus aliis universis que quos et quas dicti Amedeus et Petrus ac eorum alberga tenent seu tenere debent in universis territoriis de Lacu et de Vondaynia et ubique alibi infra dominium dicti prioratus videlicet : a ponte de Lacu seu aqua dicta Arva cytra versus Chamunis existentibus, recognovit, inquam, prefatus Petrus de Marliu modo et nomine quo supra quod hac excusacione non obstante quod quicquid juris, actionis, racionis, possessionis, proprietatis, dominii ac requisicionis vel quasi, ipse Petrus seu ejus albergum tenet, possidet seu tenere debet in hominibus, feudis, terris, pratis, nemoribus, pascuis, talliis, serviciis, usagiis et aliis quibuscumque rebus immobilibus sitis et consistentibus in universis territoriis supradictis et ubique alibi infra dictum Dominium dicti prioratus de Chamunis sunt et fuerunt perpetuo ex feudo et dominio seu mero imperio supradicti prioratus de Chamunis. Et ad majorem firmitatem recognicionis supradicte voluit et precepit dictus Petrus de Marliu quod dicti Rodulphus de Gado et Aymo de Bellagarda presenti publico instrumento sigilla sua apponerent. Actum in claustro dicti prioratus de Chamunis ubi ad hec fuerunt testes vocati et rogati Durundus Caffayns, de Syervu, dognus Johannes de Sancto Sigimondo, clusinus monachus, Henricus Delamola, Johannetus de Mota, apud Megevam, gartifer[1] prefati Domini prioris. Et ego Wll[s] de Chamunis publicus notarius, imperialis aule et Comitis de Lomell. interfui qui ad requisicionem dicti Petri hoc presens publicum instrumentum scripsi, tradidi et signavi.

Au bas pendaient deux sceaux qui sont actuellement rompus.

[1] Gartifer pour garcifer (valet de pied, soit domestique), voyez garifer dans le dictionnaire de basse latinité.

50

Rente foncière de huit deniers annuels, constituée en la présence et de l'autorité de Richard de Villette, prieur de Chamonix, par les frères Jean l'aîné, Jean le jeune et Girod, fils de Michel dit Mossat de la Mola, en faveur d'Henry de la Mola, au capital de XL sols genevois, prix de la vente que ce dernier leur avait faite d'une pièce de terre.

(1294.)

Du vendredi après les Rois (8 Janvier 1293. V. St.).

(Archives de Sallanches, non coté. — D'après l'original sur un petit carré de parchemin.)

Nos frater Richardus prior prioratus Campi muniti, geb. dyocesis universis presentibus et futuris tenore presencium facimus manifestum. Quod Johannes senior et Johannes junior et Gyrodus fratres filii quondam Michaelis dicti Mossat de la Mola. Coram nobis et testibus infrascriptis personaliter constituti ad requisicionem vero Henrici de la Mola ibidem presentis scienter et sua spontanea voluntate confessi fuerunt, jurati vero super Sancta Dei Evangelia, ac manifeste recognoverunt in jure quod tam ipsi quam Jacobus frater ipsorum tenentur pro indiviso solvere in manu dicti Henrici vel ejus mandati seu albergi ipsius, perpetuo, octo denarios annuales quolibet anno in natalibus dni videlicet ex causa et nomine cense annue que debetur dicto prioratui de Chamunis. Scilicet pro quadam pecia terre quam ipsi emerunt a dicto Henrico precio XL solid. geb. que si quidem pecia terre est sita apud la mola supra domum ramusii prout dicta venditio in quadam littera sigillo..... sigillata plenius continetur et de tanto promiserunt supra dicti Johannes e

Johannes et Gyrodus fratres per suum juramentum nomine sui, et prefati Jacobi fratris ipsorum ac heredum eorumdem dictum Henricum ac ejus Albergum, perpetuo, quolibet anno, dicto termino quo cesa dicti prioratus habet recuperari juvare et exhonerare de solucione cense, supradicti prioratus, facienda quolibet anno termino memorato et hoc ex causa et nomine pecie terre supradicte et dictus Henricus et ejus albergum habent ipsos excusare erga dictum prioratum, super censa dicti prioratus quam debet dicta pecia terre. Actum in claustro dicti prioratus testes ad hoc fuerunt vocati et rogati Aymo de Bellagarda, Wll⁹ mistralis de Chamunis, melinetus thovery des dus. In cujus rei testimonium nos prefatus prior ad requisicionem parcium predictarum presentem litteram sigillo nostro tradidimus sigillatam. Datum die veneris post epyphaniam dni anno dni m°. cc°. nonagesimo tercio.

Au bas pendait autrefois le sceau du prieur de Chamonix, actuellement rompu.

51

Déclaration faite en faveur de Richard de Villette, prieur de Chamonix, par N.-Pierre de Marlio, damoiseau, fils de Rodolphe de Marlio dit Métral, de Passy, d'avoir engagé audit prieur, pour le prix de 40 livres genevoises, toutes les terres et les hommes qu'il possédait aux territoires du Lac et de Vaudagne. — Comparution desdits hommes qui déclarent que, pendant la durée de l'Antichrèse, ils se considéreront comme les hommes taillables dudit prieur et de ses successeurs, en payant entre les mains de ceux-ci les servis annuels qu'ils étaient en usage de payer entre les mains dudit N.-Pierre de Marlio.

(1294.)

Du 6 des kalendes de Mars (24 Février 1293. V. St.).

(Archives de Sallanches, D, n° 5. — D'après l'original sur parchemin.)

Anno Domini m°. cc°. nonagesimo tercio, indicione septima, sexto kalendas mensis marcii. In prescncia mei notarii et testium subscriptorum Petrus de Mallio, domicellus de parrochia de Passiaco, Gebennensis dyocesis, filius quondam Rodulphi de Mallyu dicti mistralis, attendens quod omnes homines et terras, et omnia prata, nemora, pascua, servicia, decimas, blada, tallias, censas, et omnes alias res et jura alia quocumque nomine possint censeri, quos, quas et que tenebat et possidebat et quasi in feodum a prioratu de Chamunis, predicte dyocesis, in villis et territoriis de Lacu et Voudagny de parrochia de Lacu, dicte dyocesis, infra terram et dominium dicti prioratus de Chamunis; et que omnia supradicta ipse Petrus de Mallio confessus fuit esse de feudo et dominio dicti prioratus et se tenere in feodum a dicto prioratu et eidem omnia pignori obligasset religioso viro fratri Richardo priori dicti prioratus de Chamonis stipulanti et recipienti nomine et ad opus sui et dicti prioratus, scilicet precio quadraginta librarum bonorum, gebennensis monete, tenendos et percipiendos, fruendos et possidendos, et tenenda et percipienda ab ipso priore et ejus successoribus donec dictus prior de predictis quadraginta libris plenarie fuerit persolutus a dicto Petro de Mallio, in bona pecunia numerata tam fructibus qui esserent percepti vel potuissent percipi in dicto feudo et in dictis rebus a dicto priore vel ejus successoribus in sortem minime computandis. Porro dictus Petrus scienter et spontanea voluntate sua, nomine sui et heredum suorum precepit in quantum potuit et injunxit expresse hominibus dicti feudi presentibus videlicet Willento filio quondam Petri filii quondam Johannis de Lacu, Johanni de Planis de Voudagny, Corteyso, Jaqueto, Girodo et Willelmo filiis dicti Johannis, Aymoni Decrosa de Voudagny, Johanni de Planis, et in sepius et Girodo fratri ejus, Johanni filio ala Michala ejusdem loci de Voudagny, Durando Devilla de Voudagny et Petro fratri ejus et eorum successoribus et omnibus aliis dicti feudi, ut ipsi homines omnes et quilibet ipsorum de cetero persolvant, reddant, [respondeant et obediant dicto priori vel ejus successoribus de omnibus et singulis que tenentur dicto Petro de Mallio vel suis, reddere et facere, solvere ac eciam respondere consueverunt, donec dictus prior a dicto Petro de Mallio plenarie fuerit persolutus a dicto P. modo quo supradictum est de tota pecunia supradicta. Qui predicti homines de Lacu et Voudagny preter Willentus qui erat absens pro quo primodictus Johannes Desplans pater ejus promisit, promiserunt quilibet nomine suo et heredum suorum per sacramentum suum ad Sancta Dei Evangelia corporaliter prestitum solempnibus stipulacionibus et sub ipotheca bonorum suorum, mihi notario publico infrascripto tanquam publice persone stipulanti et recipienti vice et nomine dictorum prioris et prioratus, quod ipsi de cetero durante dicta gageria seu pignoris obligacione obedient, solvent, respondebunt et usagiabunt omnino dicto priori et ejus mandato et successoribus suis plenarie de dicto feodo prout consueverant facere dicto P. de Mallio et quod reddent et persolvent pacifice et quiete et sine contradicione aliqua de cetero annuatim dicto priori vel ejus mandato et successoribus omnia et singula que consueverant et tenebantur reddere et persolvere predicto Petro de Mallio, Domino suo, ut dicitur dicta pignoris obligacione seu gageria perdurante, scilicet quousque dictus prior vel ejus successores de predictis quadraginta libris plenarie fuerint persoluti a dicto Petro de Mallio prout superius est expressum et renunciaverunt ipsi P. de Mallio et omnes prenominati homines presentes ex certa sciencia sua sub vi prefati sacramenti sui in hoc facto omnibus accionibus et excepcionibus doli, mali, vis et metus, condicioni incerti judicis officium implorandi, et juridicenti renunciacionem generalem penitus non valere nisi precesserit specialis, et eciam omni juri canonico et civili per quod se possent de cetero in aliquo se tueri contra predictum vel aliquid de eisdem contra dictum priorem et ejus successores. Actum est in villam de Lacu ante domum a parte occasus solis ubi testes ad hec interfuerunt vocati et rogati Rodulphus Degaudo domicellus, Girodus de Lacu cujus est predicta domus, magister Johannes Deroria cirurgicus, Nicholaus filius Willelmi dicti Donzel Douchastelar, de parrochia de Passiaco, Willetus dictus Messers de Lacu et quidam alii. Et ego Crescencius de Salanchia clericus, imperiali auctoritate notarius publicus qui hanc cartam rogatus scripsi subscripsi fideliter et signis meis signavi et tradidi. Cui mihi notario ipsi predicti homines presentes dixerunt et preceperunt quod possim facere et reficere presens instrumentum semel vel pluries sine essenxia[1] eorum tam ratum et firmum quam fieri poterit et dictari de consilio peritorum in commodum dicti prioris et successorum suorum secundum substanciam premissorum. Actum ut supra.

52

Défense faite, sous peine de punition corporelle et de la privation de ses biens, par N.-Aimon de Bellegarde, lieutenant de Richard de Villette, prieur de Chamonix (pendant que ce dernier assistait au chapitre général du monastère de la Clusa, près Saint-Ambroise en Piémont,

[1] Sans la présence et le consentement.

*assemblé pour l'élection d'un abbé dans lequel il fut promu
à cette dignité) à Jacques, fils de Vuillelme Bonarent, de
Vaudagne, de poursuivre les armes à la main Jacques
Boteller, de Servoz, dans la terre de Chamonix et de faire
du mal et de causer du préjudice soit aux hommes, soit
aux biens, sur les terres du prieuré de Chamonix.*

(1296.)

10 des Kalendes de Mai (22 Avril).

(Tiré des archives de l'église de Sallanches, A, n° 16.
D'après l'original écrit sur parchemin.)

Anno Domini millesimo cc° nonagesimo sexto, indicione nona decimo kalendas maii. Coram me notario publico et testibus infrascriptis. Aymo de bella garda de Salanchia tenens locum apud Chamonis Religiosi viri domini Richardi prioris prioratus de Chamonis, gebennensis diocesis ex parte et nomine ipsius domini prioris inhibuit Jacobo filio quondam Vuillelmi bonarent[1] de Voudagni homini ligio dicti domini prioris et prioratus et eciam eidem Jacobo injunxit expresse et precepit sub pena corporis sui et census sui quod ipse Jacobus non iret nec sequeretur ullatenus cum armis per totum districtum et dominium prioratus predicti Jacobum boteller de Siervo nec aliquem alium nomine ipsius Jacobi nec quemcumque alterum hominem ad faciendum aliquid dapnum seu malum in dicta terra et dominio seu contra dictum terram et districtum vel Dominum priorem vel homines dicti domini prioris et prioratus et de hoc requisivit dictus Aymo per me predictum notarium fieri ex officio meo publicum instrumentum, actum in claustro prioratus predicti ubi ad hoc fuerunt testes vocati et rogati Villelmus

---

[1] Mot patois qui signifie *bon à rien*.

de Voseriaco domicellus. Poncetus de Mathonay serviens castellano de Monte gaudio, dognus Johannes de Servio. Auricus de Lamola, plures alii, et Ego Petrus Casti de Megeva, clericus, auctoritate imperiali publicus notarius, qui, hanc cartam inde rogatus, a, dicto Aymone scripxi, tradidi et signavi.

53

Reconnaissance passée par divers individus de Passy de tenir en fief de Richard de Villette, prieur, et du prieuré de Chamonix, toute la montagne d'Arlevé, située dans le territoire dudit prieuré, sous le servis annuel de 12 deniers genevois.

(1296.)

Du 3 des ides de Juillet, soit le 13 même mois.

(Archives de l'église de Sallanches, marqué A, n° 40. Copié sur l'original écrit sur parchemin.)

Anno a nativitate Domini millesimo ducentesimo nonagesimo sexto, indicione nona tercia idus julii. In presencia mei infrascripti notarii et subscriptorum testium. Ad requisicionem Religiosi viri Fratris Rycardi, prioris prioratus de Chamonix. Geben. dyocesis. requirentis vice et nomine sui et dicti prioratus. Petrus Porterii de Charrossa, Vuillelmus nepos ejus notarius. Girodus Despagnie dictus Doguez. Johannes de Clarmont nomine sui et Dure. uxoris sue. Merma Gavenchy Despagnie. Perreta dicta Patuola. Anthonius Gavayus Despagnie. Jaqueta soror ipsius Anthonii et etiam Franciscus Despagnie. et Jordanus Dechatel-Vez et Jaqueta soror ejus nomine sui. Petri et Petri Vuillelmi et Rodulphi filiorum suorum de parrochia de Passie, ejusdem dyocesis.

Scientes et spontanea voluntate jurati corporaliter super Sancta Dei Evangelia confessi fuerunt et manifeste recognoverunt in jure coram curia posita per dictum priorem videlicet Aymone de Bellagarda versus Salanchiam et Jaqueto fratre ipsius Aymonis laudata approbata et ratificata per predictos homines de Passie. Quod totus mons d'Arlever[1] cum suis pertinenciis appendenciis et coherenciis et contingentibus tam de altitudine quam de latitudine scilicet a loco qui dicitur Chatellars-Bochereys[2] contingente lacui dicto cornu pendente versus aquam de Dyousa ex una parte et ex altera parte usque ad pascua alpis de Challyou site infra territorium et dominium dicti prioratus de Chamonix. Item ex dicta aqua de Dyousa usque ad cacumina montis de Burivana[3] infra territorium et dominium dicti prioratus de Chamonix erat et est situs infra territorium et dominium et merum imperium dicti prioratus de Chamonix, et quod ad dictum prioratum de Chamonix pertinebat et pertinet mero imperio et mixto et quasi, et erat de dicto prioratu et fuerat a tempore cujus contrarii non est memoria et quod dictum montem tenebant et tenent infeodum a dicto prioratu. Videlicet Petrus Porterii[4]. Vuillelmus nepos ejus. Girardus Dognez, Johannes de Clarmont nomine sui et Dure uxoris sue, Merma Gavenchi, Perreta Patuola. Anthonius Gavayus et Jacqueta soror ejus supradicti in medietatem pro indiviso. Et Franciscus Despagnic predictus quartam partem pro indiviso et Jordanus de

---

[1] Arlever, montagne d'Arlevé sur le territoire de la commune des Houches, derrière le Brévent.

[2] Hameaux du Châtelard et du Bouchet; le Châtelard est sur la rive opposée de l'Arve.

[3] Le Brévent.

[4] Famille, qui a tiré son nom de la fonction de portier et de geôlier du château de Charosse *(Officium porterie et custodie carceris castri nostri Charrossie)*. Renouvellement d'inféodation dudit office, par Louis de Savoie, en faveur de Ramus, Portier, par L. P., datées de Genève, du 16 août 1449, contre-signées Avenyeres. (Archives Bonnefoy.)

Chatel-Vez[1] et Jaqueta soror[2] ejus nomine sui Petri et Petri, Vuillelmi et Rodulphi filiorum suorum predicti aliam quartam partem pro indiviso, pro duodecim denariis Geben. monete de servicio annuatim reddendis et solvendis, anno quolibet per ipsos homines de Passie apud prioratum de Chamonix, priori supradicto et ejus successoribus vel eorum mandato in festo Beati Michaelis, et quod dictus prioratus habet et habebat omnia banna majora et minora que in dicto monte d'Arlever essent commissa et offensa et totam aliam jurisdicionem temporalem et tractum ursorum et Chamossiorum qui essent in dicto monte capti prout dictus prioratus habet et percipit et consuevit percipere, infra aliam terram suam de Chamonix. Dictus vero prior confessus fuit et manifeste recognovit nomine sui et dicti prioratus dictum montem d'Arlever cum suis pertinenciis, appendenciis et coherenciis se concessisse, salvo jure alterius, predictis hominibus de Passie in feodum et heredibus eorumdem in perpetuum ad alpandum, pascuandum, fenum faciendum, nemore dictis montis d'Arlever utendum pro predictis duodecim denariis de servicio annuo reddendis et solvendis annuatim per predictos homines et eorum successores apud prioratum de Chamonix predictum dicto priori et ejus successoribus vel eorum mandato in festo Beati Michaelis. Retento et expresso per dictum priorem quod dictus prioratus habeat, percipiat et plenarie possideat perpetuo in dicto monte d'Arlever totum dominium et merum imperium acque mixtum et quasi, et breviter totam jurisdicionem temporalem et omne contile *(sic)* dominii prout dictus prioratus habet et consuevit percipere infra aliam terram suam prioratus de Chamonix. Promisitque dictus prior dictum feodum manutenere servare et deffendere prefatis hominibus feudatariis et eorumdem heredibus, salvo semper in omnibus jure alieno

---

[1] Château vieux (en patois *Saté vy*).
[2] Voyez la Charte, ci-après, n° 60.

pro servicio supradicto in quantum interest et pertinet ad dominum feodi de jure facere, Prefatique feudatarii universi et singuli promiserunt jurati super Sancta Dei Evangelia et per stipulacionem sollempnem sub hypotheca omnium bonorum suorum sollempniter factam dicto priori presenti, recipienti et sollempniter stipulanti modo quo supra predictos duodecim denarios de servicio dare et reddere quolibet anno apud prioratum de Chamonix predictum nomine feodi supradicti dicto priori vel ejus successoribus et mandato eorumdem et dictum montem d'Arlever et territorium ejusdem montis se tenere et recognoscere in feodum a dicto priore et ejus successoribus in perpetuum. Promisitque dictus Prior nomine sui et dicti prioratus dictis feudatariis quod si esset aliquis de Chamonix vel aliunde qui diceret se jus habere in dicto monte d'Arlever, aliquam concessionem sibi factum a dicto priore et ejus predecessoribus quod dictus prior ipsos feudatarios deffenderet super hoc et servaret. Et voluerunt et mandaverunt dicte partes de predictis duo unius ejusdemque tenoris fieri instrumenta publica unum videlicet unicuique parti datum. Renunciantes... Q. Actum publice apud territorium de les tettes [1] in prato Vulturrerie sub quadam populo arbore ubi testes vocati fuerunt specialiter et rogati Dognus Nicholaus incuratus de Megeva. Roletus de Curnillione, Stephanus de Lovaniaco castellanus tunc temporis de Charrossa, P. de Marlio. Rod de Gado. Vionetus de Chamosset domicelli. Villelmus Mistralis de Chamonix et quidam alii. Et Ego P. de Clusa imperiali auctoritate et Domine Fucigniaci, notarius publicus hiis omnibus interfui qui hanc cartam rogatus a partibus inde scripsi, subscripsi fideliter signavi et tradidi.

[1] Les tettes, territoire de Passy.

54

Extrait in parte quâ de la vente d'une partie de la montagne d'Arlevé, actuellement sur le territoire de Chamonix, par Girod d'Épagny et par Antoine Gaucius dudit lieu, paroisse de Passy, à Vuillelme, métral de Chamonix, Melioret Mabilat, du Pont, et Pierre Quiblier, de Mont-Cuart, pour le prix de 46 sols 6 deniers.

(1296.)

2 des kalendes de Mars, soit 24 Février.

(Archives du chapitre de Sallanches, sans marque.)

Anno Domini millesimo cc° nonagesimo sexto. ind. decima secundo Kal. marcii. Coram me notario publico et testibus infrascriptis. Gyrodus Despagnie et Anthonius Gaucyus ejusdem loci, de parrochia Passiaci. Geb. dyoc. personaliter constituti, etc.... vendiderunt.... Vuillelmo Mistrali de Chamonis. et Melioreto Mabilat de Ponte [1] et Petro Quicblerii de Monte-Cuart [2] hominibus de Chamonis et corum heredibus in perpetuum cuilibet ipsorum recipiencium pro tercia parte videlicet dictus Gyrodus octavam partem quarte partis tocius montis de Arleveto. et dictus Anthonius Gaucyus quartam partem quarte partis tocius predicti montis. Qui mons totalis est et consistit infra territorium et totum dominium dicti prioratus de Chamonis. cum pertinenciis omnibus, juribus, actionibus, racionibus, proprietatibus, demandis que et quas ipsi Gyrodus et Anthonius venditores habebant seu videbantur habere aliquo modo seu aliqua racione in predicta re vendita

---

[1] Du Pont, territoire des Houches.
[2] Mont-Cuart dans la commune actuelle de Chamonix.

ab eisdem. Salvis tamen usibus nemoris dicti montis. hoc expresso quod ipsi venditores vel heredes ipsorum non faciant nec facere teneantur sive ullatenus percipere in perpetuum folium in dicto nemore dicti montis. Termini vero tocius montis predicti infra quos dicti vendiderunt dictis emptoribus venditores. predictam octavam partem quarte partis et quartam partem quarte partis tocius montis predicti sunt hii qui inferius declarantur. Scilicet a loco qui dicitur Chatelars-Bochereyz contingente lacui dicto cornu pendente versus aquam de Diosa, ex una parte et ex alia parte usque ad pascua de Chalieu. Item ex aqua de Diosa usque ad cacumina montis de Birivana infra territorium et dominium predictum dicti prioratus de Chamonis. Quam octavam partem quarte partis et quartam partem quarte partis venditam prefati venditores dicebant se tenere et tenuisse in feodum a predicto prioratu de Chamonis prout confessi fuerunt se tenere eam a Reverendo Patre in xpo dno Richardo abbate clusino quando ipse erat prior dicti prioratus prout continetur in quodam publico instrumento facto per manum Petri de Clusa notarii. Devestientes se prefati Gyrodus et Anthonius venditores de predicta re vendita et predictos Vuillelmum. melioretum et Petrum emptores presentes et recipientes pro se et suis quemlibet ipsorum pro tercia parte traditu baculi investierunt et ipsos in possessionem perpetuam corporalem et quietam miserunt et posuerunt, ad habendum, tenendum, fruendum et possidendum pacifice et quiete perpetuo et quicquid eis placuerit faciendum. Precio quadraginta et vi solidorum et sex denariorum Geben, de quibus dictus Gyrodus confessus fuit et manifeste recognovit se habuisse et recepisse pro parte sua ab ipse vendita a dictis emptoribus sexdecim solidos et sex denarios, in bona pecunia numerata, et dictus Anthonius pro parte sua vendita ab eodem, triginta solidos, bonorum geb. in bona pecunia numerata. Renunciantes etc.... Promictentes etc.... Actum publice apud villam de Jou[1], in par-

---

[1] Joux, hameau de Passy.

rochia Passiaci, ubi ad hoc fuerunt testes vocati et rogati·
Peronetus de Chiedes, Richardus de Chiesa, Johannes Pavioz
de Chamonis, Franciscus Despagnie[1] plures alii. Et ego
Petrus Casti de Megeva, clericus imperialis aule et comitis
Lomelli publicus notarius qui hanc cartam inde rogatus, et
requisitus a partibus subscripsi, tradidi et signavi.

55

Inféodation passée par Guillaume de Villete, prieur de Chamonix, du consentement de Richard de Villete, abbé de la Clusa, son supérieur immédiat, en faveur des mariés Falconet Darbelet et Belone Bezer, des biens que Pierre Bezer, frère de celle-ci, avait donnés au prieuré de Chamonix. Prix d'introge : 6 livres genevoises.

(1297.)

2 des Kalendes d'Août, soit 31 Juillet.

(Archives de l'église de Sallanches, marqué R, n° 1.
D'après son original écrit sur parchemin.)

Anno Domini millesimo cc°. nonagesimo septimo, indicione decima, secundo Kalendas Augusti, coram me notario publico et testibus infrascriptis. Cum discordia verteretur seu verti speraretur inter Religiosum virum Dominum Vuillelmum de Villeta priorem prioratus de Chamonis. Geben. dyoc., nomine suo et dicti prioratus ex una parte. Et Falconetum de Darbeleto et Belonam uxorem suam filiam quondam Melioreti Bezer ex altera. Super bonis immobilibus

[1] Épagny, hameau de Passy.

Petri Bezer quondam que bona inferius continentur et que bona predicti Falconetus et Belona conjuges asserebant pertinere et debere ad ipsam Belonam racione successionis predicti Petri Bezer, fratris dicte Belone tanquam ad proximiorem, dicto dno priore nominibus quibus supra dicente et asserente dicta bona ad se et ad dictum prioratum pertinere et debere, ex causa et nomine donacionis aliunde facte dicto prioratui per dictum Petrum Bezer quondam. Tandem dicte partes, nominibus quibus supra super predictis discordiis ad bonam pacem et transactionem et concordiam in modum qui sequitur devenerunt. Videlicet : quod dictus dnus Prior de auctoritate Reverendi Patris in xpo dni Richardi Dei gracia abbatis clusin[1] predictos Falconetum et Belonam conjuges de predictis bonis tanquam Dominus retinet et investit tanquam heredes, salvis et retentis sibi et dicto prioratui et successoribus suis, universis et singulis juribus, racionibus, servitutibus sibi competentibus et in posterum competituris et salvo in omnibus jure cujuslibet alterius persone, pro sex libris geben., quas dicti conjuges promiserunt dare et solvere dicto dno priori vel ejus mandato. Dictus vero dns prior de auctoritate predicta ex causa presentis composicionis quictat penitus et remictit omnem actionem que sibi et dicto prioratui competit et competere potest occasione donacionis predicte. Dicti vero conjuges ex certis scienciis et voluntatibus suis spontaneis ad instanciam et requisicionem predicti dni prioris stipulantis solempniter et recipientis nominibus quibus supra coram viris nobilibus Amedeo Mistrali de Passiaco et Petro De marlio de Passiaco positis pro curia per dictum dnum priorem laudata et approbata per dictos conjuges, Confessi fuerunt dicti conjuges solempniter et publice recognoverunt per corporalia juramenta se tenere et velle tenere et debere et se tenere consti-

---

[1] Richard de Villette, ancien prieur de Chamonix, élu abbé de Saint-Michel de la Clusa en 1296.

tuerunt in feodum et nomine feodi res et bona que inferius continentur sub servitutibus, serviciis et usagiis consuetis et que prioratus predictus debet ibi habere. Promictentes dicti conjuges pro se et heredibus ac successoribus suis dicto dno priori stipulanti ut supra per pacta expressa solempnibus stipulacionibus vallata et per corporalia juramenta tactis sacrosanctis evangeliis et sub ypoteca omnium bonorum suorum hanc presentem confessionem, ratam, gratam et firmam habere et tenere et usagia et servitutes predicto prioratui debita et debitas pro rebus et possessionibus infrascriptis et dictum feodum dicto prioratui fideliter in perpetuum deservire prout debent et hactenus est consuetum. Confitentur inquam et asserunt dicti conjuges batitorium situm in posa des Truinos in territorio dou Verney[1] et casale dicti batitorii et ingressus et egressus et vie et pertinencie dicti batitorii pertinent et pertinere debent plenarie ad dictum prioratum. Res autem predicte sunt hec. In primis dicta pecia terre de dicto batitorio sita in territorio dou Verney inter bezeriam dicti batitorii ex una parte et stratam publicam ex altera. Alia vero pecia est dimidia posa terre sita in eodem territorio inter terram Berthodi Mussot deversus arvam et bezeriam ex altera. Alia vero est quadam posa terre sita in eodem territorio inter terram Berthodi Musset superius et viam que tendit versus domum filiarum Petri quondam Bezer inferius. Alia vero pecia terre in qua est sita quadam domus dicitur des Truynos et coheret ex una parte predicte vie que tendit versus domum dictarum filiarum, ex altera parte coheret terre earumdem filiarum. Renunciantes...

Actum in claustro prioratus de Chamonis ubi ad hec fuerunt testes vocati et rogati frater Amedeus prior de Megeva, frater Johannes de Sancto Simondo, clusinus monachus, Dognus Vuillelmus de Bosco presbiter, Aymo de Bellagarda, Gyrodus Fonters de Passiaco, Vuillelmus Mistralis de Cha-

---

[1] Les Verney, commune des Houches.

monis, Jacobus Botellers de Siervo. Henricus filius ejus plures alii. Et ego Petrus de Megeva, clericus, auctoritate imperiali publicus notarius qui hanc cartam inde rogatus scripxi, tradidi et signavi.

56

Quittance de Ban, par Jean Samoën, chatelain de Montjoie à Jean fils de Fraret Allont des Allouz, de Chamonix, qui avait frappé jusqu'à effusion de sang Vuillelme prêtre, de Bionnasset, sur la montagne de Vosa, après que de l'aveu du coupable et du patient, il fut reconnu que le délit avait été commis au delà du lieu appelé Echerenes, du côté de Praz-Riond, sur les terres de Faucigny.

(1297.)

Le jour des Nones d'Août, soit le 5 même mois.

(Tiré des Archives de l'église de Sallanches, marqué E, n° 2. Copié sur l'original écrit sur parchemin.)

Anno Domini millesimo cc° nonagesimo septimo, indictione decima, nonas augusti. Coram me notario publico et testibus infrà scriptis. Cum Johannes de Samoyn, castellanus tunc temporis de Monte Gaudii conquereretur de Johanne filio Frareti Allout des Allouz de Chamonix, Petens a dicto Johanne bannum pro eo quod ipse percusserat Vuillelmum filium Vuillelmi Presbiteri de Bionasset in Monte de Vousa usque ad effusionem sanguinis super terram et dominium Illustris domine Domine B. Domine terre Fucignaci, ut dictus castellanus asserebat. Religioso viro fratre Vuillelmo, priore prioratus de Chamonix asserente ex âlia parte et dicente quod dictum factum erat factum in dicto monte de Vousa super territorium et dominium dicti prioratus de Chamonix, quare dictum bannum pertinebat ad dictum prioratum. Tandem dictus dominus Prior et Castellanus se compromiserunt in nobiles viros Amedeum Mistralem, de Passiaco, positum per dictum Dominum Priorem et in Guigonem Psalterii, de Salanchia, positum per dictum castellanum ad inquirendum ubi dicta percussio erat facta, aut supra dominium dicte Domine aut supra dominium prioratus. Qui dicti compromissarii inquisierunt super hoc veritatem tam à dicto Vuillelmo actore quam a dicto Johanne reo; qui predicti Vuillelmus et Johannes confessi fuerunt coràm dictis compromissariis quod dictus Johannes percusserat ipsum Vuillelmum usque ad effusionem sanguinis in dicto monte de Vousa satis ultrà locum sive loca et territorium quod dicitur Escherenes à parte prati rotundi[1] in pascuis dicti prati et a parte de Bionasset super territorium et dominium terre Fucigniaci. Quare dicti compromissarii dixerunt quod dictus Johannes concordaret de dicto banno, cum dicto castellano, dictusque Johannes concordavit de dicto banno cum ipso castellano et dictus castellanus se tenuit pro contempto; et ne in posterum posset prejudicium generari predicto prioratui quantum ad loca inferiora versus Chamonix, confessus fuit dictus castellanus ad requisitionem dicti domini prioris requirentis vice et nomine sui et dicti prioratus coram dictis compromissariis quod dictus Johannes commiserat dictum bannum ultra predictum locum sive loca que dicuntur Eschereynes et ideo levaverat a dicto Johanne dictum bannum. Actum in claustro prioratus de Chamonix ubi ad hoc fuerunt testes vocati et rogati frater Amedeus prior de Megeve, frater Johannes de Sancto Simondo, clusinus

---

[1] Montagne de Praz-Riond sur Saint-Gervais, qui avait été albergée par Béatrix de Savoie, dame de Faucigny, aux hommes de Saint-Gervais et de Bionnasset sous l'introge de 20 livres genevoises et de 60 sous de cense annuelle, par charte du 8 des ides de juin 1296.

monachus, Rodulphus de Gaddo, domicellus, Aymo de Bellagarda, plures alii. Et ego Petrus Casti de Megeve, clericus auctoritate imperiali publicus notarius qui hanc cartam inde rogatus, scripxi, tradidi et signavi.

57

Composition sur un délit commis par les frères Jacques et Vuillelme Gravez et par diverses autres personnes de la paroisse du Lac, relevant du prieuré de Chamonix, à l'occasion des coups qu'ils avaient portés avec une pelle de bois à Vuillelme, dit Plagni, de Saint-Gervais, sergent de la châtellenie de Montjoie et des injures qu'ils avaient proférées contre la dame de Faucigny, faite et consentie pardevant Jofred de Clermont, baillif de Faucigny et Jean Samoën, châtelain de Montjoie, au moyen de 4 livres genevoises, payées à l'instant par les délinquants.

(1297.)

Le samedi dans la fête de saint Thomas, apôtre, 28 décembre.

(Tiré des Archives de l'église de Sallanches, non coté. D'après l'original écrit sur parchemin.)

Nos Jofredus de claro monte balivus in terra fucigniaci pro illustri dna Dna B, dna terre predicte, et ego Johannes de Samoyn castellanus de monte gaudii universis presentibus et futuris tenore presencium facimus manifestum, quod cum Jacobus Gravez et Vuillelmus Gravez frater ejus et quidam alii homines et mulieres de parochia de lacu, gebennensis diocesis homines prioratus de Chamonix Vuillelmum dictum plagni de parochia sancti gervasii in dicta castellania de monte gaudii servientem tunc temporis nostri dicti castellani dicti loci de monte gaudii, offendissent seu dicerentur offendisse, apud dictum locum de lacu infra terram seu districtum et dominium dicti prioratus de Chamonix, scilicet, percuciendo ipsum Vuillelmum de quadam pala fustea, et nos prefati ballivus et castellanus dictam offensam seu dampnum illatum ipsi Vuillelmo plagni, ac injuriam irrogatam prefate illustri dne peteremus, a dictis offensoribus emendari, memorati fratres Jacobus et Vuillelmus Gravez et omnes alii tam viri quam mulieres qui tunc dictum Vuillelmum plagni offenderant seu dicebantur offendisse, tam predicte illustri dne, de dicta injuria, quam predicto Vuillelmo plagni de dicta percussione seu dampno et de omni gravamine et expensis, quod et quas idem Vuillelmus plagni vel alius pro ipso inde sustinuit aut sustineret interveniente composicione amicabili, plenarie satefecerunt *(sic)*, et nos predicti balivus et castellanus, ex parte predicte illustris dne, et ex parte dicti Vuillelmi plagni fecimus et facimus pacem et concordiam cum predictis fratribus Jacobo et Vuillelmo et omnibus aliis qui dictum Vuillelmum plagni offenderunt seu dicuntur modo aliquo offendisse, et, pro emenda et satisfactione dicte injurie illate predicte illustri, dne, et, pro expensis inde factis ego dictus castellanus recognosco me habuisse et recepisse nomine ipsius illustris dne, a dictis offensoribus quatuor libras gebennenses in bona pecunia numerata, in cujus rei testimonium, nos prefati balivus et castellanus presentem litteram sigillis nostris tradidimus sigillatam. Datum apud Salanchiam die sabbati in festo beati thome apostoli anno dni millesimo cc° nonagesimo septimo.

Les deux sceaux qui pendaient au bas de l'acte qui précède sont rompus.

58

Vente passée par noble Pierre, fils de N. Rodolphe de Chedde, de Passy, à Guillaume de Villette, prieur de Chamonix, des frères Guillaume et Berthod-Forners (Fornier) et d'Isabelle, veuve de Pierre Forners, belle-sœur de ceux-ci et de tous leurs descendants, ainsi que de leurs ténements, lesquels ledit noble Pierre de Chedde déclare tenir déjà en fief dudit prieur. Prix : 12 liv. 5 s. genevois.

(1298)

2 des Kalendes de Mars, soit le 28 Février.

(Archives de l'église de Sallanches. — Marqué D, n° 6. D'après l'original écrit sur parchemin.)

Anno Dni millesimo cc° nonagesimo octavo, indicione duodecima, secundo kalendas marcii. In presencia mei publici notarii et testium infrascriptorum. Ad requisicionem Fratris Vuillelmi de Villeta prioris prioratus de Chamonis, Geben. dyoc., requirentis vice et nomine sui et dicti prioratus. Nobilis vir Petrus de Chiedes de parrochia Passiaci, ejusdem dyocesis filius quondam Rodulphi de Chiede, sciens et spontaneus non vi, dolo, vel metu aliquo inductus, sed de jure et facto suo plenarie cercioratus. Coram curia posita per dictum Dnum Priorem laudata et approbata per dictum Petrum, videlicet Rodulpho de Gaddo domicello et Aymone de Bellagarda de Salanchia, Recognovit et confessus fuit in jure pro se et heredibus suis juratus super Sancta Dei Evangelia se tenere infeodum a dicto prioratu. Guillelmum et Berthodum fratres dictos Forners et ysabellam uxorem quondam Petri Forners fratris ipsorum Guillelmi et Berthodi Forners de Voudagni de parrochia Lacus sive de territoritorio *(sic)* de

Voudagni sito infra dominium et merum et mistum imperium dicti prioratus et breviter quicquid juris racionis, actionis, tallie, demande, usus, proprietatis, feodi, requisicionis, possessionis vel quasi ipse Petrus habebat et exigere poterat aliquo jure seu aliqua racione in predictis Guillelmo, Berthodo et Ysabella, et in eorum progenie et generacione que ex ipsis descendit et in perpetuum descendi, et esse de feodo dicti prioratus et dominio, quos homines et omne jus eorum dictus Petrus asserebat se emisse ab illis de Chessiaco [1] et ipsos esse talliabiles suos. Promictens dictus Petrus per juramentum suum super Sancta Dei Evangelia contra hujusmodi confessionem facto vel verbo in judicium vel extra non venire vel facere nec contra venienti in aliquo consentire. Renuncians ex certa sciencia per expressum juramentum in hoc facto excepcioni doli, mali, vir, metus, excepcioni confessionis non facte et ultra jus facte. Preterea anno et die et indicione quibus supra. Prefatus Petrus sciens ac spontaneus, modo et forma quibus supra non vi, dolo, vel metu aliquo inductus, sed de jure et facto suo certificatus per se et suos heredes et successores vendit et vendidit, dedit, tradidit et concessit, solvit et quictavit in perpetuum titulo vendicionis pure et irrevocabilis inter vivos prout melius clarius et sanius intelligi potest ad utilitatem dicti prioratus, predicto dno priori presenti, stipulanti et recipienti nomine et ad opus dicti prioratus, omnes et singulos prefatos homines et eorum filios et filias et liberos et successores. Videlicet Guillelmum, Berthodum et Ysabellam, dictos Forners, de Voudagni, de dominio et mero et misto imperio dicti prioratus, tenendos et possidendos pacifice et quiete a dicto dno priore et prioratu et per ipsos dominum priorem et prioratum cum omnibus rebus et possessionibus suis et tenementis, et breviter quicquid juris, racionis, actionis, usagii, usus, tallie, accessamenti, feodi, proprietatis, requisicionis, demande, possessionis vel quasi ipse Petrus habebat seu

---

[1] Famille de Chissé, encore existante, originaire de Sallanches..

habere vel exigere aut reclamare poterat et debebat et habere videbatur in predictis hominibus et in filiis et filiabus eorum et liberis et successoribus et in universis et singulis rebus et possessionibus eorum et in dicto feodo, et specialiter talliam, decimam bladum et servicium et omne aliud usagium quos et que habebat et percipiebat in predictis hominibus et in rebus mobilibus et immobilibus eorumdem. Devestiens se predictus Petrus de predictis hominibus et eorum heredibus, et rebus et possessionibus et specialiter de tallia et blado et usagio, quam et que percipiebat super ipsis et rebus ipsorum. Et dictum dnum priorem recipientem et stipulantem nomine quo supra, de predictis universis et singulis superius venditis, per baculum investivit et in possessionem corporalem perpetuam pacificam et quietam misit et posuit. Precio duodecim librarum et quinque solidorum bonorum Geben. quam pecuniam prefatus Petrus confessus fuit et manifeste recognovit se habuisse et recepisse a dicto dno priore in bona pecunia numerata. Renuncians excepcioni non numerate pecunie, non habite, non recepte et spei future numeracionis faciende, et in super per expressum juramentum beneficio de rescendenda vendicione et omni excepcioni doli, mali, vis, metus et in factum beneficio restitucionis in integrum racione decepcionis seu alia quacumque racione et juri quo deceptis ultra dimidium justi precii subvenitur, oblacioni libelli et transcripti presentis instrumenti, omnique auxilio et beneficio tocius juris canonici et civilis per quod posset se tueri vel experiri adveniendum contra predictam vel in aliquo de predictis et generaliter omnibus aliis excepcionibus et deffensionibus que possent opponi contra hunc contractum aliquo modo vel ingenio de jure canonico et civili ac si omnes excepciones essent nominati expresse jurique dicenti generalem renunciacionem non valere nisi precesserit specialis. Promisit siquidem predictus Petrus, modo quo supra, per stipulacionem solempnem factam, juratus super Sancta Dei Evangelia corporaliter dicto dno priori recipienti et stipulanti modo et nomine quibus supra dictam vendicionem et quictacionem salvare, defendere, manutenere, varentire et disbergare ab omnibus et contra omnes personas et specialiter ab illis de Chessiaco, sub ypoteca omnium rerum suarum, dicto dno priori et prioratui in judicio vel extra et nunquam contra predictam vendicionem et quictacionem facere vel venire per se vel per aliam personam interpositam, de jure vel de facto, aliquo modo vel ingenio quod dici vel excogitari potest. Sed ipsam semper ratam, gratam et firmam habere tenere in perpetuum valituram et universa et singula supradicta, perpetualiter et inviolabiliter observare et eciam incuncusse. Actum in claustro predicti prioratus de Chamonis ubi ad hoc fuerunt testes vocati specialiter et rogati. Frater Amedeus prior de Megeva, Frater Johannes de Salanchia monachus, Aymonetus de Chiedes, plures alii. Et ego Petrus Casti de Megeva clericus auctoritate imperiali publicus notarius qui hanc cartam inde rogatus scripxi, tradidi et signavi.

59

Aymon dit Pavioz (Payot), fils d'Emeric, de Chamonix, vend à Aymon de Bellegarde, de Sallanches, procureur de Villelme de Villete, prieur de Chamonix et acquérant pour le prieuré du lieu, deux parts d'une pièce de terre située entre le Cours de l'Arveyron (Alberon) les pâturages de Blettière, les Planards, les terres dépendantes de l'office de Métral, le Lavancher d'Ortaz, à Chamonix, pour le prix de 4 livres et 10 s. genevois. Cet acte, à la réquisition du vendeur, est homologué par Michel, curé de Chamonix.

(1298.)

2 des Kalendes de Juin, soit le 31 Mai.

(Archives de l'église de Sallanches, marqué A, n° 27.
D'après l'original écrit sur parchemin.)

Anno Dni millesimo cc° nonagesimo octavo, indic. undecima, secundo kalend. junii. Coram me notario publico et testibus infra scriptis, Aymo dictus Pavioz filius quondam Emerici de Chamonis, non dolo, vi, vel metu aliquo inductus, sed sciens ac spontaneus pro se et suis heredibus in perpetuum vendidit titulo vendicionis pure perfecte ac irrevocabilis inter vivos, ac legitime tradidit et concessit prout melius et sanius intelligitur sine aliqua retencione vel juris excepcione, Aymoni de Bellagarda de Salanchia, procuratori religiosi viri Dni Villelmi de Villeta, prioris prioratus de Chamonis, Geb. diocesis, ementi et recipienti vice et nomine ipsius dni prioris et prioratus et successorum suorum et ad opus eorumdem, duas partes cujusdam preysie que dicitur des Sougers et dou Lavancherot [1], que tota preysia terre tenet et durat ab aqua que dicitur Alberon [2] usque ad pascua de Bleteri [3] et confrontat a latere de versus los planars, terris mistralensibus [4], ab alio latere confrontat superius ou Lavanchier d'Ortaz [5] dividendo recte per.... Et inferius confrontat terre Falconierii de Darbeleto et Belone uxoris sue, de qua siquidem terra vendita dictus Aymo venditor se devestivit et dictum Aymonem procuratorem presentem et recipientem, vice et nomine quo supra, traditu baculi, solempniter investivit; ad habendum, tenendum, et fruendum vel possidendum per dictum Dnum priorem et prioratum et successores suos et quicquid eis deincepx perpetuo placuerit faciendum ;

[1] Le Lavancher, territoire de Chamonix au-dessus des Tines.
[2] L'Arveron au pied du Glacier des Bois, descendant du Montanvers.
[3] Bletière, montagne au-dessus du Montanvers.
[4] Terres affectées à l'office de Métral.
[5] Un grand éboulement qui part du chemin du Montanvers, et descend jusqu'à la plaine, entre Ortaz et le glacier des Bois.

Precio quatuor librarum et decem solidorum bonorum Geben., quas dictus Aymo venditor confessus fuit et manifeste recognovit habuisse et recepisse a dicto Aymone procuratore de propriis denariis dicti dni Prioris et prioratus in bona pecunia numerata et pro duobus denariis quos dicta terra vendita, (ut) asserebat dictus venditor, debebat de servicio annuali predicto prioratui, tali modo qui si (dicta) terra vendita plux de dictis duobus denariis debebat dicto prioratui de servicio vel aliquo usagio, dictus Aymo venditor et heredes ipsius illud plux in perpetuum debent et tenentur solvere propter ipsos duos denarios supradictos prioratui supradicto. Renuncians...

Voluitque dictus Aymo venditor, ut ad majoris roboris firmitatem, Dognus Michael curatus de Chamonis hoc presens publicum instrumentum sigillo suo traderet sigillatum. Hoc acto et expresso per ipsum Aymonem quod si dictum sigillum frangeretur seu tempore futuro aliquo casu diminuretur vel anichilaretur quod nichilominus presens publicum instrumentum suo robere remaneret et haberet in omnibus plenariam firmitatem. Actum fuit in claustro prioratus predicti ubi ad hoc fuerunt testes vocati et rogati. Frater Johannes de Sabaudia et frater Johannes de Salanchia, clusini monachi; Dognus Vuillelmus de bosco presbiter, Verneysius de planis; Berthodus grillez, de Chamonis, plures (alii).

Ego Petrus Casti de Megeva, clericus, auctoritate imperiali publicus notarius qui hanc Cartam (rogatus) scripxi, tradidi et signavi.

(Ego) dictus Dognus Michael, ad requisicionem dicti Aymonis venditoris, hoc presens (publicum) instrumentum sigillo meo tradidi sigillatum in testimonium omnium premissorum. Datum anno et die quibus supra.

Le sceau est brisé.

60

Jacquette, fille de Girard Guiers, de Châteauvieux à Passy, de son chef et au nom de ses enfans Pierre l'aîné, Pierre le jeune, Vuillerme et Rodolphe, après avoir reconnu tenir en fief de Guillaume de Villete, en sa qualité de Prieur de Chamonix, deux parts d'un quartier de toute la montagne d'Arlevé qui prend dès le cours de l'eau de Dyosa jusqu'à la montagne du Brévent, vend au dit prieuré les dites parts, plus la tierce partie d'un chalet qu'elle y avait fait construire en communauté avec d'autres particuliers, le tout pour le prix de quatre livres genevoises et d'un seytier d'orge.

(1299.)

7 des Kalendes de Mai, soit le 25 avril 1299.

Archives de l'église de Sallanches, marqué A, n° 29.
(D'après l'original, écrit sur parchemin.)

Anno Dni millesimo cc° nonagesimo nono, indic. tercia decima, septimo kalend. maii. Coram me notario publico et testibus infrascriptis. Jaqueta, de Castro veteri, de parrochia Passiaci, filia quondam Gyrodi Guiex, ejusdem loci, personaliter constituta non vi, dolo vel metu aliquo inducta, sed sciens ac spontanea et de jure suo plenarie cerciorata, ad requisicionem mei predicti notarii tanquam publice persone requirentis vice et nomine Religiosi viri Dni Guillelmi de Villeta, prioris prioratus de Chamonis et dicti prioratus, confessa fuit pro se et Petro et Petro et Villelmo et Rodulpho filiis suis et omnibus aliis heredibus et successoribus suis se tenere in feudum a dicto dno Priore et Prioratu de Chamonis Duas partes quarterii tocius montis de Arleveto et generaliter totum jus quod ipsa Jaqueta habet et habebat, possidet et possidebat per se vel per alium in dicto monte quantùm protenditur dictus mons. Scilicet : ab aqua de Dyosa usque ad montes de Birivana. Renuncians ipsa Jaqueta excepcioni confessionis non facte et juri dicenti confessionem factam extra judicium vel non coram suo judice non valere. Item, predicta Jaqueta sciens ac spontanea modo et nominibus quibus supra pro se et dictis filiis et heredibus, et successoribus suis universis, vendidit titulo vendicionis pure, perfecte et inter vivos irrevocabilis, predicto Dno Priori et michi notario predicto tanquam publice persone stipulanti et recipienti vice et nomine dicti Dni Prioris et prioratus, tradidit et concessit prout melius et sanius intelligi potest sine aliqua juris exceptione predictas duas partes quarterii dicti totalis montis de Arleveto, a predicta aqua de Dyosa usque ad montes de Birivana cum tercia parte quarterii cujusdam cabane[1] in dicto monte per ipsam et consortes suos constructe ac edificate et generaliter quicquid juris, racionis, accionis, proprietatis, demande, dreyture, ipsa predicta Jaqueta et predicti filii sui habent seu videbantur habere aliquo jure et racione ubique sit et existat in dicto monte quantum potest protendi dictus mons de longo et largo, et usque ad pascua de la Balma, de quibus venditis dicta Jaqueta se devestivit et me notarium predictum ut supra recipientem tradicione baculi solempniter investivit, ad tenendum, fruendum, possidendum per dictum Dnm Priorem et prioratum perpetuo pacifice et quiete et quicquid eis deinceps placuerit faciendum. Precio quatuor librarum geben. et unius sesterii ordei, quas et quod dicta Jaqueta confessa fuit et manifeste recognovit habuisse et recepisse a dicto Dno Priore in bona pecunia numerata; ceterum voluit dicta Jaqueta et michi predicto notario requirenti, nomine quo supra, cessit et concessit quod ipsa et filii sui et heredes et successores ejus universi et singuli non possint, debeant nec teneantur inal-

---

[1] Cabane (chalet).

parc nec ducere animalia sua ad inalpandum et pascuandum in dicto monte sine licencia et voluntate dicti Dni Prioris et prioratus et successorum suorum, et quod ipsa faciet et procurabit omnibus modis quod predicti filii sui quod cito facultas se obtulit et in patria ista fuerint, predictam vendicionem et omnia predicta ratificabunt ac eciam confirmabunt. Renuncians dicta Jaqueta excepcioni non numerate pecunie non recepte et ordei non recepti, etc..., pro quibus firmiter actendendis se constituerunt fidejussores pro ipsa Jaqueta in manu mei notarii predicti notarii recipientis, nomine quo supra Jordanus et Petrus de Castro veteri fratres, Petrus filius quondam Albi de Castro veteri quilibet insolidum, qui promiserunt manu super Sta Dei evangelia et sub ypoteca rerum suarum omnia predicta et singula actendere et complere si forte contigerit, quod absit, dictam Jaquetam deficere in aliquo de promissis, se et successores suos ad predicta observanda fideliter obligando. Dicta vero Jaqueta promisit juramento quo supra fidejussores suos indempnes penitus observare. Actum publice ante domum dicti Petri Guiex, de Castro veteri, ubi ad hoc fuerunt testes vocati et rogati Mabillatus de Greya, Petrus de les Plagnes filius Nicolay de Chereneys, Perrinus de Anz, habitator Passiaci quidam alii. Item, anno et indic. quibus supra, quarto kalend. maii Petrus filius dicte Jaquete primogenitus coram me dicto notario, predictis sequentibus, personaliter constitutus, ad requisicionem mei predicti notarii stipulantis et recipientis nomine quo supra, predictam vendicionem et omnia predicta laudavit, approbavit, ratificavit et predicto Dno Priori et prioratui concessit prout superius est expressum et promisit juratus super Sta Dei evangelia se de cetero contra predictam in perpetuum non venire, sed firmiter observare ac ab omnibus et contra omnes posse suo deffendere, contradicere. Actum publice in claustro dicti Prioratus de Chamonis ubi ad hoc fuerunt testes vocati et rogati. Dognus Johannes de S^{to} Simondo, monachus, Johannes Mistralis, Ramusius de la Mola et Jaquenus Mussoz. Et Ego Petrus Casti, de Megeva, clericus, auctoritate imperiali publicus notarius, hiis omnibus interfui qui hanc cartam, rogatus, scripxi tradidi et signavi.

61

Donation faite à R^d Guillaume de Villete, prieur de Chamonix par Pierre fils de Rodolphe de Chède de tous les droits et en particulier du droit de pêche que ce dernier avait sur le Lac, territoire de Vaudagne, et du droit de chasse aux oiseaux qu'il possédait dans toute l'étendue des terres du prieuré de Chamonix, ainsi que de tous ses droits sur la montagne de Challioud.

(1299.)

2 des Kalendes de Juillet, soit le 26 Juin.

(Marqué D, n° 19. D'après l'original écrit sur parchemin.)

Anno Dni millesimo cc° nonagesimo nono, indicione duodecima, sexto kalendas Julii. Coram me notario publico et testibus infra scriptis Petrus de Chiedes filius quondam Rodulphi de Chiedes personaliter constitutus non vi dolo vel metu aliquo inductus sed de jure et facto suo plenarie certificatus, ad requisitionem Religiosi viri Dni Vuillelmi de Villeta, prioris prioratus de Chamonis, Geben dioc. requirentis vice et nomine sui et dicti prioratus, solvit, quictavit, dedit, donavit. cessit. transtulit et penitus remisit pro se et suos heredes sive successores et causam habentes ab eodem, pura donacione et irrevocabili, inter vivos, perpetuo duratura, sine aliqua retentione vel juris exceptione, prout melius et sanius intelligi potest, predicto dno priori presenti et recipienti nomine sui et dicti prioratus, quicquid juris, racionis, actionis, proprietatis, possessionis vel quasi, dreyture, demande ipse Petrus habebat seu habere poterat aut debebat, aut aliquo jure seu racione videbatur habere in lacu sive aqua que est apud villam de Lacu, in districtu et dominio et territorio predicti prioratus de Chamonis. Item dedit et donavit et penitus remisit dictus Petrus modo et nominibus quibus supra predicto Dno priori recipienti modo et nominibus quibus supra quicquid juris, actionis, proprietatis, possessionis, dreyture, demande ipse habebat seu videbatur habere aliquo jure et aliqua racione in predicta aqua et piscatura dicte aque seu lacus et in terra in qua moratur dicta aqua. Item quicquid juris et racionis ipse Petrus habet et habebat et habere videbatur in monte de Chalyou existente in dicto districtu et dominio dicti prioratus. Item quicquid juris et racionis ipse Petrus habebat seu habere poterat in avibus capientibus ad pedem sicut sunt visi et cetere aves capientes cum pede venientes et existentes in nemoribus sitis infra dictum districtum et dominium dicti prioratus de Chamonis. Faciens predictus Petrus, nomine quo supra, predicto Dno Priori recipienti nomine quo supra pactum perpetuum de non potendo jus aliquid ulterius in predictis vel in aliquo predictorum renuncians, etc. Actum apud villam Lacus ante domum Gyrodi de Lacu, ubi ad hoc fuerunt testes vocati et rogati. Frater Amedeus Prior de Megeva. Frater Johannes de Sancto Simondo, monachus, Vuillelmus Mistralis de Chamonis. Henricus et Ramusius de la Mola, Gyrodus de Lacu, plures alii. Et ego Petrus Casti de Megeva, clericus, auctoritate imperiali, publicus notarius, qui hanc cartam inde rogatus scripxi, tradidi et signavi.

62

Vente passée par Jordan fils de Girod Gavex, de Châteauvieux, paroisse de Passy, en faveur de Guillaume de Villette, prieur de Chamonix, du douzième qu'il possédait en propriété, de la montagne d'Arlevé, située dans le territoire du Prieuré de Chamonix, ainsi que du douzième d'un chalet, prix 40 sols genevois et une coupe d'orge; Peronet fils d'Aymon de Chedde se porte caution contre toutes vexations quelconques que pourrait éprouver le prieur de Chamonix de la part de qui que ce soit, notamment de la part de Jacquette, sœur du vendeur et de ses enfants.

(1299.)

15 des Kalendes de Février, soit le 18 Janvier 1300.

(Archives de l'église de Sallanches, marqué A, n° 28.
D'après l'original écrit sur parchemin.)

Anno Dni millesimo cc° nonagesimo nono. ind. tresdecima quindecimo kalendas febrearii. Coram me notario publico et testibus infrascriptis. Jordanus filius quondam Gyrodi Gavex de castro veteri de parrochia Passiaci personaliter constitutus ad requisicionem Religiosi viri dni Guillelmi de Villeta prioris prioratus de Chamonis. Geb. dyoc. requirentis vice et nomine sui et dicti prioratus coram Rodulpho de curnilione clerico et Vuillelmo Mistrali de Chamonis positis pro curia per dictum Dnm priorem. laudata et approbata per dictum Jordanum. Confessus fuit et manifeste recognovit in jure per se et heredes suos se tenuisse et tenere in feodum a dicto dno priore et prioratu de Chamonis terciam partem quarterii tocius montis de Arleveto, qui totus mons dicitur esse situm infra territorium et dominium dicti prioratus. Item Incontinenti dictus Jordanus non vi, dolo, vel metu, aliquo inductus, sed sciens ac spontaneus pro se et suos heredes ac successores in perpetuum et causam habentes ab eodem, vendidit titulo vendicionis pure perfecte et irrevocabilis inter vivos et legitime tradidit, cessit et concessit prout melius et sanius intelligi potest sine aliqua retencione vel juris excepcione dicto dno priori presenti et recipienti nomine sui et dicti prioratus de Chamonis dictam tertiam partem quarterii dicti tocius montis cum tercia parte quarterii cujusdam cabane facte per ipsum Jordanum et consortes suos in dicto monte. Item terciam partem quarteri alpagii fructus qui pro tempore fiet in dicta cabana, et generaliter vendidit dictus Jordanus modo quo supra dicto dno priori recipienti nomine quo supra quicquid juris, racionis, actionis, possessionis, proprietatis, dreyture, demande ipse habebat seu videbatur habere aliquo jure et racione in dicto monte. Scilicet pratis, pascuis, nemoribus et aliis universis menciis [1] in ipso monte existentibus in quantum dictus mons durat et protenditur de longitudine et latitudine, et ab aqua de Diosa usque ad montem de Birivana. Hoc eciam expresso a dicto Jordano quod ipse Jordanus et heredes sui non possint nec teneantur de cetero inalpare nec animalia sua ducere ad inalpandum nec ad pascuandum in dicto monte sine licencia et mandato dicti domini prioris et successorum suorum. De quibus universis et singulis supradictis venditis dictus Jordanus se devestivit et dictum dnum priorem recipientem nomine quo supra per tradicionem baculi solempniter investivit, ad habendum, tenendum, fruendum, possidendum per ipsum dnum priorem et prioratum et successores suos, et quicquid eis deincepx placuerit perpetuo faciendum. Precio quadraginta solidorum Gebennensium et unius cupe ordei quos et quam dictus Jordanus confessus fuit et manifeste recognovit se habuisse et recepisse a dicto

---

[1] Petits fenils appelés en patois *mantieux*.

dno priore in bona pecunia numerata. Renuncians, etc....
promisit vero dictus Jordanus specialiter juramento quo
supra predicta omnia deffendere a Jaqueta sorore sua et
filiis et filiabus dicte Jaquete et causam habentibus ab eisdem, et de omnibus et singulis supradictis adinplendis
constituit se fidejussorem, pro dicto Jordano, in manu
dicti dni prioris recipientis nomine quo supra, Peronetus filius quondam Aymonis de Chiedes qui promisit juratus super sancta Dei Evangelia et sub obligacione omnium bonorum suorum, omnia predicta actendere et complere si forte quod absit, contingeret dictum Jordanum
deficere in aliquo de promissis. Se et successores suos ad
omnia predicta observanda fideliter obligando. Actum publice in claustro predicti prioratus de Chamonis, ubi ad hoc
fuerunt testes vocati et rogati Frater Amedeus prior de
Megeva. Frater Johannes de Sancto Symondo monachus.
Johannes Mistralis. Rich. de Cheysia[1]. Durandus de castellareto, plures alii. Et ego Petrus Casti de Megeva, clericus,
auctoritate imperiali publicus notarius qui hanc cartam inde
rogatus scripxi, tradidi et signavi.

63

Transaction, ensuite de décision d'arbitres, entre R^d Guillaume de Villette, prieur de Chamonix et ses frères Jacques, Rodolphe et Jean Boteller, de Servoz, portant vente par ceux-ci au dit Prieur des mariés Falconet de Darbelet et Belone Bezer, ainsi que de leur postérité et de leur tenement pour le prix de 22 livres genevoises.

(1300.)

12 des Kalendes de Juin, soit le 21 Mai.

[1] Chiésaz, hameau de Viuz-la-Chiésaz.

(Archives de l'église de Sallanches, marqué B, n° 4.
D'après l'original écrit sur parchemin.)

Anno Dni millesimo ccc°. indicione tercia decima, duodecimo Kalendas Junii. Coram me notario publico et testibus infrascriptis. Cum questio verteretur inter Religiosum Virum Dnm Guillelmum priorem prioratus de Chamonis, Gebennensis diocesis, nomine sui et dicti prioratus ex una parte. Et Jacobum Boteller de Siervo nomine sui et Rodulphi et Johannis fratrum suorum ex altera super diversis injuriis, penis et commissionibus, bannis et dampnis datis, quas et que dictus Dns prior nomine quo supra petebat a dictis fratribus, et super omnibus aliis injuriis quas dicti fratres petebant a dicto dno Priore et etiam super omnibus dampnis illatis dictis fratribus a dicto dno priore et familiaribus suis. Post multas altercationes compromiserunt se prefatus dns prior et Jacobus nomine quo supra in Ugonem Dardelli positum per dictum Jacobum et in Johannem de Dingiaco positum per dictum Dnm Priorem et in Amedeum Mistralem de Passiaco electum medium ab utraque parte tanquam in amicos arbitros arbitratores seu amicabiles compositores et promiserunt dicte partes una pars alteri per juramentum suum super Sancta Dei evangelia et per stipulationem solempnem et solempniter factam tenere, actendere et servare quicquid per dictos arbitros arbitratores seu amicabiles compositores actum dictum fuerit seu eciam concordatum jure vel concordia seu propria voluntate in scriptis vel sine scriptis. Et hoc promiserunt sub pena viginti librarum Geben. ab utraque parte solempniter stipulata ita quod predicta pena solvatur pro media parte a parte non hobedienti parti hobedienti, dicto sive pronuntiatione dictorum arbitrorum seu amicabilium compositorum. Alia vero medietas dicte pene solvatur dictis arbitris amicabilibus compositoris. Qui vero dicti arbitri, arbitratores seu amicabiles compositores dixerunt et ordinaverunt communi concordia quod omnes predicte querele et injurie ad invicem sint remisse et quod una pars contra aliam de cetero non possit super omnibus predictis querelis factis usque ad diem hodiernum in judicio convenire vel alias molestare. Item in continenti dictus Jacobus non vi dolo vel metu aliquo inductus sed de jure et facto suo plenarie certioratus pro se et Rodulphum et Johannem fratres suos et heredes suos et fratrum suorum in perpetuum. Vendit. tradit. deliberat. cedit et concedit titulo venditionis pure perfecte et irrevocabilis inter vivos prout melius et sanius intelligi potest sine aliqua retentione vel juris exceptione predicto dno priori presenti et recipienti vice et nomine sui et dicti prioratus de Chamonis Falconem de Darbeleto et Belonam uxorem ejus homines talliabiles dicti Jacobi et heredes ipsorum conjugum et totum jus quod ipse Jacobus et dicti fratres sui habent et habebant et habere debent et debebant in ipsis conjugibus et tenemento ipsorum et in toto tenemento quod fuit quondam Melioreti Bezer, patris dicte Belone et Petri Bezer fratris ipsius Belone, ubique sit et consistat. Item totum jus et totam actionem, rationem, dreyturam, demandum, requisitionem, possessionem vel quasi quod et quas ipsi predicti Jacobus, Rodulphus et Johannes fratres et homines ipsorum Jacobi et fratrum suorum de Monte Vouterio et alibi ubique sint et heredes ipsorum fratrum et dictorum hominum habent et habebant et habere debent et debebant in toto loco et toto nemore vocatis Bocher sitis et positis infra districtum et dominium dicti prioratus de Chamonis cum jure suo omnium fructuum et menciarum eorumdem loci et nemoris predictorum, precio viginti duarum librarum gebenn, solvendarum dicto Jacobo, videlicet infra quindecim dies post confectionem presentis publici instrumenti. Sexaginta solidorum et residuum in nundinis clusarum proximo sequentibus. Devestiens se dictus Jacobus pro se et dictis fratribus suis et hominibus ipsorum supradictis et omnibus heredibus eorumdem de predictis Falcone et Belona conjugibus et heredibus ipsorum venditis et de predictis tenementis de omni jure ratione, actione, requisitione, dominio, possessione vel quasi, quod et quas predicti et Jacobus et fratres sui et homines eorum et omnes heredes sui habent, et habebant et habere debent et debebant aliquo jure et ratione in rebus predictis, et dictum Dnm Priorem presentem et recipientem vice et nomine quo supra solempniter investivit ad habendum, tenendum, fruendum et possidendum per ipsum Dnm Priorem et prioratum et successores suos, et quicquid eis deincepx placuerit perpetuo faciendum. Constituens se dictus Jacobus dictas res nomine dicti dni prioris possidere vel quasi quousque ipse Dns Prior possessionem vel quasi nomine quo supra apprehenderit corporaliter. Volens ut hoc fieri possit alicujus licencia minime petita vel obtenta. Promisit etiam dictus Jacobus per juramentum suum super Sancta Dei evangelia et per stipulationem solempnem et solempnite factam et sub pena viginti librarum Geben. predicto dno priori presenti et recipienti nomine quo supra, universa et singula supradicta firmiter attendere et servare et per homines suos actendi facere et contra ipsos in judicio et extra deffendere, garentire et insuper procurare quod predicti Rodulphus et Johannes fratres sui eo modo et eadem forma predictam venditionem facient, approbabunt et confirmabunt quo et qua dictus Jacobus eam fecit, et hoc promittit se acturum et curaturum et si hoc non faceret promisit modo quo supra dicto dno priori recipienti modo quo supra penam dictarum viginti librarum solvere sub ypoteca omnium bonorum suorum si deficeret in premissis. Renuncians dictus Jacobus, ex certa sciencia per expressum juramentum in hoc facto de rescindenda venditione et omni exceptioni doli mali metus et in factum actioni conditioni sine causa et ex injusta causa et omni lesioni et circonventioni, beneficio restitutionis in integrum ratione deceptionis seu alia quacumque ratione et juri quo deceptis ultra dimidium precium subvenitur omnique auxilio et beneficio tocius juris tam canonici quam civilis per quod posset se tueri vel experiri ad veniendum contra predictam vel in aliquo predictorum. Et generaliter omnibus aliis exceptionibus et deffensionibus que possent apponi contra hunc contractum, aliquo modo vel ingenio vel tempore de facto et de jure canonico et civili per quas posset vel deberet audiri in judicio propter aliquam juris solempnitatem obmissam circa predictam ac si omnes exceptiones per quas omnia predicta essent validiora et firmiora essent ibi nominati expresse, et juri dicenti generalem renunciationem non valere nisi precesserit specialis. Actum fuit in claustro dicti prioratus de Chamonis ubi ad hoc fuerunt testes vocati et rogati. Frater Guillelmus prior de Alunda [1] Rodulphus de Gaddo domicellus. Petrus de Marlio. Melinetus de Thoria, domicelli. Michael Sadous de turno [2] plures alii. Subsequenter verò Anno et inditione quibus supra, undecimo Kalendas Junii. Coram me predicto notario et testibus sequentibus. Johannes frater dicti Jacobi personaliter constitutus, Relato coram ipso Johanne tenore presentis publici instrumenti ipse predictus Johannes non vi dolo vel metu aliquo inductus, sed de jure et facto suo plenarie cercioratus pro se et heredes suos et successores et homines suos et heredes eorum hominum in perpetuum fecit, cessit, quittavit penitus et concessit predictam venditionem factam per dictum Jacobum fratrem suum prout melius et firmius intelligitur eodem modo et eadem forma quo et qua dictus Jacobus eam fecit et universa et singula suprascripta et infrascripta. Laudavit, approbavit, grantavit, ratifficavit et in perpetuum confirmavit pro dicta pecunie quantitate solvenda dicto Jacobo prout superius est expressum, et de predictis universis et singulis superius venditis remissis dicto dno priori se devestivit et me notarium predictum infrascriptum stipulantem et recipientem vice et ad opus predicti dni prioris et prioratus tra-

---

[1] Alunda, prieuré d'Allondaz, près d'Albertville.
[2] Le Tour, hameau de Chamonix, au pied du col de Balme.

ditu baculi solempniter investivit et promisit juratus super sancta Dei evangelia et sub obligatione omnium bonorum suorum pro se et heredes suos et successores et dictos homines suos et heredes ipsorum universa et singula supra scripta et infrascripta, rata, grata, firma, habere, tenere in perpetuum et per homines suos facere attendi et contra ipsos in judicio et extra deffendere garentire et non contra facere vel venire per se nec per aliam personam nomine ipsius sub introductam in judicio et extra facto vel verbo aliquo modo vel ingenio, huic factoque et Venditioni non contra venire volenti in aliquo consentire nullamque restitutionem occasione premissorum inpetrare. Renuncians in hoc facto per expressum juramentum universis et singulis juribus et beneficiis suprascriptis et breviter omnibus aliis juribus, legibus, rationibus, exceptionibus sibi in hoc facto et contra dictum dnm priorem competentibus sive competituris. Actum publice apud Intrues[1] in domo Guigonis de Cruce quondam ubi ad hoc fuerunt testes vocati et rogati Marguereta mater dicti Johannis venditoris. Henricus filius dicti Jacobi Boteller, Franciscus Braza de Salanchia. Gyrodus Danielis de Goleta. Item, anno et indicione quibus supra. Sexto Kalendas Junii. Coram me predicto notario et testibus sequentibus Rodulphus frater predictorum Jacobi et Johannis personaliter constitutus. Lecto sibi seriatim tenore presentis publici instrumenti, ipse prefatus Rodulphus non vi dolo vel metu aliquo inductus sed de jure et facto suo plenarie certioratus pro se et heredes suos et successores et homines suos et heredes ipsorum, fecit, cessit quitavit penitus et concessit prout melius et sanius intelligitur predictam venditionem eodem modo, et eadem forma quo et qua predicti Jacobus et Johannes fratres ejus eam fecerunt et universa et singula supra scripta et infrascripta Laudavit, approbavit, ratifficavit et in

---

[1] Intrue, localité aujourd'hui appelée aux Bottolliers, quartier de la Vigne, commune de Saint-Roch, entre Sallanches et Domancy.

perpetuum confirmavit pro dicta pecunie quantitate solvenda dicto Jacobo prout superius expressum est. Devestiens se dictus Rodulphus de universis et singulis supradictis modo et nominibus quibus supra et me predictum notarium recipientem ut supra traditu baculi solempniter investivit et promisit juratus super Sancta Dei evangelia et per stipulationem solempnem omnia predicta prout superius sunt expressa attendere in perpetuum et servare et per dictos homines suos facere attendi, et contra ipsos in judicio vel extra deffendere garentire et non contra facere vel venire facto vel verbo nec alicui contravenire volenti in aliquo consentire. Renuncians omnibus exceptionibus totius juris canonici et civilis sibi competentibus ad veniendum contra predictam vel in aliquo predictorum acsi omnes exceptiones essent nominati expresse. Voluerunt et michi notario infrascripto preceperunt tam prefatus Jacobus quam Johannes et Rodulphus fratres quilibet ipsorum in locis ubi predicta vendiderunt et approbaverunt coram testibus infrascriptis ut super hiis per me dictum notarium fierent duo publica instrumenta ejusdem tenoris quorum dictus dns Prior haberet unum et dictus Jacobus aliud. Acta fuit venditio et approbatio dicti Rodulphi publice in charreria qua itur versus domum Ruphi de Bocheto de Siervo, ubi ad hec fuerunt testes vocati et rogati. Dognus Daniel presbiter habitator de Lacu. Gyrodus de Lacu. Petrus filius ejus. Rodulphus filius Acelini Boneville. Gyrodus frater Messerii de Lacu, plures alii. Et ego Petrus Casti de Megeva, clericus, auctoritate imperiali publicus notarius hiis interfui omnibus qui hanc cartam inde rogatus scripxi, tradidi et signavi.

64

Les nommés Pierre Chamos, Durand et Jean Savyù (Savioz) de Bionasset, commune de Saint-Gervais, avant d'entreprendre leur pèlerinage à Saint-Pierre de Rome, offrent la somme de 30 sols Genevois, à Révérend Guillaume de Villette, prieur de Chamonix, en réparation des bois et de l'herbe qu'ils avaient coupés, à son préjudice, dans sa forêt du Crest de Chamonix, qui prend, dès le sommet des ravins d'Écheraine à la Fontaine dite Mollie-Closayn, avec promesse de ne plus y faire de semblables coupes avant que ces lieux, situés en la montagne de Vosaz, soient délimités entre ledit prieur et les hommes de Bionasset. Le dit prieur leur fait quittance de ces 30 sols qu'ils lui payèrent en espèces.

(1300.)

12 des Kalendes de Décembre, soit le 22 Novembre même année.

(Archives de l'église de Sallanches, n° 30. D'après l'original écrit sur parchemin.)

Anno Dni millesimo ccc°, indicione xiiii^a, decimo kalendas decembris. Coram me notario publico et testibus infra scriptis, Petrus Chamos, Durandus filius Petri Savyü et Johannes filius Trumberti Savyü, de Byonasseto, personaliter constituti; ad requisicionem Religiosi viri Dni Guillelme de Villeta; prioris prioratus de Chamonis, Geben. Dyoc. requirentis vice nomine sui et dicti prioratus, Scientes ac sua spontanea voluntate, confessi fuerunt et manifeste recognoverunt per juramentum suum super Sancta Dei evangelia corporaliter ab eisdem prestitum quod nemora de Cresco de Chamonis a fonte mollie closayn in super ascendendo per cacumen ruinarum Echeyrenarum, una cum fundo et loco dictorum nemorum in quibus dicebant se pluries scidisse minus juste, sunt propria et ligia dicti prioratus de Chamonis. Qui predicti Petrus, Durandus et Johannes euntes, ut asserunt, in peregrinacionem apud Sanctum Petrum Rome, ac volentes de predicta scissione dictorum nemorum se erga dictum Dnm Priorem emendare et cum eo concordare, promiserunt dare et solvere dicto Dno Priori, pro dicta emenda facienda, triginta solidos Geben. quos vero dictus Dns Prior incontinenti confessus fuit se habuisse et recepisse a predictis Petro, Durando et Johanne in bona pecunia numerata. Propterea ipsi Petrus, Durandus et Johannes per se et heredes suos et successores promiserunt juramento quo supra quod ipsi in perpetuum de cetero in predictis nemoribus non scindent nec facient herbam vel fenum, nec pasqueabunt nec in dictis locis aliquid appropriabunt, racione usus, si quem habebant vel quacumque alia racione ultra voluntatem et contra consensum dicti Dni Prioris vel ejus mandati et quod ipsi non prestabunt impedimentum per se nec per alium quin limitaciones super Monte de Vousa fiant bene et legitime inter ipsum Dnm Priorem et homines de Byonasseto, et quominus ipse Dns Prior et homines sui et dicti prioratus possint uti in dicto monte jure suo pacifice et quiete, imo procurabunt, modis omnibus quibus poterunt quod dicte limitaciones dicti montis fiant, et quod ipse Dns Prior et homines sui et dicti prioratus possint in dicto monte jus suum consequi plenarie et tenere. Dictus vere Dns Prior de dicta scissione tantum facta per eos in dictis nemoribus ipsos solvit penitus et quictavit. Renuncians, etc [1]... Actum publice in aula dicti prioratus de Chamonis, ubi ad hec fuerunt testes vocati et rogati : Dognus VII^s de Bosco, presbiter, Johannes de Cupilino, Perrinus Barberii, de Passiaco, Rodulphus Bruydanz, de Sancto Gervasio, VII^s Mistralis de Chamonis, Verneysius Deplanis, plures alii. Et ego Petrus Casti, de Megeva, clericus, auctoritate imperiali publicus notarius qui hanc cartam inde rogatus a partibus scripxi, tradidi et signavi.

[1] Formule juridique supprimée.

65

Transaction passée entre Guillaume de Villette, prieur de Chamonix, et Henry de Graveruel, châtelain de Montjoie (vallée de Saint-Gervais) et de Saint-Michel du Lac [1], au sujet de la commise des biens d'un individu nommé Vialet, originaire et lige du prieuré de Chamonix, décédé sans postérité sur les terres de dame Béatrix, de Savoie, dame de Faucigny; lesquels biens avaient été saisis par ledit châtelain. Il fut décidé que cette commise appartenait au prieur de Chamonix, par l'arbitrage de Pierre Davalon et de Pierre Copier.

(1300.)

7 des Kalendes de Décembre, soit le 25 Novembre.

(Archives de l'église de Sallanches. D'après une copie authentique du XVe siècle.)

Anno Domini millesimo tercentesimo, septimo kalendas decembris, indicione quatuordecima. Per hoc presens publicum instrumentum cunctis appareat evidenter. Quod cum materia questionis verteretur inter Dnm G. priorem de Campomunito, nomine suo et prioratus sui predicti, ex una parte. Et Henricum de Graveruel, castellanum Montis Gaudii et Beati Michaelis de Lacu, nomine et ex parte Illustris Dne, Dne B. Dne terre Fucigniaci ex altera. Super eo videlicet quod dictus Prior nomine quo supra asserebat res et bona Vyaleti, hominis quondam dicti prioratus, ut dicebat, nuper defuncti sine herede ad se pertinere et successionem ipsius ad ipsum devenire tam ratione nativitatis ipsius defuncti

---

[1] Son territoire comprenait toute la paroisse de Servoz, formée de partie de la commune des Houches et de la commune de Servoz.

quam ex consuetudine terre sue de Campomunito. Dicto vero castellano, nomine quo supra ex adverso dicente et proponente quod dictus Vyaletus conversatus fuerat in Terra predicte Dne et sibi recognitionem annuam faciebat et de bonis ipsius defuncti erat in possessione, quare dicta bona dicebat ad dictam Dnam debere devenire. Tandem dicte partes, nominibus quibus supra compromiserunt et posuerunt dictam questionem in discretos viros videlicet : Petrum de Avalone et in Petrum Coperii tanquam in amicos seu amicabiles compositores. Qui amici deliberato consilio de consensu dictarum partium super predictis fecerunt hinc indè veritatem diligenter inquiri, quibus inquestis factis et per dictos amicos visis et diligenter inspectis hinc inde in presentia mei notarii et testium subscriptorum apud Bonam Villam in domo Perralli Marescalli, anno et die quibus supra, partibus presentibus, ordinaverunt et amicabiliter discernendo pronunciaverunt res et bona dicti defuncti et ejus successionem devenire debere ad dictum priorem, si consuetudo est in terra sua eundem succedere in hominibus suis sine herede decedentibus et etiam possessionem sequi proprietatem ipsorum cum dictum defunctum inventum per testimonium fide dignorum fuisse filium naturalem cujusdam bone mulieris ligie dicti prioratus. Mandantes et precipientes, dicti amici, predicto castellano presenti, ut ipse possessionem dictorum bonorum et ipsa bona et res dicti defuncti integre reddat et restituat dicto dno priori et restitui faciat incontinenti tam illa bona que habet penes se de predictis quam ea que in terra predicte Domine reperientur fore dicti defuncti tempore mortis sue salvo tamen jure alterius. Insuper dicti Petrus De Avalone et Petrus Coperii, vice nomine et ex parte predicte Domine dixerunt et expresse preceperunt predicto castellano ne ipse aliquas novitates faciat nec fieri permittat dicto priori de Campomunito vel hominibus suis neque in rebus eorumdem, et si quas fecit quod ipsas revocet et faciat publicè revocari et quod etiam dictum priorem, homines suos et terram suam tanquam terram propriam Dne supradicte protegat et defendat prout continetur in litteris seu cartis conventionum olim factarum et habitarum inter prefatam Dominam et priorem supradictum, nomine prioratus predicti. Datum et actum anno, die et loco quibus supra, presentibus Vullermo de Veramolin, canonico Gebennensi, Ramusio de Chissie, castellano Boneville, Guifredo de Cornillione et Rodulpho fratre suo, Alliodo Dorlie et pluribus aliis testibus ad predicta vocatis specialiter et rogatis. Et Ego Petrus de Alberosa, clericus publicus, imperiali auctoritate, notarius predictis presens interfui unacum testibus supra dictis et presens instrumentum scripsi et in formam publicam redegi tradidi fideliter et signavi more solito a dicto priore ex officio meo super hoc instantissime rogatus et etiam requisitus.

Datum pro copia a suo proprio originali extracta facta diligenti collatione per nos notarios subsignatos nichil de contingente in eodem ommittendo.

Signé :

G^{es} DE FAGO, not.   A. COMITIS, not.

Avec leurs paraphes.

66

Lettre de Pierre Coppier, Bailli de Faucigny à Henry de Graveruel, châtelain de Montjoie et de Saint-Michel du Lac, sur la plainte que lui avait faite le prieur de Chamonix, au sujet de l'engagement de deux juments fait par Girod Dulac, homme taillable dudit prieur, à Guillaume de Voseryer, portant ordre audit châtelain de faire resti-

tuer audit prieur les deux juments et de protéger et de deffendre le dit prieur.

(1302.)

8 Juin.

(Tiré des Archives de l'église de Sallanches, non coté. D'après l'original sur parchemin.)

Ego Henricus de Graveralio castellanus montis gaudii et sancti Michaelis[1] notum facio universis presentem litteram inspecturis, quod recepi litteras, pe. Coperii balivi tunc temporis illustris dne B. dne fucigniaci, sigillo suo in dorso sigillatas, quarum tenor talis est : — « Pe, Coperii balivus terre fucigniaci, dilecto suo Henrico de Graveralio castellano montis gaudii, salutem et dilectionem sinceram, Querelam dni prioris de Chamonix recepimus continentem quod Guillelmus de Voseryer pignoraverit girodum de lacu, hominem dicti dni prioris de duabus equabus, unde cum securi simus de dicto dno priore de faciendo eidem Guillelmo coram curia dne pro se seu pro dicto homine suo si dictus Guillelmus vel alter conqueri voluerit ab eodem justicie complementum tibi precipiendo mandamus quatenus visis presentibus dictas equas cum omnibus dapnis et expensis factis racione predictorum dicto priori sive homini suo predicto perfecte facias emendari, et reddi, admiramur enim quam plurimum qualiter predictam sustines, quia non videtur quod tu sis illuc pro Dna, eo quod dimictis dictum Guillelmum ita illuc damnari, quod de predictis feceris per tuas litteras nobis mandes quia hoc notificare volumus dne ad sciendum si ipsa est dna in terra sua sive alter, mandantes tibi quod res et bona dicti dni prioris, et girodi tanquam res dne tuearis ab omnibus et deffendas. Datum Boneville, die

---

[1] Le château de Saint-Michel, à l'entrée de la vallée de Chamonix, est réduit en masures.

veneris ante pentecostem, transcriptum presentis littere tradas mandato dni prioris si habere voluerit sigillo tuo sigillatum. » — Datum sub sigillo mei predicti castellani, anno Dni. M°. cccij°.

Le sceau à queue n'existe plus.

67

Propositions faites par Guillaume de Villette, prieur de Chamonix à Pierre fils de Rodolphe de Marlio dit Métral, d'acquérir de ce dernier au prix qui sera fixé par deux experts ou par dame Béatrix de Savoie, dame de Faucigny, le comte de Genève ou par tous autres nobles du diocèse de Genève, les biens qu'il possède dans la juridiction du prieuré, avec défense de les aliéner à qui que ce soit, sinon audit prieur, ce à quoi ledit Pierre de Marlio a acquiescé.

(1303.)

Nones de Septembre 5 même mois.

(Tiré des Archives de l'église de Sallanches, D, n° 7.)

Anno Domini millesimo ccc° tercio, indicione prima, nonas septembris, per hoc presens publicum instrumentum universis presentibus et futuris appareat evidenter quod in presencia mei notarii et testium infrascriptorum. Religioso viro domino Guillelmo de Villeta priore prioratus de Chamonis, Gebennensis dyocesis ex una parte, et Petro de Marliu filio quondam Rodulphi Mistralis, de Passiaco ex altera personaliter constitutis. Dictus Dominus prior vice et nomine sui et dicti prioratus dixit et obtulit dicto Petro quod ipse paratus est et vult emere res et bona omnia que dictus Petrus tenet infra juridicionem et districtum dicti prioratus et paratus est sibi dare sommam de dictis rebus et bonis quantum estimabuntur valere a duobus bonis viris vel secundum quod Illustris Domina B, Domina Terre Fucigniaci vel Comes Gebennensis vel alii nobiles Gebennensis dyocesis, commoniter consueverunt dare de feudis suis quum emuntur ab eis; hiisque sic dictis et oblatis dictus Petrus, prefatus Dominus prior dicto Petro inhibuit sub pena omnium rerum quas tenet in feudum a dicto prioratu ne ipse Petrus de dictis rebus vel aliqua parte ipsarum faciat aliquam vendicionem vel alienacionem, seu promisionem vel pactum de alienando dictas res alteri persone quam dicto Domino priori et si contrarium fecerit omnes res predicte sint ipso facto commisse dicto Domino priori et prioratui. Dictus vero Petrus respondit incontinenti dicto Domino Priori quod dicte inhibicioni et pene et commissioni consenciebat et eas acceptabat, volens et concedens expresse viva voce predictus Petrus quod si ipse contra inhibicionem et penam fecerit dicte res ipso facto sint commisse domino priori et prioratui supradictis et de hoc requisivit dictus Dominus prior per me dictum notarium fieri publicum instrumentum. Actum publice in claustro Prioratus de Megeva ubi ad hoc fuerunt testes vocati et rogati Frater Amedeus prior de Megeva, Dominus Humbertus de Chamosseto monachus, Melinetus Faber de Megeva. Et ego Petrus Casti, de Megeva, clericus, auctoritate imperiali publicus notarius qui hanc Cartam inde requisitus a dicto Domino priore de Chamonis, scripsi, tradidi et signavi.

68

Délimitation de leurs territoires et juridictions respectifs entre Jacques, abbé de Saint-Maurice d'Agaune, et Vuillelme, prieur de Chamonix, soit entre la paroisse de Vallorcine dépendante du prieuré de Chamonix et celles de Servans et de Fin-Haut, dépendantes du monastère de Saint-Maurice ; le tout en la présence des communiers desdites paroisses qui ont adhéré à la plantation des limites.

(1307.)

15 des Kalendes d'Août, soit le 18 Juillet.

(Tiré des Archives de l'église de Sallanches, marqué B, n° 5. — M. S. H. A. G., t. XIV, p. 334. — Copié sur l'original écrit sur parchemin.)

Anno Domini millesimo trescentesimo septimo, indictione quinta, die martis xv° kalendas augusti. Per hoc presens publicum instrumentum cunctis appareat evidenter quod in presentia mei notarii et testium subscriptorum. Cum questio seu discordia verteretur inter viros religiosos dominum Jacobum abbatem Sancti Mauricii Agaunensis et conventum dicti loci, nominibus suis et hominum suorum de Servans et des Fenias, ex una parte; et dominum Vuilelmum, priorem de Chamonix, nomine suo et hominum suorum de Valle ursina, ex altera ; super eo, videlicet, quod predicti dominus Abbas et conventus dicebant et asserebant jurisdictionem et dominium pascuorum de Servans [1] et des Fenias [2] protendere debere ultra alpem de Musson [3], et aquam que dicitur Barbarina usque ad ruynam albam [4] et usque ad Chan-

---

[1] Salvan, commune du Valais.
[2] Finhaut, id. id.
[3] L'Alpe d'Emosson au-dessus des chalets de même nom.
[4] Le cheval blanc.

tellum[1] dou Perron et infra dictos confines esse fuisse in possessione vel quasi, homines predictos de Servans et des Fenias, utendi et pascendi, tanquam jure proprio, per tantum tempus de cujus contrario memoria non existit. Dicto Domino priore una cum hominibus suis predictis predictam negantibus et asserentibus dominium et jurisdictionem pascuorum suorum de Valle ursina extendi debere versus alpem de Musson usque ad aquam predictam vocatam Barbarina et se esse et fuisse in possessione vel quasi pascendi et utendi infra dictos confines, tanquam jure proprio, per tantum tempus de quo in contrarium memoria non existit. Dictis domino Abbate et hominibus suis predictis hec negantibus et contrarium asserentibus. Item super mutuis dampnis, injuriis et violentiis ortis ex dicta discordia, dicte partes post multas altercationes, videlicet Dominus Vullelmus curatus de Servans et Julianus de Sancto Mauricio Agaunensi, clericus, procuratores seu yconomi et procuratorio nomine predictorum domini Abbatis et Conventus, presentibus et consentientibus pluribus hominibus vel majori parte hominum de Servans et des Fenias. Item prefatus dominus prior nomine suo et ecclesie sue et hominum suorum predictorum de Valle ursina, ipsis hominibus vel majori parte eorum presente et consentiente, mediantibus viris venerabilibus discretis et religiosis; Domino Hugone de Avisio, canonico Tarentasiensi et Domino Johanne de Columberio, canonico Agaunensi, amicis communibus ad pacem, finem, concordiam seu transactionem firmam et validam de omnibus discordiis predictis, dampnis, violentiis et injuriis ac aliis omnibus ex predictis dependentibus devenerunt in hunc modum : Videlicet quia non reperiebantur alique certe limitationes olim facte inter pascua ad predictos homines de Servans et des Feniaz ex una parte, et ad homines de Valle ursina, ex al-

---

[1] Chantellum dou Perron, le coin, le bord, la crête du Perron.

tera, que contingua sunt et vicina, nec inter dominia et jurisdictiones ad dictos religiosos pertinentia et pertinentes que similiter in dictis locis contigua sunt et vicina, convenerunt ad invicem quod mete et limitationes sint ex nunc in antea inter pascua predicta, dominia et jurisdictiones, videlicet rupis que est supra Lecherchy per pedem ipsius rupis. Item alia rupis magna que post illam sequitur descendendo versus aquam de Barbarina; ita quod a pede dicte prime rupis et a vertice alterius secunde rupis que per crucem figurari vel juxta ipsas, mete lapidee poni debent ad eternam rei memoriam versus alpem et aquam superius declaratas descendendo; pascua, dominium et jurisdictio ex nunc in antea ad predictos dominum abbatem et conventum et homines eorum pertineant et pertinere debeant pleno jure. Et a pede dicte prime rupis et a vertice sequentis rupis supra versus Vallem ursinam ascendendo et versus aquam predictam descendendo semper protendendo per frestam ipsius rupis; pascua dominium et jurisdictio ex nunc in antea ad dictum dominum priorem et homines suos predictos pertineant et pertinere debeant pleno jure. Dampna vero, injurie et violentie, que mutuo illatu vel illate usque ad presentem diem esse dicuntur, mutua compensatione, tollantur; ita quod omnis odii et rancoris scintilla et materia inter partes predictas ex nunc penitus sit sublata. Predicta autem omnia et singula dicte partes approbantes, amologantes et ratificantes, promiserunt per stipulationem sollempnem et per juramenta sua ad sancta Dei evangelia corporaliter prestita, videlicet, dicti procuratores, nomine dictorum domini Abbatis et conventus et hominum suorum predictorum et nomine successorum eorumdem; et predictus dominus prior nomine suo et successorum suorum ac hominum suorum predictorum de Valle ursina rata, grata et firma habere perpetuo et tenere et in nullo tempore contra facere vel venire per se vel per interpositam personam in judicio vel extra, nec alicui contra venire volenti ullatenus consentire.

Ad omnia predicta et singula fuerunt presentes et agentes pro parte illorum de Servans et des Feniaz, Hugo de Feniaz mistralis, Vullielmus et Johannes fratres ejus, Stephanus de eodem loco, Martinus Grossi et Perretus Potelens, de Servans. Et pro parte illorum de Valle ursina Vulledus mistralis ejusdem loci, Johannes li Perron, Johannes de Monros, Johannes de Barbarina et Johannes li Cotaz-corbos. Qui omnes pro se et heredibus ac successoribus suis, ac etiam nomine vicinorum suorum et participum in locis supradictis, ratificaverunt.[1].........   ....

Et est sciendum quod predictus dominus Abbas et conventus Sancti Mauricii Agaunensis debent instrumentum quod ad dictum dominum priorem pertinere debet de predictis ad requisitionem suam, vel alterius pro eo, sigillorum suorum, et dictus dominus prior instrumentum quod ad dictos dominum Abbatem et conventum pertinere debet, versa vice, sigilli sui munimine roborare. Actum fuit hoc, supra secundam rupem jam predictam, ubi testes fuerunt vocati specialiter et rogati, Vullelmus de Cletis, domicellus, Johannes de Cupilino, clericus, Petrus Casti, de Megeva, clericus, curatús de Chamonix[2], Aymo Pavioz, de Chamonix et Johannes frater ejus, et plures alii. Et ego Guigo de Lacu, imperialis aule notarius, hiis omnibus interfui, fideliter scripsi et tradidi et signis meis consuetis signavi.

Et Nos predicti abbas et conventus ad majoris roboris firmitatem, presentibus, sigilla nostra duximus apponenda. Datum ut supra.

Les sceaux sont rompus.

[1] Formule juridique supprimée.
[2] Pierre Carti, de Megève, curé de Chamonix et notaire impérial, qui a reçu les actes précédents.

69

Promesse faite par Rolier de Barberine à Guillaume de Villete, prieur de Chamonix, de l'aider de sa troupe et par tous les moyens en son pouvoir, contre l'évêque de Sion et ses sujets Valaisans, sous peine de traîtrise.

(1312, 17 Janvier.)

(Archives de l'église de Sallanches, R., n° 2. D'après l'original écrit sur parchemin. — Indicateur d'Histoire suisse, 1871, p. 159.)

Anno Dni m° ccc° xii°, indicione x^a, xvii° die januarii. Coram me notario et testibus infrascriptis, Rolerius de Barberina promisit per juramentum suum et juravit Dno Guill° priori de Cham. ipsum Dnm juvare de guerra sua omnibus modis contra Episcopum Sedun[1] et ejus gentes, dampnum et dedecus dicti Episcopi totaliter procurando cum mandato et sine mandato, honorem procurendum dicti dni prioris faciendo et tractando. Quod si fideliter non fecerit reddit se proditorem, ita quod ubicumque reperiretur tanquam proditor capi possit, et eciam esse fidelis eidem dno priori et suis hominibus, sicut esse debet unus de hominibus ligiis dicti prioratus. Actum est in camera dicti dni prioris supra cetornum[2] ubi testes ad hoc fuerunt vocati et rogati. Videlicet dns Henricus prior de Ongina[3], Wllus de Cletis, Jaquetus de Marlio, Johannes Clavigero. Et ego Guigo De lacu not.

Et ego Franciscus Brazat de Salanch. auctoritate imperiali publicus notarius ex commissione mihi facta per Religiosum virum dnm Guillelmum de Villeta priorem de Cham. pro et in protocollo sive in inbreviatura Guigonis de Lacu notarii

---

[1] Aymon de Chatillon (1308-1323).
[2] *Sertonum*, *stor* (serretot), soit la dépense.
[3] Ugines, prieuré dépendant de Saint-Michel de la Cluse.

quondam inveni, sic per ordinem exemplavi et presens instrumentum in formam publicam redegi, scripsi, signisque meis signavi fideliter et tradidi die lune ante festum omnium Sanctorum anno Dni m° ccc° xxii.

70

Concession d'un battoir à construire sur la glière de Mont-Quart dans la vallée de Chamonix, dès le Nant, soit ruisseau de la Bréta jusqu'à celui de Taconnaz, faite par révérend Guillaume de Villete, prieur de Chamonix, à Baromer de la Rosière et à Michel Pelarin de Bois-David, avec faculté de le rétablir ou de le changer de place toutes les fois qu'il viendrait à être emporté par l'impétuosité des eaux, sous l'introge de 60 sols genevois, payés comptant.

(1315.)

Du 8 des Ides de Janvier (6 Janvier).

(Tiré des Archives de l'église de Sallanches, A, n° 32. D'après l'original écrit sur parchemin.)

Nos frater Guillelmus de Villeta prior prioratus de Chamonis, Gebennensis dyocesis, tenore presencium notum facimus universis, quod, nos, pro nobis et successoribus nostris, in dicto prioratu nostro, dedimus cessimus et concessimus, damus et concedimus licentiam et speciale mandatum baromero filio udrici de Roseria et Michaeli filio Petri Pelarin de nemore davidis, presentibus et recipientibus, pro se et heredibus suis in perpetuum, quod habeant teneant et possideant in aquagio suo de Mont-Cuart, durante ut asserunt, a nanto de la breta usque ad nantum de tacunay, batitorium cum casali ejusdem batitorii, quod, ipsi edificaverunt de novo, in dicto aquagio, hoc acto, quod, si forte dictum batitorium aliquo tempore dirrueretur seu destructeretur per diluvia aquarum seu nivium seu per aliquos casus accidentes, ipsi vel heredes sui possint et debeant ubique voluerint in dicto aquagio unum batitorium facere tantum, non plura, vel dictum batitorium factum replantare seu rehedificare, ibidem vel alibi in aquagio supradicto : pro qua quidem concessione facta eisdem, nos dictus prior confitemur et recognoscimus habuisse ab eis nomine intragii, sexsaginta solidos bonorum Gebennensium in bona pecunia numerata. Actum publice in claustro dicti prioratus nostri, ubi, ad hoc fuerunt testes vocati et rogati. Petrus Casti de Megeva, curatus noster de Chamonis, Johannes Mistralis, melinerius mussoz quidam alii, in cujus Rei testimonium et robur presentem litteram sigillo nostro tradidimus sigillatam. Datum octavo idus januarii, anno a nativitate Domini millesimo ccc° decimo quinto.

Le sceau du prieur qui pendait au bas de l'original est tout rompu.

71

Vente passée par Guillaume de Villete, prieur de Chamonix à Pierre fils d'Aimon de Cupelin, des biens tombés en commis et échute audit prieur par le décès sans postérité de Pierre Galopin, et de son frère Henry, de la Molá, pour le prix de 25 livres genevoises.

(1316 Septembre.)

(Archives de l'église de Sallanches.)

Nos frater Guillelmus de Villeta, prior prioratus de Chamon, Geben. dyoc. Tenore presentium notum facimus universis quod cum bona immobilia seu hereditas Petri Galopini fratris Henrici de la Mola nobis evenissent ex successione de morte dicti Petri et postea de morte dicti Henrici fratris sui, cui Henrico dicta bona pertinebant ad vitam suam. Nos dictus prior pro nobis et successoribus nostris in dicto prioratu nostro dicta bona immobilia unacum presentibus fructibus terrarum seu hereditatis predicte nobis evenientibus, vendidimus, cessimus et concessimus pura vendicione et in perpetuum duratura Petro filio Aymonis de Cupilino dicto de la Mola homini nostro, nec non et dicti prioratus nostri; Ad habendum, tenendum et possidendum per ipsum et heredes suos, homines tamen nostros et dicti prioratus et quicquid sibi deinceps placuerit faciendum, salvis censibus, serviciis et aliis usagiis et dominio nobis et dicto prioratui nostro debitis pro predictis et salvo jure alieno, ipsum de predictis bonis sibi venditis investientes ac eciam retinentes; pro viginti quinque libris bonorum Gebennensium, quas confitemur nos inde habuisse a dicto Petro in bona pecunia numerata. Actum publice in claustro dicti prioratus ubi ad hec fuerunt testes vocati et rogati : Dominus Amedeus prior de Meg. Petrus Casti, curatus noster de Chamonis, Johannes Mistralis de Chamon. Johannes Pavioz, Petrus Plat, plures alii. In quorum robur et testimonium, nos dictus prior presentem licteram dicto Petro, sigillo nostro tradidimus sigillatam. Datum die lune ante festum Beati Michaelis archangeli anno Domini millesimo ccc° decimo sexto.

Le sceau est rompu.

72

Quittance par le frère Aymard, dépensier du monastère de la Cluse, à révérend Guillaume de Villete, prieur de Chamonix, de la somme de 12 livres viennoises à compte de celle de 30 livres, qu'il devait à la dépense dudit monastère, à la fête de saint Michel suivante.

(1317.)

(Archives de l'église de Sallanches (non inventorié).
D'après l'original écrit sur parchemin.)

Nos frater Aymarus pittanciarius Clusinus, tenore presencium notum facimus universis quod nos nomine nostri et dicte pittanciarie pro nobis et successoribus nostris confitemur et recognoscimus nos habuisse et recepisse de triginta libris viannensibus que nobis debentur nomine quo supra pro annua pensione prioratus Campi muniti, a religioso viro dno Guillelmo de Villeta priore dicti prioratus, duodecim libras bonorum viannensium in bona pecunia numerata videlicet de termino proximo venturo festi beati Michaelis, anno currente Dni millesimo ccc° septimo decimo. De quibus duodecim libris predictis dictum dnm priorem et prioratum solvimus et quittamus, faciendo pactum expressum de ipsis ulterius non petendis ab eodem. Actum fuit hoc in dicto prioratu ubi ad hoc fuerunt testes vocati et rogati dns Petrus Casti, curatus Campi muniti, frater Guillelmus Maros, frater Johannes Raverii monachi claustrales dicti prioratus, quidam alii. In quorum robur et testimonium nos dictus Pittanciarius presentem litteram sigillo nostro tradidimus sigillatam. Datum die veneris post translationem Beati Benedicti anno quo supra millesimo ccc° septimo decimo.

Le sceau est rompu.

73

Reconnaissance passée par Hugue, dauphin de Viennois, sire de Faucigny, en faveur de Guillaume de Villete, prieur de Chamonix, en renouvellement de celle que dame Béatrix de Savoie, dame de Faucigny son ayeule, avait passée à Richard, prieur de Chamonix, le 7 des kalendes de novembre 1289.

(1319.)

Le jour des Nones de Juillet, soit le 7 même mois.

(Tiré des Archives de l'église de Sallanches, marqué A, n° 33. Copié sur l'original écrit sur parchemin.)

In nomine Domini Amen. Anno ejusdem m° ccc° decimo nono, nonas julii, indictione nj. Per hoc presens publicum instrumentum cunctis appareat evidenter, quod in presentia mei notarii publici et testium subscriptorum, Illustris vir Dominus Hugo Dalphini, Dominus Fucigniaci, ad requisitionem mei notarii infrascripti requirentis et recipientis vice et nomine Religiosi viri dni Guillelmi de Villeta, prioris prioratus de Chamonix nomineque dicti prioratus, scienter et spontanea voluntate non in aliquo circumventus, sed de jure et de facto suo certioratus plenarie, Confessus fuit et manifeste recognovit quod tota Vallis Campi muniti cum omnibus suis pertinenciis, contingentibus et coherenciis, scilicet ab aqua que vocatur Dyousa et a rupe que vocatur Says-Blans usque ad Balmas et Vallis Ursina prout sibi constitit legitimis documentis sunt ligie prioratus supradicti Campi-muniti et pertinent ad dictum prioratum cum omni plenitudine juris, possessionis et proprietatis et omnis jurisdictionis, et quod omnes homines dictarum Vallium sunt ligii dicti prioratus aut de feudo dicti prioratus si qui sint non ligii, et quod dictus prioratus et prior habet et habere debet in omnes homines predictos et generaliter in dictis vallibus et per dictas Valles merum et mixtum imperium et omnimodam juridictionem. Confessusque fuit prefatus Dominus Fucigniaci fore concessum in feudum Illustri Domine bone memorie Domine B. Dalphine, domine Fucigniaci, a Religioso viro, bone memorie fratre Richardo, tunc temporis priore Campi-muniti, quoddam molare tantum, situm apud territorium de Lacu prope pontem aque que dicitur Arva infra dictos terminos in quo molari est constructum castrum nuncupatum Sanctus Michael, dictamque Dominam promisisse, pro dicto molari, manutenere, deffendere et servare dictum prioratum et dictam vallem Campi-muniti et Vallem Ursinam unacum hominibus dictarum vallium contra omnes. Item confessus fuit quod prefata Domina quittavit et remisit dicto prioratui unum denarium aureum annualem pro quo dictus prioratus erat in garda et custodia Domini Fucigniaci. Igitur prefatus Dominus Hugo Dominus Fucigniaci factum Domine predicte volens insequi, approbare, confirmare et tenere predictam quittationem predicti denarii aurei a predicta Domina factam, ratifficavit; et ipse nomine suo et successorum suorum dicto prioratui quittavit in perpetuum et remisit. Confessusque fuit et recognovit ad requisitionem mei notarii requirentis et recipientis vice et nomine Abbatie Sancti Michaelis de Clusa, Thaurinensis dyocesis, dictique prioratus Campi-muniti se tenere et tenere velle molare predictum et castrum in feudum ab Abbatia predicta et specialiter a domo sive prioratu Campi-muniti predicto. Pro quo quidem feudo dictus Dominus Hugo nomine suo et successorum suorum juravit super sancta Dei evangelia per stipulationem sollempnam et sollempniter factam, promisit mihi notario infrascripto sollempniter stipulanti et recipienti nomine dicti prioratus et prioris successorumque suorum, dictam Domum sive Prioratum et priorem et dictas valles Campi-muniti et vallis-ursine unacum hominibus dictarum vallium manutenere, deffendere, servare et gardare contra omnes, faciente dicto Priore sive suis successoribus justiciam ubi debuerint de jure; promisit insuper Dominus Hugo prefatus mihi notario nomine quo supra stipulanti quod per ipsum Dominum Hugonem et successores suos non fiet aliqua injuria eidem priori nec successoribus suis neque hominibus dictarum Vallium nec ipsam fieri permittet per aliquem et si fieret ab aliquibus sive ab aliquo ausu temerario, faceret dicto priori et ejus successoribus posse suo plenarie emendari. Item promisit Dominus Hugo sepedictus, nomine quo supra, mihi notario stipulanti nomine quo supra, quod homines dicti prioratus et dictarum Vallium Campi-muniti et vallis ursine seu aliquem eorum non recipiet in sua garda sive deffensione modo aliquo deffendendos contra dictum prioratum sive priorem dicti prioratus; sed si contingeret quod aliquis dictorum hominum dictarum Vallium esset rebellis dicto priori, quod nollet obedire dicto prioratui et priori, et reddere jus suum, quod ipse Dominus Hugo compelleret et cogeret posse suo ipsum sive ipsos homines stare juri in curia prioris predicti, et quemlibet alium offendentem dictum priorem infra dictas valles et etiam extra per totum districtum suum et posse suum. Item prefatus Dominus Hugo habens voluntatem bonam et affectionem, amore Dei et intuitu pietatis et in remedio anime sue et successorum suorum, ad deffensionem et custodiam supradictam dicti prioratus supposuit se nomine suo et successorum suorum juridicioni Domini Episcopi Gebennensis quod si ipse vel aliquis de successoribus suis non attenderet et servaret universa predicta et singula, quod dictus Dominus Episcopus possit ipsos et ipsum compellere per excommunicationis sententiam, monitione premissa, ad observandum et tenendum gardam et custodiam predictas et omnia supradicta prout superius est expressum, sine indignatione aliqua quam dictus prioratus posset incurrere à predicto Domino et successoribus suis ratione sententie supradicte. Ceterum predictus Dominus Hugo presenti publico instrumento, nomine suo et successorum suorum mandat et precipit in quantum potest et per juramentum et fidelitatem quibus sibi tenentur et tenebuntur suis successoribus in futurum omnibus Ballivis, Castellanis albergi Fucigniaci qui nunc sunt et qui pro tempore fuerint, et omnibus suis fidelibus, quam prefatam domum seu prioratum de Chamonix et priorem ac ejus homines manutencant, deffendant prout superius est expressum; et quod specialiter ille qui pro Domino Fucigniaci fuerit castellanus dicti molaris teneatur facere et faciat juramentum priori dicti prioratus nullo alio mandato super hoc expectato quod prefatam domum seu prioratum et priorem nomine dicti Domini Hugonis et successorum suorum manutenebit et deffendet in omnibus prout superius est expressum. Item promisit predictus Dominus Fucigniaci nomine quo supra mihi notario stipulanti nomine quo supra quod si esset quod dictus Dominus Fucigniaci nollet tenere dictum molare in quo est dictum castrum vel si vellet ipsum rellinquere, quod ipse nichillominus dictum prioratum de Campomunito manutenebit et deffendet et habebit in sua custodia et garda pro uno denario aureo annuali nomine dicte garde sibi et successoribus suis solvendo anno quolibet a prioratu predicto et quod heredes sive successores sui teneantur similiter ad predictam domum custodiendam pro dicto denario annuali prout superius est expressum. Actum apud Montem Bonod[1] in camera bassa dicti Domini Fucigniaci, presentibus testibus ad hec vocatis et rogatis, videlicet : Dominis Willelmo de Boegio, Humberto de Cholay, Petro Vagnyardi, militibus; Domino Falcone de Megeva, Domino Petro de Verossia, capellanis; Guillelmo Byolli jurisperito, Tyseto Roet, Petro de Bellagarda, dicto Morgeron, domicello; et Petro, barberio predicti Domini Fucigniaci. Et ego Petrus Leyderii, de Bonavilla, auctoritate imperiali publicus nota-

---

[1] Mont-Bonot-Saint-Martin (Isère).

rius et juratus Curie Domini Gebennensis Episcopi predicti, predictis omnibus presens et rogatus facere de predictis duo publica instrumenta ejusdem tenoris unum videlicet ad opus dicti Domini Fucigniaci et aliud ad opus dicti prioris ; hoc instrumentum publicum scripsi, subscripsi et in formam publicam redegi, signisque meis signavi.

Nos vero prefatus Hugo Dalphini, Dominus Fucigniaci presens instrumentum sigilli nostri munimine fecimus roborari in majus robur et testimonium contentorum in instrumento presenti, volentes et concedentes quod si contingat dictum sigillum frangi, minui vel deleri seu etiam non apponi, nichillominus presens instrumentum semper plenam optineat firmitatem. Datum et actum ut supra.

A l'original pend le sceau du prince Hugue, effacé.

74

Vente passée par le ministère et sous le sceau de Guillaume de Villete, prieur de Chamonix, par Robin du Follier et ses filles Béatrix et Vianne, majeures de 14 ans, en faveur de Jacquemet le jeune fils de Pierre Dupont, pour le prix de 20 sols genevois.

Et confirmation soit lod de ladite vente, par Pontitius, procureur de Pierre Esternat, nouveau prieur de Chamonix, après le décès dudit Guillaume de Villete.

(1523.)

9 des Kalendes de Décembre, soit le 23 Novembre.

(Archives de l'église de Sallanches, non coté.
D'après l'original écrit sur parchemin.)

Nos frater Guillelmus de Villeta prior prioratus de Chamonis, Geben. dyoc. tenore presentium notum facimus universis, quod coram Petro Casti curato nostro de Chamonis, ad hoc per nos specialiter deputato et testibus infrascriptis, Robinus Dou Follier, Beatrix et Vianna filie sue confitentes se esse majores quatuordecim annis, vendiderunt pro se et heredes suos in perpetuum titulo vendicionis perfecte et irrevocabilis prout melius intelligitur, presente Perrussodo fratre dicti Robini et dicte vendicioni consenciente. Jaquemeto juniori filio Petri Deponte ementi ad opus sui et suorum, devestiendo se et ipsum Jaquemetum investiendo, precio viginti solidorum Geben. quos ipsi venditores confessi fuerunt se habuisse a dicto emptore in bona pecunia numerata. Quamdam pcciam terre quam ipsi habebant in dimidio maso Dou Melin inter nantum aisinorum ex una parte et terram dicti Perrussodi ex altera et superius, inferius vero contingit terre martini.... Renunciantes tam dicti Robinus quam filie sue excepcioni dicte pecie non habite non recepte, doli, mali, vis, metus et in factum accioni beneficio restitucionis in integrum racione decepcionis, minoris etatis seu alia quacumque racione, decepcioni eciam ultra dimidium justi precii et omnibus aliis juribus sibi et suis competentibus adveniendum contra predictum vel aliquid de predictis ac si omnes excepciones essent nominati expresse. Promictentes predicti Robinus et filie sue et eciam dictus Perrussodus pro se et suos jurati super sancta Dei evangelia se contra predictam vendicionem in perpetuum non venire. Sed dicti Robinus et filie eam ab omnibus et contra omnes dicto emptori deffendere in judicio et extra garentire. Actum publice in domo capellanie ubi ad hec fuerunt testes vocati Jaquerius Garny. Brunetus Albiergi. Falquetus gras. In quorum robur et testimonium nos dictus prior predictam vendicionem laudantes salvo jure nostro et prioratus presentem litteram sigillo nostro tradidimus sigillatam. Datum nono kalendas decembris anno Dni millesimo ccc° vicesimo tercio.

A cet acte est attaché le suivant, scellé du sceau du procureur du prieuré de Chamonix.

(1325.)

4 des Kalendes de Janvier, soit le 29 Décembre 1324.

Nos frater Pontitius procurator prioratus de Chamonis pro fratre Petro Esternati priore dicti loci, de speciali mandato et auctoritate Dni nostri abbatis Clusini, constitutus omnia et singula contenta in presenti littera huic cedule agnexa sciens esse vera per relacionem Petri Casti curati de Chamonis ad hoc specialiter deputati per Dnm Guillelmum de Villeta olim priorem dicti loci. Grantavi, et eciam confirmavi post obitum dicti Dni prioris, salvis jure et usagiis dicti prioratus et alterius racione. In cujus rei testimonium sigillum meum duxi presentibus apponendum. Datum IIII° kalendas januarii anno a nativitate Dni M° CCC° XXV.

75

Hommage et fidélité prêtés à Aynard de Montbel, prieur de Chamonix, par 76 chefs de famille de la terre de Chamonix.

(1326.)

20 Janvier.

(Archives de l'église de Sallanches, marqué R, n° 3.
D'après l'original écrit sur parchemin.)

Anno Dni millesimo CCC^{mo} XXVj°, indicione IX^a. die XX^a. mensis januarii. Per hoc presens publicum instrumentum cunctis appareat evidenter quod in presencia Johannis Michaleti de Chamonix notarii publici defuncti et testium subscriptorum personaliter constitutis hominibus infrascriptis existentibus ut asserunt de terra de Chamonix. Ipsi homines et ipsorum quilibet pro se non vi non dolo nec metu inducti. Sed scientes et spontanei ac de jure suo et rei veritate plenius informati. Ad instanciam et requisicionem Venerabilis et Religiosi viri Dni Aynardi de Montebello prioris prioratus de Chamonix. Gebenn. diocesis, requirentis et recipientis nomine suo et dicti prioratus videlicet coram venerabili viro Dno Amblardo de Bellomonte, canonico maurianensi et nobili viro Mermeto de Thoria datis et positis pro curia ipsis hominibus infrascriptis per ipsum priorem laudataque et approbata per ipsos homines et eorum quilibet per juramenta sua super sancta Dei evangelia corporaliter prestita. Confessi sunt quilibet pro se et manifeste recognoverunt se, et heredes suos omnes et singulos, natos et nascituros, et quorumque ab eis et ipsorum quemlibet descendentes et predecessores suos esse, velle esse et esse debere et fuisse ab antiquo a tanto tempore quod in contrarium memoria non existit, homines ligios tam pro rebus quam pro personis ipsius Dni prioris et dicti prioratus ac eidem Dno priori debere fidelitatem ligiam seu fidelitates ligias quas fidelitates incontinenti fecerunt manuales eidem manus suas inter manus ipsius Dni prioris imponendo et ipsum in ore suo obsculando. Confitentes ut supra quod quicquid ipsi tenent et possident infra terram et mandamentum dicti prioris de Chamonix ipsi tenent, tenere volunt, et est et esse debet et fuit ab antiquo a tanto tempore quod de contrario non est memoria de feudo puro antiquo et perpetuo dicti Dni prioris et prioratus. Promiseruntque dicti homines infrascripti et ipsorum quilibet pro se per juramenta sua prestita ut supra se esse fideles erga ipsum Dnm priorem et prioratum et bona sua et articulos fidelitatis firmiter et inviolabiliter observare, dictamque confessionem suam et omnia et singula in presenti instrumento contenta, rata, grata et firma habere perpetuo et tenere et nunquam per se vel per alium contra facere vel venire. Homines sunt hii : In primis Aymonetus mistralis de Chamonix, Peronetus Feliseys, Ramusius de cresco, Jaquemetus Delormey, Rodulphus filius dicti Meneyus, Vyviandus Decombis, Jo de monte, Petrus des allioz, Jaquemetus des allioz, Michael Pator, Cortesius Seytor, Aymonetus Bocardi, Vyviandus frater ejus, Vyon Nalyns, Henricus Gleiat, Johannes Lombars, Johannetus Challe, Durandus Nalyn, Martinus Chavens, Mellieretus Garnyz, P. frater ejus, P. Nalyn, Mellieretus Gilliers, Rodulphus De molendino, Girodus Allioz, Vyviandus de cresco, Jacomodus Chamonix, Sados Chaneys, Viviandus Dou Mulyn, Vyviandus Dou Lormey, Mellicretus Girardi, Falconetus Roseys, Johannes Garniz, Brunetus Dou Mulyn, Perrussodus Girars, Mellicretus Boletz, Falquetus Boulet, Michael filius ou Sadu, Jaquemetus Allioz, Vullermus filius Mermeti de exerto, Girodus Pator, Mellieretus Atricaz, Jaquerius filius Vyviandi Garny, Girodus de campis, Peronetus Brussat, Durandus Dulormey, Martinus Terrens, Ansermus Trabit, Vullelmus filius Martini de Heyriy, Mellieretus Bart, Perrussodus Dou Folliez, Jaquerius Bart, Johannes des vuaczos, Mellieretus filius Jay de cresco, Johannetus filius Melliereti Vuaczu, Mellieretus Girars, Johannes Rassiere, Durandus Gilliers, Jacquemetus Girars, Vullelmus de campis, Johannes frater ejus, Petrus Girard, Johannes Chamonix, P. Jornitz, Mellieretus Terynu, Vullelmus filius Durandi Tressart, Mellieretus Jordaneys, Rubinus Terrerii, Girodus des nant, Girodus filius Sadu Chaveyn, Girodus filius Martini Rassiour, Falquetus des Girars, Perrussodus Pator, Falco Combereterus, Perrussodus filius Marie Dou Lormey, Johannes Desnant, Perrerius Lombardi. Qui siquidem homines fidelitates predictas fecerunt scilicet omnes et singuli genibus suis flexis et renunciaverunt juribus omnibus et exceptionibus per quos possent contra predictam facere aut in aliquo se tueri. Actum in claustro dicti prioratus de Chamonix, Presentibus Religiosis viris Dnis Henrico de Vileta, Priore Ugine, Andrea Priore d'*Arlexit*, P. Estorna priore Camere. Discreto viro

Dno P. Casti curato de Chamonix, fratre Raymondo, Dno G. de Montebello, nobilibus Aymoneto de fabricis in Vyennesio, Roleto filio marqueti de Javenno, testibus ad supradicta vocatis specialiter et rogatis. Et ego Jaquetus Henriodi de Clusis, Gebenn. diocesis, auctoritate imperiali, notarius publicus, hoc presens publicum instrumentum quod dictus Johannes Michaleti notarius quondam recepit et notavit levavi, grossavi juxta formam commissionis michi super hoc datam per venerabilem virum Dnm Stephanum de Orseriis judicem terre campi-muniti et in formam publicam redegi ad opus ven. et religiosi viri Dni Johannis Bochardi prioris dicte terre signo michi solito signavi et tradidi fideliter consignatum requisitus et rogatus. Datum ut supra.

Tenor vero dicte commissionis sequitur de verbo ad verbum et est talis.

Stephanus De orseriis, Judex terre campi-muniti pro venerabili et religioso viro Dno Johanne Bochardi, priore dicte terre. Jaqueto Henriodi procuratori dicti prioratus et notario publico, nobis dilecto. Salutem. Idem Dns Prior nobis exposuit et monstravit quod nonnulli dicte terre homines dicti prioratus pridem tempore sui predecessoris prioris coram Johanne Michaleti, de Chamonix, notario publico recipienti et stipulanti. Domino Amblardo de Bellomonte et Mermeto de Thoria, domicellis, datis et positis pro curia per virum venerabilem Dnm Aynardum de Montebello priorem dicti prioratus, predecessoris dicti Dni prioris ipsi Dno Aynardo priori fidelitatem ligiam et debitam oris obsculo interveniente, recipienti et stipulanti suo successorum suorum et prioratus nomine fecerunt, prestiterunt et se homines ligios esse et esse debere cognoverunt pro personis et rebus, de quibus publicum instrumentum ad opus dicti prioratus idem notarius recepit prout nobis per notam publicam sufficientem fecit fidem, videlicet Aymonetus Mistralis de Chamonix et quam plures alii in nota descripti. De quibus recognitionibus et confessionibus ipse notarius, morte preventus, levata nec grossata reddere potuit instrumenta. Unde per nos petiit provideri ita quod de recognitionibus et confessionibus homagiorum prestitorum per commissarium ydoneum litteras publicas grossari manderemus. Igitur de tua sufficiencia, legalitate et industria confidentes tibi committimus et mandamus quatenus de dictis fidelitatibus et homagiis prestitis, ut prefertur ut in nota inde recepta inveneris contineri, stilo dicti notarii servato, quantum tibi fuerit possibile in formam publicam redigas sub anno currente millesimo ccc° xxvj, indicione jx, ipsasque grossatas et levatas fideliter reddas et restituas Dno priori postulanti. Datum sub sigillo nostro die xij mensis marcii anno Dni millesimo ccc° sexagesimo quarto. Jo^{nes} de Orseriis.

Signé : J. JA. H.

76

Hommage de noble Jean fils de Mermet de Thoire envers Aynard de Montbel, prieur de Chamonix, pour tout ce qu'il possède, ainsi que son père, provenant des nobles Métral de Passy, dans les territoires de Vaudagne et du Lac, sous la réserve de la fidélité qu'ils doivent au sire de Charosse.

(1326.)

22 Janvier.

(Tiré des archives de l'église de Sallanches, D, n° 8. D'après l'original écrit sur parchemin.)

Anno Domini millesimo triscentesimo vicesimo sexto, indicione decima, die xxii mensis januarii, coram Johanne Michaleti de Chamonix notario nunc defoncto, et coram testibus infrascriptis, nobilis vir Johannes filius nobilis viri mermeti de thoria personaliter constitutus, presente ad hec et consenciente mermeto predicto, ad instanciam et requisicionem Religiosi viri dni Aynardi de montebello prioris prioratus campimoniti, gebennensis dyocesis requirentis vice nomine et ad opus sui et dicti prioratus, coram nobili Johanne dno Sollenove et venerabili Amblardo de bellomonte, datis et positis pro curia, per dictum dnm priorem, laudataque et approbata per dictum Johannem, sciens et spontaneus et de voluntate et mandato speciali dicti mermeti patris sui confessus est in jure et publice recognovit, pro se et suis heredibus quod quicquid ipse Johannes et dictus mermetus pater suus, tenent et tenere debent super et infra terram et dominium predicti prioratus de Chamonix in territorio de Lacu et de Voudagnya in hominibus censis, terris, decimis, et rebus aliis tenent in feudum a dicto dno priore et prioratu et quod tam ipsi quam predecessores sui de genere mistralis de Passiez predicta tenuerunt in feudum a dicto dno priore et predecessoribus et prioratu de Chamonix. A tanto tempore quod contrarii memoria non existit. Et quod tam pro ipsis rebus, et terra et hominibus, censis, decimis, et serviciis et rebus aliis quas liberi nobilis viri Petri de Marlio de Passiez tenent in dictis territoriis et locis de Voudagnia et de Lacu, ipse Johannes ut unus de propriis heredibus mistralis de Passier, debet dicto dno priori et prioratu, fidelitatem manualem et homagium. Salva fidelitate dni de Charossia quod homagium et fidelitatem, dictus, Johannes de mandato quo supra incontinenti fecit dno priori predicto coram curia predicta et promisit bona fide sua et per juramentum suum super sancta Dei evangelia corporaliter prestitum, se esse fidelem erga predictum dnm priorem et prioratum, et successores suos, et servare ipsi domino priori et successoribus fidelitatis articulos prout de jure intelligitur in fidelitate, promisit etiam juramento suo quo supra quod si ipse vel alius de feudo dicti prioratus aliquid ultra invenerit se tenere vel aliquid usagium ultra predicta se debere dicto prioratui illud confitebitur et recognoscitur dicto domino priori. Actum in claustro de Chamonix, testes, dni Henricus de Villeta, P. excorna, prior ugine et camere. Dns P. curatus de Chamonix, Ja, chinardi, Ja, fabri notarii, unacum dicto Johanne Michaleti notario publico viam universe carnis ingresso, in cujus prottrocollis. Ego Symondus de gillie clericus, auctoritate imperiali notarius publicus reperi presentem litteram non levatam non cancellatam, et propter ea, ex commissione michi facta, per virum discretum. Aymonem de sancto Jorio judicem in terra campimuniti hanc litteram de dictis prottrocollis levavi scripsi subscripsi et in formam publicam redegi, substancia non mutata, signoque meo michi solito signavi fideliter et tradidi.

77

Reconnaissance passée par les frères Jean et Brunet fils de feu Vuillelme de Taconnaz, qu'eux, leurs ancêtres et leurs descendants, sont et ont été hommes liges du prieuré de Chamonix, des frères Paviot, Melioret et Rodolphe Jaquetey et de Jacquemod, dit Folley, comme consorts avec ledit prieuré; ils reconnaissent, en outre, leur devoir, la fidélité, etc., et être tenus à leur payer annuellement la cense de 10 sous pour leurs ténements et le servis de 17 deniers.

(1326.)

12 Mars.

(D'après l'original écrit sur parchemin.)

Nos Frater Aynardus de Montebello, Prior prioratus de Chamonix, Gebenn. diocesis, Tenore presentium notum facimus universis quod in nostri presencia et testium infrascriptorum, personaliter constitutus Johannes filius quondam Wlli de Tacuncy, non vi, non dolo, nec metu inductus, sed sciens et spontaneus specialiter coram Venerabili viro Dno Amblardo de Bellomonte, canonico maurianensi, dato et posito pro curia dicto Johanni per Nos dictum priorem in quantum ad nos pertinet et per Pavyodum Jaqueteys, melioretum fratrem ejus, nomine suo et Rodulphi fratris eorumdem in hac parte consortum et comparticipum et per Jaquemodum dictum Folleys similiter comparticipem, nomine suo et aliorum suorum consortum et comparticipum, laudata et approbata, juramento prestito corporaliter sub sancta Dei evangelia per Johannem predictum. Confessus est idem Johannes et manifeste tanquam in judicio recognovit se et heredes suos omnes et singulos natos et nascituros et descendentes ab eisdem, esse, velle esse et esse debere et predecessores suos ab antiquo fuisse hominem ligium et homines ligios nostri et dicti nostri prioratus et dictorum consortium et predecessorum eorumdem et nobisque dicto priori et nostro prioratui, eisdemque consortibus debere fidelitatem ligiam pro rebus et personis; confessusque est ut supra quod res, totaque hereditas et albergium ipsius Johannis et fratrum suorum et Wlli de Tacuney quondam patris eorumdem sunt et esse debent et fuerunt ab antiquo in tantum quod memoria de contrario non existit, de feodo nostro et dicti nostri prioratus et dictorum consortium nominibus quibus supra et quod pro predictis rebus et albergo debentur nobis, nostroque prioratui et dictis consortibus de censu annuali decem solidi Gebenn. et pro seytore, servicio et meneydio decem septem denarii ejusdem monete. Hanc autem confessionem, omniaque et singula in presenti instrumento contente promisit dictus Johannes per juramentum suum datum ut supra, rata, grata et firma habere et tenere perpetuo et inviolabiliter observare et nunquam contrafacere vel venire et erga nos et comparticipes predictos fidelitatis articulos firmiter observare. Actum in claustro prioratus nostri predicti, presentibus Petro Plat, Falconeto Douczat, Michaele dicto Tigiel testibus ad predicta vocatis et rogatis die xii mensis martii, anno Dni m° ccc° xxvi°.

Subsequenter vero anno quo supra die xvi dicti mensis martii, in presencia nostra et coram testibus infrascriptis, personaliter constitutus Brunetus filius Wlli de Tacuney quondam, frater Johannis predicti, non vi, non dolo, nec metu inductus, sed sciens et spontaneus specialiter coram Religioso viro Fratre Humberto de Chessiaco, clusino monacho et Wllo Verney, datis et positis per nos dictum priorem pro curia eidem Bruneto, per ipsum Brunetum juramento prestito super sancta Dei evangelia corporaliter laudata et approbata eodem modo ut dictus Johannes frater ejus, confessus est et publice recognovit se et liberos suos natos et nascituros et descendentes ab eisdem esse, velle esse et esse debere et predecessores suos ab antiquo fuisse hominem ligium et homines ligios nostri et dicti nostri prioratus et dictorum consortum et predecessorum corumdem nobisque et nostro prioratui dictisque consortibus debere fidelitatem ligiam pro rebus et personis et quicquid ipse et dictus frater tuus tenent et dictus Wlls quondam pater suus tenebat, est, esse debet et semper fuit de feodo nostro et dictorum consortum et quod pro tenementis ipsorum fratrum et patris sui predicti debentur nobis et dicto nostro prioratui et dictis consortibus decem solidi de censa annuali et pro scytore, servicio meneydis prefati decem septem denarii Gebenn. Promittens dictus Brunetus juramento suo quo supra dictam confessionem suam, omniaque et singula in presenti instrumento contenta, rata, grata et firma habere et tenere perpetuo ac inviolabiliter observare et nunquam contraïre, fidelitatisque articulos erga nos et dictum nostrum prioratum et consortes predictos integriter et firmiter observare. Actum ante granerium nostrum situm ante dictum prioratum; presentibus dicto Falconeto Douczat, Girodo Lu Aymonet, Mermerio Lombart, Durando Gillet. Anno et die supradictis in quorum omnium robur et testimonium sigillum nostrum presentibus duximus apponendum.

Le sceau est rompu, il ne reste que les lisières en parchemin.

78

Commission donnée par Édouard, comte de Savoie, à Bartholomé, abbé de Saint-Maurice d'Agaune, pour examiner et pour juger, après due information, la plainte à lui adressée par Aynard de Montbel, prieur de Chamonix, exposant que, sous son prédécesseur, un lombard, nommé Ruffin Barbafella, avait été pris et arrêté sur son territoire par les gens du comté de Genève, qui lui avaient fait éprouver de graves dommages; que ledit lombard s'étant pourvu au châtelain de Sembrancher, avait fait saisir au dit lieu, un jour de foire, toutes les marchandises que les négociants Chamoniards y avaient amenées; que ceux-ci n'avaient pu récupérer leurs marchandises qu'en fournissant caution et en promettant, tant en leur nom qu'en celui de leur prieur, d'accepter la juridiction dudit comte; que nonobstant ce, le dit châtelain, sans les avoir citées, poursuivait les cautions. Ordre audit châtelain de s'en référer à la sentence de l'abbé de Saint-Maurice.

(1328.)

15 Janvier.

Tiré des archives de l'église de Sallanches, non coté.
(Copié sur l'original écrit sur parchemin.)

Edduardus comes Sabaudie. Venerabili Patri Consiliario nostro dilecto domino Bartholomeo Abbati Sancti Mauricii

Agaunensis, Salutem et dilectionis augmentum. Querimoniam dilecti nostri Domini Aynardi de Monte-bello prioris de Chamonix recepimus, continentem quod cum tempore predecessorum ipsius prioris de Chamonix Ruffinus Barbafella lombardus [1] in terra dicti prioratus captus et arrestatus fuisset per gentes Comitatus Gebennensis, ipso tamen priore quondam ignorante, propter quam captationem et arrestationem dictus Ruffinus dampna non modica asserat se sustinuisse, quorum dampnorum petit sibi emendam fieri a dicto domino Aynardo nunc priore de Chamonix, ad quod dictus prior asserit se non teneri. Quod castellanus noster Sancti Brancherii ad instanciam predicti Ruffini nuper tempore nundinarum Sancti Brancherii res, bona, denarios et denariatas hominum ipsius prioris et prioratus de Chamonix, qui homines ad dictas nundinas causa mercandiandi accedebant seu venerant, saysivit, qui homines antequam predictorum, dessaysinam potuissent optinere, prestiterunt cautionem et promiserunt nomine suo et dicti prioris stare juri in curia nostra et exhibere justicie complementum predicto Ruffino et cuilibet congruenti de ipsis, quam quidem cautionem dictus Castellanus vult exigere compellendo fidejussores datos per dictos homines ad restitutionem bonorum et rerum saysitarum et ad observandam cautionem predictam, ipsis tamen hominibus seu priore predicto non citatis non vocatis prout de jure fieri debuisset occasione cautionis seu questionis predicte; que omnia dictus dominus Aynardus predicta perperàm facta fuisse et se non teneri ad predictorum dampnorum emendam faciendam dicto Ruffino asserit justis rationibus et de causis. Unde vobis tenore presentium committimus et mandamus quatenus, vocatis partibus coràm vobis et aliis evocandis, audia-

---

[1] C'étaient des marchands ambulants qui avaient leurs magasins à Sallanches. Une rue de cette ville portait la dénomination de rue des Lombards avant l'incendie du 19 avril 1840.

tis et recipiatis instructiones et informationes quas dicte partes facere voluerint super predictis quibus receptis et diligenter examinatis secundum negocii qualitatem, faciatis et ordinatis super predictis quod vobis fore consonum videbitur rationi. Et si predicta cautio vobis non esse sufficiens videatur, ipsam cautionem sufficientem tamen et ydoneam recipiatis seu recipi faciatis per castellanum predictum. Mandantes et precipientes expresse dicto castellano nostro Sancti Brancherii quatenùs super predictis omnibus vobis et ordinationi vestre pareat penitus et intendat et quod per *vous* (sic) in predictis ordinatum estiterit, penitus exequatur. Datum apud Montem melianum[1] die xvª mensis januarii, anno a nativitate Domini m cccº xxviij.

A l'original pend le sceau à queue, sur cire rouge, dudit prince. Légende : *Edd. com. Sab. udie.*

79

État des condamnations pécuniaires, rendues par Aymon de Saint-Joire, juge de la terre de Chamonix, à l'occasion de divers méfaits commis par les personnes y désignées et payables entre les mains d'Aynard de Montbel, prieur de Chamonix.

(1329.)

13 des Kalendes d'Octobre.

(Archives de l'église de Sallanches non coté.
D'après l'original écrit sur parchemin.)

Anno Domini millesimo cccº xxjx, inditione xjj. xjjj kalendas octobris. Per hoc presens publicum instrumentum

---

[1] Montmélian.

omnibus appareat evidenter quod Coram me notario publico, curieque Reverendi patris in Christo Domini Episcopi Gebennensis jurato et testibus infrascriptis fuerunt sommaliter cundempnati in scriptis persone infrascripte in certis pecunie quantitatibus solvendis d. viro venerabili et religioso Domino priori de Chamunys per ipsos cundempnatos, racione et causa quorumdam maleficiorum per ipsos commissorum; que cundempnationes facte fuerunt per Discretum virum Dominum Aymonem de Sancto Jorio, judicem in terra de Chamunys; de quibus cundempnacionibus Religiosus vir Dominus Aynardus de Montebello prior dicti loci petiit mihi Jacobo Fabri, de Chamunys, publico notario fieri publicum instrumentum. Personne vero cundempnate sunt hec, videlicet Johannodus filius Petri Tornerii [1] de Turno in viginti solidis Gebennensibus; Jaquemetus De lormey in quinque solidis dicte monete; Marieta Despesclos, in decem solidis dicte monete, Franciscus Botelliers, Perretus de Voseyrie et Falquetus Dou bochet quilibet ipsorum in centum libris dicte monete; Perretus Quiblierii in viginti solidis, dicte monete; Agnes uxor Johannodi filii Moterii [2] Des dus in decem solidis ipsius monete, Johannodus filius Aymonis Gaudini in quinque solidis dicte monete; Vuillelmus filius Jaquemodi Des bochars quondam in quadraginta solidis dicte monete; Vuillelmus filius Martini De murenchia quondam, in viginti libris dicte monete; Michala, mater dicti Vuillelmi in sexaginta libris dicte monete; Perrinus Johannodus de Lavancherio in quadraginta libris dicte monete. Actum publice ante granerium prioratus de Chamunys, testibus presentibus vocatis et rogatis ad predicta omnia et singula, Dominis Petro Casti, curato de Chamunys, Hugone de Crimon monacho Clusino, Petro de Syz notario publico, Henrico Mistralis de Chamu-

---

[1] La famille Tournier du Tour, village au pied du col de Balme, est encore existante à Chamonix.

[2] La famille Mottier est aujourd'hui nommée Favret.

nys, clerico, Guigoneto Cohenet, de Scalis, et Johannes de Bosco dicto Perreri. Et ego Jacobus Fabri de Chamunys, imperiali auctoritate publicus notarius dicteque Curie juratus predicta omnia et singula rogatus scribere scripsi, subscripsi et in formam publicam redegi, signoque meo solito signavi in testimonium veritatis.

80

Traité passé entre Aynard de Montbel, prieur de Chamonix, et ses hommes de Chamonix, de Vallorsine et du Lac, par lequel est annulé le privilège accordé à un notaire d'exercer à l'exclusion de tous autres et réglant divers points des coutumes controversées. Ce traité, pour lequel le prieur reçoit 220 livres genevoises, est approuvé par son supérieur, Rodolphe, abbé de Saint-Michel de la Cluse au diocèse de Turin.

(1330.)

20 Janvier 1330.

(D'après une copie faite par Guillaume Bouteilliez, châtelain de Chamonix.—M. D. S. H. G., t. XIII, 2e partie, p. 79.)

Nos frater Aynardus de Montebello, Prior prioratus Campi muniti, Gebennensis dyocesis, notum facimus universis presentes litteras inspecturis quod, cum olim ex parte hominum nostrorum vallis et terre Campi muniti, vallis Ursine et de Lacu, conquerendo monstratum fuerit reverendo patri Domino Rodolpho, Dei et Apostolice sedis gratia, abbati monasterii sancti Michaelis archangeli de Clusa, Taurinensis dyocesis, immediato superiori nostro, quod tam immediatus noster predecessor in dicto prioratu quam nos successive concessimus magistro Johanni soli et singulari officium notarie in tota valle et terra Campi muniti et dicti prioratus, item quod nullo alio notario vel jurato liceret recipere, levare, vel conficere super quovis contractu, vel actu, instrumentum, litteram sive cartam, sed dictus magister Johannes possit et debeat solus in dicta valle et terra dictum officium notarie exercere. — Quod quid ut ex parte dictorum hominum assertum extitit non solum in eorum prejudicium cedit et tendit, sed etiam in grande nostri prioratus predicti prejudicium et jacturam, pretendando ad hec tam facti quam juris multiplices rationes, supplicatum fuit ex parte dictorum hominum humiliter et devote prefato dno nostro abbati, immediato superiori nostro quatenus dictam concessionem prefato Magistro Johanni per predecessorem nostrum et nos factam tanquam prejudicatam ipsis hominibus et ipsi nostro prioratui, ex causis et rationibus ex parte ipsorum hominum propositis, revocare benigniter, et ne quid tale vel simile in hoc casu per nos et quemvis ex successoribus nostris actemptaretur quocunque, imposterum, de opportuno remedio provideri. — Prefatus vero Dominus noster abbas, recepta dictorum hominum supplicatione, instanter commisit vices suas dominis Amblardo de Bellomonte, canonico Maurianensi, et Petro Casti curato Campi muniti, cuilibet eorum in solidum, ad inquirendum super dictis querimonia et supplicatione, ac et causis propositis omnimodam veritatem, et ad revocandum causis veritatis et justificatis dictam concessionem per nos et confirmationem per ipsum dominum Abbatem super hoc obtentam, et ad determinandum quod idem dominus Abbas intendebat jus suum et consuetudines in omnibus observare. Prefati vero Commissarii, commissionem sibi factam recipientes, inquisierunt diligentissime per quamplures de predictis testes omni exceptioni majores juxta traditam sibi formam et dicta inquisitione peracta reperierunt claro clarius causas, rationes, tam facti quam juris, ex parte dictorum hominum propositas, veras et sufficienter probatas fuisse, ipsas legitimas reputentes. — Quare virtute dicte commissionis, ipsi per dictum Dominum Abbatem in hac parte facta diffiniando, pronunciaverunt dictam concessionem dicto Magistro Johanni de officio dicte notarie per predecessorem nostrum et nos factam contra consuetudinem, jus et in prejudicium ipsorum hominum dicti nostri prioratus, ex causis et rationibus ex parte ipsorum propositis non tenere, vallere, tenuisse nec et valuisse, ipsam quoque de facto processi specialiter revocantes, decernantes insuper confirmationem a dicto Domino abbate super hoc optatam tamquam veritate facta impetratam et in forma communi que jus nostrum non tribuit non debere valere.

1. De notariis. — Declarantes nichilominus predicti Commissarii quod quilibet notarius vel scriptor natus de hominibus terre dicti prioratus, prestito prius juramento in manibus prioris dicti loci qui pro tempore fuerit vel ejus locum tenentis, quod fideliter suum notarie officium exequatur et quod sit fidelis erga priorem et prioratum, nec instrumentum conficiet de his in quibus prior consueverit sigillum suum apponere, dum tamen sit alius sufficiens et ydoneus ad officium notarie exequendum, ipsum notarie officium possit et valleat in tota dicta valle et terra libere super actu et contractu quolibet exercere. — Nos vero prenominatus prior, actendens et considerans antedictos commissarios, ex causis et rationibus coram ipsis propositis et probatis, legitime in hac parte pronunciasse ac etiam decrevisse, non pugnando quod incaute fuerit concessum, massime (sic) in prejudicium prioratus nostri predicti, caute et provide revocare, pronunciationem et diffinitionem et declarationem per dictos commissarios in hac parte factam; ut superius est expressum, prout melius possumus, pro nobis et nostris sucessoribus, tenore presentium approbamus. — Promittentes bona fide in verbo religionis, nunquam alicui nato ex dictis hominibus dicte terre et valis ad hec sufficienti et idoneo impedire ve

prohibere, publice vel occulte, tacite vel expresse in dicta terra et valle, juxta modum premissum notarie officium exercere, Et quod quamdiu sufficientes, volentes, idonei ad dictum officium, nati ex dictis hominibus, ibidem reperti fuerint, dictum officium notarie in dicta terra et valle non faciemus per alienigenam exerceri. Salvo quod nos vel successores nostri notarium tenere possumus undecumque qui libere inquisitiones et alia ad dictum officium notarie pertinentia possit exercere, dum fuerit in nostro officio et non ultra. — Declarantes et pronunciantes dicti Commissarii, quod dictus dominus prior qui pro tempore fuerit, teneatur recipere in juramentum curie sue quemcunque notarium alienigenam quotienscunque per communitatem dictorum hominum super hoc fuerit requisitus, dum tamen ipse notarius sit sufficiens, ydoneus, bone fame et honeste conversationis, et in dominio ac districtu dicti prioratus continue commoretur, qui notarius, dum in dicta terra et valle continuo moram contraxerit et in juratum dicte curie receptus fuerit, possit et valeat in dicta terra et valle officium notarie exercere, prout et natis hominibus dicte terre, ut premittitur, est concessum.

2. De Bougeriis[1]. — Propterea ex parte dictorum hominum fuit prefato domino nostro abbati et nobis humiliter supplicatum, quatenus bougerias existentes in valle et terra Campimuniti et valle Orsine et de Lacu, dignaremur ipsis hominibus dimittere in communi, et ipsis et eorum posteris conservare communes, cum si dicte bougerie, que dicuntur bogerie terre steriles, abergarentur personis singularibus vel etiam universalibus per et dissenssionis materiam et speciem jurgiorum, nec possit inde haberi ad molumentum nomine introgii ultra triginta libras Gebenn. semel et ipsi homines parati essent dare et solvere ultra illam pecunie quantitatem. — Nos autem dictus dominus prior volumus et

---

[1] Terres en friche.

concedimus, pro nobis et successoribus nostris in dicto prioratu, dictas bougerias ipsis hominibus et eorum heredibus perpetuo esse et remanere communes, pro usagiis antiquis que pro aliis terris suis fertilibus seu cultis solvere tenerentur vel consueverunt.

3. De nemoribus. — Item cum nos et successor noster quecunque nemora nostra ad manum nostram teneamus, prout nos et predecessores nostri consuevimus et ipsa, in toto vel in parte, in nullam personam aliam transferemus vendendo, donando, permutando in feudum, amphiteosim, vel ad firmam, seu sub censa vel redditu annuo, concedendo, vel aliter quovis alienationis perpertue seu temporalis genere vel specie, transferendo.

4. Item quod quilibet ex successoribus nostris in dicto prioratu qui, quam primum ad dictum prioratum pervenerit, exegerit ab hominibus ipsius prioratus homagia et fidelitates, teneantur, prestito prius homagio, per dictos homines seu per majorem partem ipsorum, postea promittere publice, bona fide et in verbo religionis, dictus prior, tactu manu dextra pectore, nunquam bonos usus antiquos ac consuetudines bonas et rationabiles dicte vallis et terre dicti prioratus in quibus predecessores nostri ipsos homines et predecessores eorum hactenus tenerunt, per se et per alium in aliquo violare, sed ipsos usus et consuetudines ipsis hominibus et eorum successoribus inviolabiliter observare.

5. Item quod in venda bladorum, predicti homines dicte vallis et terre vocentur annis singulis, sicut hactenus extitit consuetum.

6. Item quod in causis et negotiis criminalibus, servato quod ordo juris vel consuetudinis dictat, postulat et requirit in civilibus et pecuniariis, non procedatur per quemvis modum, nisi prius vocato et citato tribus edictis competentibus illo contra quem directa fuerit querimonia, petitio, sive clama. Hoc intelligatur quoad partes injuriatas. Dominus autem de jure suo possit inquirere quandocunque.

7. Item quod rivulos, aggeres et aquarum ductus in quibus molendina vel battenteria non consueverunt fieri, neque possunt, non abergemus, seu concedamus de cetero quibusvis personis singularibus, ad rigandum vel ad aquandum prata, seu quasvis alias possessiones, sed ipsis universaliter dicte vallis et terre hominibus dimittere dignaremur communes.

8. Item quod de remanentiis pascuorum predicte vallis et terre non dimittamus de cetero singularibus quibusvis personis, quovis titulo, sive causa, sed propter materiam jurgiorum vitandum inter homines dicte vallis et terre, universaliter dimittamus communes, prout hactenus extitit consuetum et capitulis continetur.

9. Item quod si contingat aliquam personam vel hominem infra dominium seu districtum prioratus habitare predicti, cujuscunque status vel conditionis existat, et non esse hominem ligium dicti prioris vel communitatis dictorum hominum, facere vellet aliquod subsidium priori dicti loci, vel facere aliquam equantiam ad prioris dicti prioratus utilitatem, seu hominum ipsius prioratus, quod petatur ab ipso habitare per priorem seu familiam ejus, si in dicta equantia secundum facultatem suam voluerit subvenire, qui si respondit se nolle subvenire vel de equantia propter hoc facta seu facienda partem suam non solvere infra unius mensis spacium, bona cum bonis suis exeat de dicta terra, nec ex tunc in antea vocatur communitatibus dicte terre, et exire ut premittitur, compellatur.

Super quibus supplicationibus seu capitulis supplicationis, habito per nos, cum dicto domino nostro abbate immediato superiore nostro, tractatu et consilio diligenti, ac etiam deliberatione matura, cum omnibus consideratis et libratis, que ex concessione predictorum potuerunt devenire, propendimus evidenter magnam et evidentem utilitatem profuturam dicto nostro prioratui Campimuniti, et concessioni et promissioni predictorum ipsorum hominum in hac parte supplicationis inclinati maxime, dicta evidenti utilitate pensata, interveniente in premissis et sequente consensu, licentia et auctoritate prenominati domini nostri abbatis immediati superioris nostri et venerabilis conventus monasterii predicti, cum conventum non habeamus, qui dominus abbas et conventus in premissis et sequentibus suam auctoritatem prestiterunt et consensum, pensata dicti nostri prioratus evidenti utilitate ex causis quas non licet cuilibet esse notas, postulationibus et supplicationibus dictorum hominum universaliter singulis singulariter universis, prout superius exprimantur, benigniter duximus, annuendum et concedendum pro nobis et successoribus nostris ipsis hominibus, dicta evidenti utilitate pensata, de consensu, auctoritate et licencia quorum supra, omnia et singula premissa prout pro ipsis vel pro parte ipsorum hominum postulata vel supplicata fuerunt, volentes et concedentes tenore presentium quod, si forte aliquando emerserit aliquod dubium, ambiguum vel obscurum super premissis vel aliquo ex eisdem, fiat interpretatio et declaratio secundum quod ordo juris postulaverit, sublata et rejecta omni calumniosa interpretatione et declaratione pro nobis et successore nostro quocumque, ita quod res et concessiones pro ipsis hominibus et successoribus eorum valere potius debeant quam perire.

10. Super eo quod dicunt priorem debere eisdem hominibus prestare consilium de extra terram suis sumptibus et expensis judicando malefactores, quod in casu premisso hactenus extitit consuetum, de cetero volumus observari.

Promittentes, etc.

Renunciantes, etc.

In quorum omnium robur et testimonium presentem patentem litteram aliquibus ex dictis hominibus ad opus, securitatem et tuitionem aliorum, sigillo nostro tradimus sigillatam, supplicantes insupra sepedicto domino nostro abbati immediato superiori nostro ac ejus venerabili conventui predictis quatenus in signum consensus, licentie et auctoritatis suorum in premissis ut premittitur prestitorum dignantur sigillis suis presentem patentem litteram sigillare.

Et pro premissis gratiis declarationibus et concessionibus, nos prefatus prior confitemur et recognoscemus, sub renunciationibus quibus supra, nos a predictis nostris hominibus habuisse et integre recepisse ducentas viginti libras bonorum denariorum Gebenn. veterum, quam pecunie quantitatem confitemur in utilitatem dicti nostri prioratus totaliter fore versam. Datum et actum in aula prioratus Megeve in presentia discreti viri domini Falconis curati dicti loci et ecclesie, Francisco Guillelmi de buegio sancti Genigii, Amedei de Orsino, monacorum clusinorum, dominorum Thome Carrerii de Salanchia, Johannis de Monthoux presbitorum, Guigoneti Cohenet de scalis in viannesio et francisci berthod de Chammoniz notarii qui presentem litteram scripsit, vocatorum testium ad predicta, die vigesima mensis Januarii currente anno Domini millesimo tercentesimo trigesimo, indictione decima tercia.

— Nos vero Rodulphus Dei et apostolice sedis gratia abbas monasterii Sancti Michaelis de Clusa, taurinensis diocesis, confitemur et recognoscimus nos in omnibus et singulis premissis supplicationibus et postulationibus personaliter interfuisse et super ipsis inter nos et dictum priorem tractatum debitum habuisse, et declaratione ac tractu premissis ex concessione premissorum evidenti dicti prioratus utilitate pensata nos in premissorum quolibet, eidem priori, cum conventum non habeat, consensum, licentiam et auctoritatem, tanquam suus immediatus superior prestitisse, et nichilominus omnia singula premissa tanquam juste et legitime acta et concessa, ad preces et requisitiones dictorum prioris et hominum, auctoritate qua possumus, confirmamus et presentem sigillum una cum sigillo memorali nostri conventus apponi fecimus ad majores roboris firmitates.

81

Aynard, de Montbel, prieur de Chamonix, vend à Micholod de Lorney, pour le prix de 61 sous, 8 deniers genevois, les biens qui lui étaient échus par droit de commise et suivant l'antique coutume du lieu, de Jacquemette fille de Michel Duvivier, qui s'était mariée sans son consentement, avec un étranger à la juridiction de Chamonix.

(1334.)

7 des Kalendes de Décembre, soit le 25 novembre.

(Archives de l'église de Sallanches. D'après l'original écrit sur parchemin.

Nos Frater Aynardus, de Montebello, prior prioratus de Chamonys, Geben. dyoc. Tenore presencium notum facimus universis quod cum Jaquemeta filia quamdam Michaelis de Viverio, proba mulier nostra et prioratus nostri predicti matrimonium contraxerit nulla licencia a nobis petita super hoc vel obtenta cum quodam homine extraneo, videlicet non homine existente nostro vel dicto prioratui nostro prout dictum matrimonium nobis constat per confessionem dicte Jaquemete, propter quod ex consuetudine laudabili et antiqua et approbata in districtu terre de Chamonys et prioratus nostri predicti universe res immobiles quos dicta Jaquemeta habebat, tenebat et possidebat in terra nostra predicta nobis fuerunt commisse, inde est quod nos prior predictus de dictis rebus nobis ut premictitur commissis, dedimus, vendidimus, tradidimus et concessimus pro nobis et successoribus nostris in dicto prioratu nostro ac eciam de consensu et voluntate dicte Jaquemete ibidem presentis et ad infra scripta consencientis, Micholodo de Lorney ementi pro se et suis heredibus, quandam peciam terre sitam in presia de Balmina inter cursum arve ex una parte et cursum aque de Alberon[1] ex altera, a parte inferiori coheret terris Martini dou Biol, a parte superiori terris dicti emptoris. Item medietatem cujusdam alie pecie terre pro indiviso sitam in eadem presia inter dictum cursum aque de Alberom ex una parte et terram liberorum Rod. Nychola ex altera parte, a parte inferiori et superiori terris dicti emptoris; precio sexaginta unius solidorum et octo denariorum, bonorum Gebennensium ; quod precium nos dictus prior confitemur habuisse et plenarie recepisse a dicto emptore in bona pecunia numerata. Promictentes nos dictus prior pro nobis et successoribus nostris dictam venditionem fideliter actendere et servare ab omnibus et contra omnes manutenere, deffendere et etiam garantire in judicio et extra nostris sumptibus et expensis et prioratus nostri predicti nec alicui volenti venire contra predictam consentire ullo modo. Actum publice in claustro prioratus nostri predicti, testibus presentibus vocatis et rogatis ad predicta omnia et singula Punceto de la Mola, familiari nostro, Michaele Fabro mugneri et Berthodo Mussodi; in quorum robur et testimonium nos prefatus prior predictam licteram sigillo nostro tradimus sigillatam. Datum. vii°, Kal. decembris, anno Domini millesimo ccc° xxxiiii°.

Le sceau est rompu.

[1] Arveyron, torrent qui sort de l'extrémité du glacier des Bois.

82

Fondation et dotation d'une messe hebdomadaire dans l'église de Chamonix par Guillaume Vernet, à l'acceptation d'Aynard de Montbel, prieur de Chamonix et de ses moines et du consentement de R. P. Rodolphe de Montbel, abbé du monastère de la Cluse.

(1341.)

6 Novembre.

(Archives de l'église de Sallanches, marqué A, n° 34. D'après son original écrit sur parchemin.)

In nomine Dni Amen. Anno ejusdem a nativitate Dni millesimo cccxLI° inditione ıx. Die vj novembris. Presentibus testibus infrascriptis. Acedens ad presenciam venerabilis viri Dni Aynardi, de Montebello, prioris Chamunisii, dyoc. Geben. ambo constituti in presencia Reverendi in xpo patris Dni Rodulphii Dei gracia Abbatis monasterii Beati archangeli Michaëlis de Clusa, immediate superioris dictorum prioratus et prioris ad infrascripta omnia consencientis et ea ratifficantis et approbantis. Vuillelmus Verneti, de Chamunisio, homo ligius prioratus et prioris predicti, imbutus bonis ac devoctis operibus. Affectans sue anime de divino remedio providere in honorem Dei virginisque Marie matris ejus ac beati archangeli Michaelis. Supplicans humilime ac devote eidem Dno priori quatenus ex nunc de consensu ipsius Dni abbatis velit ordinare quod in dicto prioratu perpetuo per unum ex suis monachis vel per alium capellanum pro remedio ejus anime semel in edomada una missa celebretur, a die sui obitus perpetuo in anthea per modum qui sequitur. Videlicet quod ex nunc dat et donat dicto prioratui decem libras bonorum Gebennensium veterum. Qui dictus Dus prior confessus fuit se habuisse et recepisse ab eodem et cas fore versas in utilitatem dicti prioratus. Item dictus Vuillelmus pro se suosque heredes in sustentacionem et remuneracionem illius qui dictam missam celebrabit. Dat et donat in perpetuum dicto Dno priori et prioratui ac successoribus ejusdem duas pecias terre sitas in Chamunisio, una quarum sita est loco ubi dicitur in Farneria cui coherent libri Jacobi Berthoudi, ab alio latere Vuillelmus de Planis et ab alio latere terra Anrioudi Mounerii. Alia pecia sita est ad terram illorum de pratis cui coheret a duobus lateribus Aymonetus Micheleti et ab alio latere res prioratus predicti vel si dictis rebus alie sint coherencie. Quas pecias terre perpetuo dicti prior ejusque successores et prioratus predictus habeant, teneant, godeant et possideant duntaxat a die obitus dicti Vuillelmi in posterum et non antea quoniam super ipsis peciis terre ad vitam suam ususfructus sibi retinuit et non ultra. Constituens se precario nomine dictas pecias terre tenere et possidere nomine dictorum Dni prioris et successorum suorum et prioratus usque quod de ipsis corporaliter apprehenderint possessionem quam apprehendendi et perpetuo retinendi a die sui obitus in posterum eis licensiam omnimodam dedit faciendo perpetuam donacionem de ipsis peciis terre, predictis priori et prioratui. Qui Dns prior videns ejus supplicationem fore consonam racioni, de consensu ipsius Dni abbatis, habita prius matura et diligenti deliberacione, habito consilio super ipso tractatu semel et pluries cum religiosis viris fratribus Boxoneto et Ugone monachis claustralibus dicti prioratus, annuit et consensit ad predicta omnia universa et singula supra et infrascripta. Et de concensu predicti Dni abbatis in presencia predictorum monachorum claustralium bona fide promissit sub obligacione omnium bonorum suorum et prioratus predicti pro se suosque successores a die obitus dicti Vuillelmi perpetuo qualibet edomada semel in ecclesia dicti prioratus suis et dicti prioratus expensis, unam missam ut supra facere celebrari. Et predicta omnia dicte partes promiserunt perpetuo habere firma acque grata et nunquam contra predicta vel predictorum aliquod facere vel venire. Que omnia et singula supra scripta, predictus Dns abbas asserens ea omnia esse in utilitatem evidentem dicti prioratus suo et sui predicti prioratus ac monasterii Clusini nomine, ratifficavit, confirmavit ac eciam approbavit et ea omnia perpetuo fore voluit valitura. Et bona fide promisit predicta omnia per suum conventum Clusinum facere ratifficari et presens instrumentum, sigillo dicti conventus facere sigillari. Precipentes de predictis dicte partes michi notario infrascripto duo vel plura et tot quod necessaria fuerint fieri publica instrumenta quociens fuerit oportunum. Et ad majorem roboris firmitatem predicti Dns abbas et prior sepe nominatus presens instrumentum de appensione eorum sigillorum juxerunt admuniri. Acta fuerunt hec in prioratu predicto Chamunisii, ibidem interfuerunt testes Dns Amedeus de Ursin. sacrista clusinus. Dns Ricardus de Ponte, prior Ayme. Dns Petrus Casto, curatus dicti prioratus. Anselmetus de Fonte de valle Miolani clericus ipsius Dni abbatis, Dns Parisius cappellanus et vicarius dicti prioratus, vocati ad hoc specialiter et rogati. Et ego Jacobus de Albiaco, imperiali auctoritate publicus notarius hiis omnibus interfui et hanc cartam rogatus scripsi et tradidi, signoque meo more solito signavi in testimonium premissorum.

Au bas pendent trois sceaux. Le 1er sur cire rouge représente un abbé crossé et mitré, revêtu de ses habits pontificaux, au pied sont les armes de Montbel avec cette légende : SIG. (effacé) RODVLPHI ABBATIS BEATI MICHAELIS DE CLVSA ; le 2e sur cire blanche représente l'archange Michel foulant à ses pieds le dragon, c'est celui du monastère de St-Michel de la Cluse ; sa légende est illisible ; le 3e sur cire brune représente également l'archange Michel tenant à la main droite une lance avec laquelle il perce le dragon ; au bas sont aussi les armes de Montbel, la légende est illisible. C'est le sceau d'Aynard de Montbel, prieur de Chamonix.

83

Affranchissement par Aynard, de Montbel, prieur de Chamonix, d'Aimon fils de Jacquier Berthod, son homme lige, et de toute sa postérité.

(1345.)

3 Juin.

(Tiré des archives de l'église de Sallanches, marqué R, n° 4. D'après l'original écrit sur parchemin.)

Nos frater Aynardus de Montebello prior prioratus Campi muniti. Gebennensis dyocesis Notum facimus universis presentes litteras inspecturis quod nos pro nobis et successoribus nostris in dicto prioratu contulimus et concessimus Aymoni filio Jaquerii Berthodi quondam homini nostro presenti stipulanti requirenti et recipienti licenciam et auctoritatem quod ipse pro se et heredibus suis possit et valeat si velit aut voluerit facere et prestare homagium ligium et fidelitatem, ipsum et heredes suos ac omnes ab ipsis descendentes ab homagio et fidelitate quibus nobis et dicto nostro prioratui erat astrictus pro nobis et dictis nostris successoribus absolventes penitus et quictantes. In quorum omnium robur et testimonium, nos prior predictus presentem litteram dicto Aymoni sigillo nostro tradidimus sigillatam. Datum die tercia mensis Junii anno Dni millesimo ccc° xL quinto.

Pend le sceau du prieur de Chamonix.

84

Déclaration faite par révérend Aynard de Montbel, prieur de Chamonix, en faveur d'Aymon Métral, métral de Chamonix, que ce dernier a droit de vivre à la table des moines du prieuré; tous les jours de dimanche, des fêtes de Noël, de Pâques, de Notre-Dame de la mi-août et de la Toussaint. Confirmation de cette faveur par révérend Rodolphe de Montbel, abbé de Saint-Michel de la Cluse.

(1348.)

1ᵉʳ Janvier.

(Archives de l'église de Sallanches. D'après une copie authentique du xvᵉ siècle, sur papier.

Anno Domini millesimo iiiᵒ quadragesimo octavo, indicione prima, die vicesima prima mensis januarii, coram testibus infrascriptis, per hoc presens publicum instrumentum cunctis appareat evidenter quod ad supplicationem Aymonis Mistralis, mistralis campi-muniti supplicantis et postulantis pro se et aliis successoribus suis qui imposterum dictam mistraliam tenebunt, Religiosus vir et discretus Dns Eynardus de Montebello, prior campi-muniti recognovit pro se et ejus successoribus qui pro tempore in dicto prioratu priores extiterint, quod ipse mistralis et ejus successores qui in futurum tenebunt dictam mistraliam in dicto suo prioratu, habent victum singulis diebus dominicis, diebus festi natalis Domini, diebus festi pasche, die festi Beate Marie medio augusti et die festi omnium sanctorum ad tabulam dominorum monachorum; quod eciam victum diebus supradictis tantum, considerans affectione bona quam idem mistralis et pater ejus usque acthenus habuerunt et quam incessanter de die in diem offerunt se habere in exercicio dicte mistralie erga ipsum Dnm priorem, prioratum predictum, homines et redditus ejusdem per quemdam eidem recipientem de novo confirmat, dat, donat et concedit victum superius denotatum sibi et ejus heredibus qui dictam mistraliam et ejus officium imposterum exercebunt. Promictens idem Dns prior pro se et suis successoribus dicto mistrali recipienti, pro se et suis, bona fide ac eciam sub voto religionis sue predictam recognicionem et omnia suprascripta habere perpetuo rata grata et firma et nunquam contravenire sub obligatione omnium bonorum dicti prioratus.

Ad hoc Reverendus Pater in xpo et Dns Dns Rod. de Montebello, divina miseracione, abbas monasterii Beati Michaëlis de Clusa, presens, certifficatus, ut decebat, de predictis et de bona diligencia dicti mistralis, predicta omnia, eidem mistrali ut supra recipienti, confirmat, ratifficat et approbat et in ipsis auctoritatem suum interposuit et consensum, et inde preceperunt michi notario subscripto, de predictis facere plura instrumenta.

Hoc actum fuit in prioratu de Eytone[1] in camera dicti Dni abbatis, ubi testes fuerunt vocati et rogati, Frater, Amedeus, Sacrista, sancti Michaëlis, Frater Humbertus, prior de [2] Tella et Dns Guillelmus de Campomunito, sacerdos.

Et ego Jacobus Igarde, de Camera, auctoritate imperiali, notarius qui hanc Cartam per me receptam et abreviatam et de meis prothocollis levatam per Guillelmum de Costa, notarium, coadjutorem meum, michi datum per Dnm judicem Maurianne et Chamberiaci, signavi solitis meis signis et in ea me subscripsi.

Datum pro copia, facta collacione cum suo proprio originali, per me notarium subsignatum.

Signé: IDEM J^{es} SOLIARDI.

---

[1] Aiton.
[2] La Thuile.

85

Hommage, lige et fidélité prêtés à Jean Bochard, prieur de Chamonix, par 96 chefs de famille de la vallée de ce nom.

(1361.)

29 Août.

(Archives de l'église de Sallanches, R, n° 6.)

In nomine Patris et Filii et Spiritus sancti. Amen. Anno a nativitate ejusdem Dni millesimo ccc lx primo, indicione xiiii cum eodem anno sumpta, die xxix mensis Augusti. Per hoc presens publicum instrumentum cunctis appareat evidenter quod in presencia mei notarii publici infrascripti et testium subscriptorum, personaliter constitutis hominibus infrascriptis existentibus, ut asserunt, in terra de Chamonix, ipsi homines et ipsorum quilibet pro se et singulas nasciones ab ipsis imposterum descendentes, non vi, non dolo, nec metu inducti, sed scientes ac de jure suo et rei veritate plenius informati, ad instanciam et requisicionem venerabilis et religiosi viri Dni Johannis Bochardi, prioris prioratus de Chamonix, Gebennen. Dyoc. requirentis et recipientis, nomine suo et dicti prioratus et maxime coram ven. et religioso viro fratre Petro Bochardi, prioris prioratus Portus Valisei [1] et nobili viro Roleto de Fracia domicello, datis et positis pro curia ipsis hominibus per ipsum Dnm priorem et eciam laudata et approbata per ipsos homines et eorum quemlibet. Predicti homines confessi sunt per juramenta sua super sancta Dei Evangelia quilibet pro se et manifeste recognoverunt se et heredes suos et omnes et singulos natos et nascituros et quoscunque ab eis et eorum quemlibet in pos-

[1] Prieuré de Port Valais, près Monthey (Suisse).

terum descendentes et predecessores suos esse velle et esse
debere et fuisse a tanto tempore quod in contrarium memoria non extitit, homines ligios tam pro rebus quam pro personis ipsius Dni prioris et dicti prioratus, et eidem Dno
priori debere, quilibet ipsorum, fidelitatem ligiam pro se
et singulas nasciones, ut prefertur ; quas fidelitates fecerunt
incontinenti manuales, eidem Dno priori manus suas inter
manus ipsius Dni prioris preponendo, genibus flexis et ipsum in hore hosculando, cunfitentes, ut supra, quod quidquid ipsi tenent et possident infra terram, Dominium et
mandamentum dicti prioris de Chamonix, ipsi tenent et
tenere debent et volunt et est et esse debet et fuit ab antiquo
a tanto tempore quod incontrarium memoria non existit, de
feudo puro et antiquo dicti Dni prioris et prioratus predicti.
Promiserunt dictique homines infrascripti et ipsorum quilibet pro se per juramenta sua jam prestita, se et suos heredes
esse fideles erga prefatum Dnm priorem et prioratum et
omnes et singulos articulos fidelitatis erga prefatum Dnm
priorem et prioratum firmiter et inviolabiliter observare,
presentemque confessionem et omnia et singula supra et
infrascripta rata, grata et firma habere perpetuo et tenere et
nunquam per se vel per alium contra facere vel venire, nec
contra facienti in aliquo consentire. Homines vero sunt hii.
Primo Perrussodus Demurenchia, Chamonix Challet, Johannes Nobles, Mychael Pillicier, Boso Cochat, Vuillelmus Vullodi, de Monte Valterio [1], Ansermus Venos, Martinus Bosson,
Peronetus De mussoz, Girardus de Ponte lacus, Petrus Vellat,
de Monte Valterio, Berthodus De pratis, Durandus Cormant,
de Monte Valterio, Aymo de Nantis, Perretus Challet, primogenitus, Moterius Bonjors, Girardus de Monte Valterio,
Perretus Trapperii, Melicretus Jorancz, Aymo Tyssot,
Johannes Attricaz, Michael Fatenios, Johannes Corteys,
Mychael Lechiez, Vuillelmus de Chavens, Johannes Paviot,

---

[1] Mont-Vautier en dessus de Servoz, commune des Houches.

Aymo Lavanchier, Viviandus Viannat, Johannes de Cresco, Johannes Tyeceys, Franciscus De combis, Melieretus Actricaz, Martinus Chavoyuz, Aymo Challat, Johannetus de Molendino, Vullelmus Cochacz, Girardus Dou Bor, Franciscus de Nantis, Boso Balmat, Perretus Pavioti, de Pratis, Viviandus Balma, Perronetus Fabri, Johannes ejus frater, Guigo Coyndat, Johannes de Pessia, Jaquetus Riqueti, Jaquerius Generis, Perretus Cochat, Falquetus Matelli, Perretus Porment, Vullelmus Rodulphi, Mychaël Riqueti, Jaquemetus Peclos, Falquetus Chacotinz, Perretus Sadouz, Aymo Xpini, Perretus Sadouz, Jaquerius Gras, Aymo Sadouz, Vullelmus Sadouz, Henricus Xpini, Johannes Praeys, Mychaël Michallodi, Rodulphus de Cupillino, Melyoretus Jorancz, Jaquemctus Sapientis, Girodus Falquoneti, Mermerius Moterodi, Johannes de Turno, Johannes filius Johannis de Ponte quondam, Johannes de Planis, Johannodus dou Lavanchier, junior, Vullelmus ejus frater, Melyoretus Coyndat, Berthodus Semblanet, Guigo De planis, Viviandus Tyssot, Richardus Meyneuz, Petrus Berthodi, Aymo Juglars, de Fraciis, Johannes de Costa, Petrus Pugiors, Johannes Pastor, Johannes Jaqueteys, Peronetus Gilliers, Guigo Berthodi, Johannes Chacotini, Perretus filius Berthodi de Ponte, Melyoretus Cugniat, Perretus de Ponte, Johannes Fraret, Perretus Gaytaz, Jaquemetus Falquoneti, Perretus Calliet et Perretus Cachat. Qui predicti homines supra scripti renunciaverunt juribus omnibus et excepcionibus per quas possent contra predicta facere aut in aliquo se tueri. Actum apud Chamonix, ante magnum granerium prioratus predicti, ubi ad hec fuerunt testes vocati et rogati. Videlicet Fratres Hugo de Criniaco, Petrus Coenos de Albietz, monachi, Hugo Mistralis, clericus, et Guillelmus de Chesa, marticularius de Chamonix. Et ego Nicoletus Bordonis de Mota, clericus, auctoritate imperiali notarius publicus qui impredictis una cum dictis testibus presens fui, hoc presens publicum instrumentum recepi, ipsumque scripsi, subcripsi et in formam publicam redegi, signisque meis michi consuetis, signavi fideliter et tradidi requisitus in testimonium veritatis.

Par acte du 2 novembre, même année, plusieurs autres particuliers de Chamonix (38) passent semblable reconnaissance pour n'avoir pas été présents à la précédente. Dans cette reconnaissance ont été acceptés *(pro curia)*, Aymon de Menthonay et Aymon Métral, le premier curé de Chamonix et le second grand métral du lieu.

86

Sentence absolutoire prononcée par spectable Etienne d'Orsières, juge de la terre et juridiction de Chamonix, en faveur de Mermier Moterod qui avait été à tort accusé par Pierre Bovis d'avoir pris, sans le consentement de ce dernier, la jument de celui-ci; le plaignant est condamné aux frais et cité pour les premières assises pour entendre prononcer la taxe.

(1364.)

1ᵉʳ Février.

(Archives de l'église de Sallanches, titre de la justice de Chamonix. D'après l'original écrit sur parchemin.)

Anno Dni millesimo ccc° lxiiij°, die prima mensis februarii, ad quam diem Mermerius Moterodi citatus extiterat in assisiis de Chamonix coram nobis Stephano de Orseriis, judice dicte terre pro venerabili et religioso viro Dno Johanne Bochardi, priore prioratus dicti loci, diffinitivam sentenciam auditurus in et super quadam inquisicione in ipsum facta ex officio curie die xiij^a mensis decembris anno Dni m,

CCC°, LX primo, ad denunciacionem Petri Bovis, per quam inquisicionem inculpabatur quandam equam dicti denunciantis pili bay bruni cepisse et penes se detinuisse sine licencia dicti Petri Bovis et consensu. Visa per nos siquidem dicta inquisicione et diligenter inspecta, pro tribunali sedentes, more majorum, Deum solum oculis prehabentes, sacrosanctis scripturis prepositis coram nobis, nichil de contingentibus obmictendo, sollempnitatibus que debitis per nos legitime observatis, tum quia dictus Mermerius legitimas fecit deffensiones quas sufficientes, ydoneasque et relevatorias reputamus, tum quia ipsum de predictis, culpabilem non reperimus, eundem Mermerium a dicta inquisicione, totoque ejus effectu absolvimus et pronunciamus, absolutum; summaliter in hiis scriptis dictumque Petrum Bovis in emendam injurie simul et expensis dicti Mermerii condempnamus, ipsarum taxacione nobis in posterum reservata. Mandantes tenore presencium Castellano de Chamonix aut ejus vices gerenti quathenus citet coram nobis ad diem primam primarum assisiarum per nos apud Chamonix tenendarum dictum Petrum Bovis visurum et auditurum taxacionem dictarum expensarum et injurie in quibus per nos ut supra extitit condempnatum. Datum ut supra sub sigillo nostro in testimonium premissorum.

Signé : JOH. DE OR[iis] (ORSERIIS).

Le sceau est rompu.

87

Reconnaissance passée par Pierre de Thuet, curé de Vallorcine, en faveur de Jean Bochard, prieur de Chamonix, du personnat de son église et des servis annuels auxquels il est tenu envers ce dernier, en sa qualité

(1364.)

23 Août.

(Tiré des archives de l'église de Sallanches, C, n° 5. Copié d'après l'original écrit sur parchemin.)

In nomine domini. Amen. Anno ejusdem millesimo ccc° sexagesimo quarto, Indicione secunda cum eodem anno sumpta et die vicesima tercia mensis augusti. Per hoc presens publicum instrumentum cunctis fiat liquide maniffestum quod in presencia mis notarii publici juratique curie Reverendi in xpo patris et dni episcopi gebennen. et ejus officialis et tertium subscriptorum propter hec que secuntur. Personnaliter constituti vir venerabilis et religiosus dns Johannes Bochardi, prior prioratus Campimuniti, gebenn. diocesis, ex una parte. Et discretus dns Petrus de thus parochie pouch [1]. curatus Vallisursine ejusdem diocesis ex altera dictus dns curatus sciens prudens et spontaneus non vi non dolo nec metu inductus nec ab aliquo ut asserit circunventus sed ex ejus certa sciencia de jure suo et facto ad plenum certificatus. Ad instanciam et requisicionem prefati dni prioris. Confitetur et in veritate publice maniffestat et recognoscit ac si esset presens in judicio pro se et suis successoribus universis et singulis jam dicte sue ecclesie se debere et solvere tenerique et suos successores predictos, erga

---

[1] Tuet, hameau de la commune de Pouchy, près Bonneville.

eundem dnm priorem prioratum suum predictum, ac successores ejusdem quoscumque, presentem stipulantem et sollempniter pro se et suis successoribus prioratus sui predicti recipientem nec non et mihi notario subscripto stipulanti et recipienti vice nomine et ad opus omnium quorum interesse poterit infuturum, fore velle debere seque constituit et afficit esse astrictum et eciam obligatum. ad omnia infrascripta onera et tributa perpetua et ad alia inferius in hujusmodi instrumento contenta. Et primo confitetur ut supra idem curatus pro se et successoribus suis, eidem dno priori stipulanti ut supra, decem solidos annuales pro personagio predicte sue ecclesie solvendos quolibet anno per dictum curatum et successores suos dicto dno priori et suis successoribus, aut illi vel illis qui nomine ejusdem dictum prioratum rexerint et tenuerint videlicet in festo beati Michaelis archangeli. Item confitetur idem curatus pro se et successoribus suis jam dictis, se debere eidem dno priori stipulanti prout supra pro predicta sua ecclesia, procurationem annualem et perpetuam. Scilicet recipere semel quolibet anno, tempore et die quibus voluerit idem dns prior et maluerit eligere, et dicto curato 'que successoribus, diem et adventum ejusdem dni prioris intimare et notificare teneatur ipse prior aut alius ipsius nomine prefatum dnm priorem cum ejus comitiva apud vallem ursinam in domo cure dicti curati eumdem priorem associanti, cum totidem roncinorum per unam diem integram naturalem, bene et honorifice secundum dicti dni prioris condecenciam acque statum, que victualia communia et cibaria, sumptibus missionibus et expensis tamen ipsius curati, dictis dno priori et comittive ejusdem associantis eundem prout supra, apta et condecencia cum expensis dictorum roncinorum ministrare et preparare idem curatus teneatur, quibus die, tempore et eo tunc idem curatus roncinum seu palafrerium ipsius Dni prioris et omnes alios roncinos dicte sue comittive equitantes ipsumque associantis prout supra, ferrare ferris et clavellis necessariis eisdem duntaxat propriis dicti curati sumptibus et expensis, videlicet ferros et clavellos ministrare teneatur. Item idem curatus confitetur prout supra quod idem tenetur recipere in domo sua cure ecclesie predicte et recitare in eadem, familiares ipsius dni prioris, tam in vigiliis et diebus festivis assumpcionis et nativitatis beate Marie quam aliis vigiliis et diebus feriatis et non feriatis annuatim et tociens quociens ibidem apud vallem ursinam venerint et se dicti familiares transtulerint pro negociis ipsius dni prioris peragendis. Et eisdem familiaribus de cibariis victualibus et epulis donare idem curatus et ministrare sumptibus tamen ejusdem curati. teneatur, prout acthenus tam ipse curatus, quam predecessores ejusdem tantum modo et non aliter dictos familiares recipere et recitare et reliqua facere ut prefertur assucti extiterant et temporibus retroactis tenebantur ad predicta. Promittens idem curatus per juramentum ad sancta Dei evangelia corporaliter prestitum pro se et successoribus suis universis et singulis quibuscumque et sub expressa? hypotheca obligatione omnium bonorum suorum quorumcumque mobilium et immobilium presencium et futurorum. dare et solvere sine difficultate quacumque. eidem dno priori stipulanti ut supra, dictos decem solidos Gebenn. annuales pro dicto personagio termino predicto, nec non omnia universa et singula superius contenta et enarrata, facere actendere, complere firmiter et inviolabiliter imposterum observare rata et grata valida et firma perpetue habere et tenere et nunquam contra facere nec venire, nec alicui contra venire volenti aliqualiter consentire sed pocius dissentire. Renuncians[1]. Et generaliter omni alii juri canonico et civili. quod dicto curato et successoribus suis suffragare posset ad faciendum contra predicta vel aliqua ex eisdem. Et demum juridicenti generalem renunciacionem non valere nisi pre-

---

[1] Formule juridique supprimée....

cesserit specialis. Et fuit actum quod de predictis fiat per me subscriptum notarium unum vel plura publica instrumenta ad opus dictorum dni prioris, dicti sui prioratus et successorum suorum quod sic dictatum productum in judicio vel non productum possit dictari corrigi meliorari et de novo refici semel et pluries ac tociens quociens opus fuerit ad consilium peritorum facti tamen substancia non mutata. Acta sunt hec apud Vallem ursinam infra ecclesiam dicti loci presentibus testibus viris nobilibus et religiosis fratre hugone de *cremiaco* monacho claustrali dicti prioratus campi minuti. Roleto de Fracia et Francisco ejus filio domicelis. Johanne mistralis de Valle ursina Johanne *Tavelle* vallis predicte et perrussodo de murenchia de campomunito ad premissa vocatis specialiter et rogatis.

Et ego Jaquetus Henr^{di} de Clusis, clericus auctoritate imperiali notarius publicus hiis omnibus et singulis premissis dum sic ut premictitur agerentur, una cum testibus memoratis presens fui et hoc presens publicum instrumentum propria manu scripsi recepi inde me subscripsi et in formam publicam redegi signo meo michi solito signavi et tradidi consignatum requisitus et rogatus, datum ut sup.

Signé : J^a H.

Par acte du 13 août 1413. *Actum apud Chamonix in claustro dicti prioratus presentibus testibus ad premissa vocatis et rogatis. Dno Guillelmo de Chanya monacho beati Michaelis de Clusa. Dno Rod. de platea de Aventica curato de Chamonix. Francisco nuctrito Dni Aymonis de Monthonay curati quondam de Chamonix,* reçu par Jaquet de Joria, dudit lieu, notaire impérial ; Humbert André, curé de Vallorcine, passa semblable reconnaissance et dans les mêmes termes en faveur dudit R^d Jean Bochard, prieur de Chamonix.

Par autre acte du 24 mai 1447, Me Pierre Daniel, de Passy, notaire impérial, dom Mermet Munfaudi, de Albena, passa semblable reconnaissance en faveur de Guillaume de la Ravoire, prieur de Chamonix.

88

Hommage lige et noble, prêté, sans préjudicier à ses devoirs envers le seigneur de Charrosse, par noble Jeannette, fille et héritière universelle de noble Jean de Thoire, chevalier, femme de N. Pierre d'Hauteville, damoiseau, coseigneur dudit lieu et seigneur de Crete, en faveur de vénérable Jean Bochard, prieur de Chamonix, pour tous les hommes et les terres qu'elle possède du chef de son dit père, dans les territoires de Vaudagne et du Lac, — investitute par ledit prieur en faveur de ladite dame d'Hauteville.

(1365.)

27 Janvier.

(Tiré des archives de l'église de Sallanches, B, n° 8. Copié d'après l'original écrit sur parchemin.)

In nomine Domini. Amen. Anno ejusdem millesimo ccc° sexagesimo quinto, indicione tercia, die vicesima septima mensis januarii. Per hoc presens publicum instrumentum cunctis appareat evidenter quod in presencia mis notarii publici juratique curie Dni officialis Gebenn. et Jaquemeti de ocz notarii et testium subscriptorum, propter hec que secuntur. constituti personaliter vir venerabilis et religiosus dns Johannes Bochardi prior campimuniti ordinis sancti benedicti gebenn. diocesis, pro se et successoribus suis ex una parte. Et nobilis Johanneta filia quondam et heres uni-

versalis ut dicit viri nobilis dni Johannis de Thoria militis.
que consors nobilis et potentis Petri de Altavilla domicelli
condomini dicti loci et dni de creta [1] pro se heredibus et successoribus suis ex altera. Cum ita sit quod dictus dns
Johannes de Thoria agens in hoc facto nomine suo et suorum heredum fecerit et prestiterit [2] predecessoribus dicti
dni prioris moderni et prioratus ejusdem predicti homagium
nobile et ligium et fidelitatem ligiam excepto dno de Cherrossia dno suo et homagio ad quod eidem dno de Cherrossia
ipse dns Johannes tenebatur et hoc pro rebus quas tenebant.
tam ipse dns Johannes quam heredes Petri de Marlio. apud
locum de Voudagny et lacum in feudum nobile dicti prioratus infra districtum et juridictionem dicti prioratus consistentibus et existentibus. prout hec omnia ipse partes de
premissis per Johannem Michaleti de Chamonix notarium
publicum asserunt instrumentum recepisse et scripsisse,
quod per Symondum de gillier notarium publicum grossatum existit et signatum. cujus instrumenti secunda linea
incipit *Johanne* et penultima finit *redde* sub anno dni currente millesimo ccc° xxvi°, indicione decima die xx secunda mensis januarii. Vigore cujus homagii sic ut premictitur olim per dictum militem prestiti petebat idem
dns prior nomine suo et dicti sui prioratus. Res predictas
sibi et dicto prioratui suo. excheutas tam de jure quam
consuetudine commissas et appertas. tam pro eo quia infra
tempora debita statuta et proclamata. homagium debitum
pro predictis. non fuit dicto dno priori nec ejus prioratui
redditum nec eciam prestitum. quam pro eo. quia non fuit
dicta nobilis per prefatum dnm priorem investita de predictis prout ordo juris postulat et requirit. dicta nobilis Johanneta proponente et dicente quod per ipsum dnm priorem.
nec alium super hoc potestatem habentem pro homagio

---

[1] Probablement le Cretet, commune de Magland.
[2] Acte du 22 janvier 1326, n° 76, p. 188.

predicto ad quod ipse res. erga dictum dnm priorem et prioratum ejusdem sunt astricte. prestando et eciam faciendo. super hoc fuerit minime requisita, quibus sic actis dictis et replicatis per partes predictas ipse dns prior volens dictam nobilem Johannetam circa premissa prosequi cum gracia et favore investivit ante omnia et tenore presentis instrumenti investit de predictis omnibus et singulis rebus feudalibus. cum totale dominio. quale habebat et usus fuit tempore mortis sue dns Johannes pater suus antedictus in eisdem. prefatam Johannetam presentem, stipulantem solempniter pro se heredibus et successoribus suis recipientem. per tradicionem unius calami ut moris est. Salvo tamen in predictis rebus, jure dicti sui prioratus et alterius cujuscumque. Ceterum ipsa nobilis Johanneta sciens et spontanea nulla dolosa machinacione intercedente. pro se et suis successoribus et heredibus quibuscumque non seducta cohacta nec ab aliquo ut asserit circumventa. sed scienter et provide de juribus suis et factis lingua romana per nos notarios subscriptos ad plenum cerciorata jussu mandato et auctoritate expressa. dicti Petri viri sui jubentis et precipientis prout supra ad infrascripta peragenda ad instanciam et requisicionem prefati dni prioris requirentis suo domine dicti sui prioratus successorum suorum quorumcumque. Juravit fecit et prestitit homagium nobile et ligium et fidelitatem ligiam. dicto dno priori presenti stipulanti nominibus quibus supra recipienti. necnon in manibus nostrorum notariorum subscriptorum stipulancium et recipiencium vice nomine et ad opus omnium et singulorum quorum interest intererit et interesse poterit in futurum, excepto dicto dno de cherrossia domino suo et homagium ad quod eidem tenetur. prout et quemadmodum dictus dns Johannes pater suus erga dictum dnm de Cherrossia fore reperiretur astrictus duntaxat et non aliter. Promisitque et ad sancta Dei evangelia juravit dicta nobilis Johanneta velud heres universalis dicti dni Johannis patris sui ut dicit prout supra et de mandato quo supra, pro se et suis et sub expressa obligacione et ypotheca omnium bonorum suorum presencium et futurorum, fidelitatem dicto dno priori et prioratui suo et successoribus suis, perpetuo omnia facere et servare, que et prout tenetur fidelis dno suo, ut in capitulis et forma fidelitatis et declaracionibus eorumdem continetur. Preterea accepit confitetur et publice recognoscat velud heres ut supra ipsa Johanneta mandato quo supra pro se et suis ad instanciam et requisicionem dicti dni prioris stipulantis et recipientis ut supra, se tenere, et velle, tenere, et tenere debere et suos heredes et successores constituit perpetuo tenere, ab eodem dno priore et successoribus suis per infinitum in feudum franchum nobile et antiqum homines cum posteritatibus eorumdem redditus tributa servicia usagia jura et omnia universa alia et singula que prefatus dns Johannes pater ipsius Johannete, apud dicta loca de Voudagny, lacum et alibi ubicumque infra districtum et juridicionem dicti prioratus dudum, possedebat tenebat et utebatur quoquomodo in et super ipsis rebus quibuscumque hominibus et posteritatibus ipsorum redditibus censis et aliis tributis pro ipsis rebus debitis. Promictens autem dicta nobilis pro se et suis juramento suo et obligacione quibus supra, confiteri recognoscereque dicto dno priori et ejus prioratui et successoribus ejusdem, omnia universa et singula jura feudalia et alia dicto priori et ejus prioratui predicto pertinencia et competentia, ultra predicta per eandem nobilem supra recognita et confessata quandocumque et quocienscumque fuerit super hoc informata et ad ejus pervenerit noticiam sine difficultate quacunque. Promictentes dicte partes videlicet idem dns prior bona fide et sub voto sue religionis manum in pectore apponendo et dicta nobilis juramento suo et obligacione quibus supra in manibus nostrorum notariorum subscriptorum stipulantium ut supra[1]. Et fuit actum quod de predic-

---

[1] Formule juridique supprimée....

tis fiant per nos notarios duo ejusdem substancie publica instrumenta quorum quelibet pars unum habeat que sic dictata, producta in judicio vel non producta possint dictari corrigi meliorari et de novo refici semel et pluries, ac tociens quociens opus fuerit, ad consilium peritorum, facti tamen substancia non mutata. Acta sunt hec apud lacum de siervu appelatum in terram et juridicionem dicti prioratus ante domum prioratus predicti vocatum mureynchy, presentibus testibus, videlicet viris nobilibus et discretis Roleto de fracia Johanne de thoria dicto jocerant, Anthonio chervello, Aymone mistralis de Chamonix, Aymone botellier de siervu domicellis dnis Stephano bandeta curato beate marie dicti loci de lacu et Aymone de mentunay curato de Chamonix et pluribus aliis ad premissa vocatis specialiter et rogatis.

Et ego Jaquetus Henr[di] de clusis clericus auctoritate imperiali notarius publicus. hiis omnibus et singulis premissis dum sic agerentur et fierent una cum dictis Jaquemeto doez notario subscripto et testibus supradictis presens fui, presensque publicum instrumentum recepi cum dicto Jaquemeto manu propria scripsi inde me subscripsi, et in formam publicam redegi signo meo michi solito signavi et tradidi consignatum requisitus et rogatus.

I. J[a]. H.

89

A. *Transaction entre Jean Bochard, prieur de Chamonix, et François de Lucinge, tant de son chef qu'au nom de Marie, fille de Guillaume de Marlio, au sujet de la Juridiction de ces derniers sur les hommes qu'ils possèdent dans le territoire de Vaudagne, dépendant dudit prieuré.*
E. *Ratification de cette transaction par ladite dame de Lucinge.*

(1366)

29 décembre.

Dans cette transaction sont ténorisés les actes suivants, produits par le prieur de Chamonix à l'appui de ses droits.

B. *Transaction entre Révérend Richard de Villette, prieur de Chamonix et nobles Amédée Métral et Pierre de Marlio, cousins, relativement à la même juridiction.*
C. *Délimitation entre les mêmes de leur Juridiction respective.*
D. *Avis en droit à ce sujet.*

(1285.)

(Tiré des archives de l'église de Sallanches. — B. N° 9. Copié d'après l'original écrit sur parchemin.)

A In nomine Domini. Amen. Anno a nativitate ejusdem currente millesimo ccc° sexagesimo septimo indicione quinta sumpta cum eodem anno die xxix^a mensis decembris. Per hoc presens publicum instrumentum cunctis fiat manifestum quod in nostrorum notariorum et testium subscriptorum presencia propter hec que sequuntur. Personnaliter constituti vir venerabilis et religiosus dns Johannes Bochardi prior prioratus de Campo-Munito ex una parte et Franciscus de

Lucingio domicellus ex altera. Cum questio et questionis materia diu versa fuerit et suborta videlicet inter dictum dnm priorem nomine suo et dicti sui prioratus Campimuniti ex una parte, et dictum Franciscum de Lucingio nomine suo et Marie filie quondam Guillelmi de Marlio domicelli ejus uxoris ex altera super eo quod dictus dns prior ut supra nomine dicebat et proponebat se habere et habere debere in terra sua Campimuniti et toto territorio ejusdem indifferenter merum mistum imperium et omnimodam juridicionem et excrcicium eorumdem super omnibus hominibus tam suis quam alienis infra dicte terre districtum degentibus et delinquentibus omniumque causarum et casuum civilium et criminalium inquisicionem cognicionem decisionem et punicionem et de predictis et singulorum predictorum mero misto imperio juridicione omnimoda inquisicione decisione cognicione se et suos predecessores esse et fuisse ab antiquo in plenissima possessione et hucusque pacifice et quiete et ideo utendo premissa potestate dominica contra nonnullos dictorum conjugum homines de Voudagny pro eorum demeritis delictis et culpis per suam curiam ordinariam. Inquisiciones tam de mero sue curie officio quam ad partis querellam fieri jussit et per suum judicem pronunciari servatis juris solempnitatibus quas in preferendis sentenciis convenit observare et latas sentencias per distractionem et capcionem bonorum rerum et pignorum hominum nobilium predictorum poni fecit in exequcionis effectum de quantitatibus in quibus per suum modernum judicem condempnati extiterunt. Dicebatque idem dns prior quo supra nomine et proponebat predictum franciscum quo supra nomine super hiis indebite molestari et contradicere minus juste conari in juridicione et exercicio juridicionis per ipsum dnm priorem adversus dictorum conjugum homines apud Voudagny commorantes et alibi infra dictam suam terram pretensis *(sic)* et ideo dicto francisco quo supra nomine super impedimento adversus premissa cum apposito silencium perpetuum imponi postulabat. Ex adverso dicebat proponebat et excipiebat idem franciscus quo supra nomine quod licet idem dns prior habere se dicit merum et mistum imperium ac juridicionem pretensam in terra sua Campimuniti dicti sui homines de Voudagny et infra ipsum territorium degentes et habitantes excipiuntur et excluduntur dicens quod tam ipse quam predecessores dicte sue uxoris a quibus causam habet in et super homines territorii predicti tenementis eorum in suis feudis habet et habuit ab antiquo, mistum imperium et misti imperii juridicionem, lites et causas inter ipsos homines ad invicem vertentes et que contra ipsos ab aliis extraneis personis moventur per se et per suam curiam audiendi, cognoscendi, decidendi inquirendi judicemque suum ponendi et creandi pro justicia facienda in hiis que juridicionem misti imperii postulant et requirunt et de predictis seipsum quo supra nomine in possessione vel quasi predicta faciendi esse asserit et fuisse, predecessorum suorum priorum temporibus usque ad presentem et modernum dnm priorem qui eundem franciscum et ejus uxorem super hiis inquietat et perturbat sine causa que dicta et proposita per Franciscum predictum quo supra nomine fuerunt per dictum dnm priorem nomine quo supra inquantum jus et juridicionem sui prioratus enervare videntur omnino denegata. Demum post multas dictarum partium altercaciones et debata habitas et habitas hinc et inde, volentes dicte partes de predictis ad pacem, finem et concordiam amicabiliter pervenire se super dictis questionibus dependentibus que et emergentibus ex eisdem de prudencia, fide et industria viri venerabilis et religiosi domini Johannis de Lugrino prioris prioratus de Pellioncy plenissime confidentes. Compromiserunt in eundem duntaxat sibi insolidum, concessa omnimoda potestate dictam questionem audiendi videndi et examinandi omnia et singula que partes ipse ad probaciones suorum jurium vellent per testes aut per legitima documenta edocere dicendi cognoscendi et pronunciandi prout sibi videretur amicabiliter faciendum absque reclamacione arbitrii boni viri vel alia interposita quacumque contraria excepcione. Ideo dictus dns prior de Campomunito ad probationem sui juris produxit quoddam publicum instrumentum scriptum receptum et signatum per Wilm de Chamonix notarium publicum inter dnm Richardum dudum priorem Campimuniti et Amedeum Mistralis de Passier et Petrum de Marlyu dicti Amedei consanguineum continens transactionem inter se inhitam cujus vero instrumenti tenor inferius est descriptus. Ita quod dictus dns prior de Pellioney compromissarius et arbiter super sibi dubiis et obscuris in dicto transactionis instrumento contentis et enarratis in scriptis consilium habeat peritorum parcium predictarum sumptibus et expensis specialiter si domicelli in transactione nominati vel eorum successores de bannis pecuniariis que dicunt ad eos pertinere cognoscere debeant seu judices eorum vel judex dicti dni prioris de Chamonix vigore transactionis producte et consilium quod habuerit et invenerit de predictis idem dns prior de Pellioney arbiter et compromissarius sepe dictus die certa per eum partibus assignanda sigillatum eisdem presentaret et quicquid inde consultum fuerit per peritos tenere et actendere inviolabiliter promisserunt. Quodquidem consilium die presenti dictus dns prior de Pellioney duobus sigillis peritorum quorum facit consilium mencionem eisdem partibus presentavit et ad ipsius dni prioris de Pellioney interrogacionem factam partibus antedictis si ipsum apperui et publicari volebant et sibi adherere, responso quod sic, idem dns prior de Pellioney arbiter compromissarius memoratus dictum consilium seu litteram consilii apperuit et publicavit. Quo publicato et apperto dicte partes dicto consilio consenserunt cujus etiam consilii tenor inferius est insertus, propterea idem dns prior de Pellioney arbiter premissis, gestis recepta in se a partibus predictis ut premictitur potestate ipsis partibus presentibus audientibus et consencientibus stando ore suo pronunciavit in modum qui sequitur videlicet quod dictus domicellus quo supra nomine juxta contentum modum tenorem et formam transactionis prelibate ad requestam dicti dni prioris Campimuniti vel sui certi mandati tenere et possidere ab eodem dno priore de Chamonix quo supra nomine quicquid tenet et possidet in territorio de Voudagny et alibi infra dictam terram de Chamonix si quid tenere vel habere aliud reperiatur videlicet homines, homagia redditus, possessiones et predia particulariter et sigillatim recognoscat et recognoscere teneatur cum effectu. Item quod cognicio bannorum pecuniariorum imposterum commictendorum per homines dictorum conjugum in dicto territorio de Voudagny degencium et habitancium et in feudis eorum ad dictum dnm priorem de Chamonix quo supra nomine seu ejus judicem ex nunc et in perpetùum pertineat pleno jure et dicta banna pecuniaria sic cognita per curiam dicti dni prioris ad dictum franciscum quo supra nomine et eorum successores heredes que de cetero commictuntur ut prefertur pertineant et deveniant absque diminucione quacunque. Item quod per hujusmodi concordiam arbitrariam instrumentum transactionis productum perdictum dnm priorem de Chamonix cum suis singulis clausulis et capitulis semper in sua plena firmitate perseveret nec per hec sibi quicquam detrahi valeat vel aliter derogari. Item pronunciavit idem dns prior arbiter et compromissarius antedictus quod dictus franciscus cum effectu procuret per predictam mariam uxorem suam laudari et emologari presentem concordiam quuncumque dicti dni prioris de Chamonix nomine quo supra parte fuerit requisiti. Quam pacem et concordiam et omnia universa et singula supra scripta in omnibus et singulis clausulis et capitulis suis dicte partes prout ipsarum quanlibet poterit adaptari laudantes et emologantes presentem. Promiserunt videlicet dictus dnus prior de Chamonix sub voto sue religionis manu ad pectus suum posita ut moris et solitum est inter religiosos observare et sub expressa et ypotheca obligacione rerum dicti sui prioratus quarumcumque; et dictus Franciscus per juramentum suum ad sancta Dei evangelia corporaliter prestitum et sub obligacione omnium bonorum suorum mobilium, immobilium presencium et futurorum rata grata vallida et firma habere tenere perpetue per se et suis heredibus successoribus et posteritatibus quibuscumque. Eaque omnia et singula inviolabiliter observare et nunquam per se vel per alium in judicio directe vel indirecte, palam vel occulte contra premissa vel de premissis aliqua facere vel venire nec contra venire volenti ullathenus consentire. Renunciantes dicte partes quibus supra nomine per pactum expressum jure jurando et solempni stippulacione vallatum prout cuilibet melius competit in hoc facto omni excepcioni doli mali, vis metus accioni in factum condicioni ob causam et sine causa. Excepcioni quod non sit plus scriptum quam dictum vel econtra, juri per quod deceptis in suis contractibus subvenitur omni excepcioni et lexioni juri dicenti quod si dolus incidit in contractum quod contractus rescindatur, juri dicenti factum alienum permictere non posse et omni alii juri canonico et civili per quod possent contra premissa vel aliqua de premissis facere vel venire, juri eciam generalem renunciacionem reprobanti nisi precedente speciali. Et super premissis omnibus et singulis predicti contrahentes quibus supra nominibus per nos infrascriptos notarios fieri voluerunt duo publica instrumenta ejusdem substancie videlicet unum ad opus dicti dni prioris et prioratus sui de Chamonix et aliud ad opus dicti francisci et sue uxoris jamdicte corrigenda reficienda et dictanda ad peritorum consilium quociens necesse fuerit facti substancia semper salva Eciam postquam in judicio exibita fuerint vel obstensa. Acta fuerunt hec publice apud Clusas retro domum Johanis Aragon notarii posteriorem, presentibus testibus ad premissa vocatis et rogatis videlicet Ramusio de monteforti Jacquemeto de submonte Mermeto mangn. domicellis. Ansermodo

Ambr. jurisperito dno Stephano bandica curato beate Marie de lacu Johanne Aragon predicto et Johanne escueni de Clusis notariis cum amico et compromissario prelibato. Tenor vero instrumenti transactionis per dictum dnm priorem de Chamonix producti sequitur et est talis. **B** Anno dni millesimo cc° octuagesimo quinto, indicione tresdecima die jovis in vigilia beati mattei apostoli coram testibus infrascriptis et me notario infrascripto venerabilis vir frater Richardus. Prior prioratus de Chamonix gebennensis diocesis ex una parte et Amedeus Mistralis de Passier et Petrus de Marlyu dicti Amedei consanguineus domicelli de parochia de Passier ejusdem diocesis ex altera fecerunt concordiam infrascriptam de questionibus rancuris et mulciis [1] infrascriptis. Videlicet super eo quod dictus dns prior asserebat se habere merum mistum imperium et juridicionem super hominibus partis adverse quod dicta pars habet in territorio de Voudagny et in Albergo Johannis de lacu et super hoc quod dicti domicelli in predictis hominibus asserebant se habere omnia suprascripta. Tandem inter partes predictas fuit compositum et concordatum amicabiliter in hunc modum videlicet. Quod dictus dns prior infligat penam corporalem videlicet membrorum abcisionem et ultimum supplicium dictis hominibus predictorum nobilium commictentibus delicta penam exigencia supradictam et quociens casus confiscacionis emerserit jure vel consuetudine in hominibus supradictis medietatem rerum mobilium in hominibus supradictis taliter delinquentibus et in quolibet ipsorum hominum taliter delinquenti habeat idem dns prior aliam vero medictatem. Rerum mobilium et possessiones omnes immobiles tenentes se a dictis nobilibus domicellis habeant dicti domicelli in suis hominibus supradictis et similiter banna pecuniaria habeant dicti domicelli in hominibus suis tantum et non in alienis videlicet in suis hominibus commorantibus et existentibus infra ter-

---

[1] Impôts injustement levés.

minos qui declarabuntur inferius per Rodulphum Salterii de Salanchia et per Petrum Biolli de Flumet et per Petrum de calcibus medium amicum qui fuerunt positi hinc et inde. Et est actum quod si homines dictorum domicellorum delinquerent extra terminos inferius declarandos quod dictus dns prior eos puniat in omnibus et per omnia et habeat banna que delinquent. Et est actum quod si homines dictorum domicellorum conquerantur de hominibus dicti dni prioris vel econverso vel aliquis alius ab eisdem. Quod judex dni prioris sit auditor dicte cause vel locum dicti dni prioris tenens et quod possit levare datam legitimam a predictis litigantibus. Item quod si homines dni prioris vellent facere extimacionem ultra modum legitimum causa gravandi homines dictorum domicellorum quod dictus judex per hoc non levet nisi datam ydoneam ab hominibus memoratis et quod dictus judex possit levare a dictis hominibus salarium assessorium legitimum a quibus vellet habere consilium in dandis sentenciis in casibus sibi dubiis et obscuris. Item actum est quod dicti homines possint pascuare et bocheare [1] in nemoribus dicti prioris quibus consueverunt. Item actum est quod si alberga Petri leone et durandi leone fuerint de feudo quod dicitur de bueyn et dictus dns prior potest hoc probare per juramentum dictorum domicellorum vel per legitimos testes. Quod dictus dns prior habeat in dictis hominibus merum mistum imperium et totalem juridicionem ubicumque delinquunt sui autem sequantur condicionem hominum dictorum domicellorum commorancium infra terminos inferius declarandos videlicet in feudis et super feudis dictorum domicellorum secundum formam et modum superius declaratum. Item actum est quod albergum Johannis de lacu sequatur condicionem dictorum hominum commorancium infra terminos memoratos in feudis dictorum

---

[1] Couper les feuillerins, soit buissons, en patois *bochons*, d'où l'on a fait *bocheare*.

domicellorum. Item actum est quod dictus dns prior concedat supradicta concessa dictis domicellis in augmentum feudi quod tenent ab ipso et quod dicti domicelli recognoscant predicta in augmentum feudi predicti esse de feudo supradicto. Item actum est quod si aliquis ex hominibus supradictis commicteret delictum propter quod deberet substinere ultimum supplicium vel obmutilacionem membrorum et placeret dno priori quod dicti homines darent pecuniam pro redempcione membrorum vel ultimi supplicii et in hoc dicti homines concordarent quod dictus prior habeat medietatem dicte pecunie et dicti domicelli aliam medietatem videlicet unusquisque domicellorum in hominibus suis supradictis. Item actum est quod si predicti homines nollent obtemperare mandatis legitimis dicti dni prioris vel sui judicis vel locum ejus tenentis quod ad hoc faciendum dictus dns prior possit ipsos compellere per pignorum capcionem vel eciam per corporum capcionem si hoc exiget delicti qualitas. Item actum est quod dictus dns prior habeat in dictis hominibus tractum ferarum secundum quod consuevit levare per vallem de Chamonix. Item dictus dns prior et homines sui teneantur deffendere homines dictorum domicellorum et dicti homines dictorum domicellorum teneantur deffendere homines dicti prioris. Et hec omnia supradicta universa et singula prout superius sunt expressa promiserunt dicte partes per juramentum suum ad sancta Dei evangelia ab eisdem corporaliter prestitum firmiter tenere et in perpetuum observare et custodire et nunquam contra facere vel venire de jure vel de facto per se neque per alias personas subintroductas. Actum ante ecclesiam de Salanchia ubi ad hec fuerunt testes vocati et rogati dns Martinus de sancto Jorio miles, Petrus de menthons domicellus. Raymondus de belfort domicellus, Petrus et aymo et vydo de voserier domicelli fratres. Rod. de Gado domicellus et plures alii. **C** Item postmodum vero anno a nativitate dni currente m° cc° lxxx° sexto, indicione xiiij die martis in festo beati vincentii prefati Rodulphus salterii de Salanchia Petrus biolli de Flumet Petrus de calcibus ad ponendum et limitandum prefatos terminos inferius declarandos, deputati superius personaliter interfuerunt apud lacum ante domum girodi de lacu coram testibus infrascriptis et me notario infrascripto constituti qui vero dictos terminos in hunc modum concorditer constituerunt denominaverunt et pronunciaverunt videlicet a nanto de la crosa prout hec dividere descendendo usque ad arvam et ascendendo usque ad summitatem montis avasum *(sic)* des bochars, a maxo dictorum domicellorum usque ad nantum de pissy croij [1] et ab hinc descendendo directe usque ad quandam grossam petram que dicitur ly freteta que est prope feratam publicam que tendit versus Chamonix et ab hinc protendendo directe per sommitatem cresti don Chatellet usque ad arvam. Actum loco quo supra scilicet apud lacum ubi ad hec fuerunt testes vocati et rogati Rodulphus de chissier clericus. Rod. de gado domicellus. Petrus de Capella apud flumet Pavyotus de Chamonix Jacobus Peclos dognus guygo incuratus de lacu, dognus Johannes de siervu durandus filius Caphayn, girodus de lacu Willelmus veyret de voudany durandus filius Petri deplanis et multi alii. Et ego Willelmus de Chamonix publicus notarius, autoritate imperialis aule et comitis de lomello omnibus premissis interfui qui inde rogatus a partibus, duo publica instrumenta quorum quelibet pars habeat unum ejusdem tenoris scripxi tradidi et signo meo signavi. ▶ Continencia vero consilii de quo superius habetur mencio talis est : Supposito facto cujusdam concordie de qua estat instrumentum cujus quarta linea incipit de et finit fecerunt sine alia narracione facti causa brevitatis cum eciam compendiose per inspectionem dicti instrumenti comprehendi potest queritur nunquid domicelli de quibus mencio habetur in dicto instrumento seu eorum successores si non vivunt possunt cognoscere de bannis pe-

---

[1] Pisse crué.

cuniariis ad eos pertinentibus vigore dicte concordie seu corum judices, et inquirere super juribus, pertinentibus ad dictos domicellos, pretextu antedicte concordie. Et credimus nos Robertus Camerarii et Stephanus Galopini canonici gebennenses salvo consilio saniori resicatis superfluis quod non sed quod pertineat ad priorem contentum in dicta concordia quia in ipso instrumento canetur quod in casu confiscacionis bonorum hominum occasione quorum discordia erat in juridicione inter partes bonorum mobilium medietas pertineat ad domicellos cum possessionibus et omnibus immobilibus que tenerent a dictis domicellis, et sequitur in dicto instrumento et similiter banna pecuniaria, etc., et tota cognitio casus confiscacionis pertinere denoscitur ad dictum priorem ut in dicto instrumento licet percipiant domicelli de ipsa confiscacione ut prefertur. Igitur in bannis nichil plus juris pretendere potest per naturam dicti adverbii similiter nec ibi continetur quod habeant aliquam cognicionem possunt enim habere banna sine cognicione. Et sic expressione facta de bannis videtur denegatum dictos domicellos nichil ultra petere posse de predictis sed de priore expressum est contrarium ibi quando dictus prior infligat, etc. Et in dicto instrumento subsequenter expressum videtur quod omnis cognicio de predictis pertinere debeat ad dictum priorem, ibi quando dicit et est actum quod si homines dictorum domicellorum conquerantur de hominibus dicti do, prioris vel econverso vel aliquis alius ab eisdem. Quod judex domini prioris sit auditor dicte cause, poterit enim esse quod aliquis faciet querelam de injuria et tunc veniet forte bannum pecuniarium de quo dictus judex cognoscere debebit et non dicti domicelli in aliquo vel dicti domicelli poterunt conqueri de aliquibus bannis commissis pecuniariis que petere poterunt pretextu dicte concordie et ad ipsos pertinentibus de quibus cognoscere debebit dictus judex per dictam clausulam et est actum actentis eciam verbis sequentibus quando dicit vel aliquis alius et ultra predicta nobis facta fides extitit de quodam quaterno in quo continentur plures absoluciones et condempnaciones facte per dictum judicem, etc., tangentes ut dicitur homines dictorum domicellorum. Et tamen et si non esset facta dicta fides de dicto quaterno non recedimus a jamdictis per nos sed credimus semper salvo consilio saniori et deliberacione majori de jure ut prefertur.

Ego autem Johannes de Orseriis clericus publicus imperiali auctoritate notarius omnibus et singulis suprascriptis dum sic agerentur et fierint presens fui unacum ansermeto de laya notario publico et testibus memoratis et inde a partibus requisitus hoc presens publicum instrumentum cum dicto ansermeto de laya notario jamdicto recepi feci scripxi subscripxi et in formam publicam redegi signoque meo michi solito signavi fideliter in testimonium omnium premissorum, datum et actum anno indicione die loco et coram testibus memoratis.

Ego autem prenominatus Ansermus de laya de clusis gebennensis dyocesis, imperiali auctoritate notarius publicus omnibus et singulis suprascriptis denuò factis dum sic agerentur unacum prefato Johanne de Orseriis de clusis dicte dyocesis eadem auctoritate notario publico interfui cum testibus memoratis et inde a partibus predictis requisitus hoc presens publicum instrumentum cum ipso Johanne de Orseriis notario publico recepi, factum scriptum subscriptum manu dicti Johannis ut superius continetur, meque hic subscripsi in testimonium premissorum datum et actum sub signo meo minori, anno indicione die loco et coram testibus quibus supra.

E Item anno et indicione quibus supra die xvij[a] mensis januarii. In mei notarii publici et testium subscriptorum presencia personaliter constituta maria quondam filia Guillelmi de Marliu uxor francisci de lucingio prelibati de jure suo ad plenum per me subscriptum notarium cerciorata non vi non dolo nec metu ymo sponte et libere ut asserit ad instanciam et postulacionem mis suprascripti notarii recipientis et solempniter stipulantis more persone publice vice nomine et ad opus predicti dni prioris et prioratus et successorum suorum in dicto prioratu de auctoritate licencia et precepto dicti francisci viri sui presentis et autorizantis presentem transactionis contractum, inter predictum dnm priorem et franciscum virum suum celebratum et inhitum ex causis in ipso pretensis tanquam sibi utilem, adprobat emologat et confirmat pro se et suis heredibus et successoribus quibuscumque. Promictens per suum prestitum corporale juramentum libro tacto et sub obligacione omnium rerum suarum dotalium et paraffernalium presencium et futurorum ipsum contractum cum omnibus suis clausulis et singulis capitulis nominatis gratum ratum et vallidum perpetuo habiturum et nunquam contra facere vel venire tacite vel expresse ymo ipsum inviolabiliter servare et custodire illibatum sub omnibus et singulis renunciacionibus, excepcionibus privilegiis juris et facti in sui favorem statutis et introductis per quem posset contra premissa facere vel venire. Et de presenti emologacione voluit et precepit dicta Maria coram testibus infrascriptis ad opus dicti dni prioris et prioratus omniumque et singulorum quorum poterit interesse infuturum per me subscriptum notarium dari et fieri publicum instrumentum. Actum publice apud bueyn[1] infra domum dictorum conjugum presentibus discreto Stephano de Orseriis jurisperito, Jacquemeto de submonte domicello Jaqueto henriodi, de clusis clerico et Johanne beraudi de sancto genesio cum dicto Jacquemeto commorante testibus ad premissa vocatis et rogatis.... Meque Johanne de Orseriis clerico publico imperiali auctoritate notario presenti ratifficacioni facte per predictam mariam de auctoritate qua supra cum dictis testibus interfui et hanc presentem ratifficacionem quemadmodum superius est descriptum recepi, scripxi, sub-

---

[1] A. Passy.

scripxi et in formam publicam redegi signoque meo michi solito signavi fideliter et tradidi in testimonium, premissorum. Datum et actum anno, indicione die loco et coram testibus quibus supra.

90

Reconnaissance d'hommage lige et censal pour sa personne et ses biens passée par Humbert Marchiant, de Chamonix, à Jean Bochard, prieur dudit lieu.

(1366.)

Dimanche des Brandons.

(Archives de l'église de Sallanches. Liasse des hommages et reconnaissances de Chamonix. D'après l'original écrit sur parchemin.)

In nomine Dni, Amen, anno ejusdem millesimo ccc° LX. sexto, indicione IIII^a, die dominico bordarum, coram me notario publico et testibus infrascriptis; ad instanciam et requisicionem venerabilis et religiosi viri dni Johannis Bochardi, prioris prioratus Campimuniti, Humbertus filius Michaelis Marchiant, de Chamonix, idem Humbertus non deceptus, non cohactus, sciens, volens et spontaneus pro se et suis heredibus et successoribus universis, juravit, fecit et prestitit homagium ligium et fidelitatem ligiam dicto dno priori presenti, recipienti et sollempniter ad opus suique dicti sui prioratus et successorum suorum quorumcumque fecit, inquam, genibus flexis, et interveniente osculo inter eos, ut est moris in patria Campimuniti in signum perpetue fidelitatis et amoris. Promisitque et ad sancta Dei evangelia juravit idem Humbertus pro se et suis et sub expressa obligacione hypotheca omnium bonorum suorum quorumcumque mobilium et immobilium, presencium et futurorum et in manu mis notarii subscripti, stipulantis et recipientis vice et nomine et ad opus omnium quorum interesse poterit in futurum fidelitatem dicto dno priori et suis successoribus perpetuis et omnia facere et servare que et prout ceteri homines ejusdem condicionis terre campimuniti dicti prioratus, dno priori predicto et ejus prioratui sunt astricti, servareque omnia et singula que in capitulis et forma fidelitatis et in eorum declaracionibus continentur. Preterea accepit, confitetur et publice recognoscit pro se et suis idem Humbertus ad instanciam et requisicionem prefati dni prioris stipulantis ut supra, se tenere et velle tenere et tenere debere et suos heredes et successores quoscunque constituit perpetuo tenere ab eodem dno priore et successororum suorum in feudum ligium et censatum omnia universa et singula bona sua, res et possessiones quascumque sive sint terre, prata domus, nemoria, pascua, rippe, exerta communia et alia quecunque infra terram et districtum Campimuniti et limites ejusdem sita, consistencia et adjacencia et quocunque nomine censeantur. Renunciantes[1]. Acta sunt hec apud Chamonix in claustro prioratus dicti loci, presentibus testibus Roleto Bochardi, fratre dicti dni prioris, domicello, Johanne Jorant Johanne Depessia, Moterio des Buos, Perreto Challet juniore, de Chamonix cum pluribus aliis ad premissa vocatis specialiter et rogatis.

Et ego Jaquemetus Henriodi, de clusis, clericus auctoritate imperiali notarius publicus hoc presens publicum instrumentum recepi, scripsi manu propria inde me subscripsi et in formam publicam redegi, signo meo michi solito signavi et tradidi consignatum requisitus et rogatus. Datum ut supra.

Signé : I. Jª. H.

[1] Formule juridique supprimée....

91

Hommage lige et serment de fidélité prêté par Aimon, Métral, de Chamonix, en faveur de vénérable Jean Bochard, prieur de Chamonix, de tenir en fief de lui et de ses prédécesseurs tout ce qu'il possède dans la vallée de Chamonix.

(1366.)

3 Mai.

(Tiré des Archives de l'église de Sallanches, marqué R, n° 11. Copié sur l'original écrit sur parchemin.)

In nomine dni. Amen. Noverint universi per hoc verum publicum instrumentum. Quod. Anno dni millesimo ccc° lxvj°. Indicione quarta die tercia mensis maii. Coram me notario publico et testibus infrascriptis. constituti personaliter propter infrascripta. Vir venerabilis et religiosus, dnus Johannes Bochardi prior prioratus de Chamonix ex una parte. Et Aymo mistralis de Chamonix ex altera, dictus siquidem Aymo non deceptus non cohactus sed sciens volens et spontaneus pro se et suis heredibus et successoribus universis juravit fecit et prestitit homagium ligium et fidelitatem ligiam, dicto dno priori presenti stipulanti et sollempniter recipienti nomine suo et dicti sui prioratus suorum successorum quorumcumque ante omnes natos et nascituros, fecit genibus flexis et interveniente osculo oris inter eos, ut est moris in patria de Chamonix in signum perpetue fidelitatis et amoris. Promisitque et ad sancta Dei evangelia juravit idem Aymo pro se et suis et sub expressa obligacione et ypotheca omnium bonorum suorum quorumcumque mobilium et immobilium presencium et futurorum, dicto dno priori et suis successoribus fidelitatem perpetuo observare, facereque omnia alia et singula que in Capitulis et forma fidelitatis nova et veteri et in eorum declaracionibus continetur quemadmodum ceteri homines ligii dicti prioratus terre de Chamonix ipsi dno priori et prioratui ejusdem sunt astricti. Preterea accepit confitetur, et publice recognoscit pro se et suis idem Aymo mistralis ad instanciam et requisicionem ipsius dni prioris stipulantis sollempniter pro se et successoribus suis se tenere et velle tenere et tenere debere, que suos heredes et successores quoscumque constituit perpetuo tenere ab ipso dno priore et successoribus suis per infinitum in feudum, ligium et censatum et antiquum omnia universa et singula bona sua sive sint terre prata domus officia nemora pascua, rippe exerta communia et alia quecumque infra in dictam terram predictam, Campimuniti et limites ejusdem consistencia et adjacencia et quocumque nomine censeantur. Viceversa dictus dns prior promisit et juravit bona fide. Sub voto sue religionis, dicto Aymoni stipulanti pro se et suis esse bonus dominus, et jura.dicti Aymonis servare deffendere sicut boni domini interest jura hominis sui servare. Renuncians [1]. Datum et actum ut supra apud Chamonix ante magnum grenerium dicti prioratus, presentibus testibus viro nobili Roleto de Fracia domicello dno Hugone de Cremiaco monacho claustralis dicti prioratus. Guillermo nuctricto dni Aynardi de Montebello predecessoris dicti dni prioris marticulario ibidem dicti prioratus et Johanneto de molendino de terra de Chamonix cum pluribus aliis ad premissa vocatis specialiter et rogatis.

Et ego Jaquetus Henr^{di} de Clusis clericus auctoritate imperiali notarius publicus, hiis premissis omnibus et singulis dum sic agerentur et fierint unacum testibus suprascriptis presens fui et hoc presens publicum instrumentum recepi, quod scribi feci manu Johannis Porta de Clusis notarii aliis impeditus negociis, inde me subscripsi et in hanc publicam

---

[1] Formule juridique supprimée....

formam redegi signo meo michi solito signavi et tradidi consignatum requisitus et rogatus. Datum ut supra.

Idem Jª. H.

92

Promesse faite par Jean Fabri, du Pont, de Chamonix, à vénérable Jean Bochard, prieur de Chamonix, de lui payer 100 florins d'or au lieu de 60 florins qu'il avait promis à ce dernier, par transaction sur le délit qu'il avait commis pour avoir altéré le poids public sans le consentement dudit prieur.

(1367.)

14 Janvier.

(Tiré des archives de l'église de Sallanches, non coté. Copié sur l'original écrit sur parchemin.)

In nomine Domini Amen. Anno ejusdem millesimo ccc° sexagesimo septimo, indicione quinta, die xiiiiª mensis januarii, per hoc presens publicum instrumentum conctis fiat liquide manifestum quod in mei notarii et subscriptorum testium presencia cum ita sit quod Johannes Fabri de Ponte de Chamonix se constituerit et obligaverit soluturum et daturum viro venerabili et religioso Domino Johanni Bochardi priori prioratus Campimuniti videlicet sexaginta florenos auri, occasione cujusdam facte composicionis per eundem Johannem cum dicto Domino priore super eo quod inculpabatur eundem Johannem fabricasse et addiciones fecisse in pondere dicti prioris in quo pondantur res venales que emuntur et eciam que venduntur absque assensu vel licencia ipsius Domini prioris nec ejus Curie, prout hec omnia in quodam publico instrumento per me notarium subscriptum recepto asserunt *(sic)* ipsi Dominus prior et Johannes plenius asserunt contineri. Hinc est quod idem Johannes, motu suo proprio non vi, non dolo nec metu inductus, non cohactus nec deceptus nec ab aliquo, ut asserit, circunventus, confitetur et in veritate publice recognoscit ac si foret presens in judicio, se debere et solvere teneri eidem domino priori presenti, stipulanti et solempniter pro se et successoribus suis recipienti : Centum florenos auri in casu vero duntaxat et non aliter quo ipse Johannes aut alter ipsius nomine erga Reverendum Patrem Dominum Abbatem Sancti Michaelis de Clusa ejusdem Domini prioris superiorem pro et de composicione predicta dictorum sexaginta florenorum sicut predicitur facta, sibi ipsi Johanni deductionem s.... .... procuraret in toto nec in parte vel obtineret de ipsa florenorum quantitate ex causa pretenxa debitorum remissionem aliqualem et si contrarium facere attemptaret et idem Johannes, adveniente casu predicto promisit[1]. Et de premissis omnibus et singulis peciit ipse Dominus prior a me notario subscripto sibi fieri publicum instrumentum. Datum et actum apud Chamonix infra ecclesiam dicti loci ante altare Beate Marie, presentibus testibus Henrico Paviot, Johanne filio Ansermi Mychala de Chamonix et Aymoneto nuctricto P. de Voseyro domicelli quondam, ad premissa vocatis specialiter et rogatis.

Et ego Jaquetus Henr[di], de Clusis, clericus auctoritate imperiali notarius publicus hoc presens publicum instrumentum recepi manu propria scripsi inde me subscripsi et in formam publicam redegi signo meo michi solito signavi et tradidi consignatum requisitus et rogatus. Datum ut supra.

Idem J[a]. H.

---

[1] Formule juridique supprimée....

93

Sentence prononcée par Pierre, abbé de Saint-Michel de la Cluse, nommé arbitre entre Jean Bochard, prieur de Chamonix, et trois syndics agissant au nom de toute la communauté de la dite vallée.

(1368.)

1ᵉʳ Décembre.

(Archives de l'église de Sallanches, d'après une copie faite, en 1548, par N.-Guillaume Bouteillez, châtelain de Chamonix[1]. Publié dans les M. S. H. A. G., tome XIII, p. 85.

In nomine domini amen. Anno ejusdem millesimo tercentesimo sexagesimo octavo, indictione sexta, die prima mensis decembris. Cum lis, questio et controversia esset et major verti speraretur, inter dominum Johannem Bochardi priorem prioratus nostri Sancti Michaelis de Campomunito Gebennensis diocesis, ex una parte, et michaletum filium quondam Vuillelmi dou lormey, aymonetum filium quondam Johannis Lavancherii, et Girodum filium quondam falconeti de pelerino, omnes de Campomunito, sindicos et sindicario nomine, ut asserunt, totius communitatis et vallis Campimuniti, ex altera parte, quequidem questio sub diversis articulis comprehenditur.

1. De Fusinis[2]. — In primo vero articulo talis est questio : dicebat dictus noster prior, quod volebat unam fusinam edificare in fine Campimuniti, quod dicti sindici dicebant non posse fieri.

---

[1] Cette sentence a été entérinée au Sénat de Savoie, le 11 février 1634, signé : VIBERT, et encore audit lieu, le 26 juillet 1649, dans le registre des transactions de ladite année.

[2] Fourches patibulaires.

2. De non citando extra juridictionem. — In secundo articulo vero dicebat dictus noster prior, quod potest dictos homines seu alterum ipsorum facere citare extra juridictionem Campimuniti, auctoritate litterarum apostolicarum, quod dicti sindici negabant, imo debet ipsos homines citare coram officialibus suis Campimuniti.

3. De arrestis. — In tertio vero dicebat dictus noster prior, quod poterat dictos homines seu alterum eorum cogere, quod non recederent a platea seu ab aliquo certo loco, et hoc est ex aliquo debito sibi vel alteri persone per ipsos vel alterum eorum, donec satisfactum foret dictum debitum, quod dicti sindici negabant, sed debebat ipsos pignorare.

4. De modo recipiendi cautionem. — In quarto dicebat, quod si contra aliquem ipsorum informaretur inquisitio et reperiretur culpabilis in aliquo facto, quod ipse poterat ipsum confinare donec concordavisset seu solvisset judicatum, quod predicti sindici negabant sed debebat ab illo malefactore recipere cautionem idoneam de stando juri.

5. De fimo defunctorum. — In quinto vero dicebat quod, si quis decessisset sine liberis ab eo descendentibus, quod ipse noster prior debebat habere tertiam partem fimi positi in possessionibus, dum tamen non esset involutum cum terra. Quod dicti sindici negabant esse verum.

6. De animalibus ducendis in chalesiis. — In sexto vero dicebat quod potest imponere penam, quod nullus ducat in chalesiis seu in alpibus aliquod animal non habens lac, sine licentia alterius ipsorum hominum, quod predicti negabant et dicebant quod non potest imponere penam sine licentia majoris partis communitatis de Campomunito.

7. De restitutione instrumentorum. — Item in septimo detinebat noster prior a dictis hominibus plura instrumenta que eidem tradiderunt dicti homines propter ejus penas, que instrumenta sunt facta manu Johannis fabri, que ipse dictus prior restituere recusat.

8. De obligationibus, possessionibus et vendis exigendis.

— In octavo dicebat, quod si quis ipsorum obligavisset alteri persone quamdam possessionem nomine pignoris usque ad sex annos seu ad terminum sex annorum, quod ipse prior debebat habere vendam, quod predicti negabant.

9. De tenta et alienatione feudi. — In nono dicebat, quod poterat consentire alienationi facte persone alterius juridictionis de tenta proborum hominum de Campomunito et etiam poterat abergare terram feudalem dicti prioratus persone alterius juridictionis, que omnia negabant.

10. De tertio denario venditionum. — In decimo dicebat, quod si quis venderet terram suam et vellet a dicta villa se separare, quod debebat habere vendas ab emptore et tertiam partem pretii a venditore, ita quod occupabat *(sic)* possessionem donec satisfactum foret de tertia parte pretii.

11. De rebus traditis in dotem. — In undecimo dicebat, quod si aliqua res immobilis traderetur in dotem alicui mulieri, quod ipse debebat percipere vendas, quod negabant dicti sindici.

12. De nemoribus bamnitis.— In duodecimo dicebat quod, in nemoribus bamnitis quod unus tenetur alterum accusare, quod negabant dicti sindici, quia dictus noster prior habet suos forestereos qui tenentur culpabiles accusare.

13. In tredecimo dicebat dictus noster prior, quod dicti homines seu alter eorum tenentur ei in pluribus quantitatibus spatio decem, viginti, triginta annorum, tam ratione sui quam predecessorum suorum, qui sindici dicebant sibi non teneri, quia dictus noster prior debet anno quolibet audire computatum a procuratore suo et sibi facere solvere restantem ad solvendum anno quolibet.

14. De mortaligiis. — De decimo quarto articulo dicebat, quod de liberis qui decedunt ab humanis minoribus septem annorum, debet habere quatuor denarios, et a majoribus septem annorum, a masculis tantum minoribus quatuordecim et a feminis minoribus duodecim annorum septimum et trentenarium, et a masculis majoribus quatuordecim annis

et a feminis majoribus duodecim annis septimum trentenarium et annuale.

· 15. De successionibus. — In quindecimo dicebant dicti sindici quod, si quis ipsorum proborum virorum decesserit supervivente avunculo seu avuncula, nepote vel nepte, nichil debet percipere in bonis defuncti sive sit patruus sororis ex legali matrimonio, sive non, preter tertium bonorum mobilium, quod dictus noster prior asserebat contrarium esse.

16. De servitio ecclesie. — In sexdecimo dicebant dicti sindici, quod in ecclesia dicti prioratus non servitur prout debetur, quia ibi debebant esse duo monachi claustrales deo servientes.

17. De Juramento facti per priorem. — In septem decimo dicebant dicti sindici, quod quando noster prior intravit possessionem et recepit homagia ab eisdem hominibus, quod ipse promisit ipsos omnes homines in eorum bonis usibus manutenere et garentire et ipsos bonos usus tenere et non contra facere, et predicta facere ratificare et confirmare per nos Petrum dei gratia abbatem monasterii beati Michaelis Clusini.

Litium materiam evitare cupiens ipse Johannes prepositus, suo proprio nomine et vice et nomine dicti prioratus et successorum suorum, ex una parte, et dicti sindici seu procuratores eorum propriis nominibus et vice et nomine totius communitatis Campimuniti, ex altera parte, de omnibus et singulis questionibus superius contentis et omnibus ex eis dependentibus, emergentibus et conexis, se compromiserunt in nos prelatum Petrum abbatem dicti monasterii tanquam in arbitrum, arbitratorem et amicabilem compositorem.

Promittentes, etc.

Renunciantes, etc.

·Ceterum ibidem et incontinenti nos predictus abbas, onere dicti compromissi in nobis suscepto, auditis rationibus utriusque partis et que dicte partes dicere et proponere voluerunt, pro bono pacis et concordie, Dei nomine invocato, dicimus, pronunciamus et declaramus prout infra :

Et primo laudamus et confirmamus et pronunciamus ac dicimus obtinere, observare et inter ipsas partes omnia que continentur in quodam publico instrumento manu petri Biviaci confecto sub anno Domini millesimo ducentesimo nonagesimo secundo, indictione quarta, die Sabatti post festum beate Marie Madallenes.

1. De Fusinis. — Item dicimus et pronunciamus super primo articulo dicte questionis, quod nulla fiat fusina in dicto fine.

2. De non citando extra juridictionem. — Item super secundo dicimus et pronunciamus, quod dictus noster prior non possit neque valeat citare, neque citari facere dictos suos homines de Campomunito, neque alterum eorum, auctoritate litterarum apostolicarum, extra juridictionem Campimuniti, nisi in casu necessitatis vel in culpa ipsorum hominum.

3. De arrestis. — Item super tercio dicimus et pronunciamus, quod dictus noster prior non possit nec valeat ipsos homines, seu alterum eorum, cogere propter aliqua debita, ut non se amoverent de platea seu de quodam certo loco, sed teneatur ipsos pignorare, nisi tenerentur seu obligati forent alicui extranee persone, que non esset de dicta juridictione Campimuniti, quia bene posset tunc illos cogere, dum tamen ille obligatus non traderet sibi pignus in duplum.

4. De non recipiente cautionem. — Item super quarto dicimus et pronunciamus, quod dictus noster prior non possit nec valeat aliquem culpabilem, seu contra quem formetur inquisitio, confinare; ille culpabilis prestet idoneam cautionem de parendo juri, nisi casus talis esset quod cautio de jure non haberet locum.

5. De fimo defunctorum. — Item super quinto dicimus et pronunciamus, quod in fimo existente in possessione defuncti cui dictus noster prior succedit in tertia parte rerum

mobilium, dum tamen non sit in fimario [1], sive sit in carrata [2] sive in lexata [3], nichil capiat dictus noster prior, secus si esset in fimario, quia tunc capiat seu habeat terciam partem.

6. De animalibus ducendis in chalesiis. — Item super sexto dicimus et pronunciamus, quod dictus noster prior non possit nec valeat aliquam penam imponere ne ipsi homines seu alter eorum ducant eorum animalia non habentia lac in chalesiis seu in alpibus, nisi de consensu majoris partis quorum sunt chalesia, et tunc pena non excedat quatuor solidos.

7. De restitutione instrumentorum. — Item super septimo dicimus et pronunciamus quod instrumenta facta manu Johannis fabri, que instrumenta dicto nostro priori tradiderunt, quod ipse prior eisdem hominibus omnia sine aliqua redemptione restituere teneatur.

8. De obligationibus, possessionibus et vendis persolvendis. — Item super octavo dicimus et pronunciamus, quod si quis nomine pignoris tradiderit alteri persone aliquam possessionem ad tempus sex annorum vel infra, quod nullas vendas solvere teneantur. Et si terminus excedat terminum dictorum sex annorum, quod tunc ipsas vendas solvere teneantur.

9. De tenta et alienatione feudi. — Item super nono dicimus et pronunciamus, quod tenta dictorum hominum non alienetur persone alterius juridictionis, neque terra feudalis dicti prioratus homini alterius juridictionis non abergetur.

10. De tertio denario venditionum. — Item super decimo dicimus et pronunciamus, quod dictus noster prior nichil eapiat ab emptore de re quam aliquis vendidit qui recedit a patria, preter vendas, nec occupet aliquid in possessione,

---

[1] *Fimarium*, lieu où est placé le fumier.

[2] Brouette ou charrette.

[3] Traîneau à bras pour le transport du fumier sur les champs, surtout pendant l'hiver (lège).

nec in precio existente in manibus emptoris, sed prosequatur venditorem.

11. De rebus traditis in dotem. — Item super undecimo dicimus et pronunciamus, quod dictus noster prior nullas vendas percipiat in rebus traditis in dotem alicui mulieri, nisi probaretur fraus vel pravitas intervenisse, nisi sigillum condecens quod habere debeat.

12. De nemoribus bamnitis. — Item super duodecimo dicimus et pronunciamus, quod ipsi homines seu alter eorum non cogantur aliquam personam accusare in nemoribus bamnitis, sed si in testes producantur, teneantur jurare et dicere veritatem.

13. De prescriptione debitorum. — Item in tredecimo dicimus et pronunciamus, quod ipsi homines seu alter eorum teneantur solvere dicto priori totum illud in quo sibi tenentur ratione sui et successorum suorum a viginti annis citra, et de quibus eisdem poterit plenam fidem facere. Ultra vero non audiatur dictus noster prior.

14. De mortaligiis. — Item super quatuor decimo dicimus et pronunciamus, quod in mortaligiis[1] liberorum minorum septem annis quatuor denarios recipiat dictus noster prior; et a majoribus septem annis, sed a masculis minoribus xiiij annis septimum et trentenarium, et a masculis majoribus xiiij annis et a feminis majoribus xij annis, recipiat dictus noster prior septimum trentenarium et annuale.

15. De successionibus. — Item super quindecimo dicimus et pronunciamus, quod defunctis sine liberis succedat avunculus vel avuncula, nepos vel neptis et etiam patruus sororis ex legitimo matrimonio natus, sive naturalis, non tamen spurius, et quod dictus noster prior in talibus successionibus habeat tertium rerum et bonorum mobilium et non ultra.

16. De servicio ecclesie. — Item super sexdecimo dicimus et pronunciamus, quod providebimus in ecclesia de servitoribus idoneis.

---

[1] Dans une autre copie, il y a *funeralibus*.

17. De juramento facto per priorem. — Item super septemdecimo dicimus et pronunciamus, quod dictus noster prior teneatur servare bonos usus eorum. De confirmacione faciat suo posse, quia non potuit promittere factum alienum.

— Item dicimus et pronunciamus predicta omnia attendere et observari a partibus ante dictis. Qui dictus noster prior per se et successores suos et sub obligatione et juramento contentis in compromisso, et dicti sindici eorum propriis nominibus et vice nomine dicte communitatis, sub obligationibus predictis et corporaliter juraverunt ad sancta Dei evangelia tactis scripturis, predictis omnibus presentibus, confirmaverunt, approbaverunt et emologaverunt omnia et singula suprascripta. Insuper promiserunt dicti sindici se facturum et curaturum cum effectu quod omnes homines dicte communitatis predicta omnia laudabunt et ratificabunt publico instrumento inde conficiendo quando fuerint requisiti sub juramentis et obligationibus predictis. Et in casu quo dicta communitas non consenserit predictis, pronunciamus nichil esse dictum et promittatum et predicta non vallere. Et ad majoris roboris firmitatem, hoc presens publicum instrumentum jussimus nostri sigilli quo in talibus utimur appentione muniri, et de predictis duo unius tenoris fieri publica instrumenta. — Actum fuit in castro Javen [1], in camera dicti domini abbatis, presentibus Domino Bertrando priore Megeve, Domino Guillelmo priore sancti Siriscii, Johanne de Latrovada domicello dicti domini abbatis, et Petro de Valicio sacrista cluse, testibus ad hoc vocatis et rogatis.— Et ego Amedeus de Blancheto, de Javen, imperiali auctoritate notarius publicus omnibus et singulis supradictis presens fui cum prenominatis testibus et hoc publicum instrumentum de mandato dicti domini abbatis et rogatus a dictis partibus recepi et publice scripsi.

[1] Giaveno, chef-lieu de mandement, province de Suse (Piémont).

94

Girard Cornuti du lieu des Ravanels, section de Vaudagne, commune des Houches, reconnaît tenir en emphytéose des mariés Jean Rubin, de Joux, à Passy, et Catherine, fille d'Anserme du lac, sous le servis annuel de six deniers genevois, une pièce de terre en pré, rippe et bois, située lieu dit à Mont-Borrel, même section, suivant les confins y exprimés.

(1370.)

25 Mars.

(Archives de l'église de Sallanches. — Titre de Vaudagne.
D'après l'original écrit sur parchemin.)

Anno dni millesimo trescentissimo septuagesimo, ind. octava, die vicesima quinta mensis marcii. Constituti personaliter Johannes Rubini, de Jouz, habitator apud Lacum et Katharina ejus uxor, filia quondam Ansermi de Lacu, ex una parte. Et Girardus Cornuti des Ravanez, versus Voudagniam, ex altera. — Predictus vero Girardus nomine suo et suorum heredum confitetur publice, manifeste et in veritate recognoscit tanquam in judicio ad instanciam et requisicionem dictorum conjugum coram me notario publico et Aymone Botellier positis pro curia a dictis conjugibus, dicta curia approbata per dictum Girardum et coram testibus infrascriptis, videlicet se ipsum Girardum Cornuti tenere, velle tenere et tenere debere in amphitheosim perpetuam a dictis conjugibus stipulantibus et recipientibus nomine suo et suorum heredum et successorum videlicet quandam peciam terre prati, rippis et nemoris sitam in maxo des Ravanez in loco nuncupato Mont-Borel, a parte inferiori tangit possessionibus Petri des Ravanez, a parte superiori tangit possessionibus illorum de Monte Coteyn [1] seu pascua communia, a parte orientali possessionibus dicti confitentis et Girodi Retallion, a parte boree juxta perreriam dou Sougey scilicet a via dou Truclet, insuper tendente per rochacium de Lugeressia. Et pro predicta pecia terre, prati, rippis et nemoris et pro pertinenciis et appendenciis ipsius pecie universis, confitetur dictus Girardus se debere, velle debere et teneri solvere predictis conjugibus nomine quo supra stipullantibus et recipientibus annualiter et perpetue ad quodlibet festum Beati Michaelis sex denarios gebennenses de servicio annuali. Confitens eciam dictus Girardus Cornuti, nomine quo supra dictos conjuges et suos habere et habere debere pro predicta emphitheosi predictam peciam omnem exchitam et commissionem cum omni directo dominio in omnibus casibus et in omni eventu in quibus contingeret ipsam exchitam et commissionem, jure vel moribus evenire. Et confitetur idem Girardus directum dominium dicte emphitheosis semper ad dictos conjuges et eorum heredes pertinere. Promictens dictus Girardus pro se et suis per juramentum suum super Dei evangelia corporaliter prestitum in manu mis notarii et sub obligacione omnium et singulorum bonorum suorum mobilium et immobilium presencium et futurorum quorumcumque contra predictam seu aliquid de predictis de cetero non facere vel venire; sed omnia predicta rata, grata et firma actendere perpetue fideliter et complere, et dictum servicium dictis conjugibus et eorum heredibus perpetue annualiter solvere prout superius declaratur. Renuncians [2].

Actum publice apud Lacum ante domum dictorum conjugum, presentibus testibus ad hec vocatis Francisco de Voseyrié, Aymone nuctricto quondam Perreti Devoseyriez et Johanne Desbreons. Et me Hugone Mistralis de Chamonix, clerico, auctoritate imperiali notario publico qui hoc

---

[1] Aujourd'hui Mont-Coutant sur la commune de Passy.

[2] Formule juridique supprimée....

instrumentum recepi et scripsi, signoque meo michi consueto signavi fideliter et tradidi requisitus.

95

Réquisition faite par révérend Jean Bochard, prieur de Chamonix, au frère Aimon[1], fils de Girard De Chissé, moine et mandataire de son frère Pierre De Chissé, chevalier, châtelain de Servoz, pour Amédée VI, comte de Savoie, de lui faire délivrer le muid et demi de froment qu'il avait droit de prélever sur les revenus en nature de ladite chatellenie de Servoz, en vertu des titres exhibés. — Ordre donné par Aimon De Chissé à N. Aimon Botholier damoiseau, métral de Servoz, de faire cette délivrance audit prieur.

(1374.)

19 Avril.

(Archives de l'église de Sallanches, A, n° 23. D'après l'original écrit sur parchemin.)

In nomine Domini Amen. Anno ejusdem dni m° ccc° lxxiiii° indicione xii^a cum eodem anno sumpta, die xix^a mensis aprilis, in via publica subtus villam Salanchie per quam itur a villa Salanchie versus pontem Sancti Martini. In presencia mei notarii et testium subscriptorum fuerunt

---

[1] Cet Aimon de Chissé, moine de Saint-Benoît, devint prieur de Megève. C'est le même qui fut appelé sur le siége de Grenoble (1388); il était natif de Sallanches, il fut le promoteur du chapitre qui y existait et commissaire du pape Clément VII par bulle du 7 des ides de juillet 1389 (et non pas 1388).

specialiter et personaliter constituti vir venerabilis et religiosus dns Johannes Bochardi, prior prioratus de Chamonix, ex una parte, et frater Aymo De Chissiez, monachus, filius quondam dni Gerardi De Chissiez militis, procurator et actor ac vices gerens generalis, ut asserit, Petri De Chissiez, domicelli, fratris sui, filii eciam dicti militis et castellani De Siervuz pro magniffico principe dno Amedeo, comite Sabaudie ex altera. Supradictus vero dns prior ibidem exhibuit et ostenxit predicto fratri Aymoni, monacho, tanquam vices gerenti predicti Petri fratris sui in castellania de Syervoz predicta, duas patentes litteras in pergamino scriptas; non viciatas, non cancellatas, sed sanas, integras, omnique suspicione carentes, una sigillo inclite recordacionis dni Aymonis dni Foucigniacy sigillata; alia sigillo pie memorie dne Beatricis, filie inclite recordacionis dni Petri Sabaudie comitis, quarum prime tenor sequitur et est talis. « Noverint universi, etc. (Voyez n° 8, P.)

Tenor vero secunde sequitur in hec verba. « Beatrix, filia, etc. (Voyez n° 28, P.)

Requirens idem dns prior pluries et cum magna instancia predictum Fratrem Aymonem monachum tanquam vices gerentem in castellania de Syervoz predicta pro predicto Petro fratre suo, absente a patria, ipsius loci castellano ut super quas mandare dignaretur Mistrali dicti loci de Syervoz, ut quantitatem frumenti in dictis litteris contentam redderet et expediret indilate dicto dno Priori, sine contradictione quacumque. Quapropter idem Frater Aymo, inspecto et attento tenore litterarum predictarum, consideratoque quod dictus dns Prior et sui predecessores in percepcione dicte quantitatis frumenti per tempora multa retro acta prout ibidem plures fidedigni asserebant. Mandavit et mandat, tenore presentis instrumenti, Aymoni Botholier domicello, mistrali dicti loci de Syervoz, recuperatori censuum frumenti ibidem debitorum, ut secundum seriem, continenciam et tenorem litterarum predictarum, dictam quantitatem frumenti in ipsis litteris contentam, solvat, deliberet et expediat indilate dicto dno Priori, sine contradictione quacumque, sui ejus nuncio speciali, nullo alio mandato a me vel ab alio ulterius expectato. De quibus omnibus predicti dns Prior et Frater Aymo preciperunt michi notario infrascripto ad opus dicti dni Prioris fieri publicum instrumentum. In cujus rei testimonium fuerunt testes ad premissa vocati et rogati. Dns Hugo, curatus dicti loci de Syervoz, Perrinodus Taliour, canonicus sancti Johannis Mauriannensis et Berardus Dou Chastel, domicellus. Et ego Udricus Cavelli, auctoritate imperiali, notarius publicus, premissis omnibus interfui, rogatusque fideliter scripsi et in formam publicam redegi, signoque meo consueto signavi in testimonium veritatis omnium premissorum.

96

Transaction, ensuite de décision d'arbitres, entre révérend Jean Bochard, prieur et seigneur de Chamonix et nobles Hugues, Jean et Simon, frères, fils d'Aimon Métraux[1] de Chamonix, par laquelle il fut reconnu que ceux-ci possédant en fief du prieuré de Chamonix la métralie du lieu, avaient droit de recevoir dudit prieur, chaque année, à la Toussaint, une robe en drap du Valais, perforée d'une plume noire, comme marque soit attribut de leur profession; d'exiger la dixième partie de toutes les amendes, confiscations et compositions pécuniaires pour crimes ou délits; d'être nourris à la table des moines du prieuré tous

---

[1] Ils ont pris leur nom de l'emploi de métraux qui leur était inféodé antérieurement à 1260.

les dimanches et aux fêtes de Noël, de Pâques, de l'Assomption et de la Toussaint, de percevoir une rente annuelle de 40 sous sur les revenus du prieuré, et sur certains actes et émoluments, le tout sous réserve de l'hommage lige au prieur et au prieuré. Et incontinent, lesdits nobles frères Métraux, de Chamonix, prêtèrent hommage et fidélité audit prieur, pour eux, leurs héritiers et successeurs.

(1382.)

21 Juillet.

(Archives de l'église de Sallanches. — Liasse de la métralie de Chamonix marquée A, n° 10. — D'après une copie authentique du xv° siècle, écrite sur papier.)

In nomine domini Amen. Anno a nativitate millesimo tercentesimo octuagesimo secundo, indicione quinta, et die vicesima prima mensis jullii. Per hoc presens publicum instrumentum cunctis fiat liquide manifestum. Quod in mei notarii publici et testium subscriptorum presencia propter hec que secuntur. Personaliter constituti vir venerabilis potens et religiosus dns Johannes Bochardi, prior prioratus de Campomunito, ordinis Sancti Benedicti, Gebenn. Diocesis, nomine suo et dicti sui prioratus, ex una parte. Et viri nobiles Hugo, Johannes et Symondus, fratres, filii quondam Aymonis Mistralis de Chamonix, domicelli, nominibus suis et suorum heredum ex altera. Verum cum questio, lix et discordia et materia questionis versa fuerit et suborta inter dictas partes super eo videlicet quod supra nominati Hugo, Johannes et Symondus, fratres, petebant dicto dno priori sibi fieri et reddi ad opus illius ipsorum qui officium mistralie dicti loci de Chamonix exercebit et tenebit unam vestem congruam pangni Vallesii, penna nigra foratam, anno quolibet in festo omnium Sanctorum. Item petebant ipsi fratres omnes et singulas cauciones et satisfaciones omnium et singulorum processuum et inquisicionum qui et que in dicto mandamento de Chamonix contra quoscunque fiant, eisdem ad conservationem juris dicte mistralie a dicto dno priore, vel a suis officiariis notifficari. Item petebant ipsi fratres prelibato dno priori per ipsum reddi et solvi eisdem, quo supra nomine, retrobampna, videlicet decimam partem omnium et singulorum composicionum, marciacionum et condampnacionum que facte extiterunt et que antedictus dns prior a suis officiariis dudum recuperari fecit in tota valle de Chamonix et de Valleursina. Item petebant supradicti fratres ad opus illius ipsorum qui dictum officium Mistralie exercebit in dicto prioratu, victualia congrua ac necessaria secundum statum ipsius ad tabulam duorum monachorum in dicto prioratu existencium, videlicet singulis diebus dominicis et quatuor festis principalibus, sumptibus ipsius dni prioris ministrari. Item petebant ipsi fratres eisdem manutenere, nomine quo supra per dictum dnm priorem quadraginta solidos annuales quos percipere debent, ut asserunt, in et super censis dicti prioratus, dicentes et asserentes quod de premissis quadraginta solidis nisi triginta unum solidos recuperare nequeunt et nequerunt; qui vero quadraginta solidi dudum, ut dicitur predecessori dictorum fratrum, per bone memorie fratrem Richardum, tunc temporis, priorem dicti prioratus de Chamonix, certa de causa, traditi fuerunt et deliberati. Item et petebant fratres superius nominati per prelibatum dnm priorem, clericis suis inhiberi ne aliquos processus contra aliquas personas, dum mistralis erit in platea faciant quun ipse mistralis presens sit ad illum finem quod si incomberet super ipsis processibus caupcionis recepcio quod ipse mistralis ipsam reciperet caucionem; et quando presens non erit in dictis processibus, dictus mistralis quod caupcio, si qua facta extiterit, eidem mistrali per officiarios dicti dni prioris nottifficetur. Dictoque dno priore quam plurima in contrarium dicente et proponente que longe essent in scriptis enarrare, petenteque et requirente per dictos Hugonem, Johannem et Symondum et per quenlibet ipsorum eidem dno priori ad opus sui et dicti sui prioratus Homagium ligium et fidelitatem facere et impendere prout et quemadmodum antedictus Aymo eorum pater dictum homagium et fidelitatem dno Aynardo de Montebello, predecessori ipsius dni prioris fecit et reddidit. Dictisque fratribus super premissis replicantibus et dicentibus dicto dno priori unum homagium per aliquem ipsorum fratrum eidem dno priori reddendum et faciendum sufficere debere, et ideo petebant ipsi fratres super premissis sillencium perpetuum imponi.

In primis, post multas dictarum parcium altercaciones et debata habitas et habita hinc et inde, volentes ipse partes fatigacionibus et sumptibus parcere; cupientesque litis dispendia penitus evitare scientes, et videntes quod eventus litis dubii sunt, et quod melior est obediencia quam victoria, et maxime, quod absurdum est, super hiis que Dei sunt litigare, ad pacem et concordiam venire desiderantes, jurgiorum ac litium materiam penitus extirpantes, super premissis omnibus et singulis debatis et questionibus et de emergentibus ex eisdem, scientes et spontanee quelibet partes et ipsarum parcium, nominibus quibus supra se compromiserunt in arbitros et amicabiles compositores videlicet in viros nobiles dnm Humbertum de Curnillione militem, electum et nominatum pro parte dictorum Hugonis, Johannis et Symondi fratrum; et in Roletum de Frassia, domicellum, electum et nominatum pro parte dicti dni prioris. Dantes et concedentes, ipse partes mutuo et unanimiter concordantes serie presentis instrumenti publici, prenominatis arbitris et amicis plenum posse et speciale mandatum, auctoritatem omnimodam et plenissimam potestatem debata et questiones suprascriptas examinandi, ipsasque terminandi, decidendi, sedandi et penitus declarandi, diffiniendi et determinandi, ordine juris servato vel pretermisso, jure pacis, seu arbitraria voluntate, necnon omnia universa et singula faciendi et tenendi que ipsi arbitri super premissis vel emergentibus ex eisdem duxerint ordinandi; promittentes [1].

Quibus sic actis, dicti arbitri, potestate ut premittitur sibi data, mature pronunciaverunt super premissis per modum inferius declaratum :

1º Videlicet. Quod predictus dns prior et sui successores pagnum Valesii unius vestis ydonee cum una penna illi qui officium dicte mistralie exercebit, quolibet festo omnium sanctorum, apud Chamonix ex nunc in posterum tradere et expedire sine lite teneatur.

2º Item. Dixerunt et pronunciaverunt dicti arbitri quod dictus mistralis et sui heredes ex nunc in antea habeat et habere debeat retrobampna omnium universorum et singulorum bampnorum tam magnorum quam minutorum tam componendorum, marciandorum, quam condampnandorum, videlicet decimam partem ipsorum bampnorum, sine contradicione alicujus persone; ita tamen quod illam decimam partem ipse mistralis et sui heredes a singulis personis dicta bampna debentibus expensis ipsius mistralis et ad opus ipsius exigere et recuperare teneatur.

3º Item. Dixerunt et legitime declaraverunt arbitri superius nominati quod antedictus Mistralis et sui heredes ex nunc in posterum in dicto prioratu habeat percipere et habere debeat victum suum congruum et necessarium secundum ipsius mistralis statum, videlicet tantummodo singulis diebus dominicis et quatuor festorum sequencium videlicet diebus festorum nativitatis Domini, pasche, assumpcionis Beate Marie et omnium Sanctorum ad tabulam dnorum monachorum in dicto prioratu commorancium,

4º Preterea. Dixerunt et ordinaverunt dicti arbitri quod id quod dictus mistralis de dictis quadraginta solidis annualibus recuperare non potest, sua diligencia perquirat et perquirere teneatur qui id quod restat ad recuperandum debent,

---

[1] Formule juridique supprimée...

et eo tunc sepedictus dns prior debentes ad solvendum dicto mistrali compellere teneatur.

5° *Ceterum*. Dixerunt et pronunciaverunt dicti arbitri quod antedictus dns et sui successores ab inde clericis suis inhibeat ne aliquas imquisiciones seu aliquos processus contra aliquas personas faciant dum mistralis fuerit in platea quum ipse mistralis, si voluerit, presens sit, eo pretextu quod si caupcionis recepcio incomberet, ipsam caucionem ipse mistralis recipiat et quum presens non erit ipse mistralis in dictis processibus et inquisicionibus fiendis, quod eo tunc si pecierit ipse mistralis, illi processus et inquisiciones ipsi mistrali per predictum dnm priorem vel ejus officiarios dicantur et notifficentur ad juris dicte mistralie conservacionem.

6° *Ulterius*. Dixerunt et more debito declaraverunt arbitri memorati quod de carcere et custodia reorum captivorum in dicta terra Campimuniti, suis demeritis detinendorum, sepe memoratus mistralis utatur et gaudeat perpetue prout et quemadmodum predecessores ipsius mistralis usi et gavisi fuerunt per tempora preterita.

7° *Rursus*. Declaraverunt et pronunciaverunt ipsi arbitri quod dicti Hugo, Johannes et Symondus fratres quibus dicitur de presenti dictum officium de communi pertinere de anno in annum, quolibet festo Beati Michaelis, alteri ipsorum trium vel alium loco, et nomine ipsorum, ydoneum eligant et eligere teneantur qui officium ipsius mistralie bene, ydonec, fideliter et legitime exerceat et regat, utiliaque dicti officii faciat et procuret et inutilia fugiat et repellat.

8° *Demum*. Dixerunt et arbitraverunt, arbitri superius memorati, quod prenominati Hugo, Johannes et Symondus et quilibet ipsorum pro se et suis heredibus, homagium ligium et fidelitatem dicto dno priori nomine suo et quo supra facere, reddere et impendere teneantur.

Qui vero prenominati Hugo, Johannes et Symondus fratres volentes dictam ordinacionem et pronunciacionem dictorum arbitrorum adimplere, necnon arbitrationem eorumdem plene satisfacere scientes et spontanei, et quilibet pro se et suis heredibus, successoribusque et posteritatibus suis, ad postulacionem, requisicionemque dni prioris antedicti, dictum homagium et fidelitatem incontinenti eidem dno Johanni Bochardi, priori predicto in mis notarii publici et testium subscriptorum presencia, fecerunt, reddiderunt et impenderunt prout et quemadmodum dictus Aymo eorum pater olim cum pluribus aliis hominibus dicti mandamenti de Chamonix dno Aynardo de Montebello, dictum homagium et fidelitatem reddidit et fecit, ut continetur quodam publico instrumento, manu Johannis Michalet, de Chamonix, notarii publici, anno currente millesimo tercentesimo vicesimo sexto, indicione nona, die vicesima mensis januarii, recepto, et per Jaquetum Henriodi, de Clusis, notarium grossato, cujus instrumenti tenor inferius est insertus. Reddiderunt, imquam, dicti fratres et quilibet ipsorum pro se et suos heredes homagium antedictum predicto dno Johanni Bochardi priori, presenti, stipulanti et recipienti ad opus sui et suorum successorum et dicti sui prioratus, genibus ipsorum fratrum flexis, capuciis ipsorum a capilibus suis amotis, manibusque ipsorum inter manus prelocuti dni prioris interclusis in signo vere fidelitatis et veri homagii, ipsumque dnm priorem in ore separatim alter post alterum obsculantes, videlicet dictus Hugo primo, dictus Johannes secundo, et dictus Symondus tercio. Recognoscentesque et confitentes dicti fratres, nominibus quibus supra et quilibet per se et suos heredes quod quicquid ipsi fratres tenent et possident infra terram et mandamentum dicti prioratus de Chamonix, quod ipsi tenent et tenere volunt et est, et esse debet et fuit ab antiquo per tantum tempus quod de contrario, ob antiquitatem temporis non est memoria, de feudo puro, antiquo et perpetuo dicti dni prioris et prioratus. Promittentesque dicti fratres et quilibet pro se et suos heredes insolidum, juramentis suis quibus supra, se ipsos esse fideles erga ipsum dnum priorem et prioratum et bona sua et articulos fidelitatis firmiter et inviolabiliter observare.

9° *Ultimo*. Dixerunt et pronunciaverunt dicti arbitri quod altera pars alteri parti aliquid petere, demandare vel exigere aliqualiter non possit nec teneatur pretextu et occasione premissorum nec de emergentibus ex ipsis de toto tempore preterito usque ad diem presentem; et pro tanto prenominati arbitri superius descripti, uno et eodem consensu volunt et ordinant inter dictos dnm priorem et fratres et eorum successores et heredes de omnibus et singulis predictis et de emergentibus et dependentibus ex eisdem, fore bonam pacem, transquilitatem et concordiam per ipsos et suos heredes et successores perpetuis temporibus duraturam.

Quam pacem et concordiam et omnia universa et singula suprascripta in omnibus clausulis et capitulis suis dicte partes prout supra ad ipsarum quanlibet poterit adaptari, laudaverunt, approbaverunt, emologaverunt et totaliter confirmaverunt, promiseruntque videlicet antedictus prior sub voto sue religionis ut supra, manu in pectore apposita, ut moris et solitum est inter religiosos observare et sub expressa obligacione omnium bonorum suorum quoruncumque et dicti sui prioratus. Et prenominati Hugo, Johannes et Symondus fratres per juramenta sua, ad sancta Dei evangelia corporaliter prestita et sub expressa obligacione omnium bonorum suorum quoruncumque in manu mis notarii infrascripti stipulantis et recipientis, vice nomine et ad opus omnium et singulorum quorum interest, rata, grata, firma et vallida habere et tenere perpetue pro se et suis heredibus, posteritatibus et successoribus quibuscumque, ea que omnia et singula inviolabiliter observare et nunquam per se vel per alium in judicio nec extra directe vel indirecte, palam vel occulte contra premissa vel de premissis aliqua facere vel venire, nec alicui contravenire volenti ullathenus consentire. Renunciantes [1].

---

[1] Formule juridique supprimée....

Actum publice infrá dictum prioratum de Chamonix, videlicet in claustro, testibus ad premissa vocatis et rogatis, videlicet nobilibus Ramusio de Monteforti, Berardo de Castro, Johanne de Culuz, domicellis, Sybueto Piscatoris, Petro Hugat, de Chamonix, clericis, Peroneto Challes et Hugoneto de Menthonay, pluribusque aliis.

Tenor vero instrumenti de quo superius habetur mencio sequitur in hec verba et est tali. Anno dni, etc. (Voyez l'acte du 20 janvier 1326, ci-devant, n° 74, avec la commission judiciaire qui le suit.)

Meque Petro Devia de subtus Saxo, clerico, auctoritate imperiali notario publico qui hiis omnibus presens fui et hoc presens instrumentum per modum suprascriptum recepi, ipsumque manu Johannis Devia, notarii publici auctoritate michi juridice concessa, scribi feci, signisque michi consuetis signavi fideliter et tradidi in testimonium premissorum.

Datum pro copia, licet aliena manu scripta, collatione facta cum suo originali per nos notarios subsignatos.

(Signé) Jacobus DECAMPO, n.

Cum dicto Jacobo. *(Signé)* Petrus PIANIDI, n.

97

Grâce accordée par Jean Bochard, prieur de Chamonix, sur les instances des parents tant des coupables que de la victime, aux nommés Michalet, fils de Jacquemet Michala et Michalet, fils de Vautier Ondeyer, du hameau du Lavancher à Chamonix, lesquels avaient tué Boson Terrier et s'étaient ensuite enfuis du pays.

(1383.)

18 Mai.

(Archives de l'église de Sallanches, non coté. D'après l'original écrit sur parchemin.

Nos frater Johannes Bochardi prior prioratus et Dominus Campimuniti. Notum facimus tenore presencium universis quod ad nos venientes Jaquemetus Michala, dou Lavanchier, et Valterius Ondeyers, de eodem, Nobis humiliter supplicarunt quod cum Michaletus filius dicti Jaquemeti et Michaletus filius dicti Valterii inculpentur de nece seu morte Bosonis Terrerii, de Juria, interfecti per dictos Michaletum et Michaletum filios, jam sunt quinque anni elapxi salvo pluri. Ob cujus delictum dicti filii statim, eodem delicto perpetrato, patriam Campimuniti absentaverunt. Dicentes dicti patres quod dictus Boso, sui culpa, et non dictorum filiorum extitit interfectus. Item quod amici et parentes dicti Bosonis Terrerii eorum spontanea voluntate pacem et bonam concordiam cum dictis parentibus dictorum filiorum suo et nomine filiorum eorumdem. Quatenus predictis attentis Nos dictus prior cum dictis inculpatis super venia dicti homicidii graciose agere dignaremur. Unde Nos dictus prior propositis et supplicatis per patres antedictos, consideratis et attentis quod quia amici et parentes predicti Bosonis interencti *(sic)* nos sepius insistarunt requirendo bono corde ut dictis filiis, cum sunt boni juvenes, parceremus homicidium antedictum, licitumque sit super redempcionem sui sanguinis transigere vel pacisci, Volentes dictos filios inculpatos favorabiliter pertractare certis causis ad hoc animum nostrum moventibus, de consilio eciam venerabilis viri dni Johannis Mistralis legum doctoris, judicis nostri, dictum homicidii delictum et penam corporis mortis et pecunie acque bampnum quod et quam inde dicti filii de jure vel consuetudine occasione ejusdem delicti incurrerunt seu incurrere possent, eisdem filiis inculpatis. Remictimus, per presentes, graciose et quictamus; sic quod ipsi filii inculpati possent redire in patria Campimuniti cum ipsorum patribus et amicis et ibidem impune pretextu dicti homicidii perpetue conversari pro eorum libito voluntatis, prout et quemadmodum faciebant ante homicidium memoratum, et hoc pro septuaginta florenis boni auri et regine ponderis quos habuisse a dictis patribus realiter confitemur. Mandantes harum serie castellano, mistrali, clerico curie nostre, ceterisque nostris officiariis Campimuniti quatenus dictos filios inculpatos occasione dicti delicti et dependencium ex eodem ulterius non molestent sed inquisiciones et processus inde factos cancellent et faciant penitus aboleri. In cujus rei testimonium sigillum nostrum majus presentibus duximus apponendum. Datum in assisiis Campimuniti die decima octava mensis maii anno dni millesimo trescentissimo octuagesimo tercio.

Le sceau dudit prieur sur cire blanche pend au bas : saint Michel armé d'une lance terrasse le dragon ; au-dessous est un écusson aux armes de Bochard ; la légende est illisible.

98.

Jean Bochard, prieur de Chamonix, confirme les précédentes franchises de la communauté et en interprète plusieurs articles controversés.

(1386.)

15 Décembre.

(Tiré des archives de l'église de Sallanches. — M. S. H. G. A., t. XIII, p. 91. — Copié sur l'original écrit sur parchemin.)

In nomine Domini Amen. Anno a nativitate ejusdem millesimo tercentesimo octuagesimo sexto, indictione nona, die quindecima mensis Decembris, per hoc presens publicum instrumentum cunctis liquide fiat manifestum, quod in nostrorum notariorum et testium subscriptorum presentia, propter hec que secuntur personaliter constituti, vir nobilis et religiosus Dominus Johannes Bochardi prior prioratus Campimuniti gebenn. diocesis, ex una parte, et Johannetus mistralis, Perretus de Ponte, Mocterius Fabri, Guigo Cohendat, Johannetus Michallaz, Petrus de Campis, Berthodus de Pratis, Ansermus Venos, Peronetus Gillier, Johannes Bollet, Aymo et Mermetus Mocteri, et Richardus Canaros, nominibus suis et totius communitatis de Chamunix, de Valle Orsine et de Lacu, ex altera. Verum cum questio et questionis materia de novo versa fuerit et suborta inter dictas partes super eo quod, altera pars alteri parti, quam plurimas petitiones et demandas promovebat, faciebat et proponebat, que clare comprehendebantur et dependent in et de capitulis et statutis dicte communitatis, et ideo non est necesse iterato ipsas litteraliter de presenti enarrare, sed prolixitatem evitare, et quia Johannes mistralis, Perretus de Ponte et alii superius seriatim nominati aliunde instabant et requirebant ipsum dnm priorem et sibi supplicabant, quatenus confirmare, laudare et approbare sibi placeret statuta et capitula universitatis antedicte, nec non et ipsa tenere vellet secundum eorum formam et tenorem. Hinc est quod prelibatus Dominus prior, ad supplicationem superius nominatorum inclinatus, non considerans aliqua in dictis statutis et cappitulis enovare, sed potius per se et ejus successores facta absque corruptione, ut asserit, observare predicta statuta et cappitula, antedicte universitati et communitati et singulis suis successoribus, nobisque notariis subscriptis more publicarum personarum stipulantibus et recipientibus, vice nomine et ad opus universitatis antedicte et omnium aliorum quorum interest et in futurum poterit interesse, laudat, grantat, approbat, ratificat et totaliter, prout in ipsis cappitulis et statutis describitur, de novo confirmat, ut securius potest intelligi et notari. Promittitque ipse dominus prior sub voto sue religionis, manu ad pectus suum apposita, ut more solitum est, et sub obligatione expressa omnium bonorum suorum et dicti sui prioratus, ipsa cappitula et statuta ab inde firmiter tenere et ipsa inviolabiliter observare, ipsaque rata et firma prout jacent habere et tenere et non contra facere vel venire per se vel per alium, directe vel indirecte, tacite vel expresse.

Preterea dicte partes dubitantes ne de infra scriptis inter ipsas partes orire possit questio, cum jam de presenti oriebatur et fiebat, et ideo ne in futurum questionis materia de subscriptis oriretur, quia melius prevenire quam preveniri, cupientesque ipse partes questiones et debatta inter ipsas et merito evitare, nec non in et super hiis inferius descriptis silencium perpetuum clara luce apponere, quoniam ubi eminet in aliquibus periculum, potissime inter dominum et subditos debet super ipso mature per eosdem providere, quapropter ipse partes hiis actentis, nominibus quibus supra, nobisque notariis stipulantibus ut supra, pacta, arresta, et conventiones fecerunt infra scripta et infra scriptas.

1. De vendis bladorum. — Et primo est actum, declaratum et conventum inter antedictas partes, et dictis statutis et cappitulis, unitum, additum et annessatum ut sequitur, videlicet : quod singulis annis deinceps, scilicet illa die qua vende bladorum in mandamento Campimuniti ponantur, quod per prelocutum Dominum priorem et ejus successores, seu per ejus locum tenentes, vocentur et demendentur decem vel duodecim homines probi dicti mandamenti de Chamunix, non suspecti, sed idonei et sufficientes, ad dictas vendas ponendas. Qui probi homines super missale per dictum dominum priorem et ejus successores, vel alterum nomine ipsius, positum super magno altari beati Michaelis ecclesie de Chamunix, corporaliter jurare sint astricti, illas vendas bene, probe et legaliter, juxta ipsorum consciencium et sub periculo animarum suarum, secundum fertilitatem et sterilitatem, seu abondantiam et paucitatem bladorum dicti mandamenti de Chamunix cujuslibet anni, ponere et universaliter declarare. Que quidem vende, relatu dictorum proborum hominum posite et declarate, more consueto publicentur et cridentur. Quibus vendis sic cridatis et publicatis, dicte partes et eorum successores ipsam tenere et inviolabiliter absque diminutione vel additione penitus sint astricti, sub pacto et conditione quod ipse dominus prior, nec sui successores, nec alia persona nomine ipsorum, non possit, nec sibi licitum sit, plus nec minus dictarum vendarum recuperare nec etiam exigere ; et e contra gentes dicte communitatis nec eorum heredum, non possint, nec eisdem licitum sit, plus vel minus quorum vendarum dicto domino priori et suis successoribus expedire.

2. De solutione censarum et servitiorum. — Secundo est actum, declaratum et conventum inter dictas partes, nobisque notariis stipulantibus ut supra, quod homines et persone dicte universitatis de Chamunix, Valle Orsine et de Lacu, debentes censas, servitia et meneydas annuales dicto do-

mino priori, ab inde ipsas et ipsa, sine lite et molestia quibuscunque, ad monetam veterem eidem domino priori et singulis suis successoribus, annis singulis, terminis consuetis, solvere teneantur, seu de moneta cursibili in terra foucigniaci dicte monete solvere ad valorem.

3. De solutione aliorum quorumcunque debitorum. — Tercio est actum, declaratum, conventum et arrestatum inter prenominatas partes, nobisque notariis ut supra stipulantibus, quod qualibet persona de dominio de Chamunix, prenominato Domino priori et successoribus suis universis et singulis, aliis debitis non annualibus ad dictum Dominum priorem et ejus prioratum spectantibus, de moneta cursibili in dicta terra faucigniaci, videlicet tam de tempore preterito quam futuro, ipsa debita solvere possit et debeat sine contradictione Domini prioris vel alterius persone.

4. De Gleyronis. — Quarto est actum, dictum et conventum inter partes predictas, et nobis notariis stipulantibus ut supra, quod gleyroni qui, impetu aque areris seu aliorum torrentium vel nantium, reperiantur infra dictum mandamentum de Chamunix, ex tunc in antea sint et per inventores conserventur ad opus barrarum possessionum prope existantium, in quibus barris ad utilitatem et confirmationem dictarum possessionum ipsi gleyroni implicentur et ponantur sine contradictione Domini prioris antedicti, nec alterius cujuscumque persone.

5. De nemoribus super possessionibus admassatis. — Quinto est ordinatum et solempni stipulatione arrestatum inter superscriptas partes, nobisque notariis stipulantibus ut supra, quorum supra nominibus agentibus quod de nemoribus super propriis possessionibus sterilibus, cultis seu admassatis, hominum dicti mandamenti de Chamunix existentibus, ipse Dominus prior nec ejus successores aliqualiter non possit, nec sibi licitum sit, alicui persone dare, alienare, vel alio modo in aliquem transferre sine scitu et voluntate dictorum nemorum dominorum.

6. De Lavanchiis. — Sexto est actum, dictum, declaratum et solempniter arrestatum inter partes predictas, nobisque notariis stipulantibus, ut supra, quod quando et quotienscunque aliquas lavanchias scilicet de nemoribus propriis alicujus persone dicti mandamenti de Chamunix in futurum movere, disruere contingerit, ipsisque lavanchiis super possessionibus alterius persone ipsius mandamenti evenientibus et arrestantibus, quod isto casu eveniente, totiens quotiens ipsum casum evenire contingerit, sepe dictus Dominus prior nec sui successores, in dictis lavanchiis non possit, nec debeat, nec sibi deinceps attentis pluribus periculisque subjacent et evenire possent licitum sit aliquid petere, demandare, vel habere, sed medietas lignorum seu fustarum in dictis lavanchiis existentium sic remaneat et esse debeat domino nemorum a quo dictas lavanchias coutingerit promoveri et desrui, in recompensatione dampni facti, omnibus impedimentis cessantibus et remotis. Alia vero medietas sit, pertineat et esse debeat domino possessionis in qua dictas lavanchias contingerit remanere, in recompensationem dampni ratione dictarum lavanchiarum sibi illati et eventi, sine perturbatione persone alicujus.

— Pro quibus quidem ratifficatione et aliis in presente instrumento descriptis, prelibatus dominus prior a dicta communitate habuisse et integre recepisse confitetur quater viginti florenos regine, boni auri et ponderis, quos asserit in utilitate dicti sui prioratus convertisse, et de quibus quater viginti florenis dictam communitatem, nobisque notariis ut supra stipulantibus, solvit, liberat penitus atque quitat.

Promittentes, etc.

Renunciantes, etc.

Actum apud Chamunix in ecclesia dicti loci, presentibus testibus ad hec vocatis et rogatis, videlicet : Domino Rodulpho curato dicti loci, Domino Petro Locerandi canonico Sancti Ruphi de Valencia, presbitero, Nicoleto de Voseriaco domicello, et Antonio filio Juminii de Caraman famulo Domini prioris prelibati. Meque petro de Via de subtus saxo [1], clerico, auctoritate imperiali notario publico qui hoc presens instrumentum unacum Hugone Mistralis notario publico recepi, ipsumque manu Johannis de Via notarii prenominati auctoritate michi juridice concessa scribi feci, signisque michi consuetis signavi fideliter et tradidi in testimonium premissorum. Meque Hugone mistralis de Chamunix clerico, auctoritate imperiali notario publico curieque Domini prioris jurato, qui hoc presens publicum instrumentum, unacum Petro de Via notario, recepi et in omnibus in ipso descriptis dum sic agerentur presens fui et in eodem me subscripsi, signoque meo consueto signavi fideliter in testimonium premissorum.

99

Sentence d'absolution prononcée par spectable Jacques Sostion, juge de la Terre de Chamonix, en faveur d'Hugonet-Bovet, accusé d'être entré de nuit dans la maison et l'étable de Johannet-Métral (déjà en 1382) d'y avoir pris le cheval de ce dernier, avec sa selle et sa bride, de l'avoir conduit aux Iles des Rosières, où il lui aurait coupé les jambes et l'aurait tué et ensuite recouvert avec des plantes et des branches de sapin. Cette inculpation reposait sur les mauvais antécédents de l'inculpé, notamment sur ce qu'il n'avait pas couché chez lui la nuit où ce délit avait été commis; sur ce qu'il possédait une hache dentelée, dont l'empreinte se trouvait marquée, soit sur l'animal, soit sur les souches des sapins qu'il avait coupés; sur ce qu'il avait été le pre-

---

[1] *Subtus Saxo* (sous le Saix, localité de Passy).

mier à annoncer le délit ; sur l'inimitié, qu'il portait audit Métral et sur les paroles injurieuses contre ce dernier, qu'il avait proférées en présence de Simon, frère de celui-ci.

(1388.)

15 Octobre.

(Archives de l'église de Sallanches. Copié d'après l'original écrit sur parchemin.)

In nomine Domini Amen. Anno a nativitate ejusdem currente millesimo tercentesimo octuagesimo octavo, die quinta mensis octobris. Ad quam diem citatus extitit coram nobis Jacobo Sostionis jurisperito, judice tocius terre et juridicionis venerabilis et religiosi viri Domini Johannis Bochardi, prioris et domini temporalis Campimuniti, Hugonetus Boveti, auditurus jus et diffinitivam sentenciam in et super quadam inquisicione in eum facta ex officio curie dicti dni prioris anno dni millesimo ccc⁰ lxxx secundo, die decima tercia mensis augusti. Per quam inquisicionem inculpatur ad domum habitacionis Johanneti Mistralis de Chamonix, ipso Johanneto et familia in lectis et cubilibus suis existentibus et dormientibus, de nocte, hora suspecta accessisse et stabulum dicte domus in quo idem Johannetus quendam equum suum valoris quinquaginta florenorum, salvo pluri, tenebat, cum certis artifficiis fraudulenter apperuisse, dictumque stabulum intrasse et ipsum roncem cum sella et brigida furtive, latenter et occulte cepisse et secum duxisse ad locum dictum in Insulis de les Roseres, infra nemora dicti loci, ipsumque roncem ibidem ejaracasse et cindisse cum securid sic quod tibias dicti equi amputavit et vulneravit, ad eo quod idem equus ibidem cecidit et remansit mortuus. Deinde in eodem loco quam plurimas planctas peyssiarum et abellorum cindisse et dictum equum de eisdem coperuisse, dictum delictum et crimen celare volendo et inttendo[1]. Super quibus facta fuerunt judicia contra dictum Hugonetum inquisitum. Videlicet quod est assuetus quam plurima maleficia, temporibus preteritis, et crimina infra vallem Campimuniti perpetrasse et dixisse in crastinum perpetrati dicti maleficii in platea ecclesie dicti loci Campimuniti quod dictus equs in loco supradicto erat vulneratus et mortuus. Mortem dicti equi primus nunciando et nominando et eciam locum in quo erat ipse equs mortuus tanquam perpetrator dicti maleficii antedicti, et nocte qua dictus equs fuit interfectus non jacuisse. Sed extra suam domum tota nocte pernoctasse et quandam securim dentatam habuisse cum qua, facta mensuracione, equiperacione cum plagis et cisione dicti equi et arborum cisorum dictus equs fuit interfectus et dicte arbores cise. Inimiciciasque cum dicto Johanneto habuisse, verbaque injuriosa cum Symondo frater dicti Johanneti in domo Johannis Noblu habuisse. Ex quibus presumebatur et suspicabatur contra dictum Hugonetum dictum maleficium perpetrasse. Super quibus et adversus dictam inquisicionem prenominatus Hugonetus inquisitus ejus fecit deffensiones. Super quibus testes fuerunt producti, examinati et publicati. Et juris allegaciones inde facte pro parte dicti Hugoneti inquisiti et nobis tradite. Quibus omnibus diligenter per nos visis et examinatis, pro tribunali sedentes, more majorum, Deum et sacras scripturas occulis prehabentes, nichil de contingentibus obmictentes, sed servatis in talibus solempnitatibus opportunis, Deique nomine invocato, dicentes. In nomine Patris et Filii et Spiritus Sancti, Amen. Ad nostram per modum qui sequitur procedimus sentenciam. Quia dicta inquisicio, visis et actentis deffensionibus dicti Hugoneti inquisiti adversus dictam inquisicionem factam, quas sufficientes reputamus, ipsum Hugonetum inquisitum a dicta inquisicione et contentis in eadem, per hanc nostram in hiis scriptis diffinitivam

---

[1] Ce mot *inttendo* paraît être une contraction de *intendendo*.

sententiam absolvimus. Datum in nostris publicis assisiis Campimuniti ibidem per nos tenutis anno et die quibus supra.

Au bas pend le sceau du juge sur cire verte.

Signé : Anth. RAVER.

100

Compte-rendu par M⁰ Jacquet de Joria, notaire à Chamonix, à révérend Jean Bochard, prieur et seigneur temporel du mandement de Chamonix, des recettes et dépenses qu'il avait faites pour lui pendant les années 1389, 1390 et 1391.

(1389-1390.)

Copié d'après l'original écrit sur papier.

PREMIÈRE PARTIE

Computus Jaqueti de Joria, de Chamonix, clerici, receptoris et exactoris serviciorum, censuum et reddituum et aliorum emolumentorum seu obvencionum quorumcumque tocius mandamenti de Chamonix, Lacus et Vallis Ursine vel alibi quomodocumque; nomine venerabilis et religiosi viri dni Johannis Bochardi, prioris prioratus de Chamonix, de receptis et libratis per eundem Jaquetum a die 12 mensis maii, anno dni 1390, usque ad diem 12 mensis maii 1391.— Excepto de redditibus, censis et meneydis de quibus computat pro anno 1389, videlicet pro termine S^{ti} Andree. — Et est sciendum quod de dictis censis, serviciis, meneydis et redditibus dicti loci de Chamonix et Lacus pro anno 1390 in presenti computo non computat, sed de ipsis in suo sequenti computo computabit[1].

DENARIORUM CENSUS ET SERVICIORUM.

Idem reddit computum quod recepit de censis, serviciis et meneydis annualiter dno priori predicto a pluribus et diversis personis in mandamento de Chamonix et de Lacu solvere consuetis a festo S^{ti} Andree usque ad nativitatem dni et computat de eisdem pro anno dni 1389, ut in computis precedentibus, inclusis duobus solidis annualiter debitis per Vuillelmum Daniclis pro sufferta homagii hereditatis Richardi de Lacu que ascendunt ad 93 libras, 4 solidos et novem denarios cum pug.... Geben. veterum, deductis de predictis censis et serviciis, censa et servicio debitis per homines Vallis ursine, de quibus inferius termino cadere debente in presenti computo, recte computabit licet de subscriptis non computet propter consequenciam quatuor computorum proxime precedencium. Et computat de predictis in 89 libros 6 solidos denarium et pug.... Geben. conversis ad monetam cursibilem...... cIIII lib. III. s. IX^d pug. moneta currente.

Recepit de censibus, serviciis et aliis redditibus annualiter dno priori debitis apud Vallem ursinam per homines dicti loci in termino omnium sanctorum anno dni 1390, videlicet in 4 lib. 16 den. Geb. veterum, conversis in monetam currentem.... IIII lib. XIII s. x. d. ob et tercius unius ob. mon. currentis.

De serviciis et censibus ac meneydis Campimuniti et de Lacu, cadere debentibus in presenti computo videlicet pro termino S^{ti} Andree anno dni 1390. Sicuti census et servicia

---

[1] Nous ne reproduirons que les sommaires et quelques articles de ces comptes, dont les détails très longs n'offrent d'autre intérêt que les noms de famille qui se retrouvent ailleurs.

Vallis ursine non computat ibidem licet de ipsis ibi deberet computare. Sed injungitur sibi quatenus in suo sequenti computo computet cum ceteris in eodem cadere debentibus.

NOVUM SERVICIUM ET SUFFERTA HOMAGII.

Idem reddit computum quod recepit de novo servicio a se ipso pro quadam domo vocata domus murenchia, et quadam pecia terre juxta sita pro termino S^{ti} Andree anno dni 1390. xviii den. Geben. veterum.

Recepit a Beatrixia uxore Ansermi de Voudagnia pro sufferta homagii quarumdam rerum quas tenet a dno de hereditate Aymonis Challet quondam pro dictis anno et termino xii den. Geben. veterum.

Summa recepte hujus computi, converse Geben. ad monetam.

C ix libras xviiii den. obol. pug. et ii part. i pug. mon. currentis.

VENDE.

Idem reddit computum quod recepit de vendis eidem dno priori pertinentibus et sibi Jaqueto revellatis per tempus de quo computat, videlicet a die 12 mensis maii 1390 usque ad eundem diem anno dni 1391 citra, racione possessionum in mandamento de Chamonix et vallis ursine venditarum seu permutatarum, de uno tenementario ad alium. Et est sciendum quod in omnibus rebus que venduntur in predictis locis pro qualibet libra precii seu valoris talis rei vendite, capere est solitus prefatus dns prior et sui predecessores viginti denarios consimilis monete precii, et in rebus que eciam permutantur, capere est solitus idem dns prior et sui predecessores viginti denarios consimilis monete duntaxat super rebus unius permutatoris et non super rebus seu re alterius permutatoris et non super rebus seu re alterius permutatoris, videlicet super illa parte que magis placens est predicto dno priori ; et si extimata non sit juste in permutatione seu cambio, iterum potest idem dns prior seu ejus officiarii per probos homines facere extimare, reliqua parte permutata seu excambiata salva remanente. Item eciam super rebus donatis, legatis, excepto proprio heredi; ac eciam super rebus insolutum traditis seu datis viginti denarios pro qualibet libra capere est solitus. Super rebus vero impignoratis et in pignoriam permanentibus ultra sex annos integros et completos viginti denarios pro qualibet libra capere est solitus idem dns prior seu sui predecessores in dicto prioratu.

	PRIX OU VALEUR Liv. sol. den.			DROITS PERÇUS Liv. sol. den.		
Et recepit a Jaquerio filio Perreti Lueysi, pro re empta a Richardo Canaros precio LX s..................	3	»	»	»	5	»
Recepit a Martino De Ochiis et Vuillelmeta relicta Johannis dou Bettex pro rebus inter ipsos permutatis, extimatis pro jure dni ad xx s................	1	»	»	»	1	8
Recepit a Falqueto de Terra pro quodam reddictu empto a priore Confratrie S^{ti} Spiritus, precio xxvi s............	1	6	»	»	2	2
Recepit a predicto Johanneto Peclu pro re donata filiis suis per Johannetum Corbet, extimata ad II s.............	»	2	»	»	»	2
Recepit a Melliereto Girodi Des Allious et Johanne dou Sonjon, pro rebus inter ipsos permutatis, extimatis pro jure dni ad xxxviii s................	1	18	»	»	3	02
Et pro curvis...................	»	»	»	»	»	8
Recepit a Martino filio Melliereti Garny, quia Perreta uxor Aymonis Ballaval sibi confirmavit quandam vendicionem sibi factam per Jaquemetum Cholet patrem ipsius Perrete pro xLviiJ solidis..	2	8	»	»	4	»
Summa LvII lib. xix sol. II deniar. ob.=	57	19	02			

VENDICIONES BLADORUM DECIMARUM AD VENTAM.

Idem reddit computum quod recepit de vendicionibus seu preciis bladorum decimarum admodiatarum et recolletarum in anno dni 1389 tam per dnm priorem quam per ipsum Jaquetum. Videlicet de Decima de Lacu, de Monte Vouterio, de Decima de Chavens, de Decima des Alliouz, de Decima de Exerto, de Decima de Grea, de Decima de Monte-Cuart, de Decima de Lavancherio, de Decima de Roseria, de Decima de Joria, de Decima de Argenteria et de Decima de Turno, que omnes in summa fuerunt admodiate, videlicet in ordeo ad xvii modios v sestarios et unam octanam ordei. Et in avena ad xviii modios tria sestaria, unam octanam avene. De quibusquidem bladis decimarum predictarum in bladum recepit septem octanas ordei et quinque modios quinque sestarios unam octanam et duos rassuros avene, et de quibus inferius in titulo recepte bladorum cum ceteris bladis decimarum ad manum dni recolletarum computabit, sic restant decem septem modii, tria sestaria et una cupa ordei, et duodecim modii, tria sestaria et octo rassure avene. Quorum ad ventam dicti anni 90 venditi fuerunt, videlicet : septem modii, tria sestaria et una cupa ordei videlicet ad tres solidos et novem denarios pro qualibet octana ordei valent in summa xxxiiii libras ii solidos vi denarios. Item, et duo modii, tria sestaria et octo rassure avene, videlicet ad duos solidos et quatuor denarios pro qualibet octana avene valente in summa vii libras vii solidos et vi denarios. Et residuum vero dictorum bladorum decimarum vendidit dns prior Peronodo De Via, videlicet decem modios ordei et decem modios avene precio in summa sexaginta florenorum auri parvi ponderis quos idem Jaquetus una cum predictis preciis recepit ci . . . . xli lib. x s.
Et . . . . lx flor. p. p.

Recepit ab illis de Valle Ursina pro venta seu vendicione c duorum sestariorum et septem bichetorum per parrochianos dicte vallis annualiter dno priori debitorum racione primiciarum dicte vallis, scilicet pro quolibet focho unus quartus siliginis, ad ventam subscriptam eisdem temporibus dimissorum et venditorum, computata qualibet octana siliginis sex denariis plus quam octana ordei ut supra; et computat de eisdem pro anno dni 1389 scilicet IIII solid. III den. pro qualibet octana siliginis.......... XLVIII s. X. d. ob.

Summa, conversis florenis ad monetam LXXIX lib. XVIII. s. X. den. obol.

FERME.

Idem, reddit computum quod recepit in eadem recuperatura de fermis, possessionibus dni et de exitibus earumdem in pecunia accensatis, necnon de exitibus decimarum canapis unius anni videlicet, anno dni 1389 videlicet de una pryssia tantum.

Liv. Sol. Den.

Et recepit a Perreto de Ponte et ejus consortibus pro ferma seu exitu Montis Combe ejusdem anni. » 12 »

De ferma seu exitu possessionum dni, de Lacu, predicto anno, nichil computat, quia Nycodus De Vosseyriaco, dictas possessiones, dicto anno, asserebat sibi pertinere ob causa cujusdam albergamenti facti per dnm priorem Francisco De Vosseyriaco quondam et ipsum asserebat succedere idem Nycodus in dictis possessionibus. Unde nichil recepit, ut dicit, quia fructus dictarum possessionum, propter debatum et pro eo quia antequam dicti fructus forent maturi, fuerunt recolletti per gentes dni et inde nullius valoris............... » » »

Recepit a Michaele Gillier pro ferma seu exitu ferme decime canapis des Chavens et des Alliouz eodem anno.......................•............... » 6 6

Recepit ab uxore Jaqueti Mermodi pro ferma seu exitu decime canapis de Exerto eodem anno..... » 3 »

Report... 1 6 6

	Liv.	Sol.	Den.
A reporter...	1	6	6

Recepit ab Aymone De Vosseyrier pro ferma seu exitu decime canapis de Grea, dicto anno.... » 5 »

Recepit a Guigone Coendat pro ferma seu exitu decime canapis de Mont Cuart, dicto anno....... » 6 »

Recepit ab Agnessona dou Follier pro ferma seu exitu decime canapis de ecclesia, eodem anno... » 9 »

Recepit a Vullelmeta uxore Johannodi Archerii pro ferma seu exitu decime de Lavancherio, eodem anno.................................... » 4 »

Recepit a Guigone Nycola pro ferma seu exitu decime de Roseria, eodem...................... » 5 »

Recepit a Michaele Pellicerii pro ferma seu exitu canapis de Turno...................... » 6 »

Recepit a Petro Huguet pro ferma seu exitu decime de Tynis inferius, usque ad nantum dou Cherdoney, eodem anno...................... » 9 »

De ferma seu exitu decime de Argenteria pro dicto anno nichil computat, quia dns ipsam tradidit Aymoni Bullat pro faciendo cordas retis extani, et nichil recepit, ut dicit... .... » » »

Recepit a Jaqueto Cochat pro ferma seu exitu erbe clausi dni dou Sobeyron ejusdem anni...... » 4 »

Recepit a Mermeto Moterii et Mermeto Falconis de Clusis pro ferma decime nascensium pro anno dni 1390................. L florenos p. p. 30 » »

Recepit a Perruss. Archierii pro ferma molendini de Fraciis unius anni finiti die xv junii anno nonagesimo primo....................... » 13 »

Recepit ab Hugone Bovet pro ferma ponderis dni anni finiti die festi sancti Michaelis, anno nonagesimo................................. » 9 »

Recepit ab hominibus Vallis Ursine pro ferma

Report... 34 11 6

	Liv.	Sol.	Den.
A reporter...	34	11	6

seu exitu decime bladorum vallis predicte eidem dno priori annuatim reddere consueta, per dictos homines et eisdem in pecunia per ipsum dnm ad vitam ipsius accensata, videlicet pro quolibet anno sex decim florenos auri boni et ponderis ad valorem xIIII s. monete currentis, et computat de exitu dicte decime pro anno dni 1390 valent ad monetam currentem.......................... 11 4 »

Summa eonversis florenis ad monetam currentem xLv lib. xIII s. vI den.   =   45 15 6

BANNA CONCORDATA.

Idem, reddit computum quod recepit per tempus de quo computat de bannis compositis seu concordatis in dicto loco de Chamonix per castellanum dicti loci a pluribus et diversis personis inferius declaratis ut infra.

	Liv.	Sol.	Den.

Et primo recepit ab Hugoneto Boveti pro injuris factis Johannodo Matelli et penis spretis xvIII s..   » 18 »

Recepit ab Aymone Fabri, dicto Pico, quia filium Aymonis Moterii turbavit in portando fimum suum ducendo et pro injuriis sibi factis...............   » 13 6

Recepit a Jaquerio Charlet pro injuriis factis Johanni Mistrali........................ .....   » 9 »

Recepit ab Ansermo Venu quia citatus fuit sub pena decem lib. et non comparuit xxx s........   1 10 »

Recepit a Petro Marguerat quia de fimo bonorum Petri Quiblier cepit et secum deportavit....   » 13 6

Recepit a Mabillia uxore Johannis Fabri quia quemdam cacabum cepit et secum deportavit....   » 11 6

Recepit ab Hugoneto filio Johanneti Peclu, quia ejus magnum cutellum portavit contra formam cridarum, ci...........................   » 15 »

Report...   5 10 6

Liv. Sol. Den.

Recepit ab hominibus communitatis Vallis Ursine quia plurimas penas commiserunt super debato quod habebant cum illis de Chamonix pro monte de Berardo et de Aquis..... XLV flor. pp. 27 » »

Recepit ab infrascriptis personis qui de Lavanchiis dni ceperunt sine licencia dni vel alterius de ejus familia, eciam ultra formam cridarum de ipsis Lavanchiis qui componerunt ultra drollias ad septuaginta florenos pp. quibus iterum super jure dni ceperunt dns judex, castellanus et curia decem florenos, sic restant sexaginta floreni, unde quartum castellani deductus fuit eciam. Videlicet a Michaele Lechia, Moterio Bonjor, Perrussodo Archerii, Johanneto filio Henrici Desfichiffuer, Johanneto Prays, Girodo Garguen, Aymone Matelli, Aymone dou Biol, Perreto Ales-Fenies, Pereto Fabri de Roseria, Francisco Landryus, Jaquerio Lupi, Vullelmo Lechia, Molliereto Audier, Johanne dou Crot, Aymoneta relicta Jaquerii Landriu, Jaquemeto Michala, Valterio Audier, Johanne Guiber, Jaqueto Sadou, Johanne Johanodi Matelli, Guigone Nycola, Chamosseto Malavart, Francisco des Dus, Aymoneta uxore Martini Defago, Jacobo Peclu, Guillerma Columbeysa, Ysabella uxore Johannis Peclu, Johanne de Turno, Aymoneta uxore Petri Huguet, Johanneto Chacotini, Aymone filio Vuillelmi Archerii, Vuillelmo Huguet et Raymonda uxore Henrici Chacotini,
ci .... XLV flor. pp.

Recepit ab infra scriptis personis pro penis spretis.

Summa, conversis florenis ad monetam LX lib. XVII sol. III denarii.

BANNA CONDEMPNATA.

Idem, reddit computum quod recepit a pluribus et diversis personis qui in assisiis tenutis apud Campummunitum, dicto anno dni 1390, die 22 novembris per judicem prefati dni prioris, deducta quartum castellani et misericordias factas per ipsum dnm priorem dictis condempnatis ut infra.

	Liv.	Sol.	Den.

Et primo, recepit a Petro Praeys condempnato in viginti quinque solidis adeo quod quosdam tissones equilis parietis Johannis Pillicerii versus los Frasserens diruit et dictam parietam dapnifficavit. Deductis quarto et ulterius remissione sibi per dnm vii s. de gracia speciali, ci............... » 13 6

Recepit a Johanne Chombelli condempnato in quindecim solid. eo quia penam viginti quinque solidor. ad quam citatus erat minime obediit. Deductis quarto et ulterius remissione sibi per dnm de gracia speciali v s................... » 7 6

Recepit a Michando Frasserens condempnato in xxv s. quia apportavit de extra patriam quandam quantitatem butirorum ultra formam cridarum. Deductis quarto et ulterius remissione sibi per dnm quinque solidor. de gracia speciali........ » 13 6

Recepit a Petro Praeys filio Perreti Praeys, condempnato in xxv s. quia contra formam cridarum portavit magnum cutellum. Deductis quarto et remissione sibi per dnm xiii s................ » 9 9

Recepit ab Ansermeto Vennu condempnato in xv libr. eo quia quandam vacham de bonis liberorum pupillorum Michaelis Alysat accepit et secum duxit contra formam cridarum. Deductis quarto et remissione sibi septem libr. per dnm de gracia speciali..................................... 6 » »

Recepit a Petro Guerreri condempnato in quinquaginta solid. quia commisit penam C solidor. Deductis quarto et remissione sibi xx s. per dnm ut supra............................... 1 2 6

Recepit a Johanne Boverii Fabro, condemnato in xxv libr. quia Aymonem Moterii insultavit et arma portavit ultra formam cridarum, et pena.

Report... 9 6 9

	Liv.	Sol.	Den.
A reporter...	9	6	9

deductis quarto et positione in sufferta eidem Johanni quinque libr. per dnm.............. | | 7 | 10 | » |

Recepit a Johanne Borotet condempnato in xxv s. quia quandam vacham familiaribus curie levatam, de pignore vetavit, deductis quarto et ulterius remissione sibi vii s. per dnm.......... | » | 13 | 6 |

Recepit a Parvo Johanneto Balmat, quia dementivit Hugonem Cachat, condempnato in x s. deducdis quarto et remissione sibi iii s. per dnm...... | » | 5 | 10 |

Recepit a Johanne de Molendino Seniore condempnato in c s. quia devertit aquam per campum Franciscesie filie quondam Aymonis Guilliot et labi fecisse ad eo quod fimum ibidem existens dicta aqua inferius duxit et penam c s. commisit. Deductis quarto et remissione sibi ut supra lxviii s. | 1 | 4 | » |

Recepit a Martino Onsey et Perreta ejus uxore, quia dictus Martinus commisit penam x libr.. et dicta Perreta penam lx s. condempnatis in lx s. remissione sibi xx s. et deductis quarto......... | 1 | 10 | » |

Recepit ab eodem Martino condempnato in xxv s. quia quondam domum edifficavit in summitate possessionum Francisci et Perreti Gardeys, deductis quarto et remissione sibi x s............ | » | 11 | 9 |

Recepit a Johanne Chamos de Cresco, condempnato in x s. quia dixit Melliereto Girondey de Alliouz quod ipsum gravaverat de lx flor. Deductis quarto et remissione ulterius ii s............ | » | 6 | » |

De decem libris in quibus Vullelmus de Cupellino fuit condempnatus eo quod dnm Guillelmum de Chagnia, monachum prioratus de Chamonix insultaverat; et de centum solidis in quibus eciam fuit condempnatus eodem instanti quia cutellum

Report... 21 7 10

	Liv.	Sol.	Den.
A reporter...	21	7	10

ultra mensuram portavit contra formam cridarum, nichil computat, quia nichil recepit, ut dicit; sed postmodum fuerunt sibi inclusis in anno sequenti in quadam composione quam fecit cum dno ad xxv floren.. » » »

De x solidis grossis, in quibus Grossus Michael Michala fuit condempnatus eo quia ejus vinum vendidit absque taxasione proborum et contra formam cridarum, nichil computat, quia probavit de dicto banno ante assissias predictas fuisse concordatum cum dno priori, et de ipso nichil recepit ut dicit.. » » »

De iiii^{xx} et v libris monete, in quibus Petrus de campis et Johannes ejus filius fuerunt condempnati in dictis assissiis, eo quia penam commiserunt multa, nichil eciam computat quia nichil recepit; sed sunt remisse eisdem in quadam alia composicione dicti Petri, quando de carceribus dni prioris fuit postmodum extractus...................... » » »

Recepit a Johanne filio Bosonis de Nanto, condempnato pro injuriis factis Perreto Cochon in xxv s. remissione vii s. et quarta parte ut supra. » 13 6

Summa recepte xxij libr. xv den. = 22 1 4

BANNA MINUTA.

Idem reddit computum quod recepit de bannis minutis super offensis et dampnis datis per bestias in possessiones et accusatis per familliam Domini, dicto anno de quo computat ut infra, deducta tercia parte remissa per dnm. Et primo : etc., etc.

Summa xxxii solid.

VENDITIONES PALLEARUM ET ALIARUM RERUM MOBILIUM HOSPICII DNI VENDITE.

Idem reddit computum quod recepit de rebus seu preciis

rerum mobilium infrascriptarum de mandato dni venditerum per tempus de quo computat ut infra. Et primo :

	Liv.	Sol.	Den.
Recepit a Paviodo Ros pro precio xiiii librarum lane sibi vendite, pro tanto...................	»	13	»
Recepit a Peronodo de via pro xxii^{bus} vachis lactentibus, duobus bobus, xij tam majoribus quam mogiis et octo vitulis sibi venditis per dictum priorem in summa............ iiii^{xx} flor. pp......	48	»	»
Recepit a Francisco Bullat pro uno quarterono pallie, sibi pro tanto vendito...................	»	7	»
Recepit a Jaqueto Lachu pro triginta quatuor pellibus mutonum excoriatorum in hospicio dni, per tempus de quo computat......... xxxix s.	1	9	»
	50	9	»

Summa conversis florenis ad monetam. — LV lib. x. vi d.

De coriis animalium grossorum, scilicet : boum et vacharum in hospicio dni prioris predicti excoriatorum per tempus de quo computat, dicit quod in precio nichil recepit sed ea affectare fecit pro calciamento familie dni, precio quolibet corio..... et sunt in numero....

TERCIA PARS BONORUM MOBILIUM DEFFUNCTORUM.

De tercia parte bonorum mobilium quam capere est solitus dns prior super rebus deffunctorum ; ut in computis precedentibus clarius declaratur, nichil computat pro dicto anno, quia nichil recepit ut dicit.

ECHETTE ET INTROGIA.

Idem reddit computum quod recepit apud Chamonix per tempus de quo computat de rebus ipsi dno eccheyttis et successionibus deffunctorum, ac de introgiis ipsarum rerum. Et est sciendum quod quando in mandamento de Chamonix et Vallis Ursine ac eciam in Lacu, duntaxat hominibus ipsius dni prioris in dicto loco de Lacu, decedunt seu moriuntur aliqui seu alique persone, non relinquentes liberum vel fratrem aut sororem, unum vel plures, seu ex ipsis fratre vel sorore liberum, unum vel plures legitimos et naturales a suis propriis corporibus procreatos, nullam habent potestatem testandi et si testaverint, nullius valoris est tale testamentum ; sed eorum bona tam mobilia quam immobilia post eorum decessum ad prefatum dnm priorem ecchettá remanet et eisdem succedit in totum ; et computat quod recepit ab Aymone Bullat pro quadam pecia terre sita in pryssia de Pellarinis que per longum tempus stetit ad manus dni et ecchetta ob morte..... jam diu deffuncte extra patriam ut asseritur .... » 15 6

Recepit a Falqueto de Terra quia tenebatur dicte Neyry que sine heredibus decessit et nichil aliud habebat in ejus decessu, nisi duntaxat unum parvum cacabum quem ad hospicium dni deportari fecit idem Jaquetus..... » 4 »

Summa XIX s. VI d.

TERCIA PRO VENDENTIBUS.

Recepit de tercia parte quam dns prior percipere consuevit super illis qui hereditatem suam in totum vendunt seu tercia parte precii valoris, ut in computis precedentibus lacius continetur, declaratur, pro dicto anno, in anno de quo computat, a Johanne filio quondam Johannis Fabri de Ponte, pro tercia parte hereditatis sue quam vendidit precio..... XLIIII flor. pp.

Summa XLIIII flor. pp.

SIGILLUM.

Idem reddit computum quod recepit de obvencionibus sigilli dni, in anno de quo computat. Et nota quod omnia et singula instrumenta recepta seu receptura super quibuscumque contractibus aliquam perpetualitatem in se contingentibus vel ex quibus in futurum memoria deceat raperiri, sigillo dni prioris Campimuniti debent sigillari, duntaxat quod dicta instrumenta de rebus et bonis existentibus sub dominio et juridicione ipsius dni prioris contractum declarent esse. Recepta tamen per notarium juratum curie ipsius dni prioris, et taxantur per dnm quando sigillantur juxta qualitatem rerum in ipsis instrumentis insertam et continenciam apparentem, nisi duntaxat ex ipsis instrumentis venditionum soluta fuerint per contrahentes, de quibusquidem talibus capere esse solitus pro sigillo sex denarios; et computat de ipsis sigillis ut infra.

	Liv.	Sol.	Den.
Et primo recepit a Petro Bertodi pro littera vendicionis de quodam servicio Perrussodo Vuychardi	»	»	6
Recepit ab Aymoneta relicta Jaquerii Landriuz, pro littera tutelle liberorum suorum et dicti Jaquerii................................	»	»	6
Recepit pro sigillo provisionis facte per Vuillelmum Gardeys, de Grea, Perreto Guigat de Grea de omni jure quod habebat in dominio de Chamonix................................	»	»	6
Recepit de sigillo quitacionis facte per Beatrix relictam Jehanodi Picoudi, de Valle Ursina Pereto filio quondam Johanneti Picoudi de singulis bonis sui patris quondam...........................	»	»	6
Recepit pro sigillo permutacionum factarum inter Mermetum Moterii, Marionam ejus uxòrem, ex parte una, et Francesiam uxorem Melliereti Jordaney.................................	»	»	6
Recepit pro sigillo ypothecacionis facte per Michaelem Bosonis, Johannete ejus uxori de xxx lib. dotis ejus....................................	»	3	»
	»	5	6

FOLLONUS DE CURIA.

Idem reddit computum quod recepit de exitu Follonii dni de curia eodem anno de quo computat manu mugnerii dni............. unum quarteronum et xi libr. canapis.

Summa I quarteronum et xi libr. canapis. de quibus.

Libravit Falqueto de Terra Sutori pro suendo et tactonendo sotulares familie hospicii dni eodem anno ...... xxviii lib. canapis.

Liberavit residuum dicti canapis tam boverio hospicii dni prioris pro faciendo vincula animalibus hospicii dni et aliis necessariis hospicii dni predicti ; et sic hic eque.

FERE.

De Bestiis Silvestris seu venacionibus ipsarum in quibus dns prior percipere consuevit partem suam quando capiuntur per venatores ipsarum et maxime super Excuriis [1] decimam partem; super mormotanis [2] terciam partem; super mustellis [3] decimam partem; super stractiis ursorum [4], videlicet super quolibet urso humerum cum piota et tybia simul tenentibus. Item cossiam per tronchum hunchie cum tybia et alia piota simul tenentibus. Item Budellum [5], culatum cum aliis duabus piotis, que omnia membra predicta ursi vocantur in simul unus stractus ursi. Super chamossiis [6] vero eciam, capere est solitus quando capiuntur per venatores sine aliquo ingenio, humerum ; et quando capiuntur cum ingeniis totum quarterium anteriorem. Non computat quia in eodem anno de quo computat non obvenerunt de predictis venacionibus, nisi duntaxat xiii mormotune que misse fuerunt per dnm incontinenti Illustrisse Principisse dne comitisse Geben, seniori. Et unus stractus ursi quem eciam dns misit dne Johannete uxori dni Francisci de Menthone, et sic hic eque de feris.

LAVANCHIE.

De Lavanchiis nichil computat pro dicto anno quia nulle obvenerunt, et nichil recepit, ut dicit.

---

[1] Écureuils.
[2] Marmottes.
[3] Belettes.
[4] Échine d'ours.
[5] *Budellum* (francboyau).
[6] Chamois.

LINGUE.

De linguis animalium grossorum, scilicet boum et vacharum que percipere consuevit dns prior super illis qui dicta animalia excoriantur in macello dni, scillicet ante grangiam causa vendendi, nichil computat quia nichil recepit predicto anno de quo computat.

FORAMINA MOLARUM.

Idem reddit computum quod recepit in eodem anno de quo superius computat a Perrussodo Vuychardi pro foraminibus duarum molarum per ipsum de novo factarum super quibus consuevit dns percipere in quibuscumque molis que de novo finiit, videlicet per qualibet mola xii d....... ii s.

Summa ii s.

INVENTA.

De Rebus inventis nichil computat predicto anno, quia nichil recepit, ut dicit.

FORISSETA.

De Forisseta seu donis factis dno, nichil computat predicto anno, quia nichil recepit, ut dicit.

PERSONAGIUM.

Idem reddit computum quod recepit a Dogno Humberto Landrerii, curato Vallis Ursine, pro personagio ecclesie predicti loci unius anni finiti in vigilia nativitatis dni, anno m° ccc° nonagesimo in x s. geben. veterum, quos solvere debet et consuevit idem curatus et sui predecessores pro dicto personagio, valent ad monetam xi s. viii d... 11. s. 8 d.

Summa xi s. viii d. monete currentis.

OBVENCIONES ECCLESIE.

Idem reddit computum quod recepit de obventsionibus ecclesie de Chamonix prefato dno priori pertinentibus tam in oblacionibus, sepulturis, septimis et xxx, elemosinis annualibus deffunctorum quam in candelis palliolatis et aliis quibuscamque obvencionibus ipsius ecclesie a die festi paschatis inclusive anno dni 1390, usque ad eandem diem festi paschatis, anno dni 1391 exclusive, et computat de uno anno integro prout predicta lacius continentur in quodam quaterno papireo. Et facta diligenti examinatione et carculatione ipsarum obvencionum dicte ecclesie, ascendunt in summa, deductis septimo et trentenario dicte Gulliarda quos dns recepit. Item annuali ipsius quod factum fuit in pane et candela. Item medietate annualis Johanneti Symondi quia pro eadem fuit offertus panis in pane. Item annuali Petri Challet eadem causa. Item elemosina et annuali uxoris Peroneti Challes quia dns licenciavit et bona ejus tenet ad manus suas. Item annuali Felixis Felixie Raseta, quia facta fuit in pane et candela. Item annuali Jacobi Peclu eadem causa. Item annuali filii Michaelis Perrerii de Turno eodem non facta, et de quibus nichil computat quia panis dictarum annualium ad utilitatem hospicii dni fuit conversus et candele ad utilitatem ecclesie; sed computat de reliquis.......

Liv. Sol. Den.
7 15 10

Recepit de arragiis dicte ecclesie a personis infrascriptis et de quibus obmisit computare in suo secundo proxime precedenti computo, eo quia non recuperaverat. Et primo pro elemoxina Perreti Michalla II s. Item pro annuali ejusdem VIII s. VIII d. Item pro sepultura Perrini filii Johanneti Mermeti Moterii III d. Item pro elemoxina Johannis de Costa XVI d. Item pro annuali ejusdem VIII s. VIII d. Item pro sepultura filii dicte Jognij III d. Item pro septimo et trentenario uxoris Johannis de Turno II s. Item pro septimo et trentenario Jacobi Besson II s. Item pro elemoxina ejusdem II s. et pro annuali ejusdem VIII s. VIII d. et sic computat ad plenum de erragiis dicti anni............ xxxv. s. x d. 1 15 10

Report... 9 11 8

	Liv.	Sol.	Den.
A reporter...	9	11	8

Recepit de aliis arragiis dicte ecclesie que in suo computo precedenti remanserunt ad computandum quia nondum recuperaverat ipsa. Et primo recepit pro elemoxina Johannis Balyn II s. Item pro elemoxina dicte grossa XVIII d. Item pro elemoxina Perreti Ouchet XVIII d. Item pro elemoxina Perreti Ouchet XVIII d. Item pro elemoxina Guigonis Deplanis III s. IIII d. Item pro annuali ejusdem VIII s. VIII d................ XVIII s. VI d.   » 18   6

De una elemoxina et quatuor annualibus erragiorum in computo precedenti restantibus ad computandum, ultra contenta in parcella superius proxime scripta non computat quia non recepit, causis inferius declaratis, licet de ipsis recuperandis diligenciam suam fecerit. Et primo de elemoxina et annuali filii Mellieyreti Coyndat, quia erat minus etatis. Item de annuali dicte Grossa quia reperitur facta fuisse in pane et candela ante presens computum. Item de annuali Perreti Ouchet, eadem causa. Item de annuali et elemoxina Guillelme Lonna, quia de bonis suis est ordinandum coram dno judice et nundum exigere potuit super bonis dicte Guillelme. Sed injungitur sibi quod de dictis bonis ipsius Guillelme se faciat deliberare usque ad valorem dictarum elemoxine et annualis, sic quod in suo sequenti computo valeat utilius pro dno respondere............................. » » »

                                                10 11 2

LUMINARIUM ECCLESIE PREDICTE.

Idem reddit computum quod recepit de luminario dicte ecclesie de Chamonix circa festum Epiphanie dni, anno dni 1390 a singulis parrochianis ipsius ecclesie, videlicet a quolibet ipsorum unum

Report... 10 10 2

	Liv.	Sol.	Den.
A Reporter...	10	10	2

denarium monete currentis; et sunt in numero dicti parrochiani, ut asserit dictus Jaquetus videlicet xiiii^{xx} et unus, qui omnes ultra predictum luminarium debent singulis annis, eodem termino Epiphanie dni, prefato dno priori quilibet unum quartum bladi scilicet ordei de primicia; de qua quidem primicia computabit inferius in titulorum bladorum scilicet in recepta..... xxxiii s. v. d.

1	13	5
12	3	7

Summa xii lib. iii s. vii d.

De quinque parcellis arragiorum, annorum precedentum designatis in duabus paginis foliorum continue subsequentibus prope finem receptorum computi ipsius Jaqueti proxime precedentis, inclusa parcella remanencie arragiorum Guillelmi de Monte-Bello et que est quieta et ultima dictarum parcellarum arragiorum nichil computat in presenti computo, quia nichil de ipsis, ut dicit, recepit, causis in eisdem parcellis declaratis, sed ea ad recuperandum reddit dno ut supra.

TALLIE HOMINUM DE VOUDAGNIA.

De talleis et serviciis hominum de Voudagnia emptorum per prefatum dnm priorem ad opus capelle per eundem fondate infra ecclesiam de Chamonix que dicitur capella sancti Johannis-Baptiste, nichil computat pro presenti anno dni 1390, licet de hiis in computo precedenti in recepta computaverit, quia nichil recepit de eisdem, ut dicit, sed dns Guillelmus de Chagnia monachus dicti prioratus et altariensis ipso anno de novo constitutus per eundem dnm priorem in dicta capella.

Summa grossa tocius recepte hujus computi, conversis florenis ad monetam, quolibet floreno computato xii s. monete iiii^c lxxiiii lib. vi s. x. d. ob. poys. et ii part. poys.

DE QUIBUS.

Liberavit tam eidem dno priori quam de ejus propria

licéncia et mandato in undecim parcellis particulariter descriptis manu ipsius Jaqueti in quodam quaterno papireo in quo sunt alie pecuniarum quantitates librate ipsi dno priori et intrate in duobus proxime precedentibus computis ipsius Jaqueti; cujusquidem quaterni idem dns prior consimilem copiam penes se custodit, et continet prima dictarum undecim parcellarum quantitatem septuaginta quatuor flor. p. p. et librata fuit die 29 mensis maii anno dni 1390. Secunda dictarum parcellarum fuit librata die 13 mensis julii anno quo supra, et continet in se quantitatem sex floren. quatuor den. moncte currentis et octo solid. geben. veterum. Tercia fuit librata die 3 mensis augusti, anno predicto et continet in se quantitatem octo viginti et quatuor floren. p. p. Quarta parcella fuit librata die 14 mensis octobris, anno quo supra et continet in se quantitatem quatraginta quinque floren. et undecim solidor. monete. Quinta parcella fuit librata die 24ª dictorum mensis et anni in se continens quantitatem viginti duorum flor. p. p. Sexta parcella librata fuit die 29 mensis novembris continens in se quantitatem duodecim flor. Septima parcella librata fuit die 19 mensis decembris, anno predicto continens in se quantitatem viginti et unius flor. p. p. Octava parcella librata fuit die 27 mensis decembris, anno predicto, continens in se quantitatem viginti duorum flor. auri p. p. et decem solidorum geben. veterum. Nona parcella librata fuit die 13 mensis januarii anno dni 1391 continens in se quantitatem : quatuordecim floren. auri p. p. Decima parcella librata fuit die 28 mensis januarii anno quo supra, continens in se viginti octo floren. p. p. Et undecima parcella seu ultima librata fuit die 26 mensis februarii, anno quo supra continens in se quantitatem quatraginta floren. auri p. p. Et facta diligenti examinacione de dictis parcellis in dicto quaterno, quemquidem quaternum idem Jaquetus reddit dno. Conversis monetis geben. veterum ad monetam currentem videlicet xii den. geben. pro xiiii den. monete currentis, ascendunt in summa predicte undecim

	Liv.	Sol.	Den.
parcelle in flor. p. p. ad......	270	8	4

Libravit pluribus et diversis personis mandamenti de Chamonix pro suis salariis, qui ad quam plurima et diversa opera hospicii prefati dni prioris vacaverunt per annum de quo computat, videlicet a die 12 mensis maii anno dni 1390 citra, usque ad diem predictam anno dni 1391, videlicet ad arandum et seminandum terras dni, claudendum et collendum possessiones prioratus; ad aducendum ligna, ad faciendum fena dni et recolligendum, inclusis viginti quinque solidis et sex denariis solutis Falqueto Deterra pro affectamento sex coriorum vacharum et factura sotulariorum factorum et affectatorum dicto anno in quinque parcellis. Item inclusis IIII lib. x s. VI d. in sex parcellis scriptis et solutis Aymoni filio Mermeti Moterii tam pro septem seris per ipsum reparatis quam pro ferraturis equorum dni et ferris molendini dni. Item inclusis seytoribus pratorum dni. Item inclusis pluribus quantitatibus lignorum emptorum pro hospicio dni. Item incluso portu vini vindemiarum dicti anni 1390. Item inclusis salariis Michandi filii Durandi Tressardi, Aymoncti filii quondam Ansermi Rochex et Perreti filii Paviodi Ros unius anni in hospicio ipsius dni per unum annum servierunt; inclusis eciam salariis illorum qui decimas bladorum collectas ipso anno ad manus dni colligerunt prout dicte parcelle lacius continentur in quodam quaterno papireo videlicet in sex foliis particulariter descripte manu dicti Jaqueti quem reddit. Et facta diligenti examinacione de eisdem libratis in eodem quaterno descriptis, carculatisque et asummatis in presen-

Report...	270	8	4

	Liv.	Sol.	Den.
A reporter...	270	8	4
cia dni, ascendunt ad...............	33	19	11

Libravit ad quam plurimas expensas factas tam in minuto quum in grosso in hospicio dni prioris predicti apud Chamonix pro provissionibus ipsius hospicii a die quindecima mensis maii anno dni 1390 inclusive, usque ad diem primam dicti mensis maii, anno dni 1391, tam in frumento, sale, butturo, vachis pinguibus, porchis pinguys quam eciam aliis minoribus victualibus emptis et provisis per dictum Jaquetum ac solutis, prout continetur clarius particulariter et specialiter in quodam papiro libracionum suarum minutarum, in quo sunt alie bladorum libraciones et descripte sunt parcelle suprascripte in presenti parcella seu libracione in principo dicti quaterni, videlicet in xvi folliis quas ostendit, et facta diligenti examinacione earumdem, ascendunt in summa ad.... 126 14 11

Libravit dno Matheo Collogerii, sub collectori apostolico in civitate et dyoc. geben., in quibus dns prior Campimuniti sibi tenebatur pro octava solucione decime ad sex annos per dictum nostrum Papam Clementem, quarto imposite xii lib. Item magis pro prima solucione procuracionis. vi°. imposite per dictum dnm nostrum Papam Clementem. Viginti novem solidos et duos den. geben., inclusis iii s. pro absolucione ecclesiastici Campimuniti interdicti, sibi solutos, ut per litteras ipsius dni subcollectoris, datas die xxi mensis januarii anno dni 1390, et manu sua propria signatas quas reddit una cum litteram absolucionis dicti interdicti ecclesiastici............... 13 12 2

Libravit Johanni Gacu de Clusis drapperio pro

Report...	444	15	4

	Liv.	Sol.	Den.
A reporter...	444	15	4

pagno die xvii mensis marcii anno dni 1390, presente Aymone Frochet, burgenti Salanchie, videlicet pro tribus ulnis pagni bruni empti pro veste et caligis Petri Chana, precio xviii s. pro qualibet ulna. Item pro dymidia ulna pagni rubei pro capucio et freppis vestis ipsius Petri, precio xii s. Item pro tribus terciis unius ulne pagni camelini pro caligis dni valent xii s. ut in quadam cedula papirea quam reddit continetur vi fl. p. p. vi s.. 3 18 »

Libravit dno Matheo Collogerii, sub collectori apostolico in civitate et dioc. geben. in quibus dns prior de Chamonix sibi tenebatur pro nona solucione decime ad sex annos quarto per dnm nostrum Papam Clementem septimum imposite xii libr. Item magis viginti novem solid. et duos den. pro secunda solucione procuracionis sexto inducte, ut per litteras ipsius dni sub collectoris de confessione recepta, data et signata manu propria ipsius dni sub collectoris die vi mensis junii anno dni 1390, inclusis xii den. pro scriptura dictarum litterarum quas reddit.............. 13 10 2

Libravit in empcione quinquaginta quinque cabellatarum[1] vini, scilicet viginti quinque vini aleysii[2] et triginta vini levati[3], emptarum apud Passiacum de mense octobri anno dni 1390. Et valuit quelibet cabellata vini aleysii xiiii s. et quelibet cabellata vini levati xiiii s. vi d. Videlicet Francisco Don Lavuet pro xvii cabellatis, dicto barat[4] pro xiii cabellatis. Petro Lomber pro

| *Report...* | 462 | 3 | 6 |

---

[1] Chevallées.
[2] Vin moux.
[3] Vin dépouillé.
[4] Baril.

	Liv.	Sol.	Den.
A reporter...	462	3	6

viii cabellatis. Mermodeto Belleys pro vii cabellatis. Girodo Gays de Monte pro iiii cabellatis. Vullielmo Daniel pro iiii cabellatis et dicto Barbes pro ii cabellatis vini predicti, valent ad precium predictum in summa et allocantur de precepto dni, presentis in computo lv flor. « v s. .... 33 5 »

Libravit Aymoneto Frochet, Saltori, burgensi Salanchie in quibus sibi tenebatur ex responsione sibi facta nomine prefati dni prioris Campimuniti, pro pagnis per ipsum Aymonetum emptis de mandato ipsius dni prioris apud Salanchiam die xxvii mensis octobris, anno dni 1390 et alio modo ut in quadam cedula quam obstandit continetur. Videlicet pro duabus ulnis pagni grisi de Alamagnia traditis curato Castillionis valent xiii s. Item pro sex ulnis pagni grissi Alemagnie emptis valent xlv s. Item pro dimidia octoyna Syrici tradita Girodo Defollierio, valent vii d. Item pro dno Guillelmo ii s. Item Hugoni Janini vi s. Item pro forratura dua robarum traditarum pilli... vii s. .... lxxiiii s. vii d.   3 14 7

Allocantur sibi qui eidem debentur pro remanencia sui ultimi proxime precedentis computi vi s. viii d. ob. poyss. et vi ᶜ parve d. mon. » 6 8

Summa librate incluso allocato iiii ᶜ iiii ˣˣ xix lib. ix s. x d. poyss. et vi ᶜ parve d. monete [1].

499 9 9

ET SIC.

Debentur per dnm dicto Jaqueto. — xxv lib. ii s. xi d. obl. monete cursibilis qᵈ et qᵈ.

Allocantur sibi in computo sequenti et sic hic eque de dicto debito.

---

[1] Différence dont la cause nous échappe.

SECONDE PARTIE

Computus Jaqueti de Joria, clerici predicti, de receptis et libratis per eundem nomine prefati dni prioris Campimuniti tam bladorum, lucrorum, decimarum, quam eciam aliorum bladorum per ipsum Jaquetum quacumque causa receptorum et libratorum. Et est sciendum quod computat de bladis recollectis et natis a festo paschatis anno dni 1389, usque ad festum sancti Michaelis eodem, et recuperatis tantum modo a die festi paschatis anno dni 1390 usque ad diem Festi sancti Michaelis eodem anno. Exceptis bladis recollectis in possessionibus et decimis existentibus et recollectis ad manum dni. De quibusquidem in recepta computat a die Epiphanie dni, anno dni 1390 usque ad festum paschatis anno dni 1390, nec non de pensione de Syervu eodem termino, in recepta in libratis vero eorumdem a die XII mensis maii anno dni 1390 usque ad eandem diem XII maii anno dni 1391.

FRUMENTUM.

Idem reddit computum quod recepit de recollecta frumentorum facta in Villa de Syervu et territorio ejusdem in presenti anno dni 1389 manu Hugonis Bottollier de Syervu, mistralis et exactoris in eodem loco pro dno Petro De Chissier milite, videlicet de uno modio et XII ottanis frumenti, quas de reddictu seu pensione annuali, prefatus dns prior Campimuniti, suique predecessores in eodem prioratu exigere et capere erant soliti super hominibus ville seu territorio de Syervu, sed non percipit annualiter ibidem tantum in quantitate de presenti. Tum quia ex composicione in anno dni M° CCC° LXXIIII° facta inter prefatum dnm Johannem Bochardi, priorem Campimuniti, ex parte una. Et dictum dnm Petrum De Chissier, militem, ex parte altera, et per publicum instrumentum manu Hugonis Mistralis de Chamonix receptum dicitur plenius contineri, ordinatum et declaratum fuit : « Quod prefatus dns prior suique successores, ex nunc in antea, singulis annis, et imperpetuum, percipere, recuperare et exigere debeant et possint medietatem duntaxat in frumento et non alio modo omnium et singulorum ipsorum frumentorum, reddictuum et pensionum ex tunc in antea et imperpetuum percipiendorum in dicto loco per eundem dnm Petrum De Chissier militem, tali modo et forma quod dicti reddictus per mistralem dicti dni Petri non recuperentur, quosque clericus seu receptor prefati dni prioris ad recuperandos dictos reddictus pro media parte personaliter intersit. » ci....... IIII oct. frum^{ti}.

Recepit de exitu decime Grangie dni, vocate de ecclesia recollecte ad manum dni, anno predicto 1389, manu Hugonis Cachat in XXVI bich........... III sest. I bich. frum^{ti}.

Recepit de exitu decime de Castellario, ad manum dni recollecte, eodem anno, manu dicti Hugonis in VII bichetis....................... III oct. I bich. frum^{ti}.

Recepit de exitu decime de Nemoribus, eodem modo recollecte, dicto anno, manu dicti Hugonis.. II oct. frum^{ti}.

Recepit de exitu decime de Pratis eodem modo recollecte, eodem anno manu dicti Hugonis in octo bichetis frum^{ti}............................... I sest. frum^{ti}.

Recepit de exitu decime de Pellarinis eodem modo recollecte dicto anno, manu dicti Hugonis....... II oct. frum^{ti}.

Recepit de exitu molendini dni vocati de Curia unius anni, videlicet a die ultima mensis maii anno dni 1390, usque ad diem 4^{am} mensis aprilis anno dni 1391, manu dicti Hugonis Cachat et Mermerii Mugnerii in quatuor parcellis........................ III oct. I bich. frum^{ti}.

Recepit de bladis Bertodi Mulet, dicto anno deffuncti sine heredibus, cujus bona sua obvenerunt dno priori. II oct. fr^{ti}.

Recepit de bladis Perrete dou follié defuncte dicto anno sine liberis et heredibus, cujus bona obvenerunt dno......
.... III bich. frum^{ti}.

Recepit quas emit seu emere fecit pro provision:bus hospicii dni apud Salanchiàm, Clusas et alibi a die 13 mensis maii anno dni 1390, usque ad diem 12 mensis maii anno dni 1391, in pluribus et diversis parcellis et de quibus computavit supra in libratis minutis argenti cum ceteris provisionibus hospicii dni de Chamonix....... xli octan. frum^{ti}.

Summa Recepte III modios IIII octanas I bichetum frumenti.

DE QUIBUS.

Libravit ad expensas factas in hospicio dni apud Chamonix a die 12 mensis maii, anno dni 1390, usque ad diem primam mensis maii anno dni 1391 in pluribus et diversis parcellis, manu ipsius Jaqueti descriptis et in presencia Mermerii Mugnerii, servitorem in molendino dni de curia pro tempore predicto, factaque prius diligenti examinacione ipsarum parcellarum libracionum frumenti. Allocuntur de precepto dni presentis in computo....... III modiis VI oct. I bich.

Allocantur sibi Jaqueto in quibus dns eidem tenetur in suo computo precedenti..... I modius IIII sestarii frum^{ti}.

Summa librate et allocati hujus computi... IIII mod. v. sest. I bich.

ET SIC.

Debentur dicto Jaqueto per dnm I modius. XVIIII oct. frumenti qui sibi allocantur in computo sequenti.........
.... sic eque de frumento.

SILIGO.

Idem reddit computum quod recepit de exitibus decimarum ad manum dni recollectarum tempore messium in anno dni 1389, receptis per eundem circa festum Epiphanie dni anno dni 1390, ut infra. Et primo.

Recepit de exitu decime Grangie dni vocate decima de ecclesia, manu Jaqueti Cochat, Aymonis Membru, Jac. Huguet et Perrerii Challet............... XIX sest. siliginis.

Recepit de exitu decime de Castellario, eodem modo re-

— 305 —

collecte manu predictorum, ci........ III sest. I oct. silig.

Recepit de exitu decime de nemoribus eodem modo recollecte, manu Hugonis Cachat, ci....... II sest. III oct. silig.

Recepit de exitu decime de Pratis, eodem modo recollecte, manu dicti Hugonis Cachat III sest. I bich. siliginis.

Recepit a se ipso in quibus tenebatur dno pro remanencia sui computi proxime precedentis I modius II sest. siliginis.

Summa recepte hujus computi VI modii I bichetus siliginis.

DE QUIBUS.

Libravit tam ad expensas familie dni quam ad expensas et pidancias plurimorum manu operatorum qui vacaverunt in pluribus et diversis operibus hospicii dni, de Lacu et alibi tam in lignis factis quam aductis in pluribus et diversis parcellis particulariter scriptis manu dicti Jacqueti in quodam papiro in quo sunt librata aliorum bladorum in duobus foliis ipsius papiri videlicet a die XXVI mensis aprilis anno dni 1390, usque ad diem 19 mensis aprilis anno dni 1391 exclusive, et allocantur de precepto dni presentis in computo, facta prius diligenti examinacione et carculacione ipsarum libracionum in summa ascendunt ad v modios IIII^{or} sestarios II octanas siliginis.

Summa librate V mod. IIII set. II oct. siliginis. Et sic restat debens dictus Jaquetus dno priori VI oct. I bichet. siliginis de quibus respondet in computo sequenti. Sic eque.

MISTUM [1].

Idem reddit computum de bladis mistis recollectis termino messium anno dni 1389, et receptis per eundem anno dni 1390, circa festum Epiphanie dni ut infra.

Et primo recepit de bladis seminatis in possessionibus dni et recollectis anno predicto, vocatis bladum lucri modo predicto per manus Jaqueti Cachat, Aymonis Membru, Jaquerii Huguet et Perrerii Challet.... XXVIII sest misti.

Recepit de exitu decime de Pellarinis, eodem modo, re-

[1] Méteil.

collecte ad manus dni per Hugonem Cachat.. III sest. misti.

Recepit de exitu molendini dni vocati de curia unius anni, videlicet a die ultima mensis maii anno dni 1390, usque ad diem IIII^{um} mensis aprilis, anno dni 1391 per manus Hugonis Cachat et Mermerii Mugnerii in quinque parcellis, ci...... .... V sest III oct. I bich. misti.

Recepit eodem anno de bladis Berthodi Mulet quondam, qui sine liberis et heredibus decesserit et ob morte cujus ecchetta fuerunt dno priori predicto, ci....... II oct. misti.

Recepit de bladis dicte Neyry quondam, eadem causa et deffuncte dicto anno, ci.................. V bich. misti.

Summa recepte VI modii II octane misti.

DE QUIBUS.

Libravit tam ad expensas familie dni factas in prioratu predicto Campimuniti a die XIX mensis marcii anno dni 1390, usque ad diem primam mensis aprilis anno dni 1391, quam pro elemosina facta in dicto prioratu per dictum tempus, quam eciam pro seminibus lucri terrarum seminatarum ad manus in anno dni 1390, et ad expensas et prebendas plurimorum manu operatorum qui per dictum tempus vacaverunt in pluribus et diversis operibus ad utilitatem prefati dni prioris et sui prioratus et necessariis, prout in pluribus et diversis parcellis manu ipsius Jaqueti scriptis in quodam papiro libracionum bladorum ipsius, superius designato in titulo libratorum siliginis presentis anni particulariter ostandit in duobus foliis ipsius papiri; factaque diligenti examinacione earumdam libracionum in presencia dni. Allocantur de precepto ipsius dni et ascendunt in suma ad VIII mod. I sest. III oct. I bich. misti.

Allocantur sibi et in quibus dns eidem Jaqueto remansit debens in suo precedenti computo ac de precepto ipsius dni in presenti computo existentes XIIII modii XXI oct. misti.

Summa librate et allocati XXIII mod. I sest. I bich. misti.

Et sic debentur eidem Jaqueto per dnm XVII modii II oct. I bich. misti qui allocantur sibi in computo sequenti quia ipsas quantitates bladi sibi ipsi libravit....... et sic eque.

ORDEUM.

Idem reddit computum quod recepit de ordeo bladorum recollectorum tempore messium anno dni 1389 tam in decimis admodiatis et eciam aliis de causis receptis circa festum Epiphanie dni anno dni 1390, per eundem Jaquetum circa festum Epiphanie dni. Et primo.

Recepit de exitibus decimarum de Lacu, de Montevouterio, de Chavens, de Alliouz, de Exerto, de Grea, de Montcuart, de Lavancherio, de Roseria, de Joria, de Argenteria et de Turno admodiatarum in ordeo ad xvii modios v sestarios et unam cupam ordei ut in titulo vendicionum bladorum plenius declaratur quia totum bladum dictarum ut in eodem titulo vendicionum fuit venditum nisi duntaxat, ci.......

.... vii oct. ord.

De exitibus aliarum decimarum ad manus dni dicto anno recollectarum in ordeo nichil computat quia nichil recepit ut dicit... » » »

Recepit de primiciis annualiter debitis per parrochianos Campimuniti qui sunt in numero xiiii^{xx} et duo parrochiani solventes primiciam, et solvit quilibet ipsorum unum quartum ordei, computat pro anno dni 1389... ii mod. v sest. v bich. ord.

Recepit a Dogno Rodulpho De platea curato Campimuniti pro jure dni penitenciarum ipsius anni.... i quartum ord.

Recepit de bladis Perrete dou Follier defuncte sine heredibus et liberis et ob cujus morte ecchetta sunt dno ejus bona............................... x oct. ordei.

Recepit a se ipso et in quibus tenebatur dno pro remanencia sui computi precedentis... ix mod. xvi oct. i quart. et vi^{to} unius quarti ordei.

Summa xiii mod. ii sest. et vi^{ta} pars i^{us} quarti ordei.

DE QUIBUS.

Libravit tam pro elemoxina que fuit in dicto prioratu quam

aliter ad expensas porchorum, galiarum et canorum in pluribus et diversis parcellis libratis a die xi mensis maii anno dni 1390, usque ad eandem diem anno dni 1391, ut in papiro librationum bladorum ipsius Jaqueti designato in libratis siliginis et misti presentis computi continetur in uno folio ipsius papiri, et allocantur de precepto dni presentis in computo, facta prius de ipsis libratis diligenti examinacione...

Summa librate............... iiii mod. iii oct. i bich. ord.

Et sic restat debens idem Jaquetus dno ix mod. iiii oct. i bich. et vi^{tam} partem i^{us} quarti ordei.

Libravit sibi ipsi in computo sequenti dictas quantitates et sic hic eque de ordeo.

AVENA.

Idem reddit computum quod recepit de avena recollecta tempore messium anno dni 1389 tam super possessionibus que ad manus dni recolligentur annuatim quam decimis ipso anno recollectis ad manus dni, quam eciam aliis decimis admodiatis, receptisque per dictum Jaquetum et de aliis bladis avene, alio modo receptis ipso anno, ut infra. Et primo.

Recepit de exitu lucri seu possessionum dni recollectarum annuatim per eundem dnm termino predicto manu Jaqueti Cachat, Aymonis Membru, Jaquerii Huguet et Perrerii Challet.. i rassure avene.

Recepit de exitu decime Grangie dni vocate de ecclesia, recollecte ad manus dni, manu predictorum recepte, dictis termino et anno.................. xxxi rassure avene.

Recepit de exitu decime de Castellario, eodem modo, recollecte et recepte dictis termino et anno manu Hugonis Cachat.................................. ii rassure avene.

Recepit de exitu decime de Nemoribus, eodem modo recollecte et recepte, dictis termino et anno, manu Hugonis Cachat........ .... vi rassure avene.

Recepit de exitu decime de Pratis, eodem modo recollecte et recepte, dictis termino et anno, manu dicti Hugonis....
....,............. vii rassure avene.

Recepit de exitu decime de Pellarinis, eodem modo recollecte et recepte, dictis anno et termino, manu dicti Hugonis Cachat............................ ... iiii rassure avene.

Recepit de bladis Perreto Doufollier que sine liberis et heredibus decessit dicto anno............ v rassure avene.

Recepit de exitu decimarum designatarum superius in titulo ordei que fuerunt admodiate anno predicto et recepte in bladis termino et anno suprascriptarum decimarum in presenti pagina descriptarum... ... v mod. v sest. i oct. ii rassure avene.

Summa vii mod. et vii oct. ii rassure avene.

DE QUIBUS.

Libravit ad expensas equorum dni et ejus familie, ac cciam ad expensas equorum et equarum plurimorum hospicium ibidem libratorum a die prima mensis maii anno dni 1390, usque ad dictam diem primam mensis maii anno dni 1391 in pluribus et diversis parcellis, manu ipsius Jaqueti scriptis particulariter declaratis in dicto papiro superius in libratis siliginis et aliorum bladorum hujus computi designatis, quem papirum idem Jaquetus reddit et allocantur sibi de precepto dni presentis in computo ; calcatis prius et diligenter examinatis dictis parcellis libracionum avene videlicet in viii^c et uno rassure avene, valent... xiii mod. xxi rassure avene.

Allocantur sibi et in quibus prefatus dns prior tenebatur in suo precedenti computo, videlicet in avena...... v mod. ii sest. i oct. ii quart. avene.

Summa librate et allocati hujus computi..... xviii mod. iiii sest. i oct. ii rassure avene et sic debentur eidem Jaqueto per Dominum... xi mod. ii sest. ii oct. avene.

Libravit sibi ipsi dictas quantitates avene, et sic hic eque de avena.

Anno dni millesimo ccc° nonagesimo tercio, die xx^a mensis augusti, Vir Ven^{blis} et Religiosus Dns Johannes Bochardi, prior prioratus Campimuniti, approbavit et acceptavit computum supra scriptum. Ita est de mandato dicti dni prioris.

(Signé) PERONETUS OR{no}, not.

De precepto predicti dni prioris,

(Signé) J{a} BROSSY, not.

101

Sentence d'absolution rendue par spectable Jacques Sostion, jurisconsulte et juge de la terre de Chamonix, en faveur de Jacquier Charlet, accusé par Jacquet de Joria et Jacqueline sa femme, de leur avoir volé dans leur maison de la Frasse, sur la route de Montanvert.

(1396.)

9 Septembre.

(Tiré des archives de l'église de Sallanches.)

Anno Domini millesimo tercentesimo nonagesimo sexto, die nona mensis septembris, ad quam diem citatus extitit Jaquerius Charlet, coram nobis Jacobo sostionis jurisperito judice Campimuniti, pro venerabili et religioso viro, Johanne Bochardi, priore prioratus dicti loci, compariturus, jus et sentenciam, perhentorie et precise auditurus, in et super quadam inquisicione in eum facta, ex officio dicte curie, et ad querimoniam Jaqueti de Joria et Jacobe ejus uxoris. Anno domini millesimo tercentesimo nonagesimo quinto, die vicesima secunda mensis marcii per quam quidem inquisicionem inculpatur ad domum Jaqueti de Joria, et Jacobe ejus uxoris sitam apud Fracciam [1] accessisse, ipsamque domum

---

[1] La Frasse, village près du chef-lieu de Chamonix.

intrasse, ibidemque quandam quantitatem gerbarum, palearum, et unum quoquipendium trium branchiarum cum uno magno anulo ferri sibi juncto et quam plurima alia garnimenta dictorum conjugum in ipsa domo existentia ipsis conjugibus inscientibus et ignorantibus clam latenter et furtive cepisse, prout in dicta inquisicione cujus articuli inferius describuntur lacius continetur. In primis super eo quod nonnulli malefactores, de die sive de nocte, accesserunt, ad quandam domum ipsorum conjugum sitam apud Fracciam, et ipsam domum intraverunt, et ibidem quandam quantitatem gerbarum palearum unum quoquipendium trium branchiarum cum uno magno annullo ferri sibi juncto, et quam plurima alia garnimenta ipsorum conjugum in dicta eorum domo de Fraccia existencia, ipsis conjugibus inscientibus et ignorantibus ceperunt, clam, furtive et occulte, ipsasque res sublatas a dicto domo extraxerunt et secum deportaverunt, preter consensum et voluntatem conjugum predictorum, rem alienam sine domini voluntate contractando. Articuli qui sequuntur fuerunt ex officio curie supradicte contra Jaquerium Charlet ut sequitur. Item quod facta querimonia de dictis rebus sublatis, dicta Jacoba die sabati nuper lapsa que fuit dies vicesima mensis hujus marcii, existens apud Campummunitum in platea prope domum ipsorum conjugum ad quendam magnum ulmum ibidem existentem dixit publice et alta voce in presencia dicti Jaquerii Charlet et plurimum aliorum quod dictum coquipendium ferri cum pluribus aliis rebus fuerat captum et furatum in eorum domo de Fraccia, et non credebat ipsa Jacoba quod quoquipendium habuisset nec cepisset nisi ipse Jaquerius. Item quod ipse Jaquerius senciens se culpabilem de premissis die dominica externa vicesima prima mensis hujus marcii culpam suam adnoscendo dictum coquipendium apportavit de domo sua apud Campummunitum in cimisterio ecclesie dicti loci in quo loquo dictum coquipendium exhibuit Jaqueto de Joria supradicto, et coperiendo culpam ipsius inquisiti, dixit dicto

Jaqueto, ecce hic coquipendium tuum quod tu michi prestiti. Item quod dictus Jaquetus viso dicto coquipendio, dixit et respondit dicto Jaquerio, hoc est quoquipendium quod in domo mea de Fraccia fuit michi captum et furatum dicendo de quoquipendio supradicto. Item quod ipse Jaquerius, de dicto furto senciens se culpabilem, ut prefertur, nullum verbum in contrarium protulit seu respondit Jaqueto supradicto tacendo et verba dicti Jaqueti consenciendo et ipsa affirmando. Item quod premissa sunt notoria vera et magnifesta apud Campummunitum et locis circumvicinis et de ipsis est publica vox et fama. Et nos judex ante dictus, visa et examinata dicta inquisicione que sufficienter non probatur. Ea propter pro tribunali more majorum sedentes, Deum et sacras scripturas occulis prehabentes, nichil de contingentibus obmictentes, servatis solemnitatibus in talibus opportunis, prenominatum Jaquerum inquisitum a dicta inquisicione et contentis in eadem, per hanc nostram in hiis scriptis sentenciam absolvimus, et dictam partem querimoniantem, quia non probavit maleficia seu delicta denunciata et in primo articulo dicte inquisicionis contenta et declarata fuisse commissa prout denunciavit, et causam seu materiam contra dictum inquisitum inquirendi prebuit in expensis dicti Jaquerii inquisiti condempnamus, earum taxacione nobis imposterum reservata. Data et lecta fuit hec nostra presens sentencia in dicto loco Campimuniti, in nostris assisiis anno et die quibus supra ibidem tenutis.

Signé : Anth. de Salicibus.

Au bas pendait un sceau qui n'existe plus.

102

Sentence d'absolution rendue par spectable Jacques Sostion, juge de la terre et jurisdiction de Chamonix, en faveur de Richard Bonjour inculpé à tort par Jean du Lormey, d'avoir volé l'or et l'argent du curé de Vallorcine; le dénonciateur est condamné aux frais de justice.

(1399.)

Samedi, 4 Octobre.

(Archives de l'église de Sallanches, non inventorié.)

In Dei nomine, amen, anno a nativitate ejusdem millesimo ccc° nonagesimo nono, die sabati quarta mensis octobris. Ad quam citatus extitit coram nobis Jacobo Sostionis, jurisperito, judice terre et juridicionis venerabilis et religiosi viri dni prioris prioratus Campimuniti, dnique temporalis ejusdem loci, Richardus Bonjor, inquisitus, compariturus, jusque et diffinitivam sentenciam perhentorie et precise auditurus, in et super quadam inquisicione contra prenominatum Richardum inquisitum facta ex officio dicte curie et ad denunciacionem Johannis Dou Lormey dicti Corbet factam anno dni millesimo ccc° nonagesimo septimo, die tercia mensis septembris. Per quamquidem inquisicionem, dictus Richardus, inculpatus, dicto Johanni denuncianti maliciose et injuriose dixisse quod ipse furatus fuerat aurum et argentum dni Curati de Valleursina et quod ipse dictum aurum et argentum re vera penes se habebat, prout in dicta inquisicione latius continetur. Ipsa enim die comparuit in judicio coram nobis judice antedicto, dictus Richardus, inquisitus, ex parte una, et dicto Johanne Dou Lormey, minime comparenti cum Richardo; petente et requirente per nos in et super dicta inquisicione jus, dici et sentenciam ferri. Et nos judex antedictus, visis et examinatis dicta inquisicione, necnon deffensionibus per dictum Richardum inquisitum, adversus dictam inquisicionem, factis, quas deffensiones sufficientes esse reputamus. Pro Tribunali, more majorum, sedentes, Deum et sacras scripturas occulis prehabentes, nichil de contingentibus obmictentes, servatis sollempnitatibus in talibus opportunis, Deique nomine invocato, dicentes : In nomine Patris et Filii et Spiritus Sancti, Amen. Per hanc nostram in hiis scriptis, sentenciam, dictum Richardum, inquisitum, a dicta inquisicione et contentis in eadem absolvimus; partem denunciantem in emendam dampni et expensium dicti inquisiti condempnantes, ipsarum taxacione nobis in posterum reservata. Data et lecta fuit hec nostra sentencia in dicto loco Campimuniti, in nostris publicis assisiis per nos ibidem tenutis, die et anno predictis, sub sigillo nostro proprio, sigillo dicte nostre judicature absente.

A l'original pend le sceau du juge sur cire verte.

103

Extrait in parte quâ des comptes d'Antoine Leger, notaire et receveur général du prieuré de Chamonix, rendu à vénérable Jean Bochard, prieur et seigneur temporel de Chamonix, du Lac et de Vallorcine, de ses recettes et dépenses pendant les années 1398 et 1399, approuvé par ledit prieur le 17 janvier 1400.

(1400.)

17 Janvier.

(Archives de l'église de Sallanches.)

Computus antedicti Anthonii Legerii, clerici, receptorisque et exactoris serviciorum, censuum, reddituum et aliorum emolumentorum ac obvencionum quorumcumque in mandamento de Campomunito, Lacus et Vallis-Ursine, et alibi ubilibet tocius juridicionis et exercitus venerabilis et religiosi viri dni Johannis Bochardi, prioris prioratus Campimuniti et dni temporalis dicti loci. De Receptis per eundem Anthonium Legerii, nomine ipsius dni prioris, a die decima mensis augusti, anno dni 1398 ad diem ultimam mensis novembris exclusive, anno dni 1399. Et de Libratis eciam per eundem Anthonium Legerii, nomine prefati dni prioris, a die predicta decima mensis augusti anno dni 1398, usque ad diem ultimam mensis novembris exclusive anno dni 1399 prout inferius particulariter describitur et enarratur *(ce qui suit est d'une autre main)*.

Redditus per ipsum Anthonium dicto dno priori, Receptusque et examinatus per eum ac conclusus die xvii mensis januarii anno dni millesimo cccc° apud Greysiacum in Sabaudia, in presencia Humberti Agathonis, Hugonis Rolliardi, Micheleti Fabri et Johannis Bernardi notariorum, de quo computo idem dns prior est et fuit contentus.

Ita est J^{es} BERNARDI, not.
Ita est Humb^t AGUATH.

PREMIÈRE PARTIE

Des Recettes.

CHAPITRE Ier

DENARII CENSUS ANNI NONAGESIMI OCTAVI.

Et primo reddit ipse Anthonius computum quod recepit in denariis census, videlicet in censis, meneydis, seytoribus et aliis tributis annualibus, annualiterque antedicto dno priori debitis apud Chamonix et Lacum a pluribus et diversis personis et tenementariis ipsorum locorum contentis et particulariter descriptis, in massis, preysiis et locis in primo precedenti computo anni dni 1395, particulariter et divisim descriptis, prout in ordem primo suo computo per ordinem, per massa, preysias et loca particulariter et divisim describitur et enarratur circa festum Beati Andree appostolli anno dni 1398, inclusis censis, serviciis et meneydis debitis annualiter ipsi dno priori per homines Vallis Ursine prout eciam in antedicto suo primo computo describitur, circa festum Beati Michaelis anno quo vero dni 1398 et deductis de dictis censis, serviciis et meneydis quatuor libras decem septem solidos, octo denarios poys[1], debitos annualiter ipsi dno priori; de quibus non computat, quia exigere neque recuperare non valuit neque potuit, ut asserit, prout in ipso primo suo computo antescripto in titulo arragiorum particulariter describitur semper in arragiis prout in eodem primo suo computo ante et superius particulariter descripto continetur, reddendo. Quequidem servicia, census et meneyde, de quibus hic computat pro dicto anno dni 1398, in summa ascendunt ad quater viginti octo libras septem solidos, octo denarios, obolum Gebenn. veterum.

Que et qui valent computatis xiiii den. bone monete pro xii den. Gebenn. veterum, ci... ciii libre ii s. iiii d. iiii^{cu} i^{us} den. bone monete.

CHAPITRE II

VENDE.

Idem reddit computum quod recepit a personis inferius particulariter descriptis, de vendis prefato dno priori perti-

---

[1] Deniers poys, frappés à Poisy, où exista le premier atelier monétaire des comtes de Genevois. A Perrin, le *Monnayage en Savoie*, p. 35.

nentibus et sibi Anthonio Legerii revelatis per tempus quo computat, videlicet a die x mensis aprilis, anno dni 1398 usque ad diem vii mensis januarii anno dni[1] 1400, racione rerum et possessionum in locis mandamenti de Chamonix, lacus et Vallis Ursine venditarum et permutatarum de uno tenementario ad alium, et eciam de rebus in dictis locis permutatis anno precedenti et presenti revelatis in manibus ipsius Anthonii, annoque presenti quo computat, taxatis et extimatis in manibus ipsius Anthonii, per Perretum Deponte, Johannem Chondeti, Aymonem Matelli et Perretum Symondi, ad hoc per prefatum dnm priorem electos, probos homines. Et est sciendum quod in omnibus et singulis rebus que venduntur in predictis locis, pro qualibet libra precii seu valoris talis rei vendite, capere est solitus prefatus dns prior et sui predecessores, viginti denarios consimilis monete precii. Et in rebus que eciam permutantur, capere est solitus idem dns prior et sui predecessores, pro qualibet libra valoris, viginti denarios consimilis monete, duntaxat super re unius permutatoris et non super re alterius permutatoris, videlicet super illa re permutata que magis placens est ipsi dno priori; ita quod si extimata non sit in scambio seu permutacione juste, idem dns prior vel sui officiarii iterum possunt facere extimari dictam rem per probos homines, reliqua parte permutata semper salva permanente. Item eciam super rebus donatis, et super rebus legatis, excepto proprio heredi; ac eciam super rebus in solutum datis seu traditis, viginti den. pro qualibet libra ut supra capere est solitus prefatus dns prior et sui predecessores. Item et super rebus impignoratis seu in gageria permanentibus ultra sex annos integros et completos non tamen et duntaxat super rebus immobilibus eciam vigenti denarios pro qualibet libra, capere est solitus prefatus dns prior et sui predecessores,

---

[1] Dans l'original, cette date est exprimée ainsi : *Millesimo ccc° nonagesimo decimo (sic).*

de quibus computat quod recepit prout infra. Et primo de...

Item ab Aymone de Vosseriaco, pro re empta a Vuillermo Bocart de Lacu, de pluribus rebus sitis in tenutis de Lacu, precio LIX libr. et VII s., ci........ IIII lib. XVIII s. XI den.

Item a se ipso Anthonio Legerii, pro re empta ab eodem dno priori, precio XXXII lib.......... ...... LIII s. IIII den.

Item ab Aymone Landriuz pro rebus sibi donatis per bonam fidem Vissinaz extimatis XXX lib............. .... L. s.

Item a Johanne Depratis pro rebus emptis a Falqueto de terra priore confratrie Sancti Spiritus precio XXX lib... L s.

Item a Gandino Onseys pro re empta a Mariona uxore, Johanneti Bonafey precio XII s. VI d........ .... XII d. ob.

Item ab Aymoneto Mermeti Moterii des Dus fabro et Vuillermeto ejus fratre et suis consortibus ; pro rebus inter ipsos emptis a Petro filio Mermeti Moterii eorum fratre vendente nomine suo et Aymonodi eorum fratris comorantes et habitantes gebenn. de omnibus et singulis juribus eisdem Petro et Aymonodo pertinentibus, in et super hereditate et bonis dicti Mermeti Mocterii eorum quondam Patris, existentibus in toto mandamento et valle Campimuniti, quibuscumque sint, etc., precio CIIII lib. monete cursalis.... .. ..
.... VIII lib. XIII s. IIII d.

Summa grossa dictarum vendarum IIII^{xx} VI lib. XII s. X d. parve monete et LXIII lib. XVII s. VIII d. bone monete.

CHAPITRE III

VENDICIONES BLADORUM, DECIMARUM AMODIATARUM IN ANNO 97.

Item reddit computum quod recepit de vendicionibus seu preciis bladorum, decimarum amodiatarum et recollectarum in anno dni 1397. De quibusquidem preciis seu decimis in recepta in precio seu pecunia tantum computat pro anno dni 1398 de quo nunc hic computat; et de ipsis decimis ipso anno 97 amodiatis et recollectis, in recepta in blado. Sciendum est quod ipse Anthonius inferius computabit; de quibusquidem de cujusdicti anni ad ventam anno quo computat taxatis et cridatis, in loco de Chamonix fuit aliqua pars vendita illis qui dictas decimas ipso anno 97, a prefato dno priore amodiaverunt prout inferius particulariter dicte decime nominanter et sunt designate. Que venta ipso anno quo computat fuit ordinata et taxata per probos homines dicti loci de Chamonix videlicet quod darent pro singula octana ordei quatuor solid. et octo den. et pro singula octana avene duos solidos et octo den. Et computat de ipsis preciis bladorum ipsarum decimarum ad ventam predictam venditis quod recepit dicto anno 98, a personnis infrascriptis. (Suivent les recettes faites par ledit Antoine Leger, receveur général, des locataires des dîmes de Mont-Voutier, du Lac, des Chavens, des Aillods, de l'Essert, de la Greaz, des Pellarins, du Lavancher, du Bochers, de la Rosière, d'Argentière et du Tour.)

Summa grossa dictorum preciorum bladi dictarum decimarum XLVIII lib. II s. et x d. bone monete.

CHAPITRE IV

PRIMICIE VALLIS URSINE.

Idem reddit computum quod recepit a Vuillelmo Abbeti de Valle Ursina pro precio xlviij quartorum siliginis sibi venditorum, in et super premiciis dicti loci Vallis Ursine, annualiterque prefato dno priori debitis per dictos homines Vallis Ursine, videlicet pro singulo foco dicte parrochie unus quartus siliginis, recuperatique per eundem Vuillelmum a dictis hominibus, circa festum Epiphanie dni, anno dni 1398...................... LIIII s. parve monete.

Summa liiij s. parve monete.

CHAPITRE V

FERME.

Item reddit computum quod recepit de fermis possessionum dni, et de exitibus earumdem in pecunia accensitis; nec non de exitibus decimarum canapis eodem modo in pecuniam accensatis, in anno quo supra 1398 recollectis, de quo nunc ibidem computat, in exitibus corumdem, quod recepit a personis infrascriptis prout infra. (Suivent les noms des fermes du Lac, des Chavans, des Aillods, de l'Exert, de la Greaz, de Montcuart, de l'Église, de Tines-en-Bas, du Lavancher, d'Argentière, du Tour, du Sobeyrans, plus la ferme du Poids public.)

Summa grossa dictarum fermarum recuperatarum in bona moneta LVIIJ s. VI d. b. m.

Summa eciam grossa dictarum fermarum recuperatarum in parva moneta LXXV s. parve monete.

CHAPITRE VI

FERME NASCENSIUM ANNI 1399.

Idem reddit computum quod recepit a Johanne Ravanelli de Orseriis et a Johanneto Pecluz pro ferma decime nascencium, anno dni 1399 in viginti sex scutis auri regis sibi dicto anno amodiato XXXIX flor. auri qui valent, conversis ad bonam monetam quolibet scuto computato XVIII s. et floreno XII s. — XXIII lib. VIII sol. bone monete.

CHAPITRE VII

FERMA BLADORUM VALLIS URSINE ANNI 97.

Idem reddit computum quod recepit ab hominibus Vallis Ursine pro ferma et exitu decime bladorum dicti loci, quam ipsi homines tenent sub ferma seu censa sex decim floren. auri boni et magni ponderis, singulo floreno valente XIIII sol. d. bone monete; in quibus antedicti homines prefato dno priori annualiter tenentur ad ipsius dni vitam duntaxat, circa festum Beati Michaëlis, et computat de dicta ferma bladi loci predicti pro anno dni 1398.................. XVI floren.

Summa ferme predicte, quolibet floreno computato xiiij sol. bone monete, ut supra. xi lib. iiii s. ejusdem monete.

Et pro dicta ferma computat infra in presenti computo pro anno dni 1399.

CHAPITRE VIII [1]

BANNA CONCORDATA.

Idem reddit computum quod recepit de Bannis compositis seu concordatis in dicto loco de Chamonix, videlicet a die 10ª mensis augusti anno dni 1398 citra, usque ad diem 5 mensis decembris anno dni 1399, per prefatum dnm priorem et nobilem virum Hugonem Roliardi castellanum dicti loci de Chamonix; inclusa quarta parte pertinente prefato castellano pro suis quartis. Quequidem quarta pars pertinens dicto castellano pro dictis suis quartis, ad opus ipsius castellani inferius in summa deducitur et de ipsa quarta parte dicto castellano computabit. Et de ipsis bannis compositis seu concordatis ut supra reddit computum quod recepit, a personis infrascriptis prout infra sequitur............... Et primo, a Moterio filio Aymonis Pitoudi inculpato majorem filiam Nycodi de bossons carnaliter cognovisse et ex inde certas penas sibi impositas de confitendo veritatem super premissis commisisse et veritatem celasse vi lib. parve monete.

Item a Johanne Jordaneys, inculpato de pascuis communibus sibi appropriasse ultra formam cride quod inde facte xl s. ejusdem monete.

Item a Chamosio Malavart pro penis per eum spretis xl s. ejusdem monete.

Item ab Henrico Girodi de Alliotz nomine Perreti et Johannis liberorum suorum, inculpatos magnam chirpam et rumo-

---

[1] Nous avons supprimé dans ce chapitre tous les articles sans intérêt, où dont l'objet avait été déjà indiqué.

rem habuisse cum Melliereto filio Ansermi Venuz et ex inde pluras penas commisisse viii lib. parve monete.

Item a Grosso Micheleto inculpato pluras penas commisisse xl s. ejusdem moncte.

Item a Martino Paqual pro verbis diffamatoriis dictis per eundem contra Hugonem Boveti xl s. ejusdem.

Item a Johanne Doy inculpato de nemore de Orta existente in banno et saysina ad requisicionem consortium dicti nemoris plures pecias in ipso nemore cindisse in magna quantitate, non obstante banno et saysina predictis lx s. ejusdem.

Item (ab) Ansermo Venuz nomine Melliereti ejus filii pro composicione facta cum antedicto castellano pro penis spretis, super quadam inquisicione quia inculpabatur idem Mellieretus uxorem Perreti filii Henrici Girodi in quodam fullono existente inferius Exertum luctasse et carnaliter cognoscere actemptasse x flor. bone monete.

Item a Johanne Dubiol, pro composicione facta cum dno priore et ejus castellano quia inculpabatur cutellum contra Hugonem Boveti evaginasse et pro verbis injuriosis sibi dictis, et penis spretis quia veritatem celavit. Item quia inculpabatur actiones suas et ejus uxoris cessisse Aymoni Botolier de extra mandamentum campimuniti contra cridas de contrario factas veniendo viii flor. ejusdem m.

Item a Michaudo Charles, pro verbis injuriosis dictis Johanni Gillier, et quia inculpabatur quandam viam terminatam apud los Alliotz subversisse et arasse ii floren.

Item a Johanne Chonbelli quia inculpabatur de communibus territorii de Vaczos, vocati in grangiis superioribus de Vaczos, de super et econtra quandam peciam terre ipsius Johannis, ultra limites seu bonas[1], ipsa extracta et proprietates dividencium subversisse, fidisse, bladum seminasse per spacium septem teysiarum de longitudine et octo tey-

---

[1] Bornes, les limites en patois sont encore désignées sous le nom de *bounes*, en Savoie.

siarum de latitudine., contra cridas et penas impositas de communibus non occupandis faciendo x floren.

Item ab Henrico Girodi de Alliotz pro verbis injuriosis per ipsum prolatis contra Mellieretum filium Ansermi Venuz I floren.

Item a Gaudino Onseys quia inculpabatur de feno Chamossi Malavart sine reddi terre fimi transportasse, et pro penis spretis quia citatus et debicte non comparuit I floren.

Item a Johanne Berrot pro pluribus penis spretis super quodam processu contra ipsum formato in curia dicti loci; super eo quia inculpabatur bursam Guigardi Decupelino cum pecunia infra existente, habuisse et celasse, facto principali remanente VIII libr.

Item a Jacqueta Borda, pro penis spretis super quadam inquisicione contra ipsam formata super quibusdam trosellis quarumdam rerum Aymonis de Cupelino. Item, inculpata vinum in taberna sua male mensurasse, et sine licencia dni et proborum patrie, precium dicti vini augmentasse et vendidisse IIII floren.

Item a Martino de fago pro penis spretis super quodam debito in quo ipse Martinus tenebatur dicto Jay, de Passiaco. Item inculpato de bonis Perroneti Charles, reductis et positis ad manus dni prioris, sine licencia ipsius dni prioris se inmiscuisse. Item inculpato veritatem celasse et se degerasse super quadam inquisicione contra ipsum formata. Super eo quia inculpabatur dixisse quod gentes dni prioris ceperant in ejus stabulo unam mogiam cum quodam vitullo seu mojono [1], levatum de pignore ad requisicionem Jaquemeti Hugoneti, hec verba marneysiment et chetament [2] IIII floren.

Item a Richardo Bonjor et Perreto Symondi pro penis spretis, quia excommunicati ad instanciam Francisci de

---

[1] Moge et mojon, une jeune génisse et un jeune taureau.

[2] *Marneysiment*, *mar*, mauvais ; *neysiment*, noisement, avec préjudice. *Chetament*, d'une façon diabolique ou scandaleuse, *chetta*, sabbat. Ces deux mots ne sont plus usités dans le patois.

Lucingio, et non procuraverunt revocacionem monicionis contra castellanum tempore debito v flor.

Item a Johanne de ponte nomine ejus filii inculpato Chirppam fecisse cum Vuillermo Pessat et ipsum ad terram subtus se posuisse, et ex indè penam xxv s. commisisse quia citatus non comparuit III flor.

Item a Parvo Johanneto Balmat inculpato quedam verba maliciosa et injuriosa habuisse cum Aymone Mermerii et ex inde de pugno percuxisse.

Item dixisse Hugoni Boveti, habendo inter ipsos quedam verba, plura verba injuriosa, necnon et verba eciam injuriosa dixisse contra Petrum Berthodi|, familiarem curie prefati dni prioris III flor.

Item a Richardo Columbeys, inculpato, respondendo cujusdam inquisicionis contra ipsum formato ad querimoniam Francisci Bruneti plures penas commisisse et se degerasse IIII flor.

Item a Johanne filio Jaqueti Mermodi quia vendas quarumdam rerum per ipsum emptarum a Vuillermo Sertoris, tempore debito, non revellavit II flor.

Item a Parvo Johanneto Balmat, inculpato veritatem celasse et penam IX s. commisisse respondendo cujusdam inquisicionis contra ipsum formate ad denunciationem Richardi Colombeys II flor.

Item a Michaele filio Mermeti Mistralis, de Valle Ursina, inculpato Jaquetam filiam Johanneti de molario, dicti loci Vallis Ursine, uxoremque Mermeti filii Aymonis Bergnerand ejusdem loci, carnaliter cognovisse et ex eadem liberos habuisse III flor.

Item ab Hugone de Monte Vouterio pro composicione facta cum dno priore antedicto, nomine Vuillermi Ardyz, de Voudagnia, habitatoris Passiaci, hominis ligii prefati dni prioris, de et pro eo quod idem Vuillermus recognoscerat et fecerat homagium nobili viro Nycoleto de Vosseriaco quondam de Passiaco, licet eidem dno priori in homagium teneretur et fuerit astrictus, pro remisione dicti homagii facta per eundem dnm dicto Vuillermo Ardyz xıııı flor.

Summa dictorum bannorum concordatorum per prefatos dnm et castellanum ut supra, deducta quarta parte, quam castellanus percipit in eisdem pro jure et laboribus de voluntate ipsius dni prioris, Exclusis predictis xıııı flor. superius concordatis manu Hugonis de Vosseriaco de Monte Vouterio nomine Vuillermi Ardyz, in quibus idem castellanus aliquid quartum percipit, sed includuntur insolidum in summa pertinente prefato dno priori, computato quolibet floreno xıı s.

= xvııı libr. xv s. parve monete = Et lvı libr. vıı s. ııı d. bone monete.

CHAPITRE IX

BANNA CONDEMPNATA ET COMPOSITA.

Idem reddit computum quod recepit de bannis ibidem per venerabilem Virum dnm Jacobum Sostionis jurisperitum, judicem terre et juridicionis prefati dni prioris, condempnatis, in assisiis ibidem, anno dni 1399 die 4 mensis septembris, per prefatum dnm Jacobum Sostionis tenutis, deductis remisionibus ipsarum condempnacionum factis de gracia speciali per prefatum dnm priorem prout infra, ac eciam de composicionibus ibidem in dictis asissiis per prefatos dnos priorem et judicem, ac nobilem virum Hugonem Roliardi, castellanum dicti loci factis; de quibus quidem bannis condempnatis et composicionibus predictis reddit computum quod recepit a personnis infrascriptis, deductis dictis remisionibus factis per eundem dnm priorem prout infra; inclusa quarta parte pertinente dicto castellano pro suis quartis ut supra; que quidem quarta pars ad opus dicti castellani inferius ut supra in summa deducitur; et de ipsa quarta parte dicto castellano ut supra computabitur.

Et primo a Francisco Pecluz, inculpato dixisse Johanneto et Vuillermo Pecluz fratribus suis existentibus in platea Campimuniti ante magnum granerium prioratus in presencia castellani dicti loci maliciose et injuriose quod ipsi non erant boni homines quia bina vice se dejeraverant, condempnato in viginti quinque solidis; de quibus dns prior sibi remisit de gracia speciali vii s.. .... xviii s.

Item a Perreto Margnelat et Perreta ejus uxore inculpatis ad quandam grangiam Guigonis et Michaudi Debossons, fratrum, sitam in grangiis de Monte-Cuart accessisse, ibidemque de blado per dictos fratres excusso in eorum czuel [1] *(sic)* ipsius grangie existente, usque ad extimacionem quatuor bichetorum clàm latenter cepisse et secum deportasse..... .... iiii flor.

Item a Francisco Bruneti pro composicione facta cum dno priore, pro bannis quatuor inquisitionum contra ipsum factarum, tam ad denunciationem Richardi Columbeys quam ex officio curie prefati dni.................... iiii flor.

Item a Motterio Sadonis inculpato quandam saysinam factam in bonis suis ad instanciam Richardi Bonjor fregisse; condempnato in xv s.; de quibus dns sibi remisit iii s. de gracia speciali...... .... xii s.

Item a Perreto Paviot inculpato de domo Jaquerii Corsat unum barale vini ab ipso Jaquerio emptum, nulla facta satisfactione eidem Jaquerio et preter ejus voluntatem secum deportasse, condempnato in xl s.; de quibus dns sibi remisit de gracia speciali x s....................... xxx s.

Item a Johanneta dicta Pollaz simili causa condempnata in xl s. remissis sibi per dnm de gracia speciali x s... xxx s.

Item ab Aymone Mermerii pro verbis injuriosis et rixa habita convineando cortesii [2], condempnato in centum solidis. Item inculpato parvum Johannem Balmat de pugno percuxisse, condempnato in xxv s. Item inculpato parvum Michaeletum Oudeerii cum armis invasisse et plura verba

---

[1] Le suy; l'aire où l'on bat le blé.
[2] En voiturant des écorces.

injuriosa sibi dixisse, nec non plures penas ex inde commisisse, condempnato in LX s; de quibus quidem condempnacionibus predictis, tractatu Bochardoni nepotis dni, Aymonis Decupellino et Bastardi Decupellino, profatus dns prior remisit eidem Aymoni Mermerii, de gracia speciali cv s...
.... IIII libr.

Item a Melliereto Coyndat pro penis et perjurio spretis; condempnato in XXV s. remissis sibi per dnm VII s. XVIII s.

Item a Jaquerio Charlet pro verbibus *(sic)* per eum illatis in personam Moterii de Greppone, condempnato in c s. de quibus profatus dns prior sibi remisit tractatu Bochardoni nepotis ipsius dni, de gracia speciali XL s.......... LX. s.

Item a Jaquerio Troczeys pro penis spretis et rebellionibus, verbisque injuriosis contumeliosis habitis et prolatis contra curiam et officiarios dni, inclusis duabus aliis inquisicionibus, videlicet una super debato Aymonis Moterii et alia super penis et perjurio inquisicionis predicte.. xx flor.

Item ab Aymone Landriuz pro penis spretis quia vendas cujusdam donacionis sibi facte per bonamfidem Visinaz, modo debito, non revellavit..................... LX s.

Item a Perreto Fabri, de Rosseria, pro penis spretis super transitu per eum facto per possessiones Chamossii Malavart dicti loci de Rosseria....................... .. XXX s.

Item a Martino Defago pro penis spretis per ipsum et ejus fidejussores, super quodam debito in quo tenebatur Viffredo filio Perreti Jay de Passiaco, et pro eo quia inculpabatur equam Michaeleti du Follic sine ejus voluntate equictasse et extra mandamentum duxisse.................. V flor.

Item a Johanne Clavelli, inculpato Johannem Landriuz defidasse, condempnato in XL, remissis sibi per dnm X s...
.... XXX s.

Item a Melliereto Sadoz pro penis spretis quia de insullis seu communibus de molendinis, inculpato in magna quantitate clausisse et occupasse, condempnato in LX s. de quibus prefatus dns sibi remisit XX s................. XL s.

Item a Johanne filio antedicti Mell. Sadoz pro consimili causa, condempnato in LX s., de quibus dns tibi remisit XX. .... XL S.

Item a Melliereto Actrica, inculpato sua animalia ad quandam peciam terre Melliereti Sadoz, sitam in ponte Jusselli duxisse et ibidem depaquerasse, condempnato in XL s. et a Perreto filio dicti Mell. pro consimili causa condempnato in XL s. De quibus condempnacionibus, tractatu Girodi Actrica filii dicti Mell. familiaris prefati dni prioris, ipse dns prior remisit dictis patri et filio de gracia speciali LVI s.... .... XXIIII s.

Item a Perreto Moterii Fabri, inculpato ad quandam peciam terre que fuerunt Nycole Factolly, bone femine prefati dni prioris, continentem unum quarteronum terre, sitam in territorio seu masso des Columbeys accessisse et dictam peciam intrasse, fructus recoligisse et sibi appropriasse preter voluntatem dicti dni prioris, ad quem bona dicte Nycole devenerunt, et pro penis ex inde spretis... VIII flor.

Item a Melliereto Girodi de Alliotz, nomine suo, Rodulphi ejus filii ac Johannete filie Henrici Vouterii uxorisque Johannis filie Ansermi Venuz ; quia ipse Rodulphus ejus filius inculpabatur dictum Johannetam carnaliter cognovisse, extra patriam duxisse et pro penis spretis per eosdem patrem et filium........................ XXXIII scut. regis.

Item a Petro Pavilliouz quia inculpabatur ad premissa auxilium et favorem dedisse, cibariaque sibi prebuisse et administrasse............................. VIII flor.

Item a Vullelmo Dubettex, de Valle Ursina pro penis spretis super visione Johannis Boverii fabri forbanici [1]... XL s.

Item ab Aymoneta uxore Johannis Delavancherio, nomine Francisci ejus filii, pro penis spretis super visione Rodulphi filii Melioreti Girodi forbanici..... .... XL s.

Item a Moterio de Greppone pro Johanne ejus filio incul-

---

[1] *Forbanicus, forbannictus quasi foras bannitus* (Ducange).

pato filiam Jaquerii Charlet de quadam lapide in capite percuxisse.. xx s.
Item a Petro Perrociniz pro visione Johannis fabri forbanici....... .... xii s.
Item a Perreto Cachat simili causa............... xii s.
Item a Micheleto Ondoerii ex dicta causa........ . xii s.
Item a Grosso Micheleto pro simili causa....... xxiiii s.
Item a Vullelmo Moreti pro eo quia Vullelmus missus fuerat ex parte dni apud sanctum Mauricium, Agaunensis diocesis, pro emendo ibidem pisces recentes pro dno et apportando eidem dno, quod minime facere curavit, licet pecunias ab ipso dno receperit...................................... xii s.

Summa dictarum asissiarum et bannorum concordatorum ut supra, deducta quarta parte, quia idem castellanus percipit in eisdem pro jure et laboribus suis, de voluntate antedicti dni prioris, computato quolibet scuto xviii s, et quolibet floreno xii s. ut supra. lxxi lib. iii s. vi d. bone monete.

CHAPITRE X

BANNA MINUTA.

De bannis minutis bestiarum, in possessionibus dampnum faciencium et acensatis per tempus quo computat, videlicet a die 10ᵃ mensis augusti anno dni 1398 citra, usque ad diem 24ᵃ mensis septembris anno dni 1399, nichil computat quia de ipsis nichil recepit.

CHAPITRE XI

VENDICIONES BLADORUM, PALEARUMQUE ET ALIORUM MOBILIUM HOSPICII DNI.

Item reddit computum quod recepit de preciis rerum bonorum mobilium hospicii prefati dni prioris, de ipsius dni mandato venditorum per tempus quo computat a personis infrascriptis prout infra; ac eciam de preciis bladorum per eundem Anthonium venditorum; de bladis per ipsum Anthonium receptis, dicto anno dni 1398, ac eciam de bladis per eundem Anthonium receptis anno dni 1399 a personis infrascriptis prout infra.

Et est sciendum quod quelibet octana siliginis de bladis dicti anni 98 receptis, fuit vendita sex solid. parve monete; quelibet octana ordei quinque solid. et quelibet octana avene III s. IX d. ejusdem monete. — Et quod quelibet octana ordei de bladis dicti anni 99 fuit vendita IIII sol. VI den. et quelibet octana avene III s. De quibus preciis bladi predicti reddit computum quod recepit a personis infrascriptis, de bladis per ipsas personas emptis dicto anno 98 prout infra. Et primo..

Item ab Aymone de Vosseriaco pro precio unius octane avene, unius bicheti ordei et unius rasi avene.. VIII s. III d.

Item ab Annex. Dubioley pro precio unius quarteroni cum dimidio lane sibi venditi in presencia Girod Attricaz et manu ejusdem ponderati in magno pondere dni, vendito quarterono XXI s........................ XXXI s. VI d.

Item a Petro official, valeto dni, pro precio pelium mutonum dni de anno 98, ad tantum venditis et non plus valunt
.... XVIII s.

Summa grossa preciorum prenominatorum antedictorum duorum annorum, anni dni 1398 et 99 insimul :

LVI lib. XVII x d. parve monete.

Et XXXIIII lib. IIII s. I d. bone monete.

CHAPITRE XII

TERCIA PARS BONORUM MOBILIUM DEFFUNCTORUM.

Idem reddit computum quod recepit per tempus quo computat, de bonis mobilibus deffunctorum in terra et juridicione prefati dni prioris de Chamonix, in quibus idem dns prior et sui predecessores terciam partem percipere consuevit duntaxat : Eo modo et forma, quod si decedentibus post decessum ipsorum restent eis liberi vel fratres aut sorores, vel saltim ipsis fratribus vel sororibus restent liberi tamen indivissi. Dns prior super bonis tali modo decedentibus nichil est capere solitus. Si vero decedentibus in dicta terra et juridicione restent fratres vel sorores divissi, aut liberi ipsorum fratrum vel sororum divissi eciam restent, possunt legare, vel per testamentum ordinare de bonis suis duntaxat, prenominatis fratribus vel sororibus aut suis liberis ut supra, tercia parte bonorum suorum mobilium tamen per eosdem decedentes prius ipsi dno priori reservata. Et si testamentum vel aliam veritatis probacionem non apparuit modo debito eisdem ordinasse. Et terciam partem bonorum suorum mobilium ut supra prefato dno priori reserasse [1] omnia eorum bona, tam bona mobilia quam immobilia ad prefatum dnm priorem perveniunt insolidum virtute capitulorum dicti loci. Sed computat de hiis qui terciam partem bonorum suorum mobilium prefato dno priori reseraverunt, ut supra dictum est, quod recepit a personis infrascriptis prout infra. Et

Primo, de tercia parte pertinente dno in bonis mobilibus Clemencie uxoris Johannis Girardi, eodem modo defuncte, et que eidem dno suam partem, modo predicto, reservavit ut supra : unum lodicem [2], item lintuamina [3] duo; item unum saculum, item unum parvum cacabum [4], item unam scutellam [5], item duo cisoria [6] — que bona mobilia cum ceteris bonis mobilibus dicti Johannis Girardi ejus viri fuerunt apportata in hospicio prioratus manu Girodi Attricaz, qui dicta bona mobilia ibidem in domo ipsius Johannis Girardi, de Exerto, recepit, et ut supra apportavit.

Item a Perreto Bossoneys pro tercia parte xxvii s. in quibus idem Perretus tenebatur eidem clemencie............

---

[1] Déclarés (qui doivent être déclarés).
[2] Couverture.— [3] Drap.— [4] Marmite. — [5] Écuelle. — [6] Tranchoir.

.. , ... IX s. parve monete.

Item a Perreto filio Perreti Bossoneys, pro tercia parte pertinente prefato dno, in bonis mobilibus Aymonete filie Johannis Meczat, uxorisque quondam ejusdem Perreti, modo quo supra deffuncte, et que eidem dno suam partem modo predicto reservavit, videlicet pro tercia parte CX s. in quibus idem Perretus tenebatur dicte Aymonete ejus uxori pro bonis mobilibus ipsius Aymonete pertinentibus cum ceteris suis fratribus et sororibus, quando eadem Aymoneta fuit conjoncta cum dicto Perreto, ad tantum per probos homines, taxata. . . . . XXXVI s. VIII d.

Item ab eodem Perreto pro tercia parte pertinente eidem dno priori, pro ceteris bonis mobilibus ejusdem Aymonete, videlicet pro tercia parte LXX gerbarum bladi et cujusdam quantitatis feni, quinque lintuaminorum, duorum coopertorum, unius pulvinarii pro tanto eidem Perreto venditis, III flor. cum dimid.

Summa IIII lib. VII s. VIII d. bone monete.

CHAPITRE XIII

ESTCHEUTE ET INTROGIA IPSARUM.

Idem reddit computum quod recepit de bonis et rebus echeutis et commissis ipsi dno priori per mortem et decessum illorum qui in terra et juridicione ipsius dni prioris decesserunt, per tempus quo computat, sine heredibus, et testare eciam non potuerunt, virtute statutorum et capitulorum Campimuniti. Et est sciendum quod in terra et juridicione ipsius dni prioris aliqua persona cujuscumque status, gradus vel condicionis existens duntaxat homo vel ad fidelitatem ipsi dno priori astrictus, testare nec alio modo ordinare potest, de bonis mobilibus suis seu immobilibus nisi per modum et formam superius declaratos, in titulo proxime precedenti, ubi declarat terciam partem bonorum mobilium quandocumque decedat, nec eciam antequam ad ipsum dnm post decessum ipsorum omnia et singula eorum bona tam mobilia quam immobilia devenire non debeant, et computat de hiis qui tali modo decesserunt, quod recepit per tempus quo computat a personis infrascriptis prout infra. Et

Primo, de bonis mobilibus Johannis Girardi, tali modo, ut supra declaratur sine heredibus deffuncti, in ejus domo de Exerto, presentibus Hugone Roliardi, castellano, Girodi Attricaz, pro ut infra : unum pulvinar [1], duas lodices; tria lintuamina; item tres cacabos; item II secures; item I foucil [2]; item I parvam falcem; item I ligonem [3]; item I creyut [4]; item III scutellas; item IIII cisoria; item I curbiliam; item I banc; item III vayssell; item IIII saculos; item III ulnas tele; item I quoquipendium [5]; item I pioletam [6]. Que quidem bona mobilia fuerunt aportata apud prioratum cum ceteris bonis mobilibus que evenerunt dno antedicto ob mortem clemencie uxoris dicti Johannis Girardi, per Girodum Attricaz cum una equa.

Item de bonis mobilibus pertinentibus ipsi dno priori ob mortem dicte Sersonay, tali modo ut supra declaratur deffuncte III lodices; quinque lintuamina; item I pulvinar; quinque scutellas.— IIII cisoria. — I barletum [7]. — III vayssell.— III parvos cacabos. — in domo ejusdem tria scripnia [8]. — item in ecclesia II archetas; item I securim, et quedam alia minuta garnimenta et mobilia : que omnia et singula bona mobilia ejusdem Mariete Sersonay fuerunt per antedictum Girodum Attricaz recolita et insimul congregata et per eundem in archa ecclesie portata et infra posita; deinde dno priori et ejus celarrio tradita, in presencia Hug. Roliardi, Castellani, Ja. Brossy notarii et ipsius Girodi Attricaz.

Item ab eodem Girodo pro precio unius archete existentis in navi ecclesie sibi vendite, de premissis bonis mobilibus

---

[1] Paillasse. — [2] Faucille. — [3] Pioche. — [4] Croëju (lampe en cuivre). — [5] Bassine. — [6] Hachette. — [7] Baril. — [8] Coffres.

dicte Mariete Sersonay............ IIII s. parve monete.

Item a Francisco Corsat fabro, pro introagio cujusdam rassie[1] et ceterorum edificiorum que idem Franciscus facere voluerit in beczeria molendinorum dni, super burgum novum et subtus Planos[2], exceptis molendino et fullono LX s.

Item a Jaqueto Cachat pro introagio aquandas ejus terras sitas inferius beczeriam molendinorum dni predictorum subtus burgum novum de aqua ejusdem beczerie, videlicet quando molendina et fullonum dni non operarentur. XXIIII s.

Summa IIII lib. IIII s. bone monete et IIII s. parve monete.

CHAPITRE XIV

TERCIA PARS VENDENCIUM.

Idem reddit computum quod recepit de tercia parte quam prefatus dns prior et sui predecessores percipere consueverint in et super bonis immobilibus, seu hereditatibus hominum tocius juridicionis prefati dni prioris, quando eis contingit totum vendere id quod habent in rebus immobilibus et nichil eisdem retinere; quam terciam partem percipit idem dns prior super venditore et non super emptore, a personnis infrascriptis per tempus quo computant ut infra.

Et primo, etc., etc. Summa (recepta) x lib. III solid.

CHAPITRE XV

SIGILLUM.

Idem reddit computum quod recepit de obvencionibus sigilli prefati dni prioris a pluribus et diversis personis inferius particulariter descriptis et que plura et diversa instrumenta seu litteras ad opus ipsorum fuerunt confecta, et

---

[1] *Rassie*, scie (on dit encore en patois *rèche*).
[2] Les Plans, localité près de Chamonix, où se trouvent encore des scies de long.

eisdem levatá acque sigillata de mandato dicti Domini, sigillo ipsius dni prioris per eundem Anthonium Legerii, sibique Anthonio per eundem dnm tradito die 10ᵃ mensis octobris anno dni 1398°. Et est sciendum quod omnia instrumenta seu littere que fiunt de quibuscumque contractibus in mandamento et juridicione ipsius dni prioris quandocumque levare de prothocollis notarii ipsius loci contingit, debent sigillari sigillo dni prioris predicti; pro quoquidem sigillo percipit idem dns prior super quibuscumque instrumentis contractuum quorum vende solvunt eidem dno priori sex den. pro singulo sigillo. Super aliis vero instrumentis contractuum, quorum vende eidem dno priori non solvuntur ad taxacionem ipsius dni prioris juxta continenciam seu effectum ipsorum contractuum ut infra sequitur. Et...

Primo, etc., etc., etc..............................

Item ab Hugone de Monte-Vouterio pro instrumento vendicionis quarumdem rerum talliabilium Guillelmi Botolier sibi facte per Michaelem Johanneti de eodem loco, necnon et affranchisiamentum tallie ipsarum rerum sibi Hugoni factarum per eundem Guillelmum Botolier......... xii s.

Item a prioribus Confratrie Sancti Spiritus pro clausula testamenti Nicodi Victulli eidem Confratrie pertinens. vi d.

Item a Perreto Fabri de Rosseria pro instrumento divisionis facto inter ipsum et Franciscam, de dus [1], sororis de eorum bonis paternis et maternis.................xii s.

Item a Rodulpho Lechiaz pro donacione sibi facta per Michaelem Lechiaz ejus patrem de quadam pecia terre et domo sito in prysiaes malevars.................. vi d.

....

Item a se ipso Anthonio Legeri pro instrumento vendicionis sibi facte per antedictum dnm priorem, recepto manu Jacobi Brossie notarii de quadam domo et curtili sitis inferius prioratum et quadam pecia terre sita ibidem prope, sub

---

[1] *Les Dus*, localité près de Chamonix.

precio xxxii lib............................... vi d.
Summa obvencionis dicti sigilli.... xxix s. bone monete.

CHAPITRE XVI
FULLONUS.

De exitu fulloni dni vocati de curia per tempus quo computat nichil recepit et nichil computat.

CHAPITRE XVII
FERE.

De feris seu bestiis silvestris, ac venacionibus ipsarum in quibus dns prior consuevit percipere et habere partem suam quociénscumque contingit per venatores in patria sua capere ; et maxime super mustellis [1] decimam partem, super mormotanis [2] terciam partem, super excuriis [3] decimam partem, super stractibus [4] ursorum, videlicet super quolibet urso *(sic)* humerum, id est spaculam cum piota simul tenentibus, item cossiam [5] per tronchum anchie cum tibia et alia piota simul tenentibus, item budellum [6], cullatum [7] cum aliis duobus piotis ; que quidem membra ursi insimul vocantur unus stractus ursi. Item super chamossiis [8] et consimilibus bestiis duntaxat silvestris scilicet boch-extagnis [9] et aliis quibuscumque consimilibus bestiis que eciam per venatores capiuntur infra juridicionem et terram ipsius dni prioris, sine aliquo ingenio, humerum, id est, spaculam, idem dns prior percipere est consuetus, et quando capiuntur cum ingenio videlicet cum rece seu alio quocumque ingenio, tunc totum quaternum anteriorem capere est solitus antedictus dns prior. Et de hiis chamossiis, ursibus et

---

[1] Fouines (belettes)..— [2] Marmottes. — [3] Écureuils. — [4] Échine. [5] — Cuisse. — [6] Boudin, pour franchoyau. — [7] Le dos. — [8] Chamois. — [9] Bouquetins.

mormotanis sine aliquo ingenio captis, reddit computum quod recepit per tempus quo nunc computat prout infra, videlicet stractus trium ursorum — XXXVII spaculas chamossorum et terciam partem XI mormotanarum, que membra ad utilitatem et expensas hospicii prefati dni prioris conversa et distributa fuerunt,

CHAPITRE XVIII

LAVANCHIE.

De lavanchiis nichil computat quia alique lavanchie evenerunt ipso anno quo computat et nichil recepit.

CHAPITRE XIX

LINGUE.

De linguis animalium grossarum scilicet boum et vacharum que per macellarios excoriantur in juridicione et terra predicti dni prioris causa vendendi, et quarumquidem animalium prefatus dns prior percipere consuevit linguas. De ipsis nichil computat quia nichil recepit.

CHAPITRE XX

FORAMINA MOLARUM.

De foraminibus molarum molendinorum et aliarum que de novo construuntur in juridicione prefati dni prioris, et super quibus prefatus dns prior percipere et capere est solitus, videlicet super qualibet mola incontinenti que librata et perfurata est xii den. Nichil computat quia ipso anno quo computat nichil recepit.

CHAPITRE XXI

INVENTA.

De rebus inventis seu manifestatis officiariis curie prefati dni prioris, et que per nonnullos perdicte fuerunt, nichil computat quia, per tempus quo computat, nichil recepit.

CHAPITRE XXII

PERSONAGIUM.

Item reddit computum quod recepit a Dompno Humberto *Landrici* curato Vallis-Ursine pro personagio ecclesie sue dicti loci, unius anni integri, videlicet pro anno dni 1398, videlicet in decem solid. Gebenn. veterum; quos idem curatus solvere consuevit prefato dno priori et suis predecessoribus, anno quolibet, in festo omnium sanctorum........
.. .. xi s. viii. d. bone monete.
Summa xi s. viii d. bone monete.

CHAPITRE XXIII

OBVENCIONES ECCLESIE (IN PARTE).

Idem reddit computum quod recepit de obvencionibus ecclesie Beati Michaelis de Chamonix, prefato dno priori pertinentibus, tam in oblacionibus, sepulturis, septimis, tricenariis, elemosinis et annualibus deffunctorum quam in palliolis[1] receptis, candelis venditis et aliis quibuscumque obvencionibus ipsius ecclesie, a die 14 mensis aprilis, anno dni 1398 citra, usque ad diem terciam mensis januarii anno dni 1400, a personis inferius particulariter descriptis, ut infra. Et...

Primo die xvi mensis aprilis, anno quo supra pro duabus palliolatis.. ii d.
Item die xxiiii dicti mensis, pro relicta Francisci Gardeys, ipsa die sepulta pro vii° et xxx°.......... ii s. i d.

---

[1] Droit payé par les femmes relevées de couches, qui assistent à la messe de leurs relevailles, en patois *paliules (palliolées* couchées sur la paille).

Item dicta die pro candelis ejusdem venditis... ii s. ii d.
Item dicta die pro elemosina altaris ejusdem.... xvi d.
Item pro annuale ejusdem, nichil, quia fuit facta in pane et candelis... » »
Item die xvi mensis maii ascensionis domini, pro oblacionibus ecclesie... v s.
Item die xxvi mensis maii festi pentecostes pro oblacionibus ecclesie... iiii s. viii d.
Item die xxviii mensis maii pro una palliola....... i d.
Item die sexta mensis junii festi heucaristie dni pro oblacionibus ecclesie... iii s.
Item die xii dicti mensis pro terragio [1] cujusdam pueri iii d.
Item die xv mensis augusti festi assumpcionis Beate Marie pro oblacionibus ecclesie.................... ii s. ii d. ob.
Item die xxviii mensis septembris festi beati Michaelis pro oblacionibus ecclesie.................... xii s. iiii d. ob.
Item die prima nov. festi omnium sanctorum pro oblacionibus ecclesie... xiii s. v. d.
Item die sequenti festi omnium animarum pro oblacionibus... vii s. ii d.
Item die ii mensis marcii (1399) fuit facta sepultura Vuillelme filii Jacodi Lechiaz deffuncti in Tharen in lavanchia [2] pro vii° et xxx° ejusdem [3] .... ii s. i d.
Item die quinta mensis marcii pro oblacionibus sancte crucis... i d.
Item diebus festorum pasche tam pro oblacionibus sancte crucis quam aliis oblacionibus.......... xxv s. iiii d. ob.
Item a dno curato pro med. penitenc........ xii s. i d.
Item die xx mensis maii pro i palliola et cremalio... ii d.
Summa obvencionis dicte ecclesie x lib. xviii s. v d. ob parve monete.
Et lxxix s. iiii d. bone monete.

[1] Terrage, mise en terre, sépulture.
[2] Mort recouvert par une avalanche.
[3] Services faits le septième et le trentième jour après la sépulture.

CHAPITRE XXIV

LUMINARIUM DICTE ECCLESIE.

Idem reddit computum quod recepit de luminario dicte ecclesie Beati Michaelis de Chamonix circa festum epiphanie Domini, anno dni 1398, debicto singulis annis per parrochianos dicti loci Campimuniti, videlicet per quenlibet focum unus denarius monete currentis et sunt dicti parrochiani in numero solventes de eodem luminario circa xiii^x et vii parrochiani; qui omnes ultra dictum luminarium singulis annis in eodem festo solvere consueverant prefato dno priori pro primiciis suis in singulo foco, unum quartum ordei. De quibus quidem primiciis inferius in titulis bladorum computabit cum ceteris bladis per ipsum receptis.

Summa xxii s. iii d. parve monete.

CHAPITRE XXV

DONÆ.

Idem reddit computum quod recepit ab hominibus Vallis-Ursine qui communiter et graciose eidem dno priori donaverunt die xiiii mensis septembris anno dni millesimo ccc° nonagesimo octavo, quolibet floreno valente xii s. monete cursalis.. xx flor.

Summa xx flor. qui valent conversis ad monetam, quolibet floreno computato ut supra.... xii libr. parve monete cursalis.

CHAPITRE XXVI

DENARII, CENSUS VALLIS - URSINE ANNI 99.

Idem reddit computum quod recepit apud Vallem-Ursinam a tenementariis dicti loci de serviciis et censis annualibus, annualiterque ipsi dno priori debitis per antedictos tenementarios loci predicti Vallis-Ursine circa festum Beati

Michaelis, anno Domini 1399............ iiii lib. viii d. geb. veterum.

Recepit a tenementariis trium molendinorum cum bapterio et fullono existentibus in dicto loco de Valle-Ursina, de servicio annuali pro termino antedicto. viii d. geb. veterum.

Summa iiii libr. xvi d. geben. veterum, qui valent computatis xiiii d. bone monete pro xii d. geben. veterum, conversis ad bonam monetam.

iiii libr. xiiii s. x d. et ii^{as} partes unius d. bone monete.

CHAPITRE XXVII

FERMA BLADORUM DECIME DICTI LOCI ANNI 99 PREDICTI.

Idem reddit computum quod recepit ab hominibus Vallis-Ursine pro ferma et exitu decime dicti loci, quam ipsi homines tenent sub ferma seu censu sexdecim flor. auri boni et magni ponderis; singulo floreno valente xiiii s. bone monete, in quibus autem dicti homines prefato dno priori annualiter tenentur ad ipsius dni vitam duntaxat circa festum Beati Michaelis, et computat de dicta ferma bladi dicti loci Vallis-Ursine pro anno dni 1399................ xvi flor.

Summa xvi flor. qui valent computatis quolibet floreno xiiii s. bone monete; ipsis conversis ad monetam xi lib. iiii s. bone monete.

CHAPITRE XXVIII

PERSONAGIUM.

Idem reddit computum quod recepit a dompno Humberto Landrici, curato dicti loci unius anni integri, videlicet pro anno dni 1399, videlicet in decem solid. geben. veterum, quos solvere consuevit dictus curatus et sui predecessores, prefato dno priori et suis predecessoribus...............
.... xi s. viii d. bone monete.

Summa xi s. viii de bone monete.

CHAPITRE XXIX

REMANENCIA COMPUTI PRECEDENTIS.

Idem reddit computum quod recepit a se ipso Anthonio Legerii et in quibus idem Anthonius prefato dno priori tenebatur pro remanencia sui computi precedentis de anno dni 1396 et 97, prout in fine ipsius computi in resta dicti computi describitur ....
...... vi lib. xiiii s. v d. ii^{as} partes unius d. bone monete.

Summa vi libr. xiiii s. v d. et ii^{as} partes i^{us} d. bone monete.
Summa tocius recepte hujus computi.
... . ix^{xx}xii lib. xix s. iiii d. obol. parve monete.
Et ...... iiii^{c}lxii lib. vii s. x d. obol. et xii^{ma} i^{ius} d. bone monete.

De quibus.

Des Dépenses *(in parte quâ)*.

Liberavit prout infra, et primo, libravit die 10^a mensis augusti 1398 de mandato prefati dni prioris tribus valetis Aymonis Frochet pro vino............. .... ii s.
Liberavit ipsa die pro uno quarterono vini........ vi d.
Liberavit die xi dicte Jullianaz pro tribus galinis ii s. ix d.
Liberavit ipsa die eidem pro iiii^{or} puginis........ viii d.
Liberavit die 14 dicti mensis augusti Peronete nobilis, pro octo panibus frumenti emptis ab eadem et portatis apud Vallem-Ursinam, ad expensas castellani, Jo. Brossie, ipsius Anthonii, Girodi Attricaz et plurium aliorum ibidem factas die festi Assumptionis Beate Marie............ ii s. viiii d.
Liberavit die 18 dicti mensis, de mandato dni magistro Andree, valeto Jaqueti Lachoz, pro reparacione cujusdam pilliczoni facti Clemencie uxoris Guillelmi Ferrerii,... iii s.
Liberavit dicta die dicte Jullianaz pro tribus gallinis emptis pro hospicio, qualibet vendita x d........... ii s. vi d.
Liberavit dicta die Peroneto Fabri, pro tribus octanis fru-

menti per ipsum emptis apud Passiacum, pro hospicio dni, qualibet vendita IX s .... XXVII s.

Liberavit eidem pro portu dicti frumenti........ XVIII d.

Libravit Yssabelone Dubioley pro XXI° panibus frumenti emptis ab eodem manu Hugonis Dartas celerarii dni in pluribus parcellis tam pro dno quam Frocheto et suis valetis qui steterunt in hospicio dni per spacium VII dierum ad faciendum vestes dni.......................... VII s.

Liberavit die XIII mensis septembris, de mandato prefati dni, michi facto in presencia dicti Aymonis Frochet, Jacobi Brossie not[i] pro duabus ulnis cum dimidia panni valesii[1] sibi datis per eundem dnm pro induendo Berardum ejusdem Jacobi Brossie filium............................ IX s.

Liberavit Peroneto Fabri pro tribus octanis frumenti emptis per ipsum apud Passiacum pro hospicio dni, qualibet octana valente IX s............................. XXVII s.

Liberavit eidem Peroneto pro portu dicti frumenti XVIII d.

Liberavit die XIII dicti mensis ad expensas Petri offic.[2] valeti dni euntis apud Sabaudiam................ IIII s.

Libravit ipsa die Jaqueto Lachoz pro reparacione pellium caperorum dni, et reparacione cujusdam pilliczoni facti per eundem ad opus Clemencie .... VIII s.

Liberavit ipsa die de mandato dni michi facto in presencia castellani, eidem Jaqueto Lachoz; in quibus idem dns sibi tenebatur de antiquo tempore manu Michaelis Pillicerii, in quibus sibi Michaeli idem Jaquetus tenebatur causa empcionis panni..................,.............. XXX s.

Liberavit die XV septembris manu dni Johannis de Vigon, monachi, pro piris emptis ad opus hospicii dni....... VI d.

Liberavit dicta die dicte Jullianaz pro IIII galinis emptis per eandem pro hospicio dni, venditis duabus qualibet X d. alia XI et alia IX........................... III s. III id.

Liberavit Petro Berthodi pro duabus ulnis tele, emptis ab

---

[1] Drap du Valais.
[2] *Officialis.*

eodem et positis ac implicatis manu Hugonis Boveti in faciendo lo bacz[1] eque hospicii dni, qualibet valente xv d...
.... II s. VI d.

Liberavit Jacodo Lachoz pro duabus velonis[2] emptis ab eodem et implicatis manu dicti Hug. in predicto bacz.. XII d.

Liberavit die XVIII mensis septembris dno manualiter in ejus camera, presente Hug. Roliardi castellano dni in duobus florenis aure regine, quolibet valente XIIII s. monete cursalis et quos ibidem idem dns tradidit eidem castellano pro suis expensis eundo versus Burgum[3] pro loquendo ibidem dno Jacobo Sostionis........................ XXVIII s.

Liberavit pro VI^c hostiarum, emptis pro ecclesia apud Geben[4]. manu Perrerii Charlet..... .... III s.

Liberavit die XXI dicti mensis ad expensas Petri Offic. et Petri Ravanel, euncium apud Sabaudiam ducendo tres vaccas et XXII castrones[5] pro provisione hospicii dni dicti loci Sabaudia...................................... VIII s.

Liberavit de mandato dni barberio Martigniaci qui ibidem accesserat pro visitando dnm et ejus familiam........ VI s.

Liberavit die XXVI dicti mensis pro quinque octanis frumenti emptis apud Salanchiam, manu Peroneti Fabri et Jo. Brossie not. pro hospicio dni, qualibet valente VI s. VI d...
.... XXXII s. VI d.

Liberavit eidem Peroneto pro portu dicti frumenti IIII s.

Liberavit Vuillermo Albeti, de Valle-Ursina pro VI^c tavelioni lardie[6], emptis ab eodem de mandato dni pro hospicio prefati dni, vendito quolibet c... VI s.............. XXX s.

Liberavit Vuillermo Sertoris et Johanni filio Peroneti Fa-

---

[1] Le bât.
[2] Morceaux de toile.
[3] Bourg-Saint-Maurice en Valais.
[4] Genève.
[5] Jeunes bœufs récemment châtrés.
[6] Bardeaux de mélèze, *tavelioni lardie*, en patois le mélèze se dit *larze*.

bri pro portu dicti tavellioni ad IIII^{or} bestias......... VI s.

Liberavit eidem Vuillelmo Albeti pro XXIIII bichetis calcis emptis ab eodem pro hospicio dni et implicatis in pluribus necessariis dicti hospicii, manu Francisci Burlat, vendito quolibet bicheto IIII d...................... VIII s.

Liberavit Peroneto Fabri pro portu dicte calcis..... VI s.

Liberavit die quinta mensis octobris pro quibusdam sotularibus emptis apud Salanchiam manu Jo. Brossie pro Clemencia...................................... XVI d.

Liberavit dno Ròdulpho Deplatea, curato Campimuniti in empcione unius equi empti ab eodem pro dno et pro vino fori¹ dicti equi........................... VI d.

Liberavit ad expensas Hug. Roliardi castellani euntis apud Valesium in civitate Sedunensi pro emendo unum modium vini rubei pro dno priore antedicto........ XII s.

Liberavit pro dicto modio vini empto ibidem manu dicti castellani pro eodem dno, quos portavit Vuillelmus Sertoris apud Martigniacum Joh. de Lormey pro solvendo dictum modium vini.............. .... VIII f. IIII s.

Liberavit pro portu dicti vini facto de civitate Sedunensi usque apud Martigniacum...................... VIII s.

Liberavit Peroneto Fabri, Johanni ejus filio et Vuillelmo Sertoris pro portu dicti modii vini facto per eosdem de Martigniaco apud Chamonix........... .... XVIII s.

Liberavit die XV mensis octobris ad expensas Hug. Roliardi, castellani, Clemencie et Marie ejus filie et Johannis Perollerii recedencium apud Sabaudiam......... .. XVIII s.

Liberavit die XXI dicti mensis, de mandato dni, dno Jo. de Vigon, monacho, pro suis expensis recedendo ad suas partes............ .... XII s.

Liberavit ipsa die, qui fuerunt dati Roleto, valeto Aymonis Frochet qui aduxerat equum Jo. Brossie de Salanchia apud Chamonix pro portando mallam ipsius dni prioris XII d.

---

¹ C'est la redevance que l'on payait pour la vente.

. Liberavit ipsa die ad expensas Perreti Balmat et unius eque quam ducebat apud Sabaudiam oneratam de tribus mallis dni .... vi s.

Liberavit dicta die, qua die accessit idem dns prior apud Salanchiam ad Jacendum, apud Joz[1], duabus filiis dicti Mermondet, de ipsius dni mandato, cuilibus vi d.... xii d.

Liberavit ipsa die apud Salanchiam manu Petri Officialis pro ferratura equorum...... .... xii d.

Liberavit ibidem Johanni Dantanz barberio, de ipsius dni mandato .... xii d.

Liberavit ibidem in domo dicti Vachunz, pro expensis factis ibidem ipsa nocte.................... xv s. vi d.

Liberavit ibidem die sequenti pro duobus panibus frumenti emptis pro dno pro portando.............. ,... viii d.

Liberavit ipsa die sequenti apud Heyriacum[2] in domo dicti Espiritoz pro expensis factis ibidem per eundem dnm et ejus familiam, computatis quibusdam expensis factis ibidem per Hug. Roliardi, Clemencie ejus filiam et Johannem Pecollerii quando inferius apud Sabaudiam recedebant..........
.... xii s. bone monete.

Liberavit ipsa die apud Hospitale Confleti[3] manu Officialis in domo Bastardi Maridel pro expensis ibidem factis per dictum dnm et ejus familliam..... .... vi d. f.

Liberavit ipsa die apud Villarium[4] in Sabaudia, manu Petri Offic et Petri Murisonis pro uno sestario cum dimidio Salis, empto apud Montemmellianum[5] manu Petri Balmat pro hospicio de Chamonix, vendito sestario xxviii grossis bone monete...................... xlii g. bone monete.

Liberavit eidem Perreto manu dicti Perreti Murisonis pro suis expensis et unius eque quam ducebat et pro quibusdum

---

[1] Joz, soit Joux, village de Passy, sur l'ancienne route de Chamonix.
[2] Héry.
[3] L'Hôpital de Conflans, ancien nom des deux sections d'Albertville.
[4] Villar de Beaufort.
[5] Montmélian.

czingulis et peytralibus[1] emptis ibidem pro dicta equa..... .... ix grossos b. m.

Liberavit die vigillie omnium sanctorum ad expensas Hug. Roliardi castellani et sui ipsius, veniendo de Sabaudia ad dnm, apud Heyriacum.................... xii d. f.

Liberavit ipsa die apud Salanchiam in domo dicti Vachunz, ad expensas eorumdem et dictorum suorum equorum..... .... iii s. vi d. p. m.

Liberavit die iii novembris ad expensas Girodi Attricaz euntis apud Sabaudiam versus dnm priorem portatum *(sic)* sibi quandam litteram...................... vi s.

Liberavit die iii dicti mensis ad expensas Johanneti Mermeti et duarum equarum quas ducebat apud Sabaudiam oneratarum de butiris........................ viii s.

Liberavit ipsa die pro tribus galinis emptis manu dicte Jullianaz, qualibet vendita ix d............... ii s. iii d.

Libravit Firmino de Brenecio nuncio et procuratori dni Viffredi de Brenecio pendancerii monasterii clusini pro pensione anuali debita eidem pendancerio, pro termino sancti Michaeli proxime preteriti, anni presentis dni 1398, ut per litteram ipsius de confessione et recepta, datam in Campomunito die xxvii octobris, anno predicto........ xxx flor.

Liberavit ad expensas factas per Hug. Roliardi castellanum et dictum Anthonium Legerii et suorum equorum quos ducebant, eundo insimul apud Gebennas pro negociis prefati dni prioris prout infra. Et primo...

Liberavit die jovis vii mensis novembris apud Salanchiam in domo dicti Vachuz, pro suis duobus equis et cena eorumdem........................ .... iiii s.

Liberavit die veneris sequenti apud Bonamvillam in domo Francisci hospitis de mane in prandio.......... ii s. vi d.

Liberavit ipsa die apud Gebennas in domo Henrici Pecollerii in nocte...................................... iiii s.

Liberavit die sabati sequenti ibidem de mane.. ii s. vi d.

---

[1] Courroies et sangles.

Liberavit ipsa die pro pisce recenti empto....... xxi d.

Liberavit ipsa die dno Henrico Poralis, canonico Mauriannensi et sub collectori appostolico Gebenn. pro II^{da} solucione decime triennalis per dnm nostrum Benedictum Papam XIII secundo imposite et pro tercia solucione procure per eundem dnm II^{do} reservate, ut per litteram ipsius de confessione et recepta data die IX novembris anno dni millesimo ccc° nonagesimo octavo, quam reddit. xiii lib. ix s. ii d.

Liberavit eidem sub collectori pro dicta cedulla..... ii s.

Liberavit ipsa die ibidem in nocte............ iii s. vi d.

Liberavit die dominica sequenti apud Bonamvillam in domo dicti Francisci hospitis de mane.......... ii s. vi d.

Liberavit ipsa die Rupho et Girodo qui ibidem venerunt pro aducendo porcos, pro eorum expensis veniendo ibidem. .... ii s. iiii d.

Liberavit ipsa die ibidem in cena..... .... v s.

Liberavit die lune sequenti festi Beati Martini, ibidem de mane.. iii s.

Liberavit ipsa die Johanni Poynclert pro duobus porcis ibidem emptis ab eodem, pro provisione hospicii dni...... .... lviii s. vi d.

Liberavit ibidem Aymoni Regis, pro uno porco empto ab eodem................ .... xxviii s. vi d.

Liberavit ibidem Bertheto de pratis pro duobus porcis emptis ab eodem............................. lv s. vi d.

Liberavit Jaquemeto de Saxo pro uno porco. xxiii s. vi d.

Liberavit illi qui investigavit duos porcos... ..... vi d.

Liberavit ipsa die ibidem pro cena dictorum porcorum... .... ix d.

Liberavit ipsa die ibidem pro cena nostra, duorum equorum et dictorum Ruphi et Girodi ac Frocheti.... v. s. ix d.

Liberavit die martis sequenti pro Pontanagio et Leyda dictorum porcorum........................... xii d.

Liberavit ipsa die apud Clusas pro prandio nostro, dictorum equorum, Ruphique et Girardi, et ipsorum porcorum.

....,............ iiii s. vi d.

Liberavit ipsa die apud pontem S^ti Martini [1] pro dictis Rupho et Girodo, et porcis, pro eorum cena....... ii s. iii d.

Liberavit ipsa die apud Salanchiam in domo dicti Vachuz, pro cena nostra et nostrorum duorum equorum.. iii s. ix d.

Liberavit die mercurii sequenti ibidem de mane. ii s. iiii d.

Liberavit ipsa die pro dictis Rupho et Girodo apud Joz, pro uno pane ibidem portato...................., iiii d.

Liberavit die xviii mensis novembris ad expensas Perreti Balmat et unius eque quam ducebat apud Sabaudiam oneratam de caseis, siris [2] et vestibus dni............. vi s.

Liberavit Aymoni Bellonis pro iiii^or c. aliorum, emptis ab eodem pro hospicio dni, vendito quolibet c, xii d.... iiii s.

Liberavit Johanneto Broyssat, de Valle-Ursina, pro octo xii^nis scutellarum butirorum, emptis ab eodem, pro qualibet ii d.. xvi s.

Liberavit Peroneto Fabri pro tribus xii^nis butirorum emptis ab eodem pro dno et missis apud Sabaudiam, pro qualibet xv s.. xlv s.

Liberavit Ansermo Venuz pro una xii^a butirorum... xv s.

Liberavit Vuillelmo Sertoris simili causa.......... xv s.

Liberavit Perreto Sertoris, eadem de causa .... xv s.

Liberavit Perreto Duchat qui curavit latrinas hospitii....
.... xviii d.

Liberavit Vuillelmo Sertoris pro expensis equi dni quem duxit apud Sabaudiam........................ xii d.

Liberavit die iii mensis decembris ad expensas Petri Ravanel et parvi equi quem ducebat apud Sabaudiam.. iiii s.

Liberavit dicta die pro quinque ulnis panni grissi emptis ab eodem pro faciendo vestem Petri Murisonis et clamidem ipsius, Petri Ravanelli venditis pari vii s..... xvii s. vi d.

---

[1] Saint-Martin (canton de Sallanches).
[2] Vases à contenir des liquides.

Liberavit eidem Petro Ravanel pro una ulna panni albi pro suis caligis faciendis....................... iii s. vi d.

Libravit die xvi dicti mensis ad expensas Falqueti Milex, famuli hospicii et unius eque quam ducebat apud Sabaudiam oneratam de caseis.. iiii s.

Liberavit die xxix mensis decembris apud Villarium in Sabaudia dno manualiter in ejus camera, presentibus Hug. Roliardi, castellano, Girodo Atricaz, Petro Officialis et Petro Ravanelli, valetorum ipsius dni............... ... liiii flor.

Liberavit Aymoni Membroz, recuperatori confratrie Sancti Spiritus, in qua confratria dns est confrater pro duobus confratribus.. iii s.

Liberavit die x mensis januarii ad expensas Hug. Roliardi, castellani, Petri Officialis et ipsius Anthonii, factas apud Megevam in domo Nycolete, veniendo de Sabaudia insimul et trium equorum quos ducebant de mane .... ii s. ix d.

Liberavit die qua supra apud Salanchiam, ad expensas predictorum ibidem factas in domo dicti Vachunz in nocte et de mane, et pro tribus equis quos ducebant et uno picoto clarerii[1] empto a dicto Potaz et dato Hug. Amblardi, castellano Sancti Gervasii....................... v. s. iii d.

Liberavit die xiii dicti mensis januarii ad expensas Petri Officialis et unius equi quem ducebat, euntis apud Sabaudiam... iii s.

Liberavit Aymoni Frochet, pro duabus ulnis persici et ousera emptis pro Maria filia Clemencie.......... xxxi s.

Liberavit eidem Aymoni pro duabus capuciis ypre emptis ab eodem pro uxoribus Grangerii de Sabaudia et suis fratris... xxi s.

Liberavit eidem pro dimidia ulna Brunete empta pro eodem, pro dno, pro sibi faciendo duo paria muglar.... iii s.

Liberavit eidem Aymoni pro tribus vestibus seu robis persici dni prioris per ipsum Aymonem foratis de capis Rey-

---

[1] Pécot, mesure de vin claret.

naldi et aliis foraturis apud Gebennas............ xvii flor. ii s.

Liberavit eidem pro quinque ulnis panni Grissi emptis ab eodem, die ii decembris, manu Petri Ravanelli in presencia Jacobi Brossie not. pro vestibus ipsius Petri et Petri Officialis faciendis........................... xxvii s. vi d.

Liberavit eidem pro quinque ulnis panni grissi emptis ab eodem die xvii decembris manu Girodi Atricaz pro vestibus ipsius Girodi et Hug[ti] Dartas faciendis...... xxviii s. vi d.

Liberavit pro tribus ulnis panni albi pro foriginando vestem ipsius Petri Officialis, valeti dni.............. viii s.

Liberavit eidem Aymoni pro caligis albis panni Alamanie, emptis pro dicto officiali et foratura dicte vestis et forratura dictarum caligarum....................... vii s. vi d.

Liberavit Michaeli Dufolie pro salario Aymonis ejus filii qui servivit dno spacio unius anni ad custodiendum et afforandum vaccas dni......................... xlviii s.

Liberavit Perreto Balmat pro salario suo unius anni integri quo servivit dno ad opera hospicii............ lxxii s.

Liberavit Aymoni Coteti pro octo ulnis panni valesii emptis ab eodem pro vestibus et furnimentis dictorum mancipiorum, venditis quolibet pari vii s............. xxviii s.

Liberavit Johanneto Mistralis, in quibus dns eidem Jo[to] tenebatur racione officii sue mistralie, anno dni millesimo ccc° nonagesimo nono, pro octo ulnis panni valesii pro veste sua dicti anni, valente qualibet ulna iii s. x d. et pro una penna condita[1] pro dicta veste foranda...... xlv s. viii d.

Liberavit die xxiii januarii ad expensas Joh[ti] Mistralis, Petri Berthodi et ipsius Anthonii factas apud Moncuart[2] recuperando censas dni et gentes pignorando....... xxi d.

Liberavit Francisco Corsat Fabro pro ferratura per ipsum facta, nomine dni prioris anno nonagesimo octavo, tam equis dicti dni prioris quam equabus et aliis necessariis

---

[1] Peau préparée.

[2] Montcuart, village de Chamonix.

hospicii ipsius dni prioris. Et primo pro xxvii ferris novis positis tam equis dni prioris quam equabus suis, valente quolibet ferro viii d............................... xviii s.

Liberavit eidem pro sex ferris remotis.......... xviii s.

Liberavit eidem pro quibusdam bornellis per ipsum factis et implicatis in eamereta recuperature.......... ii s. vi d.

Liberavit eidem pro quodam annello per ipsum facto in quoquipendio..................................... x d.

Liberavit eidem pro reparatione Grillie quoquine .. vi d.

Liberavit eidem pro clave hospicii parve camere dni judicis... viii d.

Liberavit eidem pro clave stabuli equarum....... viii d.

Liberavit eidem pro ferrrolio et clave guicheti magne porte prioratus.................................... ii s.

Liberavit eidem pro reparacione magni gladii panaterie.. .... xvi d.

Liberavit eidem pro reparacione grossi ferri molendinorum... xviii d.

Liberavit Peroneto Henriat pro ejus uxore quæ vacavit per quinque dies ad aducendum raczemos et pira de Passiaco pro qualibet die vi d.................... ii s. vi d.

Liberavit Anthonio Rosseti pro ejus uxore quæ vacavit per tres dies ad id pro qualibet die vi d.......... xviii d.

Liberavit uxori Aymonis Membroz que vacavit ad id per unam diem... vi d.

Liberavit dicte Paviotaz que vacavit per tres dies ad id.. .... xviii d.

Liberavit eidem qui vacavit per vii dies ad equandum fimum, in terris dni, anno elapso, pro qualibet die iii d... .... xxi d.

Liberavit Anthonio Rosseti qui vacavit, anno elapso per vii dies ad fenandum et portandum fena pratorum dni. iii s. vi d.

Liberavit eidem qui vacavit per duos dies ad aportandum auchachia dni de alpibus...................... xii d.

Liberavit eidem pro ejus uxore que vacavit per xi dies ad

fenandum et portandum fena pratorum dni pro qualibet die
III d... II s. IX d.

Liberavit Johanni Henriat qui vacavit per VII dies ad fenandum et portandum fena pratorum dni....... III s. VI d.

Liberavit eidem pro ejus uxore que vacavit ad id pro quinque dies... XV d.

Liberavit Reymonde Commaraz que vacavit ad id per VII dies.. XXI d.

Liberavit Henrico Chacotini qui vacavit ad id per quinque dies pro qualibet die VI d........................ II s. VI d.

Liberavit eidem pro ejus filio qui vacavit per VII dies ad fodendum post boves tempori lutri [1] *(sic.)*...... III s. VI d.

Liberavit eidem pro ejus uxore que vacavit per VII dies ad prata dni, pro qualibet die III d.............. XXI d.

Liberavit eidem pro ejus filia que vacavit ad id per x dies
.... II s. VI d.

Liberavit Petro de Costa pro pontanagio XI cabellatorum vini cum dimidia, venditarum manu Jaquemeti Hueti. V s.

Liberavit Juenello Defichifues pro custodia castronorum et vacharum dni, anno elapso in monte de Alparsaz.. XII s.

Liberavit filio dicte Barataz qui stetit in predicto monte cum predicto Jonello ad custodiendum ibidem predictos castronos, vachas pingues predicti dni prioris...... IIII s.

Liberavit Perreto filio Perreti Cachat qui vacavit per quatuor dies ad aportandum fructus dni de alpibus, pro qualibet die VI d.. II s.

Liberavit Falconi Regis qui vacavit per quinque dies ad fenandum et portandum fena pratorum dni pro qualibet die VI d.. II s. VI d.

Liberavit die IX februarii Jo{i} Delormey, manu Vuillelmi servitoris pro tribus truetis salaris temptis per eundem apud sanctum Mauricium, agaunensis diocesis pro dno pro quadragesima...................................... LX s.

[1] C'est-à-dire tenir la charrue derrière les bœufs au temps du labour.

Liberavit filio Vulliodi Poncior pro portu dictarum trium truetarum de Martigniaco apud Chamonix......... xii d.

Libravit die x februarii dno quos sibi portavit apud Villarium in Sabaudia Petrus Revanelli......... xii scut regis.
Et..................................... vi flor. duccat.

Liberavit ipsa die ad expensas dicti Petri Revanelli et Falqueti Milex famulorum hospicii dni unius eque quam ducebant apud Sabaudiam oneratam de pissis avena et dictarum truetarum............................. vi s.

Liberavit parvo Jo^i Bastardo dni, pro suis expensis recedendo apud Clusas............................ ii s.

Liberavit die xiii februarii pro sex comblis cepum et rapis fortibus emptis apud Salanchiam, manu Jo^{is} nobilis. ii s. vi d.

Liberavit pro vii quartis pomorum emptis apud Passiacum, manu Perreti Balmat, vendito quolibet quarto vii d.
.... iiii s. ii d.

Liberavit Jo^i nobilis pro iiii^{or} veyturis frumenti per ipsum aportatis de Salanchia apud Chamonix, de frumento empto ibidem a Petro de Castellario, ci................. viii s.

Liberavit eidem Jo^i nobilis pro iiii^{or} veyturis frumenti per ipsum aportatum de Passiaco apud Chamonix, de frumento empto ibidem ab Aymone Frochet, ci.............. vi s.

Liberavit die x mensis marcii eidem Jo^i nobilis pro sex comblis cepum et rapis fortibus, per ipsum emptis apud Salanchiam pro hospicio dni, ci.............. ii s. iiii d.

Liberavit die xxi dicti mensis eidem Jo^i nobilis pro iiii^{or} comblis cepum et rapis fortibus, per ipsum emptis apud Salanchiam pro quadragesima................. xx d.

Liberavit ipsa die ad expensas Girodi Atricaz euntis apud Sabaudiam cum una equa onerata de avena et uno lapide unius quarteroni, pro faciendo pondus dni......... v s.

Liberavit die xix^a mensis marcii apud Sabaudiam in Villario, dno priori manualiter in ejus camera in moneta parva cursali............................... lxxiii fl. iii scut.
et franch.............................. v fl. duccat.

Liberavit die jovis xxvii^a marcii qui fuerunt dati xiii pauperibus xpti albergatis dicta die jovis sancta:.... xiii den.

Liberavit die xxviii dicti mensis, pro uno quadra vitulli et uno capreolo emptis apud Salanchiam manu Peroneti Fabri pro festis Pasche, pro hospicio dni........ vi s. vi d.

Liberavit Aymoni Archerii pro iiii^{or} mormotanis emptis ab eodem pro hospicio dni ultra duas quas recepi ab eodem pro tercia parte pertinente dno, in eisdem...... ix s. vi d.

Liberavit Perreto Varnerii, de Passiaco pro iiii^{or} octanis frumenti, emptis ab eodem in presencia Mermodi Belleys et Perreti Balmat, vendita qualibet octana vi s... xxiiii s.

Liberavit Nycodo Dupertuys pro ii^{bus} octanis frumenti emptis ab eodem in presencia predictorum........ xii s.

Liberavit Johanni Pernodi pro iiii^{or} oct. frumenti emptis ab eodem in presencia predictorum, ci.......... xxiiii s.

Liberavit Johanni Deverneto pro xvi octanis frumenti emptis ab eodem in presencia predictorum, qualibet octana, ut supra........................ .... viii flor.

Liberavit dno Ansenno Poygnant amodiatori ecclesie S^{ti} Petri de Passiaco pro xxxi octanis frumenti emptis ab eodem, in presencia predictorum.............. xvi flor.

Liberavit Aymoni Frochet pro ii^c anguillorum et aletum emptorum ab eodem pro quadragesima. xxviii bone monete.

Liberavit Johanni Pecolerii pro uno c cum dimidio aletum et anguillorum emptorum ab eodem pro quadragesima....
.... xxii s. vi d. ejusdem monete.

Liberavit personis infrascriptis pro collectura decimarum infrascriptarum quas dns tenet ad ejus manus et qui coligerunt ipsas decimas anno nonagesimo octavo. Et primo Francisco Jaquemeti pro collectura decime de Castellario vi s.
— Liberavit Hugoni Burlat pro collectura decime des Bucs. vi s. — Liberavit Petro Protnuz, pro collectura decime de Gaudineys. vi s. — Libravit parvo Jo^t de nemoribus, pro collectura decime de Pratis vi s. — Liberavit Perrerio Charletti, pro collectura decime de Nantis x s.— Liberavit Perre-

rio Choudeti pro collectura decime de Peclos x s. — Liberavit Jaqueto Cochat pro collectura decime de Biolley. xi s. — Liberavit Jo¹ Durandi pro collectura decime de Lavancherio. viii s. — Liberavit Francisco Bonafey, Aymoni Decosta et Petro Doy, pro collectura decime de Montcuart cuilibet ipsorum. ix s. — Liberavit Paviodo Marquix, Perreto Darbellet, Jo¹ Depratis et Perreto Bossoneys, pro collectura decime de la Grea, cuilibet ipsorum. x s.............· cxxx s.

Liberavit Francisco Corsafabro, Aymoni Charlet, et Perreto filio Perrerii Fanczonuz pro eorum salario secando prata dni in tachioz in anno quo supra nonagesimo octavo.. ... . iiii libr. x s.

Liberavit Perrerio Choudeti, Jo¹ ejus fratri, Francisco Charleti, Bonjor Burlat, Aymoni Bellaval et Francisco Perrini-Balma, pro tribus miliariis lignariorum per ipsos factis pro hospicio dni, in anno quo supra in nemoribus de Jorniam et de Sougiers, quolibet miliario valente. l s.. vii libr. x s.

Liberavit Aymoni Matelli et Mellereto Milex, pro uno miliario lignariorum per ipsos facto in nemore dni de Raffurno. .... ,.. xl s.

Liberavit die vii aprilis Hugoni Roliard, castellano pro suis expensis et Falqueti Milex, duorum equorum et unius eque, quos et quam ducebant apud Sabaudiam in Villario versus dum priorem ibidem existentem et quem aducere debebant superius........ .... xx s.

Liberavit Joᵗᵉ Loiys pro iiiiᵒʳ diebus quibus vacavit ad fenandum et portandum fena pratorum dni........ xii d.

Liberavit die xxviiiᵃ mensis aprilis dno quos sibi portavit Hugo Roliard castellanus et quos eidem castellano tradidit dicta die, presentibus Hugone Dartas et dno Johanne de Vigon, monacho, apud Villarium in Sabaudia. x flor. v pond.

Liberavit Aymoni Mermeti, fabro, pro xxviii ferris novis per ipsum positis equis et equabus dni prioris, in anno nonagesimo octavo et nono, pro quolibet ferro viii d......... ●.. xviii s. viii d.

Liberavit die xi^a maii, Anthonio, clerico dni Jacobi Sostionis qui accesserat cum dno priore, de Sabaudia apud Chamonix, associando eundem dnm priorem, tam pro suis expensis revertendo quam pro vino.............. xv s.

Liberavit ipsa die pro una galina empta manu Julliane. .... x d.

Liberavit ipsa die Anthonio Rosseti pro una vacha empta ab eodem pro hospicio dni, in presencia Jo^ti Mistralis et Jacobi Brossie notarii............................ xxx s.

Liberavit pro vino fori dicte vache............. ii d.

Liberavit die xiiii^a mensis maii dno manualiter in ejus camera et quos idem dns prior tradidit Bochardono ejus nepoti in bona moneta, quinque quars pro singulo grosso. .... vi flor. bone monete.

Liberavit die xviii^a dicti mensis, pro duabus galinis emptis manu dicte Jullianaz pro dno................ xx d.

Liberavit die xxi^a dicti mensis maii ad expensas Jaquemeti Hugueti et Perreti Balmat et trium equarum quas secum ducebant apud Sabaudiam oneratarum de avena et caseis.. xii s.

Liberavit die quo supra, de mandato dni, qui fuerunt dati fratri Aymoni et ejus socio Gebbenis.............. xv s.

Liberavit Aymoni Decupellino pro dimidio quarterono palearum emptarum ab eodem, pro hospicio dni..... v s.

Liberavit Symondo Mistralis pro uno quarterono palearum emptarum ab eodem, pro dicto hospicio dni......... x s.

Liberavit die xxvi^a mensis maii, de mandato dni Hugoni Dartas pro suis expensis eundo versus Clusas....... iii s.

Liberavit Jaquerio Charleti pro trinis unius vache per eum tradite in excambium unius alterius vache..... ix s.

Liberavit Perreto Sertoris pro trinis unius lugie[1] per ipsum tradite in excambium unius alterius lugie.... iii s.

Liberavit die qua supra Jo^i de molata pro duabus galinis

---

[1] *Lugia*, petit traîneau, en patois *luge*, leige, glisse.

emptis per eundem ad opus hospicii dni.......... xviii d.

Liberavit Aymoni Botolier in quibus dns sibi tenebatur pro remanencia xviii librarum sibi per dnm debitarum pro precio quarumdam rerum emptarum ab eodem, prout continetur in instrumento quodam recepto manu Jaqueti de Joria notarii ut per litteram confessionis de recepta sibi Anthonio, per eundem Aymonem Botolier facta manu Jac. Brossie notarii, datam die xxviii mensis maii anno nonagesimo nono quam reddit............... x flor. b. pondus.

Liberavit die vi^a mensis junii dno manualiter ante magnum granerium prioratus, presentibus Hugone Roliardi castellano, et Petro Officialis, valeto dni et quos idem dns tradidit Jaquemeto Hugueti quos portavit apud Sabaudiam Johanni Murisonis...................... xiiii scut.

Liberavit ipsa die eidem Petro Officiali pro incaustro [1] empto apud Salanchiam a dicto Potaz pro hospicio dni....
.... xviii d. bone monete.

Liberavit Henrico Chacotini qui vacavit per duos dies ad ducendum ligna per aquam............. xii d. ejusdem.

Liberavit eidem qui vacavit per tres dies ad fodendum post boves in lucro............ xviii d. ejusd. monete.

Libravit die viii^a mensis junii dno manualiter quos idem dns tradidit dno Guillelmo de Chania monacho pro suis expensis eundo visum dnm priorem Montillissii qui infirmabatur et subsequenter apud Cambericum pro loquendo dno Jacobo Sostionis, Judice Campimuniti et revertendo apud Menthonem versus magistrum Johannem Chave pro facto dni............................ vi s. bone monete.

Liberavit die ix^a dicti mensis Petro Murisonis pro suis expensis recedendo apud Sabaudiam. ii s. ejusd. monete.

Liberavit Aymoni Burlat qui vacavit per xi dies ad coperiendum tecta hospicii et plura alia negocia hospicii preparanda pro qualibet die xii d............. xi s. ejusdem.

Liberavit Francisco Perrini Balmat qui vacavit anno lapso

---

[1] *Inchiostro*, encre.

per duos dies ad faciendum latas[1] pro claudendo clausum du Sobeyrouz........................... xii d. ejusdem.

Liberavit eidem Francisco qui vacavit per unam diem ad faciendum oleum dni............ vi d. ejusdem monete.

Liberavit eidem qui vacavit per tres dies, anno presenti post boves ad fodendum........... xviii d. bone monete.

Liberavit xv^a mensis junii pro tribus panibus recentibus emptis ab yssabellona, manu Hug. Dartas pro dno.. xii d.

Liberavit ipsa die, de mandato dni, dicto comitis valeto Aymonis Frochet................................. xii d.

Liberavit ipsa die uxoris Jo^{is} Chonbelli pro tribus galinis emptis ab eadem, pro hospicio dni............ ii s. vii d.

Liberavit Petro Pavilliouz pro sex octanis frumenti emptis ab eodem, pro hospicio dni, qualibet octana valente vi s. .... xxxvi s. bone monete.

Liberavit Henrico Girod pro tribus octanis frumenti..... .... xviii ejusdem.

Liberavit Francisco Bragnys et Marguarite ejus uxori, in quibus dns sibi tenebatur pro precio quarumdam rerum sibi venditarum per dictos conjuges, de quibusdam rebus sitis in territorio de Alpe Arsaz..... iiii lib. bone monete.

Liberavit pro uno quadrato mutonis empto apud Salanchiam, manu Jacobi Brossie notarii.. ii s. iiii d. ejusdem.

Liberavit pro uno quadrato mutonis et una pecia bovis, emptis ibidem, manu Petri officialis.. iii s. vi d. ejusdem.

Liberavit die xvii^a dicti mensis junii ad expensas Jo^{is} Demolata euntis apud Sabaudiam portatum duos Oncors (*sic*) dno Camere............................... vi s. ejusdem.

Liberavit die ultima dicti mensis Ja. Brossie apud Salanchiam pro uno quadrato mutonis empto ibidem manu dicti Ja. Brossie die xxi dicti mensis in vigilia B^{ti} Joh^{is} Baptiste et aportato manu Henrici Bragnys.... ii s. iiii d. ejusdem.

Liberavit Aymoni Berguerantz, de Valle ursina, in empcione vii castronorum emptorum ab eodem, pro provisione

---

[1] Lattes, perches pour clôtures.

hospicii dni, precio pari xi s............ xxxviii s. vi d.

Liberavit Jo^i Codurerii dicti loci pro quinque castronibus emptis ab eodem, precio pari xi s.......... xxvii s. vi d.

Liberavit Berthodo Girardi ejusdem loci pro quinque castronibus emptis ab eodem precio pari x s.......... xxv s.

Liberavit Jo^i Pessant pro quinque castronibus emptis ab eodem .... xxvi s.

Liberavit Johanneto Broyssat, simili causa...... xxv s.

Liberavit Jo^i Raffini, simili causa............... xxv s.

Liberavit Jo^te Salamonaz pro iiii^or castronibus..... xx s.

Liberavit Perrodo de Molario simili causa......... xx s.

Liberavit Petro du Betex simili causa............ xx s.

Liberavit Jacobo Broyssat pro tribus castronibus.. xv s.

Liberavit Jo^i de Ochiis pro decem castronibus emptis ab eodem, precio pari xi s....................... lv s.

Liberavit Aymoni du Biol pro tribus castronibus.. xv s.

Liberavit Jo^i Murisonis boverio qui vacavit per decem dies in lucro hospicii faciendo, pro qualibet die ii s. bone monete................................ xx s. b. m.

Liberavit die festi B^ti Jo^is Baptiste Domino manualiter, manu Jo^is de Vigon monachi, quos idem Dominus Johannes receperat pro oblacionibus predicti festi...... ix s. iiii d.

Liberavit die vi mensis jullii Francisco filio Bosonis de Nanto pro duabus galinis emptis ab eodem pro hospicio Domini.................................... xviii d.

Liberavit dicta die, dicte Jullianaz, pro duabus galinis emptis ab eadem pro hospicio dni............... xix d.

Liberavit ipsa die, dicte Commarez et Jo^te Locyz pro puginis, galinis et ovis, per ipsas emendis ad opus dicti hospicii dni.................................... iiii s.

Liberavit Jo^to Jaquerii generis, pro xxx^tæ ulnis tele emptis ab eodem pro hospicio dni pro lintuaminibus faciendis, qualibet ulna valente xiiii d. ob. bone monete..............
.... xxxvi s. iii d. b. m.

Liberavit ipsa die xiii mensis jullii, Aymoni de Crosa pro

xiiii ulnis tele cum dimidia emptis ab eodem pro dicto hospicio dni, qualibet ulna valente xii d. bone monete....... .... xiiii s. vi d b. m.

Liberavit die xvi dicti mensis jullii ad expensas Girodi Atricaz euntis apud Menthonem versus magistrum Johannem Cheno pro dno................... .. iiii s. ejusdem.

Liberavit ipsa die ad expensas Hugonis Roliardi castellani euntis apud S^{tum} Mauricium, Agonensis diocesis, versus dnm Jacobum Sostionis pro facto communitatis et Domini. .... x s. ejusd. monete.

Liberavit die xviii dicti mensis xxxi capellanis, inclusis fratre Francisco et canonicis qui fuerunt convocati dicta die in anniversario dni facto ipsa die. Videlicet eidem fratri Francisco vi s. et cuilibet aliorum canonicorum et capellanorum iii s. i d. bone monete...... iiii lib. xviii s. vii d.

Liberavit ipsa die, de mandato dni. Ja. Brossie notario qui fuit cum premissis capellanis in dicto anniversario et se juvit ad serviendum pro posse...... xii s. ejusdem b. m.

Liberavit pro uno quadrato bovis, una pecia bovis de preceptore et iiii^{or} ungletis cum auriculis porcis emptis apud Salanchiam, manu Ja. Brossie notarii et Petri officialis, ad expensas dicti anniversarii.......... xi s. ejusd. b. m.

Liberavit ipsa die Domino Jo^i. Ferrand, canonico Salanchie, priori confratrie heucaristie dni, in qua est duas confratrias.................................. xviii d.

Liberavit ipsa (die) dno manualiter in coro ecclesie pro oblacionibus.................................... xii d.

Liberavit die xix dicti mensis julii ad expensas Hugonis Roliardi, castellani euntis apud Chamberiacum cum Aymone Matelli et Mich. Moseliart locutum dno cancellario et dno Ja. Sostionis de facto subsidii............... xix s.

Liberavit in vino empto apud Passiacum pro provisione et expensis hospicii prefati dni Prioris et sui prioratus de Chamonix tempore vindimiarum, anno dni millesimo ccc° nonagesimo octavo, personis infra scriptis prout infra. Et primo liberavit Vuillelmo Daniellis pro sex cabellatis vini maude et novem cabellatis vini levati, emptis ab eodem dicto anno, venditis qualibet cabellata vini maude vii s. et qualibet cabellata vini levati viii s............. ix fl. ₁/² b. m.

Liberavit Francisco Dulavuetz pro sex cabellatis maude et sex cabellatis vini levati, venditis ut supra............
.... iii fl. cum dimidio parve monete.

Liberavit Perreto Macyz pro xi cabellatis vini maude et xiii cabellatis vini levati, venditis ut supra.............
.... vii fl. cum ₁/² parve monete.
Et................. .... vii fl. vi s. bone monete.

Liberavit Mermodo Belleys pro sex cabellatis vini maude et xi cabellatis vini levati venditis ut supra. iiii fl. x. p. m.
Et................................ vi fl. b. m.

Liberavit pro portu dicti vini provisionis hospicii dni prioris predicti, personis infrascriptis que dictum vinum apportaverunt tempore vindimiarum, de dicto loco de Passiaco apud Prioratum de Chamonix, anno quo supra, nonagesimo octavo, valente portu cujuslibet cabellati vini xviii d. et primo liberavit.

Petro de Costa pro portu xii cabell. vini........ xviii s.
Liberavit Jo^i nobilis, pro portu octo cabell. vini.. xii s.
Liberavit Peroneto Fabri, pro portu xviii cabell. xxvii s.
Liberavit Jaquemeto Hugueti, pro portu x cabell. vini...
.... xv s.
Liberavit Jaqueto Cochat, simili causa........... xv s.
Liberavit Johanneto Mermeti pro portu ix cabell........
.... xiii s. vi d. b. m.
Liberavit Vuillelmo Sertoris pro portu iiii^or cabell......
.... vi s. ejusdem m.
Liberavit Petro Officialis, de Salanchia pro salario suo unius anni et duorum messium quibus servivit dno et ponuntur dicti duo menses xviii s. in presencia Jacobi Brossie notarii..................,......... xi fl. cum dimidio b. m.
Liberavit eidem pro panno sui capucii. vi s. ejusdem m.

Liberavit eidem pro n^bus pellibus cordani per ipsum emptis Salanchie pro dno pro faciendo sibi sotulares et butinas. .... vi s. iii d. b. m.

Liberavit eidem pro n^bus pellibus veloni per ipsum emptis ibidem pro dicto dno, de quibus ipse et Jaquetus Lachoz coperierunt sellam mule dni de novo.... ii s. vi d. b. m.

Liberavit eidem Jaqueto Lachoz qui vacavit in premissis et quibusdam aliis negociis .... ii s ejusd. m.

Liberavit Aymoni Frochet pro quadam veste per ipsum facta parvo Bochardono, de Clusis, de mandato dni........ .... xii s. ejusd. m.

Liberavit eidem Aymoni pro quibusdam caligis per ipsum factis et traditis Petro Officialis, valeto dni.............. .... iii s. vi d. ejusdem m.

Liberavit die xxiiii mensis julii dicte Jullianaz pro tribus galinis emptis pro dno et magistro Chane...... ii s. iii d.

Liberavit ipsa die pro octo panibus frumenti emptis manu Hug. Dartas pro dno et magistro Jo^i Chane.... ii s. viii d.

Liberavit Petro Hugueti qui vacavit per iii dies ad apportandum fructus dni, de alpibus, anno elapso .... ii s. b. m.

Liberavit ipsa die dicte Commarez pro duabus galinis... .... xviii d.

Liberavit die xxv dicti mensis dno manualiter in ejus camera et quos idem dns dedit magistro Johanni Chane et ejus valeto qui ibidem steterant cum dno per spacium quinque dierum............................ iiii fl. duccat. Et................ xv s. bone monete.

Liberavit die xxvii dicti mensis jullii pro n^bus galinis emptis manu Petri Revanelli pro dno............... xvi d.

Liberavit ipsa die pro n^bus galinis emptis manu dicte Lorys pro dno, qualibet vendita vii d................. xiii d.

Liberavit dicta die pro viii puginis[1] emptis manu dicte

---

[1] Poussins.

Jullianaz pro dno, quolibet vendito ii d............ xvi d.

Liberavit die xxviii dicti mensis, de mandato dni, dicti Borboneys, nuncio dni comitis Sabaudie ..... vi s. b. m.

Liberavit die penultima dicti mensis pro ix puginis et tribus galinis emptis manu dicte Lorys et dicte Commarez... .... iii s. vi d.

Liberavit Falqueto de Terra, escoferio dni pro factura lvi parium sotullariorum per ipsum factis in domo dni prioris, pro quolibet pari ii d.................. ix s. iiii d. b. m.

Liberavit eidem Falqueto pro factura xii parium sotulariorum per eundem Falquetum in domo sua propria factorum pro quolibet pari iiii d............. iiii s. ejusdem.

Liberavit eidem Falqueto pro xvi paribus sotulariorum per ipsum taconatis in hospicio dni, pro quolibet pari i d.. .... xvi d. ejusd.

Liberavit eidem Falqueto pro xxv paribus sotulariorum per ipsum taconatis in hospicio ipsius Falqueti, pro quolibet pari ii d................. iiii s. ii d. ejusd.

Liberavit eidem Falqueto pro novem corriis per ipsum affectatis pro quolibet pari v s............. xxii s. vi d.

Liberavit die vi mensis augusti pro n^{bus} xii^{nis} vitrorum, unius xii^{ne}, majoris forme et alterius parve forme et duabus lampadibus; valente xii^a majoris forme iiii s.; xii^a parve forme ii s. et dictis duabus lampadibus, videlicet iii s..... .... ix s. bone mon. Et pro vino........................ ii d. ejusd.

Liberavit die ix mensis augusti pro iiii^{or} panibus recentibus emptis pro dno manu Hug. Dartat........... xvi d.

Liberavit die x dicti mensis pro viii puginis emptis manu dni Johannis de Vigon, ci..................... xvi d.

Liberavit Jo^i filio Peroneti Fabri, pro iiii^{or} bichetis salis emptis ab eodem pro hospicio dni, quolibet vendito xii^s bone monete....................... iiii fl. b. m.

Liberavit die xvi^a mensis augusti pro ovis emptis manu dicte commarez pro hospicio dni............... x d.

Liberavit Mastino Comitis qui vacavit per tres dies post boves ad fodendum in lucro hospicii....... xviii d. b. m.

Liberavit die xvii dicti mensis de mandato dni magistro Jo^i Guillelmi, judeo baticzato, quos dns precepit sibi dari amore Dei......................... ii s. ejusd. m.

Liberavit die xviii dicti mensis, de mandato, predicto Hug. Dartas pro suis expensis recedendo versus clusas .... iii gross. ejusd. m.

Liberavit de eodem mandato cuidam homini de Ugina ducenti suffaniam..................... xii d. ejusd. m.

Liberavit de eodem mandato Jo^{te} filie Martini Mercerii pro reparacione quarumdam chassublarum ecclesie campi muniti........................ vi s. ejusd. m.

Liberavit die xxiiii, mensis augusti, de predicto mandato, manu Castellani, marescallo Salanchie, qui dicta die aduxit mulam dni apud Chamonix............. iii s. ejusd. m.

Liberavit ipsa die Beatrisie Lorys pro linamento... ix d.

Liberavit die xxvi mensis augusti dno Jo^i de Billia, monacho pro suo vicario unius anni finiendum in festo B^{ti} Michaelis proxime venienti............. xl s. ejusd. m.

Liberavit ipsa die dno manualiter, in ejus camera, presente Hug. Roliardi Castellano, ci. x flor. Juhenn et duct. et.............................. ii scut. regis.

Liberavit die penultima mensis augusti, pro una pecia bovis, empta apud Salanchiam manu dni Guillelmi de Chania monachi, présente Jo. Brossie not......... xviii d. b. m.

Liberavit die ultima mensis pro duabus galinis emptis manu dicte Lorys .... xx d.

Liberavit die quinta septembris Hug. Dartas, quos idem Hugo prestiterat dno pro tradendo Jordane de Clusis et ejus Valeto pro suis expensis .... vi s. b. m.

Liberavit die festi nativitatis B^{te} Marie viii dicti mensis apud Vallemursinam dno manualiter in ecclesia dicti loci pro oblacionibus........................ xii d.

Liberavit die xi, de mandato dni fratri Aymoni de Palacio,

Gebenn. dioc............................ xii s. b. m.

Liberavit ipsa die pro iii^{bus} galinis emptis manu dicte commare, quolibet vendita ix^d................ ii s. iii d.

Liberavit die xiii septembris pro ii^{bus} galinis emptis manu dicte Jullianaz, ab uxore Vuillelmi Pecluz......... xix d.

Liberavit die xv dicti mensis ad expensas Girodi Atricaz euntis apud Camberiacum portatum quandam litteram dno Jacobo Sostionis ; et pro expensis unius eque quam ducebat apud sabaudiam oneratam de caseis......... viii s. b. m.

Liberavit ipsa die eidem Girodo quos portavit dicto dno Jacobo Sostionis qui ipsus sibi prestiterat apud Chamberiarium, quodam alia vice quando fuerat ibidem idem Girodus .... viii s. b. m.

Liberavit die xx dicti mensis septembris, de mandato dni cuidam Valeto qui apportaverat dno unam litteram ex parte dni Jacobi Sostionis de Sancto Mauricio apud Chamonix pro facto assisiarum dni....................... ii s. b. m.

Liberavit die xxi dicti mensis pro piris emptis pro dno et ejus hospicio.................................. vi d.

Liberavit dicta die pro ii^{bus} galinis emptis manu dicte commarez quolibet vendita viii d................ xvi d.

Liberavit die xxvii dicti mensis pro piris emptis pro dno et ejus hospicio................................ vi d.

Liberavit dicta die pro ii^{bus} galinis emptis pro eomdem. .... xviii d.

Liberavit die penultima dicti mensis septembris festi B^{ti} Michaelis, dno manualiter in ejus camera, et quos idem dns tradidit ipsa die Stephano de Fracia.......... v fl. b. m.

Liberavit dicta die Jacobo Lachoz pro iiii^{or} quaternis papiri emptis per ipsum apud Salanchiam, quolibet quaterno vendito xvi d................ .... v s. iiii d.
et pro incausto empti ibidem pro asissiis......... xviii d.

Liberavit ipsa die pro ovis emptis pro dictis asissiis. viii d.

Liberavit dicta die pro ii^{bus} galinis emptis pro dictis asissiis.. xviii d.

Liberavit die qua supra de mandato dni Francisodo filio dicte Jullianaz qui recedebat apud Salanchiam pro vino. II s.

Liberavit die II octobris pro III^bus galinis emptis manu dicte Jullianaz pro asissiis quolibet vendita IX d. II s. III d.

Libravit die VI dicti mensis ad expensas Girodi Altricaz et unius equi quem ducebat euntis apud Chamberiacum cum dno Jacobo Sostionis pro quibusdam negociis dni ibidem peragendis.................................... VIII s.

Libravit die XIII octobris eidem Girodo Attricaz pro suis expensis et unius quem ducebat eundo apud Chamberiacum portatum tres litteras, unam dno Anthonio de Crascerello, aliam dno priori Montillissii et aliam dno Jacobo Sostionis et pro quibusdam sotularibus sibi emendis.......... XI s.

Libravit dicta die eidem Girodo quos portavit apud Chamberiacum paniteriis dicti loci, et in quibus dns sibi tenebatur de antiquo debito recepto manu Petri officialis, valeti ipsius dni................................... XVI s.

Libravit dicta die eidem Girodo pro duabus torchiis cere emptis ibidem et per eundem aportatis............. XXII s.

Libravit ad expensas Hug. Roliardi Castellani euntis apud Salanchiam loqutum dno Petso de Chissiaco pro facto des Botolliers............................... III s. VI d.

Libravit die XIIII octobris dicte Jullianaz pro emendo galinas et ova pro provisione adventus dni Abbatis.. VIII s.

Libravit die XVII octobris pro uno porco empto apud Salanchiam manu Jacobi Brossi et Jacquemeti Hugueti pro provisione adventus prefati dni Abbatis et suarum gencium. .... XVII s.

Libravit ipsa die ibidem ad expensis dicti Anthonii et unius equi quem ducebat necnon predicti Jacquemeti Hugueti et duarum equarum quas ducebat ibidem pro aducendo culcitas, pluminaria, lintuamina, copertoria et alia garnimenta lectorum pro provisione predicta, ci......... XV d.

Libravit Hugoni Dartas celarerio dni pro salario suo unius anni integri quo servivit dno.................... X flor.

Libravit die xx octobris Jo^i Pecollerii pro una libra cum dimidia gingibris albi emptis ab eodem, presentibus dno, Ja. Brossie et pluribus aliis in camera ipsius dni..... xv s.

Libravit ipsa die eidem Jo^i pro dimidia libre piperis empta ab eodem .... iii s.

Libravit eidem Jo^i pro dimidia libre grane de Sietaz *(sic)* empta ut supra.. xii s.

Libravit ibidem eidem Joh. pro sex libr. Amedullarum [1].
.... vii s. vi d.

Libravit ibidem eidem Jo^i pro una pocheta pro parva oleta .... vi d.

Libravit Jo^i nobilis pro x vacerinis per ipsum emptis apud Clusas pro hospicio dni................................. vi s. iiii d.

Libravit eidem pro quibusdam sotularibus per ipsum emptis apud Salanchiam pro Bochardono .... iii s.

Libravit die iiii novembris ad expensas Falqueti Milex et Soliardi euncium apud Sabaudiam ductum duas vaccas pingues et xiii castronos pro provisione expensarum dni ibidem fiendarum.. vi s. vi d.

Libravit ipsa die Jo^i de Molata pro cicenllis per ipsum emptis apud Martigniacum pro hospicio dni.......... ii s.

Libravit die v, dicti mensis ad expensas bastardi dni Amedei Bochardi militis qui eidem dno aportaverat quandam litteram dno, ex parte ipsius dni Amedei Bochardi, ci. iii s.

Libravit die vii novembris Hugoni Johannonis de Clusis pro quinque ulnis panni grissi emptis ab eodem manu Aymonis Frochet pro dno, quelibet ulna valens.... xviii s. ci... vii flor. 1/2.

Libravit ipsa die eidem Hugoni pro una ulna panni de Malines bruneti empta ab eodem pro dicto dno manu dicti Aymonis Frochet, ci...................................... xxx s.

Libravit eidem Hugonis pro duabus terciis panni albi emptis ab eodem manu dicti Aymonis pro caligis ipsius dni

---

[1] Amendes.

fiendis................................:................ IX s.

Libravit eidem Aymoni Frochet pro sex ulnis et tribus quartis panni grissi Alamanie emptis ab eodem pro vestibus Hug. Dartas, Girodi Atricaz et Petri Revanel quolibet ulna valente v s........................... XXXIII s. x d.

Libravit ipsa die eidem Aymonis pro duobus paribus caligarum panni grissi emptis ab eodem pro dno........ xx s.

Libravit eidem Aymoni pro quibusdam caligis panni albi alamanie emptis ab eodem pro dicto Girodo Atricaz........
.... IIII s. VI d.

Liberavit dicta die vII novembris apud Salanchiam pro IIII^{or} comblis cepum emptis ibidem pro hospicio dni. XII d.

Libravit ipsa die ibidem pro rangris[1] bride mule dni et parvi equi ibidem emptis de mandato dni.. .... III s.

Libravit ipsa die ibidem pro expensis ipsius Anthonii et unius equi quem ducebat et Girodi Atricaz ibidem factis duobus diebus quibus vacavit in premissis emendis, ci....
.... VI s. III d. bone monete.

Libravit antedicto Aymoni Frochet pro cousura XII ulnarum panni predicti, tam ab eodem quam a dicto Hugone et Johanne empti.............. .... III s. VIII d. ejusd.

Libravit eidem Aymoni pro factura vestis dni, capuciorum suorum et dictarum suarum caligarum et batardi Bochardi................................ XVI s. ejusdem

Libravit eidem pro filo sirzeis et alio filo implicatis in premissis........................... III s x d. ejusdem.

Libravit die veneris vII novembris eundo apud Gebennas, apud Bonamvillam in domo Francisci Hospitis de mane in prandio pro equo et se ipso.............. xv d. ejusdem.

Libravit dicta die apud Gebennas pro cena equi et sua...
.... II s. parve monete.

Libravit die sabbati sequenti ibidem de mane...........
............................:............ XIII d. ejusdem.

Libravit dicta die ibidem in cena........ II s. ejusdem.

Libravit die dominica sequenti ibidem de mane..... ...
.... xvi d. ejusdem.
Libravit ipsa die ibidem in cena. .... ii s. ejusdem.
Libravit pro foractura vestis dni et fouratura ejusdem....
.... xliiii s. bone monete.
Libravit ibidem pro vino dato pillicerio ejusdem..... ..
.... xii d. parve monete.
Libravit ibidem pro uno candelabro lotoni empto ibidem pro hospicio dni .... viii s. ejusdem.
Libravit ibidem Mermeto Tissoti sub collectori apostolico Gebenn. pro iiii^{ta} solucione decime reval...... secundo per dnm nostrum benedictum papam xiii^{um} imposite, ut per litteram ipsius de confessione et recepte, data die viii mensis novembris anno dni millesimo ccc nonagesimo nono quam reddit, ci .... xii lib. bone monete.
Libravit ibidem eidem sub collectori pro dicta cedulla...
.... ii s. ejusdem.
Libravit die lune sequenti revertendo apud Bonamvillam de mane............................ xii d. ejudem.
Libravit ipsa die ibidem in cena pro Girodo Atricaz et Johanne Clavelli, ipsius que Anthonii et sui equi.......
.... iiii s. ejusdem.
Libravit die martis sequinti ibidem de mane.......... .
.... ii s. vi d. ejusdem.
Libravit dicta die ibidem Mermeto Fabri pro uno porco empto ab eodem pro provisione hospicii ipsius dni........
.... xxxi s. ejusdem.
Libravit ibidem Petro Mermirii pro uno porco empto ab eodem .... xxv s. ejusdem.
Libravit ibidem Petro de Campoplano [1] pro uno porco empto ibidem....................... xxviii s. vi d.
Libravit ibidem Aymonodo Fabri pro uno porco empto ab eodem .... xxv s. vi d.

---

[1] Champland, localité de la commune de Passy.

Libravit ibidem Petro Nycolat simili causa..... xxiiii s.
Libravit ibidem Petro Guicheti ex eodem causa.. .... xxiiii s. vi d.
Libravit ibidem dicta die in merenda mea et Jo. Brossie notarii................................... .... xiiii d.
Libravit ipsa die pro stabulo ipsorum porcorum.... x d.
Libravit ibidem dicta die illi qui investigavit ipsos porcos .... vi d.
Libravit ibidem dicta die pro pontanagio dictorum porcorum................ .... vii d.
Libravit die dominica precedenti pro cena Girodi Attricaz et Johanis Clavelli apud Clusas eundo quesitum dictos porcos ..... ,....... ... . xvi d.
Libravit die lune sequenti pro expensis eorumdem factis apud Mariniacum[1] eundo ut supra.. .... xii d.
Libravit die martis sequenti pro expensis eorumdem factis apud Clusas de nocte dictorumque porcorum quos ducebant, ipsius quam Anthonii et equi sui............ iiii s. iiii d.
Libravit die mercurii sequenti apud Pontem sancti Martini pro uno quarto avene dato dictis porcis et pro expensis eorumdem ibidem factis...................... xviii d.
Libravit dicta die ad expensas eorumdem factas apud Passiacum in domo monache........ .... vi d.
Libravit die xiiii novemb. Anthonio de Brenicio procuratori et nuncio dni Viffredi de Brenicio pictanciarii monasterii Clusini, pro pensione annuali debita ipso pictanciario pro termino sancti Michaelis proximi preteriti, anni presentis, ut per litteram ipsius de confessione et recepta, datam Chamberiaci die ii novemb. anno dni millesimo ccc° nonagesimo nono, quam redit....... .... xxx flor.
Libravit Falqueto Milex pro salario suo unius anni integri quo servivit ipsi dno ad opera hospicii.......... vii flor.
Libravit Michaeli du Folie pro ejus filio, pro salario suo

---

[1] Marignier, commune du canton de Bonneville.

unius anni integri, quo servivit dno predicto ad custodiendum vachas ipsius dni............... ...... IIII flor. ,/³.

Libravit pro octo ulnis panni valesii emptis pro frunimenta eorumdem venditis quolibet pari VII s..... XXVIII s.

Libravit Hugoni Boveti pro II^{bus} ulnis panni valesii emptis ab eodem pro veste Petri Revanelli facienda........ VII s.

Libravit die XV dicti mensis ad expensas Joh^{is} Clavelli euntis versus Menthonem versus magistrum Johannem Chave pro facto dni........ .... III s.

Libravit Jaqueto Lachoz pro uno pilliczono empto ab eodem pro dno priore predicto............... ..... XV s.

Libravit eidem Jaqueto pro reparacione cujusdam alterius pilliczoni ipsius dni prioris per eum reparato........ III s.

Libravit eidem Jaqueto pro quodam pilliczono magno empto ab eodem pro dicto dno, et quem idem dns dedit dno priori Moncillisii..................... XL s.

Libravit eidem pro vino dato valetis suis racione premissorum.............................. XII d.

Libravit die mercurii XIX novemb. qua die idem dns prior accessit apud Sabaudiam ad expensas Jaquemeti Hugoneti, Peroneti Fabri et Aymonis Geneveys et sex equarum quas ducebant in Sabaudiam, oneratarum trosellis et mallis domini, butiris et caseis...................... XIIII s.

Libravit ipsa die eidem dno priori manualiter in ejus camera, presentibus Girodo Attricaz et Petro Revanelli in octo scutis regis quatuor florenos duccat, tribus florenis monete nove, et quatuor florenis in ambrosanis[1], et in XX s. XIII d., gebenn. veterum.................. XXIIII flor. Et............................ XVIII s. VIII d. geb.

Libravit Melliereto Milex qui vacavit anno lapso per XI dies, ad fenandum et portandum fena pratorum dni....
.... V s. VI d.

Libravit eidem pro ejus filia que vacavit ipso anno ad id

---

[1] Peut-être monnaie de Milan.

per vIII dies pro qualibet die III d.................. II s.

Libravit eidem Melliereto qui vacavit anno presenti ad id per novem dies, pro qualibet die vI d......... IIII s. vI d.

Libravit eidem pro ejus pro filia que vacavit anno presenti ad id per decem dies..................... II s. vI d.

Libravit eidem Melliereto qui vacavit anno elapso per duos dies ad aportandum auchachia[1] et fructus dni de alpibus.. .... xII d.

Libravit eidem qui vacavit anno presenti per tres dies ad id................................. xvIII d.

Libravit Petro Symond pro una vacha empta ab eodem circa festum B^{ti} Johannis Baptiste et que fuit tenuta in monte dni de Alpe arsa cum ceteris vachis ipsius dni. xL s.

Libravit die xxI mensis novemb. pro octo quaternis papiri emptis apud Salanchiam et aportatis manu Soliardi, quolibet quaterno vendito xvI d............... x s. vIII d.

Libravit dicta die (pro) incausto empto ibidem.. xvIII d.

Libravit die xxvI novemb. ad expensas Petri Revanelli euntis apud sanctum Mauricium, Agaunensis dioces. portatum processum formatum contra Johannem Jolys, dno Jacobo Sostionis................................. II s.

Libravit die xxvII dicti mensis eidem Petro revertendo apud Sabaudiam, pro suis expensis............... xII d.

Libravit die quinta mensis decembris ad expensas ipsius Anthonii et Petri Berthodi cuncium apud sanctum Mauricium, agau. dioces. versus dnm Jacobum Sostionis, ductum sibi tres castronos ex parte dni, et portatum sibi processum formatum contra Johannem Jolys............ IIII s. vI d.

SUMMA TOCIUS LIBRATE.

.... II c. xLv lib. vI s. Ix d. parve monete.

Et.... II c. LIx lib. vIII s. III d. ob. bone monete. Et sic. Campsis et conversis omnibus monetis supra scriptis tam

---

[1] Les ausiéges, redevances sur les montagnes.

recepte quam librate ad libras, solidos et denarios, veteris monete, computatis singulis scutis auri regis pro decem octo solidis, singulis florenis pro duodecim solidis et singulis quindecim solidis parve monete, pro duodecim solidis bone monete et e converso, factisque deductionibus hinc inde.

(Signé) Dictus ANTHONIUS.

Debet dicto dno....... viii^{xx} i lib. i s, viii d. et tercium unius denarii bone monete.

.... De quibus.

Deducuntur qui non sunt intrati in dictis libratis et quos solvit et libravit Henrico Poralis subcollectori appostolico pro decima papali in mense maii anno 1399 ut per litteram confessionis dicti subcollectoris datam die xxii maii anno predicto................. xiii lib. ix s. ii d. bone monete.

Item quos libravit Hugoni Rolliardi castellano dni pro suo salario unius anni finiti in festo sancti Andree anno dni 1399.......................... vi lib. bone monete.

Item quos libravit numeratim dno die x januarii anno dni 1400 xl florenos.

Summa deducta campserii monete ut supra.

xliii lib. ix s. ii d. dicte bone monete.

.... Et sic :

Debet finaliter......... cxvii lib. xii s. vi d. et tercium unius denarii bone monete, de quibus respondet in computo sequenti. — Et sic eque.

Item debet... viii octanas et dimidium frumenti.

Item.......... v sestarios i bichetum et quartum siliginis.

Item.......... ix sestarios vi bichetos bladi misti et ordei.

De quibus respondet in computo sequenti et sibi allocantur.

Et dicto Anthonio debentur v sestarii ix ras i quart avene De quibus respondet in computo sequenti et sibi allocantur.

SECONDE PARTIE

Computus antenominati Anthonii Legerii clerici et exactoris in mandamento de Campomunito, Lacus et Vallis ursine, pro prefato dno Priore ejusdem loci de bladis loci ejusdem per ipsum Anthonium, nomine ipsius dni Prioris ibidem receptis, de et pro annis domini 1397 et 98. Et de libratis per eundem Anthonium factis, nomine antedicto a die 27 mensis octobris dni 1397 citra, usque ad diem septimam mensis novembris 1399. — ET.

CHAPITRE Ier

Primo reddit computum quod recepit apud Siervuz ubi prefatus dominus Prior et ejus predecessores percipere consueverunt unum modium et duodecim octanas frumenti de redditu per annum, et qui redditus diminuti fuerunt propter dyluvya que ibidem obvenerunt, propter quod post multas altercaciones et debata habita inter prefactum dnm Priorem ex una parte; et dnm Petrum de Chissiaco militem et rectorem dicti loci ex alia parte : Via amicabili fuerit ordinatum et pronunciatum quod dictus dns Prior et ejus successores in dicto prioratu habeant et libere percipiant medietatem omnium et singulorum reddictuum et pensionum annualium ibidem in frumento debictorum et obvencium imperpetuum, tali modo et forma quod dicti redditus et pensiones annuales frumenti quolibet anno, modo debito recuperentur per mistralem dicti loci, qui mistralis debeat et tenetur dictam medietatem in frumento reddere et expedire pure et libere clerico seu nuncio prefacti domini Prioris, quolibet anno, circa festum Beati Andree appostoli. De qua quidem composicione seu pronunciacione dicitur instrumentum manu Hugonis Mistralis de Chamonix quondam notarii anno dni millesimo ccc° septuagesimo quarto receptum fuisse. Et computat pro termino predicto anno dni 1397 quod recepit manu tamen Hugonis Botollier mistralis dicti loci IIII octanna frumenti. « (Le receveur accuse avoir reçu :

« 1º du produit de la grange en dîmes, appelée les dimes de l'église, appartenantes au prieur, huit setiers de froment, pour les années 1397 et 1398;

« 2º De la dîme du Chatellard pour les mêmes années, 9 bichets, un quart de froment;

« 3º De la dîme des Bois, des Prats et de Gaudineys, pour les mêmes années, 10 bichets de froment;

« 4º Du moulin du tour, pour les deux mêmes années, 12 bichets de froment.) »

Recepit quas emit pro provisione et expensis hospicii prefacti dni prioris tam apud Salanchiam, Passiacum quam alibi a die 1ª mensis octobris anno dni 1397 citra, usque ad diem 10ᵃᵐ mensis junii anno dni 1399 et preciorum quorum supra in libratis pecuniariis fuerunt sibi allocata et in dictis ejus libratis intrata............ IIIIᵒʳ modia cum dimidio. Et................ .... XI octan. frumenti..

« Antoine Leger porte en compte,
solde du compte précédent de... IIII oct. I quart. id....

« La dîme de Montcuart a produit
pour les années 1397-98........ IX oct......... id....

« La dîme de la Greaz, 1397-98.. VI oct. ₁/². ..... id....

« Total du Iᵉʳ chapitre » : Summa grossa recepte dicti frumenti, computatis duobus quartis pro uno bicheto et duobus bichetis pro una octana et quatuor octanis pro uno sistirio et XXIIII octanas pro uno modio frumenti. Sex modia cum dimidio et X octanæ cum dimidio frumenti. De quibus.

Dépenses du 1ᵉʳ Chapitre.

Libravit ad expensas hospicii prefati dni prioris factas in prioratu ipsius dni prioris de Chamonix prout infra.

Et primo, die XI mensis novembris anno dni 1397 manu Mermerii mugnerii qui fuerunt quocti ad expensas cappellanorum et ceterorum panem frumenti comedencium in dicto prioratu...................... v bich. frumenti.

Libravit die xxiiii novembris manu dicti mugnerii qui fuerunt positi in farina in uno magno sarculo lintuaminis pro dequoquendo die sequenti ad expensas cappellanorum et ceterorum panem frumenti comedencium, eciam et Frocheti et suorum valetorum qui ibidem steterunt spacium sex dierum, et Joh. Mermeti et sui valeti qui ibidem vacaverit per xiii dies continuos ad faciendum cameram recuperature... .... vii bich. frumenti.

Libravit ipsa die manu dicti mugnerii qui fuit quoctus pro dno et castellano.................... i bich. frumenti.

Libravit die xiiii mensis decembris manu ipsius mugnerii qui fuerunt in tribus fornatis cum dimidio quocti tam ad expensas cappellanorum et ceterorum panem frumenti comedencium quam pauperum xpi albergatorum in festis nativitatis dni................ .... xx bich. frumenti.

Libravit ipsa die manu dicti mugnerii qui fuerunt quocti tam pro dno et castellano quam aliis nobilibus festinantibus cum dno in dictis festis nativitatis dni.. iii bich. frumenti.

.... 8 janvier 1398.

Libravit ipsa die manu dicti mugnerii qui fuit quoctus pro dno et Judeo eciam et castellano.... i bich. frumenti.

.... Février 1398.

.... Mars id.

Libravit die xviii dicti mensis marcii, manu Hugonis Roliardi castellani qui tradidit dicto mugnerio, qui fuerunt quocti pro dno in suo adventu de Sabaudia et aliis qui secum venerunt associando dnm, et pro assisiis tenutis diebus 27, 28 et 29 marcii...................... ii bich. frumenti.

Libravit dicta die manu ipsius mugnerii qui fuerunt quocti in una fornata panis ad expensas predictas factas diebus asissiarum.................. ..... vi bich. frumenti.

.... Avril 1398.

.... Mai id.

.... Juin 1398.

Libravit die 25, manu dicti mugnerii qui fuit quoctus pro assisiis ibidem tenutis in dicto mense... I bich. frumenti.

.... Juillet 1398.

Libravit die x jullii, manu dicti mugnerii qui fuit quoctus pro dno, castellano et cappellanis convocatis in anniversario dni.............................. I bich. frumenti.

.... Août 1398.
.... Septemb. id.
.... Octobre id.
.... Novembre id.
.... Décembre id.

Libravit die xvii mensis decembris qui fuerunt quocti pro festis nativitatis dni tam (ad) expensas cappellanorum et ceterorum panem frumenti commedencium et plurium personarum qui fuerunt ibidem convocati in dictis festis nativitatis dni, quam pauperum ibidem albergatorum in dictis festis nativitatis dni.................. xx bich. frumenti.

.... Janvier 1399,
.... Février id.
.... Mars id.
.... Avril id.
.... Mai id.

Libravit die 24 dicti mensis junii manu dicti Peroneti mugnerii qui fuit quoctus pro dno et dno Jacobo Sostionis pro asissiis tenendis.................. I bich. frumenti.

.... Juin 1399.
.... Juillet id.

Libravit die ix mensis julii, manu dicti mugnerii qui fuerunt quocti pro dno, castellano et cappellanis convocatis in anniversario dni............... I bich. I quart. frumenti.

.... Août 1399.

Libravit die penultima mensis dicti, manu dicti mugnerii qui fuit quoctus pro dno, castellano et Bochardono........
.... I bich. frumenti.

.... Septembre 1399.

Libravit die 24 mensis septembris, manu ipsius mugnerii qui fuit quoctus pro dno, castellano et Bochardono et pro assisiis........................... ɪ bich. frumenti.

.... Octobre 1399.

Libravit die xɪɪ mensis octobris manu dicti mugnerii qui fuit quoctus pro dno, castellano et Bochardono nepote dni. .... ɪ bich. frumenti.

Libravit die xvɪ octobris manu dicti mugnerii qui fuerunt quocti cum uno bicheto siliginis ad expensas cappellanorum pro adventu dni abbatis........... v bich. frumenti.

Libravit ipsa die, manu dicti mugnerii ad expensas dni abbatis et suarum gentium, et dnique prioris, ejusque castellani et dicti Bochardoni...; .... ɪɪ bich. frumenti.

....

Libravit dicta die (16 octobris) manu dicta Jullianaz pro piscando........................... ɪ quart frumenti.

Summa librate antedicti frumenti computatis ut supra.

vɪɪ modia et xɪɪɪɪ octanas frumenti............. et sic.

Debentur eidem dno per ipsum Anthonium............ .... vɪɪɪ oct. $^1/_2$ frumenti.

CHAPITRE II

« Ce chapitre ne se compose que des dîmes en seigle perçues dans les territoires du Chatellard, des Bois, des Gaudineys et des Pratz pendant les années 1397 et 1398. »

Summa recepte dicte siliginis ɪɪɪ modia cum dimidio siliginis.................................. De quibus.

Dépenses.

« Ces dépenses ont toutes été faites pour le ménage du prieuré; à moins que le prieur fut présent, on nourrissait les chapelains en froment et en seigle. »

CHAPITRE III

« Ce chapitre ne se compose que des blés recueillis sur les fonds exploités par le prieuré, ils ont produit pendant les années 1397 et 1398, v muids 4 setiers de blé mêlé et orge.

« Dîme de la grange de l'église.. 4 muids 4 setiers 2 bichets de blé mêlé.

« Dîme de Mont-Cuart.......... 5 muids 5 setiers $_1/^2$ de blé mêlé.

« Dîme de la Greaz............ 3 muids 2 setiers 6 bichets de blé mêlé.

« Le moulin de cour (où se trouve aujourd'hui l'*Hôtel d'Angleterre*) pour 1397, 98 et 99............. 9 setiers de blé mêlé.

« Dîme du Lavancher.......... 3 setiers 2 bichets de blé mêlé.

« Et......................... 6 bichets d'orge. »

Summa recepte dicti bladi misti 21 muids et 5 bichets, de quibus respondet in receptis bladi misti et ordei computi proxime sequentis prout infra....... et sic eque de misto.

CHAPITRE IV

Idem reddit computum quod recepit de fermis decimarum dni prioris antedicti, amodiatarum et recollectarum tempore messium in anno dni 1397, de quibus fermis decimarum in recepta in blado misto computat quamvis in ordeo computare debetur, quia pro majori parte bladum mistum recepit licet in ordeo tenerentur; et computat quod recepit in eodem anno 97° a personis infrascriptis prout infra. « Il accuse ensuite avoir reçu des dîmes assencées de la dîme

« De Montvautier............... 1 setier de blé mêlé.

« Du Lac..................... Rien reçu.

« Des Chavens............... 3 setiers 2 bich. d'orge.

« Des Alliotz................. 7 setiers 6 bich. d'orge.

« De l'Essert................. 7 setiers 4 bich. 1 quart d'orge.

« De la Greaz................ 2 muids 6 setiers 6 bichets d'orge.

« Des Pellarins............... 12 bichets d'orge.

« Du Lavancher .... 2 setiers 1/2 d'orge.

« Du Bocher.................. 3 setiers 6 bich. d'orge.

« De la Rosière.............. 4 setiers 2 bich. d'orge.

« D'Argentière............... 2 setiers 3 bichets de blé mêlé.

« Du Tour .... 10 setiers 6 bichets d'orge. »

Recepit de primiciis prefato dno priori annualiter debitis pro dicto anno 1397 per parrochianos ecclesie de Chamonix qui parrochiani solventes dictas primicias sunt in numero circa XIII^{xx} et VII parochiani et recuperantur ad racionem unius quarti ordei pro quolibet parrochiano; qui omnes ultra dictum quartum ordei, singulis annis solvere consueverunt prefato dno priori pro luminario, pro singulo foco, unum denarium de luminario. De quibus quidem denariis luminarii idem Anthonius superius computavit in titulo luminarii...................... 16 setiers 5 bichets 1 quart d'orge.

Recepit de blado escheuto ob mortem Johannis Girardi anno quo supra 98 defuncti, manu Girodi Attricaz qui mensuravit.............. 5 bichets d'orge.

Recepit a se ipso Anthonio quos idem Anthonius debebat prefato dno priori pro remanencia sui computi precedentis bladi misti et ordei.... 2 setiers 1 bichet 1 quart de blé mêlé.

Summa grossa tocius recepte ante dicti bladi misti et ordei insimul xxxv modia v sestaria iii bich. et i quart. bladi mistiet ordei...................................... De quibus.

Dépenses.

« Elles n'ont consisté qu'en la mouture des bleds qui ont été employés à la nourriture de la domesticité du prieuré, des manœuvres employés à l'exploitation des terres dudit prieuré et de ses aumônes, dès le 27 octobre 1397 jusqu'au 7 novembre 1399. »

Summa grossa librate antedicti bladi xxxiiii^{or} modia sestarium v bichetum et i quartum bladi siliginis, misti et ordei........................... Et sic.

Debet prefacto dno priori idem Anthonius............. ix sest.. vi bich. bladi predicti.

CHAPITRE V

Idem reddit computum quod recepit de exitibus possessionum dni et dictarum decimarum ad manus prefacti dni prioris recollectarum tempore messium, annis quibus supra videlicet dni 1397, 98 et de fermis decimarum prefacti dni prioris amodiatarum et recollectarum tempore messium, in eodem anno 1397 prout infra :   « Avoine.

« Récolte de la grange du prieur, dite de l'Église...................... 7 setiers 8 rasées.
« De la dime du Chatellard.......... 7 rasées 1 quart..
« De la dime des Bois et des Pratz ... 20 rasées 1 quart.
« De la dime de Montcuart.......... 3 setiers 1 rasée.
« De la dime de la Greaz............ 4 setiers.
« De la dime du Lavancher.......... 13 rasées.
« De la dime de Montvoutier......... 1 setier.
« De la dime du Lac................ »   »   »
« De la dime des Chaventz.......... 5 setiers $^1/_2$.
« De la dime des Alliotz............. 5 setiers 1 rasée.
« De la dime de l'Essert............. 7 setiers $^1/_2$.

« De la dîme de la Greaz............ 2 muids 13 ras.
« De la dîme des Pellarins.......... 10 rasées.
« De la dîme du Lavancher.......... 2 setiers.
« De la dîme des Bochers........... 4 setiers.
« De la dîme de la Rosière.......... 14 rasées.
« De la dîme d'Argentière.......... 3 setiers $1/2$.
« De la dîme du Tour.............. 7 setiers $1/2$. »

Recepit de blado escheuto ob mortem Johannis Girardi anno quo supra 98 deffuncti, manu Girodi Attricazqui mensuravit 3 rasées.

Recepit a se ipso Anthonio que idem Anthonius debebat prefacto dno priori pro remanencia sui proximi precedentis computi de anno 1396.................. 7 muids 2 setiers $1/2$ et 1 quart.

Summa grossa tocius recepte avene predicte xix modia i sestaria vi rassure et i quartum avene..................... De quibus.

Dépenses.

Libravit ad expensas equorum et equarum prefati dni prioris et officiorum suorum ac hospitum ibidem interveniencium prout infra.

« Suivent les livrances d'avoine pour les chevaux, juments, cochons, moutons, poulets, poules, chapons et autres bestiaux que l'on engraissait au prieuré, et pour les montures des allants et venants, rien d'important jusqu'au 4 août 1399, on lit : »

Libravit die iiii^a mensis augusti manu dicti Falqueti Milex qui fuerunt per eum portati in dicta archa avene equorum pro librando equos dni castellani, dni Petri de Chivrone Johannis ejus filii et suorum valetorum secum euncium; necnon equos Philippi de Chivrone et plurium aliorum secum euncium...................... x rase avene

Libravit die xiiii dicti mensis manu ejusdem qui fuerunt

portati ut supra pro librando, equos dni castellani, Ja. Brossie, Aymonis Frocheti et plurium aliorum hospitum ibidem interveniencium............................ xii rase.

Libravit die xxiii dicti mensis augusti, manu Falqueti Milex et Petri Revanelli qui fuerunt per eos portati ut supra pro librando equos dni castellani, Humberti de Chivrone et suorum sequencium, veniencium de guerra Montexii[1] ad decem equos, necnon Roleti de Chivrone, Philippi ejus fratris habentes quinque equos................ xvi rasure.

Libravit die quinta mensis septembris, manu dicti Falqueti Milex qui fuerunt portati ut supra pro librando equos dni castellani Bochardoni, castellani Martigniaci, Ja. Brossie et plurium Lumbardorum peculariorum veniencium de Lumbardia.................................. xii rasure.

Libravit die xiii dicti mensis, manu Aymonis du Folie, boverii dni, qui fuerunt per eos portati ut supra pro librando equos dni castellani, Bochardoni, Philippi de Chivrone et plurium aliorum hospitum ibidem interveniencium .... xii rasure

Libravit die xx mensis septembris, manu Petri Revanelli qui fuerunt per eum portati in dicta archa avene equorum, pro librando equos dni castellani, Ja. Brossie et Bochardoni nepotis dni et hospitum ibidem interveniencium... x ras.

Libravit die xxvi dicti mensis, manu Falqueti Milex qui fuerunt portati ut supra, pro librando ut supra et pro asissiis ibidem tenutis........................ xiiii ras.

Libravit die iii mensis octobris, manu dicti Falqueti Milex et Boverii hospicii qui fuerunt per eos portati in dicta archa avene equorum, pro librando equos dni Bochardoni ejus nepotis, castellani, Ja. Brossie, dni judicis euntis ad quatuor equos, quatuor liberorum dni Petri de Chivrone et Constancie uxoris Petri de Chivrone euncium ad xix equos qui ibidem una nocte jacuerunt et de mane potaverunt et librave-

---

[1] De Monthey.

runt, inclusis xvi bichetis ordei mistuis in dicta avena, quia non habebant de avena............*. xviii ras. avene.

Libravit die xiiii mensis octobris, manibus Falqueti Milex et Petri Revanelli qui fuerunt per eos portati in dicta archa avene equorum pro librando equos dni Abbatis S^{ti} Michaelis et suarum gencium qui ibidem accedere debebant, dnique castellani et Bochardoni et hospitum ibidem intervenien-cium.................................... xlvii ras. av.

Libravit die vii mensis novembris, manibus quorum supra qui fuerunt per eos portati in dicta archa avene equorum pro librando ut supra......................... viii ras.

Summa grossa librate avene predicte xx modia i sest. vi ras. avene................................. Et sic.

Prefatus dns Prior debet eidem Anthonio. vi sest. ix ras. i quart avene.

Fin du compte d'Antoine Leger, receveur du prieuré.

Les tables des noms et des choses sont à la fin du second volume des *Documents*.

ERRATA.

Page 4, *Guigone* de Bosco.

Page 9, avant dernière ligne, re*mansit* penes.

Page 10, ligne 10, jus ecclesie *a jurato servicio*. Item remanerent *in* dominium. Ligne 20, à la fin, quod ad.

Page 11, ligne 24, à la fin Vil*licus*.

Page 12, 1re ligne, ajoutez : *Mar de Somon*.

Page 13, 10e ligne, à la fin, Cevis.

Page 17, *P.* au lieu de *B*, et note 1. Pierre dit le Petit-Charlemagne, époux d'Agnès de Faucigny.

Page 18, ligne 10, au lieu de subtus, lisez : *sub turre*.

Page 21, note 1, il s'agit du droit de gîte.

Page 23, 11e ligne, et possuerunt ex parte eorum et illorum de Bionnasset dictum Chamos et Petrum de Montivon et Johannem Regis et Eynardum et insuper dicti discordes dederunt concesserunt et posuerunt ex communi.

Page 25, ligne 3, de *Grua*, au lieu de Degera.

Page 27, ligne 22, lisez : Chetronious.

Page 30, ligne 12, lisez : Vuillelmo *filos*.

Page 33, ligne 28, lisez : *Tavellus*, au lieu de Taull.

Page 41, ligne 14, lisez : *Dimiserant*, au lieu de diviserant, omnia *animalia*.

Page 45, note 2, Vovray est un hameau du demi-quartier de Megève.

Page 46, ligne 17, lisez : Se debere, *solvere*.

Page 48, ligne 2, à la fin, ajoutez : *Potuit*.

Page 53, ligne 31, lisez : *Preceperunt*, au lieu de *perceperunt*

Page 63, ligne 4, ajoutez : *Et dilectionem sinceram*,

Page 91, ligne 3, lisez : *Coarbitratorum nostrum*.

Page 101, ligne 28, ajoutez : *Jacobus de Bosco*.

Page 119, ligne 22, ajoutez : *Rodulphus de Gado*.

Page 128, ligne 3, lisez : *Anricus*.